Warum Buddhismus wirkt

Robert Wright

Warum Buddhismus wirkt

Die Wissenschaft und Philosophie
von Meditation und Erleuchtung

Aus dem amerikanischen Englisch übersetzt
von Stephan Schuhmacher

Lotos

Die Originalausgabe erschien 2017 unter dem Titel
»Why Buddhism Is True: The Science and Philosophy of Meditation and
Enlightenment« bei Simon & Schuster. Inc.

Verlagsgruppe Random House FSC® N001967

Erste Auflage 2018
Why Buddhism Is True: The Science and Philosophy of
Meditation and Enlightenment Copyright © 2017 by Robert Wright
Copyright © der deutschsprachigen Ausgabe 2018 by Lotos Verlag,
München, in der Verlagsgruppe Random House GmbH,
Neumarkter Straße 28, 81673 München
All Rights Reserved. Published by arrangement with the
original publisher, Simon & Schuster, Inc.
Alle Rechte sind vorbehalten. Printed in Germany.
Redaktion: Ralf Lay
Umschlaggestaltung: Guter Punkt, München,
unter Verwendung des Coverdesigns von © Pete Garceau und
eines Motivs von © Dinkoobraz/thinkstock
Satz: Satzwerk Huber, Germering
Druck und Bindung: GGP Media GmbH, Pößneck

ISBN 978-3-7787-8280-4
www.Integral-Lotos-Ansata.de
www.facebook.com/Integral.Lotos.Ansata

Für Terri, Mike, Becki und Linda

Inhalt

Der Dichter: Sag doch, ehe du gehst: Worunter littest du am meisten hier unten?

Die Tochter: Darunter – da zu sein; zu fühlen, wie mein Gesicht durch ein Auge geschwächt, wie mein Gehör durch ein Ohr abgestumpft wird und wie mein Gedanke, mein luftiger lichter Gedanke, an die Labyrinthe der Fettwindungen gebunden ist. Du hast ja ein Gehirn gesehen – welche Umwege, welche Schleichwege ...

August Strindberg, *Ein Traumspiel*, verdeutscht von Emil Schering

Eine Anmerkung für die Leser

Ein Buch mit einem Titel wie »Warum Buddhismus wirkt« sollte irgendwo eine wohlbedachte Rechtfertigung enthalten. Am besten, wir erledigen das sogleich:

1. Ich schreibe hier nicht über die »übernatürlichen« oder eher exotisch-metaphysischen Bereiche des Buddhismus – zum Beispiel die Reinkarnation –, vielmehr über seine lebensnahen Teile: Ideen, die offensichtlich in den Bereich der modernen Psychologie und Philosophie gehören. Allerdings schreibe ich tatsächlich über einige ziemlich außergewöhnliche, ja sogar radikale Behauptungen des Buddhismus: Behauptungen, die Ihre Sicht der Welt und Ihrer selbst revolutionieren könnten, sofern Sie sie ernst nehmen. Dieses Buch will Sie dazu bringen, diese Behauptungen ernst zu nehmen.

2. Ich bin mir natürlich bewusst, dass es nicht einen einzigen Buddhismus gibt, vielmehr existieren verschiedene buddhistische Traditionen, die sich im Hinblick auf alle möglichen Lehren unterscheiden. Aber dieses Buch konzentriert sich auf eine Art »gemeinsamen Kern« – grundlegende Ideen, die man in allen wichtigen buddhistischen Traditionen findet, selbst wenn sie in unterschiedlichem Maße betont werden und in verschiedenen Traditionen vielleicht unterschiedliche Formen angenommen haben.

3. Ich werde nicht auf die äußerst subtilen Details der buddhistischen Psychologie und Philosophie eingehen. So geht zum Beispiel der *Abhidhamma Pitaka*, eine Sammlung früher buddhistischer Texte, davon aus, dass es 89 Arten von Bewusstsein gibt, darunter zwölf, die unheilsam sind. Es mag Sie beru-

higen, zu hören, dass dieses Buch keine Zeit darauf verwenden wird, diese Behauptung zu verifizieren.

4. Mir ist klar, dass »wahr« ein verfängliches Wort und die Wahrheit von irgendetwas zu behaupten – und ganz gewiss von tiefgründigen Ideen in der Philosophie oder Psychologie – eine heikle Angelegenheit ist. In der Tat ist eine der großen Lektionen, die der Buddhismus uns erteilt, dass wir uns vor der Intuition hüten müssen, unsere gewöhnliche Weise, die Welt wahrzunehmen, würde uns die Wahrheit über sie vermitteln. Einige frühe buddhistische Schriften gehen sogar so weit, infrage zu stellen, ob es so etwas wie die »Wahrheit« letztlich überhaupt gibt. Andererseits führt der Buddha in seiner berühmtesten Unterweisung etwas aus, was allgemein die »Vier Edlen Wahrheiten« genannt wird. Es ist also nicht so, als hätte das Wort »wahr« in Diskussionen des buddhistischen Denkens nichts verloren. Auf jeden Fall werde ich versuchen, mit angemessener Demut und Nuanciertheit vorzugehen, wenn ich meine Argumente dafür entwickle, dass die buddhistische Diagnose der menschlichen Befindlichkeit grundlegend zutreffend ist und dass die entsprechenden Empfehlungen des Buddhismus zutiefst gültig und von dringlicher Wichtigkeit sind.

5. Zu behaupten, dass die Kernideen des Buddhismus gültig sind, sagt nicht unbedingt irgendetwas über andere spirituelle oder philosophische Traditionen aus. Es wird manchmal eine logische Spannung zwischen einer buddhistischen Idee und einer Idee in einer anderen Tradition geben, aber oft wird das nicht der Fall sein. Der Dalai Lama hat gesagt: »Versuchen Sie das, was Sie vom Buddhismus lernen, nicht dazu zu benutzen, ein besserer Buddhist zu werden; benutzen Sie es, um ein besserer ›Was auch immer Sie schon sind‹ zu werden.«

Robert Wright

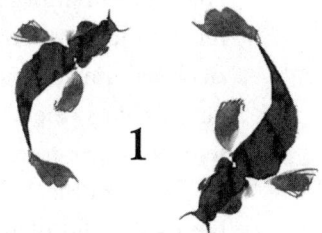

1

Die rote Pille schlucken

Auf die Gefahr hin, die menschliche Befindlichkeit über Gebühr zu dramatisieren: Haben Sie den Film »Matrix« gesehen?

Seine Hauptperson ist ein junger Mann namens Neo (dargestellt von Keanu Reeves), der entdeckt, dass er in einer Traumwelt gelebt hat. Das Leben, das er zu führen glaubte, war tatsächlich nur eine raffinierte Halluzination. Er lebte diese Halluzination, ohne darum zu wissen, dass sein tatsächlicher physischer Körper sich in einer klebrigen, sarggroßen Kapsel befand – eine unter vielen Kapseln in Reihen über Reihen von Kapseln, die alle ein Menschenwesen enthielten, das in einen Traum versunken war. Die Menschheit hatte vor langer Zeit einen Krieg gegen die von ihr selbst erschaffenen Maschinen mit künstlicher Intelligenz verloren. Die Maschinen nutzten die Menschen nun zur Energiegewinnung und hatten ihnen zur Ruhigstellung ein Traumleben gegeben.

In der berühmten »Rote-Pille«-Szene des Films wird Neo vor die Wahl gestellt, weiterhin eine Illusion zu leben oder zur Wirklichkeit zu erwachen. Neo wurde von »Rebellen« kontaktiert, die in seinen Traum eingetreten sind (oder, um es genau zu sagen, deren Avatare in seinen Traum eingedrungen sind). Ihr Anführer Morpheus (gespielt von Laurence Fishburne) erklärt

Neo die Situation: »Du wurdest wie alle in die Sklaverei geboren. Du lebst in einem Gefängnis, das du weder anfassen noch riechen kannst, einem Gefängnis für deinen Verstand.« Das Gefängnis wird »die Matrix« genannt. »Dummerweise ist es schwer, jemandem zu erklären, was die Matrix ist. Jeder muss sie selbst erleben.« Er bietet Neo zwei Pillen an, eine rote und eine blaue. Neo kann die blaue Pille einnehmen und in seine Traumwelt zurückkehren, oder er kann die rote Pille nehmen und den Schleier der Illusion durchbrechen. Neo entscheidet sich für die rote Pille.

Das ist eine ziemlich schwerwiegende Entscheidung: ein Leben der Verblendung und Gefangenschaft oder ein Leben der Einsicht und Freiheit. Es ist in der Tat eine dermaßen dramatische Wahl, dass man glauben möchte, so etwas sei zwar genau richtig für einen Hollywoodfilm, die Entscheidungen, die wir tatsächlich darüber treffen müssen, wie wir unser Leben führen wollen, seien aber weniger bedeutungsschwer und viel prosaischer. Doch als dieser Film in die Kinos kam, versinnbildlichte er für viele Menschen eine Entscheidung, die sie tatsächlich selbst getroffen hatten.

Die Menschen, an die ich denke, könnte man »westliche Buddhisten« nennen, Leute in den Vereinigten Staaten und anderen westlichen Ländern, die zum größten Teil nicht als Buddhisten aufgewachsen sind, die sich aber irgendwann für den Buddhismus entschieden haben. Sie übernahmen zumindest eine *Version* dieser Religion, die man einiger der übernatürlichen Elemente entkleidet hatte, welche sich typischerweise im asiatischen Buddhismus finden, wie etwa der Glaube an die Reinkarnation und an verschiedene Gottheiten. Dieser westliche Buddhismus konzentriert sich auf einen Teil der buddhistischen Praxis, der in Asien eher unter Mönchen als unter Laien verbreitet ist: Meditation zusammen mit der Versenkung in buddhistische Philosophie. (Zwei der am meisten verbreiteten Vorstellungen vom Buddhismus im Westen – dass er atheistisch sei und um Meditation kreise – sind falsch. Die meisten asiatischen Buddhisten glauben tatsächlich an Götter, wenn auch nicht an einen allmächtigen Schöpfergott, und sie meditieren auch nicht.)

Diese westlichen Buddhisten waren, bereits lange bevor sie den Film »Matrix« gesehen hatten, zu der Überzeugung gelangt, dass die Welt, wie sie sie einst gesehen hatten, eine Art von Illusion war – nicht durch und durch eine Halluzination, aber ein stark verzerrtes Bild der Realität, das wiederum ihre Lebensweise verzerrt hatte, und zwar mit schwerwiegenden Konsequenzen für sie und ihre Mitmenschen. Sie hatten das Gefühl, dass sie die Dinge dank der Meditation und der buddhistischen Philosophie jetzt klarer sahen. Für diese Menschen war »Matrix« eine angemessene Allegorie für die Verwandlung, die sie durchgemacht hatten, und sie betrachteten den Film als einen »Dharma-Film«. Das Wort »Dharma« hat mehrere Bedeutungen; es bezeichnet unter anderem die Lehren Buddhas und den Pfad, den Buddhisten diesen Unterweisungen entsprechend einschlagen sollten. Im Kielwasser von »Matrix« wurde die Metapher »Ich habe die rote Pille geschluckt« für viele ein neuer Ausdruck für »Ich folge dem Weg des Dharma«.

Ich habe »Matrix« im Jahr 1999 gesehen, gleich nachdem der Film in die Kinos gekommen war; und einige Monate später erfuhr ich, dass ich in einer gewissen Verbindung damit stand. Die Wachowski-Geschwister, verantwortlich für Drehbuch und Regie des Films, hatten Keanu Reeves zur Vorbereitung auf die Rolle von Neo drei Bücher zu lesen gegeben. Eines davon war *Diesseits von Gut und Böse*,[1] das ich einige Jahre zuvor geschrieben hatte.

Ich bin mir nicht sicher, welche Art von Verbindung die Regisseure zwischen meinem Buch und »Matrix« gesehen haben. Aber ich weiß, welche Verbindung ich sehe. Die Evolutionspsychologie lässt sich auf unterschiedliche Weise beschreiben; ich habe sie in meinem Buch folgendermaßen interpretiert: Es ist die Wissenschaft davon, wie das menschliche Gehirn von der natürlichen Selektion dazu konzipiert wurde, uns in die Irre zu führen, uns sogar zu versklaven.

Verstehen Sie mich nicht falsch: Die natürliche Selektion hat ihre Vorteile, und ich bin lieber von ihr geschaffen als überhaupt nicht existent – was, soweit ich sehen kann, die beiden Optionen sind, die uns dieses Universum bietet. Ein Produkt der Evolution zu sein bedeutet allerdings keineswegs, dass diese Evolution *ganz und gar* eine Geschichte der Versklavung und Verblendung war. Unser entwickeltes Gehirn befähigt uns in vieler Hinsicht und segnet uns oft mit einer grundlegend zutreffenden Sicht der Realität.

Und trotzdem: Der natürlichen Selektion geht es letztlich nur um eine einzige Angelegenheit (oder vielleicht sollte ich besser sagen: Sie »funktioniert« nur zu einem Zweck, denn die natürliche Selektion ist bloß ein blinder Prozess, kein bewusster Gestalter). Und diese eine Sache ist, unsere Gene an die nächste Generation weiterzugeben. Genetisch bedingte Züge, die in der Vergangenheit zur genetischen Fortpflanzung beigetragen hatten, blühten und gediehen, während andere Züge, die dies nicht leisteten, auf der Strecke geblieben sind. Und zu den Zügen, die diesen Test überlebt haben, gehörten mentale Züge – Strukturen und Algorithmen, die in unser Gehirn eingebaut sind und unsere Alltagserfahrung formen. Wenn Sie also die Frage stellen: »Welche Art von Wahrnehmungen, Gedanken und Gefühlen leiten uns in unserem täglichen Leben?«, so ist die Antwort auf der grundlegenden Ebene nicht: »Die Art von Gedanken und Gefühlen und Wahrnehmungen, die uns ein zutreffendes Bild der Realität vermittelt.« Nein, auf der *grundlegendsten* Ebene ist die Antwort: »Die Art von Gedanken, Gefühlen und Wahrnehmungen, die unseren Vorfahren geholfen hat, ihre Gene an die nächste Generation weiterzugeben.« Ob diese Gedanken, Gefühle und Wahrnehmungen uns eine wahre Sicht der Realität vermitteln, ist im Grunde unwichtig. Und das führt dazu, dass sie es manchmal nicht tun. Unser Gehirn ist dazu konzipiert, uns unter anderem auch irrezuführen.

Nicht, dass daran irgendetwas schlecht wäre! Einige meiner glücklichsten Momente ergaben sich aus einer Illusion – zum Beispiel dem Glauben, dass die Zahnfee mir einen Besuch abstatten würde, nachdem ich einen Zahn verloren hatte. Aber Illusionen können auch schlechte Erfahrungen hervorbringen. Und ich meine damit nicht nur Momente, die im Rückblick offensichtlich eine Illusion waren, wie schreckliche Albträume. Ich meine auch Momente, die Sie vielleicht nicht für verblendet halten, wie etwa nachts mit Angst wach zu liegen. Oder sich Tag für Tag hoffnungslos, ja sogar deprimiert zu fühlen. Oder vielleicht Wutanfälle gegenüber anderen Menschen zu haben, Ausbrüche, die sich für einen Moment vielleicht tatsächlich gut anfühlen, die aber langsam Ihren Charakter zersetzen. Oder das Gefühl von Affronts gegenüber sich selbst. Oder ein Gefühl von Gier, das Gefühl eines Zwangs, etwas in einem Ausmaß zu konsumieren, das weit über die Sorge für unser Wohlergehen hinausgeht. Auch wenn Emotionen wie Angst, Verzweiflung, Hass und Gier nicht auf die gleiche Weise illusionär sind wie ein Albtraum, werden Sie, wenn Sie gründlich darüber nachdenken, doch herausfinden, dass sie Elemente der Verblendung enthalten, ohne die es Ihnen besserginge.

Und wenn Sie denken, *Ihnen* würde es bessergehen ohne diese Emotionen, dann stellen Sie sich einmal vor, wie es der ganzen *Welt* gehen könnte. Schließlich können Gefühle wie Verzweiflung, Hass und Gier Kriege und Gräueltaten fördern. Sollte das, was ich sage, also wahr sein – wenn diese grundlegenden Quellen menschlichen Leidens und menschlicher Grausamkeit tatsächlich zum großen Teil ein Produkt von Verblendung sind –, dann ist es allemal sinnvoll, diese Verblendung ans Licht zu holen.

Das hört sich logisch an, nicht wahr? Aber hier gibt es ein Problem, das mir, schon bald nachdem ich mein Buch geschrieben hatte, langsam deutlich wurde: Der genaue Wert der Entlarvung einer Illusion hängt davon ab, welche Art von Licht man darauf wirft. Manchmal hilft ein Verständnis der letztlichen Quelle unseres Leidens an sich noch nicht viel.

Eine alltägliche Verblendung

Nehmen wir ein einfaches, aber grundlegendes Beispiel: Wir essen irgendein Junkfood, fühlen uns kurzfristig befriedigt, und dann, nur Minuten später, empfinden wir eine Art von Absturz und vielleicht Hunger nach mehr Junkfood. Dies ist aus zweierlei Gründen ein gutes Exempel für den Anfang.

Zuerst einmal illustriert es, wie subtil unsere Verblendungen sein können. Nehmen wir der Deutlichkeit halber einmal etwas überzeichnet an, dass Sie sich für den Messias halten oder glauben, fremdländische Geheimagenten hätten sich verschworen, Sie umzubringen – da brächte es nichts, wenn Sie eine Sechserpackung mit Puderzucker bestreuter Donuts äßen. Ähnliches gilt für viele, oft weniger offensichtliche Quellen der Verblendung, die ich in diesem Buch diskutieren werde: Dabei geht es mehr um Illusionen – darum, dass die Dinge nicht genauso sind, wie sie zu sein scheinen – als um eine Verblendung im dramatischeren Sinn dieses Wortes. Dennoch werde ich am Ende des Buches aufgezeigt haben, dass alle diese Illusionen sich zu einer Verzerrung der Realität großen Ausmaßes addieren, einer Irreführung, die so signifikant und folgenreich ist wie eine ausgemachte Verblendung.

Der zweite Grund, warum Junkfood für den Anfang als gutes Beispiel dient, ist, dass es grundlegend für die Lehren Buddhas eingesetzt werden kann. Natürlich gab es vor 2500 Jahren noch kein Junkfood im heutigen Sinne. Grundlegend für die Dynamik der Lehren Buddhas ist aber die allgemeine Dynamik eines starken Hingezogenseins zu sinnlichem Genuss, der sich schon bald bestenfalls als flüchtig erweist. Eine von Buddhas wichtigsten Botschaften war, dass die Genüsse, die wir suchen, schnell verfliegen und uns nach mehr dürstend zurücklassen. Wir verbringen unsere Zeit damit, nach der nächsten Befriedigung zu suchen – dem nächsten Puderzucker-Donut, der nächsten sexuellen Erfahrung, der nächsten unseren Status erhöhenden Beförderung, dem nächsten Onlinekauf. Doch der Kick verblasst, und was zurückbleibt, ist der Wunsch nach mehr. Der Rolling-Stones-Titel »I can't get no satisfaction« spiegelt nach buddhistischen Kriterien die menschliche Befindlichkeit wider. Auch wenn der Buddha berühmt für die Behauptung ist, das Leben sei von Leiden geprägt, sagen viele Gelehrte, dies sei eine unvollständige Wiedergabe seiner Botschaft und das Wort *dukkha*, das als »Leiden« wiedergegeben wird, wäre in mancher Hinsicht besser als »Unbefriedigtsein« zu übersetzen.

Was genau ist also das Illusorische am Streben nach Donuts, Sex, Konsumgütern oder einer Beförderung? Es gibt unterschiedliche Illusionen, die mit verschiedenen Bestrebungen verbunden sind, aber für den Moment können wir uns auf einen Umstand konzentrieren, der all diese Ziele kennzeichnet: die Überbewertung des Ausmaßes an Glück, das ihr Erreichen oder ihre Umsetzung mit sich bringen wird. Auch das ist an sich nur in einem subtileren Sinn eine Verblendung. Würde ich Sie fragen, ob Sie glauben, dass die nächste Beförderung, die beste Note beim nächsten Examen oder der nächste Donut Ihnen dauerhafte Glückseligkeit brächten, würden Sie das natürlich verneinen. Andererseits verfolgen wir solche Ziele oft mit einer zumindest unausgewogenen Sicht der Zukunft. Wir verwenden mehr Zeit darauf, uns vorzustellen, was die mit der Beförderung verbundene Gehaltserhöhung uns bringen wird, als uns vorzustellen, welche

Kopfschmerzen die Beförderung bereiten kann. Und im Hintergrund mag unausgesprochen die Hoffnung lauern, dass wir uns dann, wenn wir dieses lang ersehnte Ziel erreicht haben, wenn wir auf dem Gipfel angekommen sind, endlich entspannen können oder die Dinge zumindest dauerhaft besser sein werden. Ähnlich ist es, wenn wir diesen Donut vor uns sehen und uns vorstellen, wie gut er schmecken wird, und nicht, wie intensiv es uns nach einem weiteren Donut verlangen wird, kaum dass wir ihn aufgegessen haben, oder wie wir uns ein bisschen müde oder nervös wiederfinden, sobald der Zuckerkick vergeht.

Warum Genuss nachlässt

Um zu erklären, warum diese Art von Verzerrung in die menschliche Erwartungshaltung eingearbeitet ist, braucht es einen Evolutionsbiologen oder zumindest jemanden, der bereit ist, etwas Zeit auf das Nachdenken darüber zu verwenden, wie die Evolution funktioniert.

Hier ist die grundlegende Logik. Wir sind durch die natürliche Selektion dazu »konzipiert«, gewisse Verhaltensweisen auszuführen, die unseren Vorfahren geholfen haben, ihre Gene an die nächste Generation weiterzugeben – essen, Geschlechtsverkehr haben, sich die Achtung anderer Menschen verdienen und Rivalen übertreffen. Ich habe »konzipiert« in Anführungen gesetzt, weil, um es noch einmal zu sagen, die natürliche Selektion kein bewusster, intelligenter Konstrukteur ist, sondern ein unbewusster Prozess. Trotzdem bringt die natürliche Selektion Organismen hervor, die so aussehen, als seien sie das Produkt eines bewussten Konstrukteurs, der immer wieder an ihnen herumgebastelt hat, um sie zu effektiven Verbreitern von Genen zu machen. Doch als eine Art Gedankenexperiment ist es legitim, sich die natürliche Selektion als einen »Designer« vorzustellen, sich selbst an seine Stelle zu versetzen und zu fragen: Wenn Sie Organismen daraufhin konzipieren müssten, bei der Verbreitung ihrer Gene gut zu sein, wie würden Sie sie dazu bringen, Ziele zu verfolgen, die diesem Zweck dienen? Mit anderen Worten: Wenn wir davon ausgehen, dass essen, Geschlechtsverkehr haben, Mitmenschen beeindrucken und Rivalen übertreffen unseren Vorfahren geholfen hat, ihre Gene zu verbreiten, wie genau würden Sie ihre Gehirne konstruieren, um sie dazu zu bringen, diese Ziele zu verfolgen? Ich schlage vor, dass zumindest drei grundlegende Konstruktionsprinzipien sinnvoll wären:

1. Diese Ziele zu erreichen sollte Freude bereiten, weil Tiere, einschließlich des Menschen, dazu neigen, Aktivitäten nachzugehen, die ihnen Genuss verschaffen.
2. Der Genuss sollte nicht für immer andauern. Würde er nicht nachlassen, dann würden wir ihn nicht erneut suchen. Unser erstes Mal wäre unser letztes Mal, weil der Hunger nie zurückkehren würde. Genauso wäre es mit dem Sex: ein einziger Geschlechtsakt und dann ein lebenslanges Herumliegen und Schwelgen in dem Nachglühen. Das ist kein Weg, um viele Gene an die nächste Generation weiterzugeben!
3. Das Gehirn des Geschöpfs sollte sich eher auf die Tatsache konzentrieren, dass (1) Genuss das Erreichen des Ziels begleiten wird, als darauf, dass (2) der Genuss kurz danach verblassen wird. Schließlich würden Sie sich, wenn Sie sich auf (1) konzentrierten, mit unverminderter Begeisterung Beschäftigungen wie der Nahrungsaufnahme, Sex und dem Erreichen eines sozialen Status widmen, während Sie, wenn Sie sich auf (2) konzentrierten, vielleicht eine gewisse Ambivalenz zu empfinden begännen. Sie könnten sich zum Beispiel fragen, wozu es gut sein soll, so intensiv nach Genuss zu streben, wenn er, schon kurz nachdem Sie ihn verspürt haben, wieder verfliegt und Sie nach mehr hungernd zurücklässt. Ehe Sie sichs versehen, könnten Sie voller Überdruss sein und sich wünschen, im Hauptfach Philosophie studiert zu haben …

Wenn Sie diese drei Konstruktionsprinzipien zusammenbringen, dann gelangen Sie zu einer ziemlich plausiblen Erklärung der menschlichen Befindlichkeit, wie der Buddha sie diagnostizierte. Ja, wie er sagte, der Genuss ist flüchtig, und ja, dies lässt uns immer wieder unbefriedigt zurück. Und der Grund dafür ist, dass der Genuss von der natürlichen Selektion dazu konzipiert wurde, zu verfliegen, sodass das darauf folgende Ungenügen uns dazu bringen wird, weiteren Genuss zu suchen. Die natürliche Selektion »möchte« letztlich nicht, dass wir glücklich sind. Sie »möchte« einfach nur, dass wir produktiv sind, und zwar in ihrem engen Sinn von *produktiv*.

Wissenschaftler können beobachten, wie sich diese Logik auf der biochemischen Ebene auswirkt, indem sie das Dopamin beobachten, einen Neurotransmitter, der mit Genuss und der Erwartung von Genuss korreliert. In einer wegweisenden Studie nahmen sie Affen und beobachteten Dopamin erzeugende Neuronen, während Tropfen eines süßen Safts auf die Zunge der Affen fielen. Wie zu erwarten war, wurde Dopamin freigesetzt, sobald der Saft die Zunge erreichte. Doch dann wurden die Affen darauf trainiert, Safttropfen zu erwarten, nachdem ein Licht angegangen war. Während die Wissenschaftler den Versuch fortsetzten, wurde immer mehr Dopamin freigesetzt, sobald das Licht anging, und immer weniger, nachdem der Saft die Zunge berührt hatte.[2]

Wir können natürlich nicht genau wissen, wie es sich angefühlt hat, einer dieser Affen zu sein, aber es sieht so aus, als würde im Lauf der Zeit die *Erwartung* des Genusses der Süße immer mehr bewirken, während der tatsächliche Genuss der Süße immer weniger auslöst.[3] Um das, was sich mutmaßen lässt, in menschliche Relationen zu übersetzen: Wenn Sie einer neuen Art von Genuss begegnen – nehmen wir an, Sie hätten Ihr Leben lang noch keinen Puderzucker-Donut gegessen und jemand gäbe Ihnen einen und schlüge vor, Sie sollten ihn probieren –, dann bekämen Sie einen großen Dopaminkick, sobald Sie den Geschmack des Donuts verspüren. Doch später, wenn Sie zu einem eingefleischten Puderzucker-Donut-Esser geworden sind, kommt der Löwenanteil des Dopaminschubs, bevor Sie tatsächlich in das Teil beißen, nämlich sobald Sie beginnen, es voller Verlangen anzusehen. Die Menge an Dopamin, die nach dem Biss ausgeschüttet wird, ist wesentlich geringer als die, die Sie nach dem ersten glückseligen Biss in einen Donut erhalten hatten. Der Dopaminkick, den Sie jetzt erhalten, ist das Versprechen von mehr Glückseligkeit, und der Abfall der Menge an Dopamin nach dem Biss bedeutet gewissermaßen den Bruch dieses Versprechens – oder zumindest eine Art von biochemischer Bestätigung, dass man sich von etwas zu viel versprochen hat. In dem Maße, in dem Sie das Versprechen akzeptierten – dass Sie also größeren Genuss erwartet haben, als sich beim Zubeißen dann tatsächlich eingestellt hat –, waren Sie, wenn vielleicht auch nicht im wörtlichen Sinne dieses Wortes »verblendet«, so doch zumindest irregeführt.

Irgendwie ganz schön grausam – aber was erwarten Sie von der natürlichen Selektion? Deren Job ist es, »Maschinen« zu bauen, die Gene verbreiten, und wenn das bedeutet, dass der »Maschine« ein gewisses Maß an Illusion einprogrammiert werden muss, dann wird es diese Illusion geben.

Wenig hilfreiche Einsichten
Diese Art von Licht kann die Wissenschaft also auf eine Illusion werfen. Nennen wir es »darwinistisches Licht«. Betrachten wir die Dinge vom Standpunkt der natürlichen Selektion, dann sehen wir, warum uns die Illusion eingebaut sein sollte, und wir haben umso mehr Grund dazu, zu sehen, dass sie eine Illusion ist. Aber – und das ist der wesentliche Punkt dieses kleinen Exkurses – diese Art von Licht ist von begrenztem Wert, wenn Ihr Ziel darin besteht, sich tatsächlich von der Illusion zu befreien.

Sie glauben mir nicht? Versuchen Sie einmal das folgende einfache Experiment: (1) Denken Sie über die Tatsache nach, dass unsere Lust auf Donuts und andere Süßigkeiten eine Art von Illusion ist – dass die Lust implizit einen Genuss verspricht, der dauerhafter ist als derjenige, der sich tatsächlich einstellt, wenn Sie der Versuchung nachgeben, wobei Sie uns der Enttäuschung gegenüber, die sich danach einstellen mag, verblendet. (2) Während Sie über diese Tatsache nachdenken, halten Sie sich einen Puderzucker-Donut vor die Nase. Spüren Sie, wie die Lust darauf auf magische Weise nachlässt? Das geschieht nicht, wenn Sie so sind wie ich – keineswegs.

Das ist es, was ich entdeckte, nachdem ich mich in die Evolutionspsychologie versenkt hatte: Die Wahrheit über Ihre Situation zu erkennen, zumindest in der Form, die die evolutionäre Psychologie Ihnen bietet, macht Ihr Leben nicht unbedingt besser. Tatsächlich kann sie es schlimmer machen. Sie stecken immer noch in dem natürlichen menschlichen Kreislauf des letztlich vergeblichen Suchens nach Genuss fest – in dem, was Psychologen manchmal die »hedonistische Tretmühle« nennen –, aber nun haben Sie einen neuen Grund dafür, die Absurdität der Situation zu erkennen. Sie sehen jetzt, mit anderen Worten gesagt, dass es eine Tretmühle ist, die genau dafür konzipiert wurde, Sie weiter darin laufen zu lassen, oft ohne dass Sie von der Stelle kommen – und dennoch laufen Sie weiter!

Ich denke, trotzdem ist es nicht so schrecklich unangenehm, sich der darwinistischen Logik hinter dem Mangel an Selbstdisziplin beim Essen bewusst zu sein. Vielleicht finden Sie in dieser Logik sogar tatsächlich eine tröstliche Entschuldigung: Es ist schwer, gegen Mutter Natur anzukämpfen, nicht wahr?

Puderzucker-Donuts sind natürlich nur ein Beispiel für vieles. Doch die Evolutionsbiologie machte mir auch bewusster, wie die Illusion andere Arten von Verhalten prägt, wie etwa die Art und Weise, auf die ich andere Menschen behandele, und sogar, wie ich mit mir selbst in vieler Hinsicht umgehe. Diesbezüglich war die darwinistische Selbsterkenntnis manchmal ziemlich unangenehm.

Yongey Mingyur Rinpoche, ein Meditationslehrer in der Tradition des tibetischen Buddhismus, sagte: »Glück läuft letztlich darauf hinaus, dass wir wählen können zwischen der Unannehmlichkeit, uns unserer mentalen Affektionen bewusst zu werden, und der Unannehmlichkeit, von diesen regiert zu werden.«[4] Er meinte damit: Wenn Sie sich von jenen Aspekten Ihres Geistes befreien wollen, die Sie davon abhalten, wahres Glück zu realisieren, dann müssen Sie sich ihrer zuerst bewusst werden, was ziemlich unangenehm sein kann.

Na gut, in Ordnung: Das ist eine Form schmerzlicher Selbsterkenntnis, die sich lohnen würde – die letztlich zu tiefem Glück führt. Aber die Erkenntnis, die ich aus der Evolutionsbiologie gewann, war zunächst nur das Schlechteste von beiden Seiten: die schmerzliche Selbsterkenntnis ohne das tiefe Glück. Ich hatte sowohl die Unannehmlichkeit, mir meiner mentalen Affektionen bewusst zu sein, als auch die Unannehmlichkeit, von ihnen beherrscht zu werden.

Jesus sagte: »Ich bin der Weg, die Wahrheit und das Leben.« Nun ja, ich hatte das Gefühl, mit der evolutionären Psychologie auf die Wahrheit gestoßen zu sein. Aber ganz offensichtlich hatte ich den Weg nicht gefunden. Was mich dazu brachte, eine andere Aussage Jesu als fragwürdig einzuschätzen: dass die Wahrheit mich befreien würde. Ich hatte das Gefühl, die grundlegende Wahrheit über die menschliche Natur erkannt zu haben, und ich sah jetzt klarer denn je, wie sehr ich von allen möglichen Illusionen gefangen gehalten wurde. Aber die Erkenntnis dieser Wahrheit brachte mir keinen Passierschein, mit dem ich aus dem Gefängnis gekommen wäre.

Gibt es also irgendwo eine andere Version der Wahrheit, die mich befreien würde? Nein, ich glaube, nicht. Zumindest glaube ich nicht, dass es eine *Alternative* zu der von der Wissenschaft präsentierten Wahrheit gibt. Ob es uns gefällt oder nicht, die natürliche Selektion ist nun einmal der Prozess, der uns geschaffen hat. Doch einige Jahre nachdem ich *Diesseits von Gut und Böse* geschrieben hatte, begann ich mich zu fragen, ob es nicht einen Weg gäbe, die Wahrheit zu *operationalisieren* – einen Weg, die tatsächliche wissenschaftliche Wahrheit über die menschliche Natur und die menschliche Befindlichkeit auf eine Art und Weise zu formulieren, die nicht nur unsere Illusionen identifizieren und erklären würde, sondern die uns auch helfen könnte, uns von ihnen zu befreien. Ich begann, mich zu fragen, ob der westliche Buddhismus, von dem mir zu Ohren gekommen war, dieser Weg sein könnte. Vermutlich sagten viele der Lehren Buddhas ja im Wesentlichen dasselbe wie die moderne Psychologie. Und vielleicht war die Meditation zu einem großen Teil eine andere Weise, diese Wahrheiten zu würdigen – und dazu noch ein Weg, tatsächlich etwas gegen sie zu unternehmen.

So machte ich mich denn im August 2003 zu meiner ersten Meditationsklausur in einen ländlichen Teil von Massachusetts auf – eine ganze Woche, die der Meditation gewidmet war, ohne solche Ablenkungen wie E-Mails, Nachrichten von der Außenwelt und Gespräche mit anderen Menschen.

Die Wahrheit über die Achtsamkeit

Sie könnten zu Recht daran zweifeln, dass ein Retreat wie dieses mir irgendetwas Dramatisches oder Tiefgründiges bringen konnte. Die Klausur fand in der Tradition der »Achtsamkeitsmeditation« statt, jener Art von Meditation, die damals im Westen immer mehr Verbreitung sowie Anerkennung fand und in unserer Gesellschaft mittlerweile etabliert ist. Wie sie im Allgemeinen beschrieben wird, ist das, was die Achtsamkeitsmeditation zu kultivieren anstrebt, nicht sehr tief gehend oder exotisch. Achtsam zu leben heißt, aufmerksam auf das zu reagieren, was hier und jetzt geschieht, und es auf klare, unmittelbare Weise zu erfahren, unverstellt von sämtlichen möglichen mentalen Verschleierungen: Halt inne und riech die Rosen.

Dies ist eine zutreffende Beschreibung von Achtsamkeit, wie sie gemeinhin verstanden wird. Aber es reicht nicht sehr weit. Es ist lediglich erst der Anfang von Achtsamkeit.

Und es ist in mancher Hinsicht ein irreführender Anfang. Wenn Sie sich in die buddhistischen Schriften vertiefen, werden Sie nicht viele Aufforderungen finden, innezuhalten und die Rosen zu riechen – und das trifft auch zu, wenn Sie sich auf jene Schriften konzentrieren, in denen das Wort *sati* auftaucht, das als »Achtsamkeit« übersetzt wird. Tatsächlich scheinen einige dieser Schriften manchmal eine völlig andere Botschaft zu vermitteln. Der alte buddhistische Text *Die Vier Grundlagen der Achtsamkeit* – der so etwas wie eine Bibel der Achtsamkeit darstellt – erinnert uns daran, dass unser Körper »voll von unterschiedlichen unreinen Dingen« ist, und leitet uns dazu an, auf solche Bestandteile des Körpers zu meditieren wie »Fäkalien, Galle, Rotze, Eiter, Blut, Schweiß, Fett, Tränen, Hautfett, Speichel, Schleim, Gelenkflüssigkeit, Urin«. Er rät uns auch, uns unseren Körper »einen Tag, zwei Tage, drei Tage nach dem Tod« vorzustellen – »aufgedunsen, bläulich verfärbt und verwesend«.

Ich kenne kein gut verkäufliches Buch über Achtsamkeitsmeditation, das einen Titel wie »Halt inne und riech die Fäkalien« trüge. Und ich habe noch von keinem Meditationslehrer die Empfehlung gehört, ich solle auf meine Galle, meinen Schleim und den Eiter auf meinem verwesenden Körper meditieren, der ich eines Tages sein werde. Was hierzulande als eine alte meditative Tradition präsentiert wird, ist in Wirklichkeit also eine selektive Version einer alten meditativen Tradition, die in manchen Fällen stark geschminkt ist.

Das ist nichts Verwerfliches. Was sollte falsch daran sein, dass moderne Interpreten des Buddhismus selektiv – und manchmal sogar kreativ – in dem sind, was sie als Buddhismus präsentieren? Alle spirituellen Traditionen entwickeln sich, passen sich Zeit und Ort an, und die buddhistischen Lehren, die heute ihr Publikum in den Vereinigten Staaten und Europa finden, sind ein Produkt einer solchen Evolution.

Das für unsere Zwecke Wichtige ist, dass diese Evolution – die Evolution, die eine dezidiert westliche Version des Buddhismus für das 21. Jahrhundert hervorgebracht hat – die Verbindung zwischen der gegenwärtigen Praxis und dem altbewährten Gedankengut nicht getrennt hat. Die moderne Achtsamkeitsmeditation ist nicht genau dasselbe wie die alte, aber beide beruhen auf einer gemeinsamen philosophischen Grundlage. Wenn Sie der beiden Traditionen zugrunde liegenden Logik nur weit genug folgen, werden Sie eine dramatische Behauptung finden: dass wir, metaphorisch gesprochen, in der »Matrix« leben. Wie säkular sich die Achtsamkeitsmeditation manchmal auch anhören mag, wenn Sie sie rigoros verfolgen, ist es eine Praxis, die Sie sehen lassen kann, was Sie nach Aussage von Morpheus mithilfe der roten Pille sehen können. Nämlich »die tiefsten Tiefen des Kaninchenbaus« (eine Anspielung auf *Alice im Wunderland*).

Bei dieser ersten Meditationsklausur machte ich einige ziemlich beeindruckende Erfahrungen – imposant genug, um den Wunsch in mir wachzurufen, den Kaninchenbau tiefer zu erforschen. Also las ich mehr über buddhistische Philosophie, sprach mit Experten des Buddhismus, ging schließlich zu weiteren Meditationsretreats und begründete meine eigene tägliche Meditationspraxis.

All das machte mir immer klarer, warum »Matrix« ein »Dharma-Film« genannt wurde. Auch wenn die Evolutionspsychologie mich bereits davon überzeugt hatte, dass die Menschen von Natur aus mehr oder weniger verblendet sind, stellte sich heraus, dass der Buddhismus ein sogar noch dramatischeres Bild malt. Ihm zufolge beeinflusst die Verblendung unsere alltäglichen

Wahrnehmungen und Gedanken auf sehr viel subtilere und allgegenwärtigere Weise, als ich es mir vorgestellt hatte. Und zwar auf eine Weise, die ich nachvollziehen konnte. Je tiefer ich in den Buddhismus eindrang, desto radikaler erschien er, aber je mehr ich ihn im Licht der modernen Psychologie untersuchte, desto plausibler erschien er mir auch. Die Matrix des wirklichen Lebens, in die wir tatsächlich eingebettet sind, sah immer mehr wie die in dem Film aus – vielleicht nicht stets so dramatisch bewusstseinsverändernd, aber doch zutiefst irreführend und letztlich unterdrückend, wie etwas, dem die Menschheit unbedingt entfliehen muss.

Die gute Nachricht ist das, wovon ich zudem überzeugt wurde: Wenn Sie der Matrix entfliehen wollen, dann bietet die buddhistische Praxis und Philosophie Ihnen eine starke Hoffnung. Nicht nur der Buddhismus macht dieses Versprechen. Es gibt andere spirituelle Traditionen, die die menschliche Befindlichkeit mit Einsicht und Weisheit ansprechen. Aber die buddhistische Meditation gemeinsam mit der ihr zugrunde liegenden Philosophie spricht diese Befindlichkeit auf eine erstaunlich direkte und umfassende Weise an. Der Buddhismus bietet eine explizite Diagnose des Problems und ein Heilmittel. Und wenn das Heilmittel wirkt, bringt es nicht nur Glück, sondern auch eine Klarheit der Sicht: Man erfährt die tatsächliche Wahrheit über die Dinge oder zumindest etwas, was ihr unendlich viel näher kommt als unsere alltägliche Anschauung.

Manche Menschen, die in den vergangenen Jahren zu meditieren begannen, haben dies im Wesentlichen aus therapeutischen Gründen getan. Sie üben die achtsamkeitsbasierte Stressreduktion oder konzentrieren sich auf ein spezifisches persönliches Problem. Sie sind sich vielleicht gar nicht bewusst, dass die Art von Meditation, die sie praktizieren, ein zutiefst spirituelles Unterfangen sein kann, das ihre Sicht der Welt zu transformieren vermag. Sie stehen, ohne es zu wissen, nahe an der Schwelle zu einer grundlegenden Entscheidung, einer Entscheidung, die nur sie allein treffen können. Wie Morpheus sagte: »Ich versuche, deinen Verstand zu befreien, Neo. Aber ich kann dir nur die Tür zeigen. Hindurchgehen musst du alleine.« Dieses Buch ist ein Versuch, Ihnen die Tür zu zeigen, eine Vorstellung von dem zu geben, was dahinter liegt, und von einem wissenschaftlichen Standpunkt aus zu erklären, warum das, was dahinter liegt, einen stärkeren Anspruch darauf hat, real zu sein, als die Welt, mit der Sie vertraut sind.

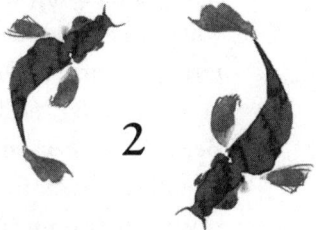

2

Die Paradoxe der Meditation

I ch sollte Ihnen eigentlich nichts über meinen ersten großen Erfolg bei der Meditation erzählen. Denn dabei sollte es gar keinen Erfolg *geben*. Wenn Sie im Hinblick auf die Meditation von Erfolg oder Versagen sprechen, so wird Ihnen jeder gute Lehrer sagen, dass Sie missverstehen, was Meditation ist.

Hier muss ich von der Orthodoxie abweichen. Ich würde die Meditation nicht befürworten, wenn ich nicht glaubte, dass die Menschen dadurch etwas erreichen können. Und würden sie dieses »Etwas« nicht erreichen, nun, dann wäre das doch ein Versagen, oder? Also das Gegenteil von Erfolg.

Zugegeben, für Meditierende wäre es am besten, nicht über einen Erfolg *nachzudenken*, weil das Denken über Erfolg dem Erfolg selbst im Wege steht! Aber wenn Sie beim Meditieren »erfolgreich« sind, dann wird das zu einer neuen Geisteshaltung führen, in der Sie weniger dem Erfolg nachlaufen als in Ihrer alten Geisteshaltung, weil Sie nicht mehr unablässig darauf aus sind, bestimmte schwer zu erreichende materielle Güter zu erlangen, und Sie sich mehr des Hier und Jetzt bewusst sind.

Kurz gesagt: Sie können am ehesten »erfolgreich« meditieren, wenn Sie nicht nach Erfolg streben; und wenn Sie Erfolg haben, mag das bedeuten, dass Ihnen Erfolg weniger wichtig ist, zumindest das, was konventionell als Erfolg definiert wird. Das hört

31

sich paradox an, doch dies wird nicht das letzte Mal sein, dass wir in der buddhistischen Praxis oder den buddhistischen Lehren (scheinbare) Widersprüche finden. Aber schließlich gibt es ja auch in der modernen Physik Paradoxien (ein Elektron zum Beispiel ist sowohl ein Partikel als auch eine Welle), und die moderne Physik funktioniert großartig.

Wie auch immer, bevor ich gegen das Protokoll verstoße, indem ich Ihnen über meinen ersten großen »Erfolg« als Meditierender berichte, muss ich die Regeln noch ein zweites Mal brechen, indem ich Ihnen sage, was für ein schlechter Meditierer ich bin. Dass man nicht darüber sprechen sollte, wie gut oder schlecht man meditiert, ist eine logische Konsequenz des Axioms, dass es in der Meditation so etwas wie Versagen oder Erfolg gar nicht gibt. Und wenn ich schon das Axiom verletze, dann kann ich dies auch gleich bei seiner logischen Konsequenz fortsetzen – also dann.

Angenommen, man würde alle Menschen in der Welt nach der Wahrscheinlichkeit einstufen, mit Leichtigkeit in die Achtsamkeitsmeditation einsteigen zu können – also sich hinzusetzen, die Aufmerksamkeit auf den Atem zu richten und langsam in einen Zustand ruhiger, leidenschaftsloser Beobachtung zu versinken. An einem Ende des Spektrums würde man dann Bobby Knight finden, den College-Basketball-Coach, der berüchtigt für sein rotes, wütendes Gesicht ist und dafür, dass er einmal einen Stuhl auf das Basketballfeld geworfen hat. Am anderen Ende hätten wir, nun sagen wir mal, den Dalai Lama. Ich wäre sehr viel näher bei Bobby Knight als beim Dalai Lama. Ich habe noch nie einen Stuhl auf ein Basketballfeld geschmissen, aber einem Gast mal beim Abendessen eine Hühnerkeule entgegengeschleudert, als ich vier Jahre alt war, und meinem Schwager einen Baseball im Alter von zwölf. Glücklicherweise ist meine Neigung, Leute mit Objekten zu bewerfen, mit dem Alter abgeflaut, aber die dem zugrunde liegende Wankelmütigkeit ist nicht völlig verschwunden. Und Wankelmütigkeit ebnet nicht gerade den Pfad zur Achtsamkeit.

Hinzu kommt (und das hat vielleicht damit zu tun) meine Einstellung gegenüber anderen meiner Artgenossen, die sich als Hindernis für *metta* oder liebende Güte erweisen könnte, welche man während einer bestimmten Art der Meditation entfalten sollte. Als ich vor vielen Jahren bei der Zeitschrift *The New Republic* arbeitete, schlug der Herausgeber Michael Kinsley einmal vor – und das war noch nicht einmal halbwegs als ein Scherz gemeint –, ich solle doch eine Kolumne mit dem Titel »Der Misanthrop« schreiben.

In Wirklichkeit bin ich der Meinung, dass dies mein Problem allzu sehr vereinfacht. Ich habe keine feindselige Einstellung der gesamten Menschheit gegenüber. Ich hege ihr gegenüber sogar sehr warme Gefühle. Es sind bestimmte Zeitgenossen, mit denen ich Probleme habe. Ich neige zu einem gewissen Skeptizismus, was die Motive und den Charakter der Leute angeht, und diese kritische Haltung kann sich zu einem dauerhaft schroffen Urteilen verhärten. Ich tue mich besonders schwer im Umgang mit Menschen, die in moralischen oder politischen Fragen, welche ich für wichtig halte, anderer Meinung sind als ich. Habe ich diese Damen und Herren erst einmal auf die andere Seite einer kritischen ideologischen Grenze gestellt, dann kann es mir schwerfallen, großzügige und sympathische Gedanken über sie zu entwickeln.

Zu alldem kommt hinzu, dass ich an einer Aufmerksamkeitsdefizit-Störung leide. Meditation ist schon schwer genug, wenn man die normale Fähigkeit zur Sammlung besitzt. Bei mir ist das nicht der Fall.

Das Interessante an dem oben erwähnten hypothetischen Spektrum von Menschen ist Folgendes: Diejenigen, die am wenigsten wahrscheinlich meditieren, sind genau die, welche der Wohltaten der Meditation wohl am meisten bedürfen! Ich glaube, der Dalai Lama ist ein Typ, mit dem man auch dann ziemlich leicht zurechtkommen würde, wenn er nie begonnen hätte zu meditieren. Ich glaube nicht, dass er mit sehr vielen Ecken und Kanten geboren wurde, die erst abgeschliffen werden mussten. Bobby Knight und ich gehören da einem ganz anderen Lager an.

So kommt es zu einem weiteren Paradox der Meditation: Die Probleme, die zu überwinden sie helfen kann, machen es zuerst einmal schwer zu meditieren. Es stimmt schon, Meditation kann Ihnen helfen, Ihre Aufmerksamkeitsspanne zu verlängern, Ihre Wut zu mildern und Ihre Sicht Ihrer Mitmenschen unvoreingenommener zu machen. Unglücklicherweise können eine kurze Aufmerksamkeitsspanne, ein hitziges Temperament und eine Neigung zu schroffen Urteilen Ihren Fortschritt auf dem Pfad der Meditation jedoch verlangsamen. Das klingt zunächst nach schlechten Nachrichten für mich.

Aber dass ich diese Menge an Hindernissen für die Meditation aufweise, hat auch eine gute Seite. Sie machen mich zu einer geeigneten »Laborratte«, einer Art Stellvertreter für den Großteil der Menschheit. Auch wenn ich auf dieser Skala einen höheren Platz einnehme als der sogenannte Durchschnittsbürger, sind doch viele Menschen sehr viel höher einzustufen, als optimal wäre. Und es kann gut sein, dass der Durchschnitt heute höher einzustufen ist, als das früher der Fall war. Die Technologien der Zerstreuung und Reizüberflutung haben Aufmerksamkeitsdefizite häufiger werden lassen. Und es liegt in unserer heutigen Umgebung etwas in der Luft – etwas Technologisches, Kulturelles, Politisches oder all das zusammen –, was schroffe Urteile und leicht entflammbare Wut fördert. Man braucht sich nur diesen ganzen Tribalismus anzusehen – die Spannungen und sogar offenen Konflikte aus religiösen, ethnischen, nationalistischen und ideologischen Gründen. Es sieht so aus, als würden immer mehr Gruppen ins Stammesdenken zurückfallen und ihre Identität in Begriffen heftiger Gegnerschaft zu anderen Gruppen definieren.

Ich halte diese destruktive Tendenz für das größte Problem unserer Zeit. Ich glaube, sie könnte Jahrtausende einer Entwicklung hin zu globaler Integration rückgängig machen und das soziale Netz auflösen, gerade heute, da die Technologie uns in Aussicht stellt, dass eine kooperative planetarische Gemeinschaft in greifbare Nähe gerückt ist. Angesichts der Tatsache, dass die Welt immer noch mit atomaren Waffen überfrachtet ist und die Biotechnologie mit ihren unsäglichen Waffen einer überdimensionierten Büchse der Pandora gleichkommt, kann man sich vorstellen, dass solche tribalistischen Impulse ein wirklich dunkles Zeitalter heraufbeschwören könnten.

Vielleicht übertreibe ich ja. Auf jeden Fall werde ich Ihnen die volle Länge und Intensität meiner Moralpredigt über die Gefährdung unseres Planeten ersparen. Sie müssen meine apokalyptischen Ängste nicht teilen, um der Meinung zu sein, dass es gut für die Welt wäre, wenn Meditation mehr Menschen helfen könnte, jene mentalen Tendenzen zu überwinden, die die besonders kriegerischen Formen des Stammesdenkens nähren. Und wenn sie *mir* helfen kann, sie zu überwinden – mir helfen kann, Wut zu unterdrücken und meine Feinde, die wahren und die eingebildeten, gelassener zu betrachten –, dann kann sie so gut wie jedem helfen, sie zu überwinden. Das ist es, was mich zu einem so vorbildlichen Versuchstier macht. Ich bin die Verkörperung dessen, was ich als das größte Problem betrachte, dem sich die Menschheit gegenübersieht. Ich bin in einem Mikrokosmos das, was in der Welt falsch läuft.

Meine Karriere als »Laborratte« begann so richtig, als ich im August 2003 zu diesem »Retreat schweigender Meditation« im ländlichen Massachusetts fuhr. Mir war klar, dass es lohnend sein würde, die Meditation zu erkunden, aber ich hatte inzwischen auch gelernt, dass ein gelegentliches Experimentieren einen Menschen wie mich nicht sehr weit bringen würde. Ein hartes Trainingslager war also angesagt. Deshalb schrieb ich mich zu einem siebentägigen Retreat bei der Insight Meditation Society ein, die glückverheißend in der Pleasant Street in der Stadt Barre ansässig ist. Dort sollte ich dann jeden Tag fünfeinhalb Stunden lang Sitzmeditation üben und Gehmeditation ebenso lange. Fügte man, was den Rest des Tages angeht, noch drei (schweigend eingenommene) Mahlzeiten, eine Stunde »Yogi-Job« am Morgen (in meinem Fall Staubsaugen in den Korridoren) sowie am Abend das Anhören einer »Dharma-Darlegung« eines der Lehrer hinzu, dann war der Tag ziemlich ausgefüllt. Und das war gut so, denn hätte man Zeit gehabt, sie verschwenden zu können, dann wären die üblichen Mittel der Ablenkung nicht verfügbar gewesen. Es gab kein Fernsehen, kein Internet, keine Nachrichten von der Außenwelt. Und man sollte keine Bücher mitbringen oder irgendetwas schreiben. (Diese letzte Regel habe ich heimlich gebrochen, um einen Bericht über die Ereignisse zu haben. Ich plante zu jener Zeit noch nicht, dieses Buch zu schreiben, aber ich bin Schriftsteller und betrachte so gut wie alle meine Unternehmungen als Rohmaterial.) Und natürlich hieß es zu schweigen.

Dieser tägliche Stundenplan mag sich nicht sehr herausfordernd anhören, denn abgesehen von dem »Yogi-Job« gab es da nichts, was wir normalerweise »Arbeit« nennen. Aber die ersten Tage waren ziemlich qualvoll. Haben Sie jemals versucht, mit verschränkten Beinen auf einem Kissen zu sitzen und sich auf Ihren Atem zu sammeln? Das ist kein Spaziergang, besonders wenn Sie so schlecht in der Fokussierung auf Ihren Atem sind wie ich. Zu Beginn der Klausur konnte es sein, dass ich es während einer ganzen 45 Minuten langen Sitzung nicht fertigbrachte, mich auch nur für zehn aufeinanderfolgende Atemzüge auf die Atmung zu fokussieren. Und ich weiß das, weil ich gezählt habe! Immer wieder schweifte mein Geist ab, nachdem ich drei oder vier Atemzüge gemacht hatte, bis ich irgendwann bemerkte, dass ich nicht mehr dabei war, zu zählen – oder in manchen

Fällen, dass ich zwar immer noch mechanisch weiterzählte, aber tatsächlich über etwas anderes nachdachte und die Atemzüge nicht bewusst fühlte.

Es half auch nicht gerade, dass ich jedes Mal, wenn dies passierte, über mich selbst wütend wurde – wütender und wütender, während die ersten Tage vergingen. Mein Groll schloss dann natürlich auch all die Leute ein, die es anscheinend besser machten als ich. Das waren etwa achtzig Menschen – genauer gesagt alle anderen. Stellen Sie sich vor, dass Sie eine Woche mit achtzig Leuten verbringen müssen, die alles besser machen als Sie, die »Erfolg haben«, während Sie »versagen«.

Mein großer Durchbruch

Mein großer Durchbruch kam am fünften Morgen des Retreats. Nach dem Frühstück hatte ich ein wenig zu viel von dem Pulverkaffee getrunken, den ich in die Klausur mitgebracht hatte, und als ich zu meditieren versuchte, fühlte ich das klassische Symptom einer Überdosis Koffein: eine sehr unangenehme Spannung in meinem Unterkiefer, die mir das Gefühl gab, mit den Zähnen knirschen zu müssen. Das Gefühl störte meine Sammlung, und nachdem ich eine Weile versucht hatte, gegen diese Störung anzukämpfen, nahm ich sie schließlich einfach hin und richtete meine Aufmerksamkeit jetzt auf die Spannung in meinem Unterkiefer. Oder vielleicht war es auch nicht so sehr eine Verlagerung wie eine Ausweitung der Aufmerksamkeit – ich blieb mir meiner Atmung bewusst, ließ sie aber in den Hintergrund treten, während diese unangenehme Empfindung im Kiefer in die Mitte der Bühne trat.

Diese Art der Neuausrichtung der Aufmerksamkeit ist übrigens völlig in Ordnung. In der Achtsamkeitsmeditation, wie sie typischerweise gelehrt wird, geht es bei der Sammlung auf Ihren Atem nicht nur darum, sich auf Ihren Atem zu sammeln. Es geht darum, Ihren Geist zu stabilisieren, ihn von seinen normalen

Hauptverwicklungen zu befreien, sodass Sie die Dinge, die geschehen, auf eine klare, gelassene und weniger reaktive[5] Weise beobachten können. Und zu den »Dingen, die geschehen«, gehören ganz ausdrücklich auch solche, die in Ihrem Geist geschehen. Gefühle tauchen in Ihnen auf – Traurigkeit, Angst, Ärger, Erleichterung, Freude –, und Sie versuchen, sie von einem anderen Standpunkt als gewöhnlich zu erfahren, indem Sie weder an den guten Gefühlen anhaften noch vor den schlechten Gefühlen weglaufen, sondern sie einfach erfahren, wie sie sind, und sie beobachten. Diese veränderte Perspektive kann der Beginn eines fundamentalen und dauerhaften Wandels in Ihrer Beziehung zu Ihren Gefühlen sein; Sie können, wenn alles gut läuft, aufhören, ihr Sklave zu sein.

Nachdem ich etwas Aufmerksamkeit auf das Gefühl der Überdosis Koffein in meinem Kiefer gerichtet hatte, bekam ich plötzlich einen Blickwinkel auf mein Innenleben, den ich nie zuvor eingenommen hatte. Ich erinnere mich, etwas gedacht zu haben wie: »Ja, das Gefühl des Zähneknirschens ist immer noch da – eine Empfindung, die ich gewöhnlich als unangenehm definiere. Aber diese Empfindung ist unten in meinem Kiefer, und das ist nicht der Ort, wo ich bin. Ich bin hier oben in meinem Kopf.« Ich war nicht länger mit dem Gefühl identifiziert. Ich denke, man könnte sagen, dass ich es objektiv betrachtete. Innerhalb eines Augenblicks hatte es völlig seinen Zugriff auf mich verloren. Es war sehr seltsam zu erfahren, dass ein unangenehmes Gefühl aufhört, unangenehm zu sein, ohne dass es wirklich verschwindet.

Auch hier gibt es ein Paradox. (Sagen Sie nicht, ich hätte Sie nicht gewarnt!) Als ich begann, meine Aufmerksamkeit so auszudehnen, dass sie die unangenehm störende Empfindung des Zähneknirschens umfasste, schloss das mit ein, dass ich meinen Widerstand gegen die Empfindung aufgab. Ich akzeptierte, ja begrüßte gewissermaßen ein Gefühl, das ich auf Distanz zu halten versucht hatte. Aber das Resultat dieser größeren Nähe zu dem Gefühl war, dass ich mich irgendwie von ihm distanzierte – ein gewisses Maß an Loslösung (oder, wie manche Meditationslehrer es aus einigermaßen technischen Gründen lieber nennen, »Nichtanhaften«) stellte sich ein. Dies ist etwas, was in der Meditation immer wieder geschehen wird: dass das Annehmen oder gar Begrüßen eines unangenehmen Gefühls Ihnen eine Distanz dazu verschaffen kann, die letztlich die Unannehmlichkeit verringert.

Dies ist in der Tat etwas, was ich gelegentlich praktiziere, wenn ich mich sehr traurig fühle. Und dies ist etwas, womit Sie experimentieren können, selbst wenn Sie nie meditiert haben: Ich setze mich hin, schließe die Augen und untersuche die Traurigkeit. Ich akzeptiere ihr Vorhandensein und beobachte einfach, welche Gefühle sie in mir entstehen lässt. So ist es zum Beispiel ziemlich interessant, dass ich auch dann, wenn ich nicht nah daran bin, wirklich zu weinen, das Gefühl der Traurigkeit eine starke Präsenz genau in den Bereichen rund um meine Augen hat, die aktiv würden, wenn ich zu weinen begänne. Das war mir nie aufgefallen, bevor ich auf Traurigkeit meditiert habe. Diese sorgfältige Beobachtung von Traurigkeit, kombiniert mit einer Art von Akzeptanz, macht sie meiner Erfahrung nach erträglicher.

Hier stellt sich nun eine fundamentale Frage: Welche meiner beiden Wahrnehmungen, falls überhaupt eine davon, war »wahrer« – wenn sich das Gefühl unangenehm anfühlte oder wenn die Unannehmlichkeit nachließ und das Empfinden praktisch neutral wurde? Um es anders zu formulieren: War die anfängliche Unannehmlichkeit in irgendeiner Hinsicht eine Illusion? Indem ich eine andere Perspektive einnahm, habe ich sie zweifellos verschwinden lassen – und das ist etwas, was oft auf Umstände zutrifft, die wir eine »Illusion« nennen: Die Perspektive zu verändern vertreibt sie. Doch gibt es noch weitere Gründe dafür, sie für eine Illusion zu halten?

Diese Frage geht weit über meine eigene kleine Episode der Überwindung von Koffein-Überdosis und Melancholie hinaus. Sie bezieht sich im Prinzip auf alle negativen Gefühle: Befürchtungen, Ängste, Hass, Selbsthass und so weiter. Stellen Sie sich vor, wie es wäre, wenn Ihre negativen Gefühle, oder zumindest viele davon, sich als Illusionen erwiesen und Sie sie vertreiben könnten, indem Sie sie einfach aus einem bestimmten Blickwinkel betrachteten.

Schmerz, der nicht wehtut

Zweifellos hat das Meditationstraining es einigen Menschen erlaubt, im Wesentlichen indifferent gegenüber etwas zu werden, was ansonsten unerträglicher Schmerz gewesen wäre. Im Juni 1963 protestierte ein Mönch namens Thich Quang Duc öffentlich gegen die Behandlung von Buddhisten durch die südvietnamesische Regierung. Auf einem Sitzkissen auf einer Straße von Saigon nahm er die Lotos-Meditationshaltung an. Nachdem ein anderer Mönch ihn mit Benzin übergossen hatte, sagte Duc: »Bevor ich meine Augen schließe und zur Vision des Buddha übergehe, flehe ich den Präsidenten Ngo Dinh Diem respektvoll an, einen Geist des Mitgefühls gegenüber den Menschen des Landes zu entwickeln und die Gleichheit der Religionen festzuschreiben, um die Stärke unseres Heimatlandes auf ewig zu erhalten.« Dann entzündete er ein Streichholz. Der Journalist David Halberstam, der Zeuge dieses Ereignisses war, schrieb: »Während er brannte, bewegte er keinen einzigen Muskel, gab keinen Laut von sich und bildete damit durch seine sichtliche Gefasstheit einen scharfen Gegensatz zu den klagenden Leuten um ihn herum.«

Nun könnte man argumentieren, dass Duc weit davon entfernt war, sich von einer Illusion zu befreien, sondern dass er in Wirklichkeit an einer Illusion *litt*. Schließlich ist es eine Tatsache, dass er seinen Tod durch Verbrennen herbeiführte. Wenn es ihm also wirklich an der Empfindung mangelte, die wir normalerweise mit dem Verbrennen in Verbindung bringen – intensiven Schmerz und Panik –, fehlte ihm dann nicht in gewissem Sinne etwas aus dem Spektrum menschlicher Befindlichkeiten?

Die Frage, um die ich kreise – welche unserer »normalen« Gefühle, Gedanken und Wahrnehmungen in gewisser Hinsicht Illusionen sind –, ist aus zwei Gründen wichtig. Ein Grund ist einfach und praktisch: Wenn viele unangenehme Gefühle (der Angst, Furcht, des Selbsthasses, der Melancholie und so weiter) in einem gewissen Sinn Illusionen sind und wir die Meditation einsetzen können, um sie zu vertreiben oder zumindest ihre Umklammerung zu schwächen, dann ist das offensichtlich eine Nachricht, mit der wir etwas anfangen können. Der zweite Grund ist auf den ersten Blick akademischer, aber er hat letztlich ebenfalls einen praktischen Wert. Herauszufinden, wenn unsere Gefühle uns in die Irre führen, wird uns helfen, Licht auf die Frage zu werfen, ob die buddhistische Anschauung des Geistes und der Beziehung des Geistes zur Realität so verrückt ist, wie sie sich manchmal anhört. Ist die wahrgenommene Realität oder ein beträchtlicher Teil davon wirklich eine Illusion?

Diese Frage führt uns in Tiefen der buddhistischen Philosophie, die in der populären Literatur über Meditation nur selten ausgelotet werden. Es ist verständlich, dass diese Schriften dazu neigen, sich auf Dinge zu konzentrieren, die auf kürzere Sicht lohnend sind – Stressreduktion, Förderung der Selbstachtung und so weiter –, ohne tiefer in den philosophischen Kontext einzutauchen, in dem die buddhistische Meditation entstand und in dem sie aufblühte. Die Meditation auf diese Weise als ein rein therapeutisches Hilfsmittel einzusetzen, das Ihre Sicht der Wirklichkeit nicht tief gehend verändert, ist wie gesagt völlig in Ordnung. Es ist gut für Sie, und es wird wahrscheinlich gut für die Welt sein.

Doch die Meditation auf diese Weise zu praktizieren ist an sich nicht gleichbedeutend mit der Einnahme der roten Pille. Die rote Pille zu schlucken bedeutet, grundlegende Fragen über die Beziehung zwischen dem Wahrnehmenden und dem Wahrgenommenen zu stellen und die Grundmauern unserer normalen Sicht der Realität zu untersuchen. Wenn Sie ernsthaft in Betracht ziehen, die rote Pille zu nehmen, dann werden Sie neugierig darauf sein, ob die buddhistische Weltanschauung »funktioniert«, und zwar nicht nur in einem therapeutischen, sondern auch in einem eher philosophischen Sinn. Ist diese buddhistische Sichtweise mit ihrer anscheinend auf den Kopf gestellten Vorstellung von dem, was real ist und was nicht, im Licht der modernen Wissenschaft irgendwie sinnvoll? Das ist die Frage, die ich im nächsten Kapitel aufgreifen möchte, ebenso wie im weiteren Verlauf dieses Buches. Wie wir sehen werden, ist die Beantwortung dieser Frage nämlich aus rein philosophischen Gründen wichtig, aber sie hat auch Auswirkungen auf die Art und Weise, wie wir leben – diese Implikationen sind sicher praktisch, aber wohl besser als »spirituell« denn als »therapeutisch« zu bezeichnen.

Auch auf einen anderen Umstand möchte ich noch einmal hinweisen. Genau genommen gibt es nicht »die *eine* buddhistische Weltanschauung«. Der Buddhismus begann nicht lange nach seiner Entstehung um die Mitte des ersten Jahrtausends vor unserer Zeitrechnung, sich in unterschiedliche Schulen der Interpretation aufzuspalten. Als Resultat davon existieren, so wie es katholische und protestantische Christen und sunnitische und schiitische Muslime gibt, unterschiedliche Schulen des buddhistischen Denkens, die sich im Hinblick auf ganz bestimmte Punkte der Lehre unterscheiden.

Die grundlegende Spaltung im Buddhismus ist die zwischen der Theravada- und der Mahayana-Schule. Meine eigene meditative Tradition, der Vipassana, entstammt der Theravada-Linie. In der Mahayana-Linie (der Quang Duc angehörte) findet man die radikalste umfassende Konzeption von Illusion. Einige Mahayana-Buddhisten hängen sogar der »Nur-Geist« Lehre an, die in ihren extremsten Ausformungen die Dinge, die wir durch unsere Bewusstheit »wahrnehmen«, praktisch wortwörtlich als Hirngespinste abtut. Diese Richtung des buddhistischen Denkens – die Richtung, die am offensichtlichsten mit dem Film »Matrix« übereinstimmt – ist innerhalb des Mahayana-Buddhismus nicht dominierend, geschweige denn innerhalb des Buddhismus insgesamt. Doch selbst die Mainstream-Denker des Buddhismus akzeptieren irgendeine Version des Konzepts der Leere oder Leerheit, eine subtile Idee, die schwer in wenigen Worten (oder auch in vielen Worten) zu beschreiben ist, aber die zumindest behauptet, dass die Dinge, die wir sehen, weniger von einer getrennten und substanziellen Existenz besitzen, als sie zu besitzen scheinen.

Und dann ist da noch die berühmte buddhistische Vorstellung, dass das Selbst oder Ich eine Illusion ist. Nach dieser Anschauung existiert das »Sie«, das Sie für den Denker Ihrer Gedanken halten und für denjenigen, der Ihre Gefühle fühlt und Ihre Entscheidungen trifft, nicht wirklich.[6]

Nimmt man diese beiden grundlegenden buddhistischen Ideen zusammen – die Idee des Nicht-Ich und die Idee der Leere –, dann kommt man zu einer radikalen Behauptung: Sowohl die Welt in Ihrem Inneren als auch die Welt außerhalb von Ihnen ist alles andere, als sie zu sein scheint.

Die meisten Menschen würden beide dieser Vorstellungen für dubios, wenn nicht gar verrückt halten. Da die Prämisse dieser Ideen andererseits ist, dass die Menschen von Natur aus verblendet sind, erschiene es verkehrt, uns durch die natürliche Reaktion der Menschen von ihrer Erkundung abhalten zu lassen. Dieses Buch ist zu keinem geringen Teil eine Erforschung dieser beiden Ideen, und ich hoffe, zeigen zu können, dass sie sehr sinnvoll sind. Sowohl unsere natürliche Sicht der Welt »da draußen« als auch unsere natürliche Sicht der Welt »hier drinnen« –

der Welt in unserem Kopf – sind zutiefst irreführend. Und hinzu kommt: Wenn es uns nicht gelingt, diese beiden Welten klar zu sehen, dann führt das, wie der Buddhismus behauptet, zu sehr viel Leiden. Und die Meditation kann uns helfen, sie klarer zu sehen.

Wenn ich sage, dass wir die wissenschaftlichen Grundlagen der buddhistischen Weltanschauung erkunden werden, dann meine ich dies nicht im Sinne von methodischen Beweisen dafür, dass die Meditation Leiden verringern kann. Falls Sie solche Belege suchen, finden Sie zahlreiche Studien, die leicht zugänglich sind und viel zitiert werden, welche genau dies zeigen. Und ich meine »wissenschaftliche Grundlagen« auch nicht nur im Sinne einer Betrachtung dessen, was im Gehirn vor sich geht, wenn Sie meditieren und beginnen, Ihre Sicht der Realität zu verändern – obwohl ich auch auf einige der wichtigeren Studien mit Gehirnscans eingehen werde.

Ich meine »wissenschaftliche Grundlagen« in dem Sinne, dass ich alle Werkzeuge der modernen Psychologie benutzen werde, um Fragen wie die folgenden zu untersuchen: Warum und auf welche spezielle Weise sind Menschenwesen von Natur aus verblendet? Wie genau funktioniert die Verblendung? Wie lässt sie uns leiden? Wie führt sie dazu, dass wir anderen Menschen Leid zufügen? Warum sollte das buddhistische Rezept zum Vertreiben der Verblendung – insbesondere der meditative Teil dieses Rezepts – funktionieren? Und was würde es bedeuten, wenn es ganz und gar funktionierte? Mit anderen Worten: Rechtfertigt der schwer fassbare Zustand, der den Höhepunkt des meditativen Pfads darstellen soll – manchmal »Erleuchtung« genannt –, wirklich diese Bezeichnung? Wie wäre es, wenn man die Welt mit vollkommener Klarheit sähe?

Und was die Welt angeht: Muss man, um sie zu retten – also um die Psychologie des Stammesdenkens davon abzuhalten, den Planeten mit Chaos und Blutvergießen zu überziehen –, wirklich einfach nur die Sichtweise der Menschen auf die Welt klären? Ich sollte nicht »einfach nur« sagen, weil die Verblendung offensichtlich tief in uns verwurzelt ist und sie zu vertreiben deshalb einiger Arbeit bedarf. Trotzdem wäre es gut zu wissen, ob der Kampf um andauernden Frieden auch der Kampf um Wahrheit ist. Wenn wir schon die Herkulesaufgabe auf uns nehmen, »die Welt zu retten«, dann wäre es doch großartig, zwei Fliegen mit einer Klappe schlagen zu können! Es wäre jedenfalls motivierend zu denken, dass Menschen, die mit der Meditation dem Pfad zur Befreiung folgen, der Menschheit als ganzer helfen, sodass die Suche nach individueller Erlösung die Suche nach gesellschaftlicher Erlösung voranbringt.

Der erste Schritt auf dieser epischen Erkundungsreise besteht darin, uns unsere Gefühle näher anzusehen: Schmerz, Freude, Furcht, Angst, Liebe, Lust und so weiter. Gefühle spielen eine sehr große Rolle dabei, unsere Wahrnehmungen zu gestalten und uns durch unser Leben zu führen – eine größere Rolle, als die meisten Menschen glauben. Sind sie verlässliche Führer? Das ist eine Frage, die wir im nächsten Kapitel zu untersuchen beginnen.

3

Wann sind Gefühle Illusionen?

Die Frage, die in der Überschrift dieses Kapitels gestellt wird, ist eine ziemlich grundsätzliche: Worüber sprechen wir hier überhaupt? Illusionen sind Umstände beziehungsweise Gegebenheiten, die wahr zu sein scheinen, es aber nicht sind – wie ist es da zu verstehen, dass Gefühle »wahr« oder »falsch« sein sollen? Sie *sind* doch einfach da. Wenn wir sie spüren, dann handelt es sich um wirkliche, nicht eingebildete Gefühle. Und damit fertig.

Diese Anschauung hat durchaus etwas für sich. In der Tat ist eine der Lektionen der buddhistischen Philosophie, dass Gefühle einfach *da sind*. Wenn wir ihr Auftauchen und Andauern als einen Aspekt von vielen in unserem Leben akzeptierten, statt auf sie zu reagieren, als seien sie zutiefst bedeutungsvoll und alles bestimmend, dann ginge es uns oft besser. So zu denken ist ein großer Teil dessen, worum es bei der Achtsamkeitsmeditation geht. Und es gibt viele zufriedene Praktizierende, die versichern, dass dies so funktioniert.

Aber dennoch ist zu sagen, dass es funktioniert, nicht dasselbe, wie zu sagen, dass es intellektuell gültig ist. Wenn es Sie glücklicher macht, weniger reaktiv mit einigen Ihrer Gefühle umzugehen, bedeutet das noch nicht, dass dies ein wahreres Verständnis der Welt mit sich bringt. Vielleicht ist dieser weniger reaktive

Standpunkt wie ein Betäubungsmittel: Es dämpft den Schmerz, indem es Sie von dem Feedback der realen Welt trennt, das Ihr Gefühl Ihnen liefert. Vielleicht ist es ja die Meditation und nicht Ihr gewöhnliches Bewusstsein, die Sie in eine Traumwelt versetzt?

Wenn wir sehen wollen, ob die Meditation Sie tatsächlich der Wahrheit näherbringen kann, so hilft es zu fragen, ob einige der Gefühle, von denen das Meditieren Sie befreien kann, Sie sonst von der Wahrheit entfernt hätten. Wir müssen also irgendwie versuchen, diese zugegebenermaßen sperrige Frage in den Griff zu bekommen: Sind unsere Gefühle in einem gewissen Sinne »trügerisch«? Oder »wahr«? Sind einige trügerisch und andere wahr? Und welche sind was?

Eine Weise, sich der Antwort auf diese Fragen anzunähern, ist, in der Evolutionsgeschichte zurückzugehen. Weit zurück. Bis zu dem Zeitpunkt, als Gefühle entstanden. Traurigerweise weiß niemand genau, wann das der Fall war, auch nicht annähernd. War es zu der Zeit, als die Säugetiere die Weltbühne betraten? Die Reptilien? Glibberige Klumpen, die im Meer schwebten? Einzellige Kreaturen wie Bakterien?

Ein Grund, warum das schwer zu beantworten ist, besteht auch darin, dass Gefühle eine seltsame Eigenschaft besitzen: Sie können niemals absolut und mit Gewissheit sicher sein, dass irgendjemand anders oder irgendetwas anderes als Sie selbst sie hat. Ein Teil der Definition eines Gefühls ist, dass es privat ist, nicht von außen sichtbar. So kann ich also nicht mit Gewissheit sagen, dass etwa mein Hund Frazier Gefühle hat. Vielleicht ist sein wedelnder Schwanz einfach nur ein wedelnder Schwanz!

Aber genau so, wie ich ernsthaft bezweifle, dass ich das einzige Menschenwesen mit Gefühlen bin, so zweifle ich auch daran, dass meine Spezies die einzige mit Gefühlen ist. Ich nehme an, dass mein Cousin, der Schimpanse, dann, wenn er sich in scheinbaren Schmerzen windet, sich tatsächlich in Schmerzen windet. Und wenn wir von den Schimpansen die Leiter der verhaltensmäßigen Komplexität hinabsteigen – hinab zu Wölfen, Eidechsen, sogar Quallen und (warum nicht?) Bakterien –, dann sehe ich keinen Ort, an dem wir offensichtlich *aufhören* müssen anzunehmen, dass es dort Gefühle gibt.

Wie dem auch sei: Ganz unabhängig davon, wann Gefühle zum ersten Mal aufgetaucht sind, gibt es doch einen grundsätzlichen Konsens zwischen allen Verhaltenswissenschaftlern darüber, was die ursprüngliche Funktion von guten und schlechten Gefühlen war: Organismen dazu zu bringen, sich Dingen zu nähern, die gut für sie waren, und solchen aus dem Weg zu gehen, die sich nachteilig für sie ausgewirkt hätten. So werden Organismen zum Beispiel durch Nährstoffe am Leben gehalten; also hat die natürliche Selektion Gene begünstigt, die Organismen Gefühle gaben, welche sie dazu brachten, sich nahrhaften Substanzen anzunähern. (Solche Gefühle werden vielen bekannt vorkommen.) Dinge, die Organismen schaden oder sie töten, sollten sie hingegen meiden. Also gab die natürliche Selektion den Organismen auch entsprechende Gefühle der Aversion. Annäherung oder Vermeidung ist eine der elementarsten Verhaltensentscheidungen, die es gibt, und Gefühle scheinen ein Werkzeug der Evolution zu sein, um Organismen dazu zu bringen, das zu tun, was im Licht der natürlichen Selektion die richtige Entscheidung ist.

Selbstverständlich ist Ihr Haustier nicht schlau genug, um zu denken: »Hm, diese Substanz ist reich an Kohlenhydraten, die mir Energie geben; also werde ich es mir zur Gewohnheit machen, mich ihr anzunähern und sie zu verschlucken.« Gefühle entstanden zur Vertretung dieser Art des Denkens. Die einladende Wärme eines Lagerfeuers in einer eiskalten Nacht bedeutete für den Menschen der Frühzeit, dass warm zu bleiben besser für ihn war, als zu frieren. Der Schmerz, der durch den tatsächlichen Kontakt mit dem Feuer erzeugt wurde, bedeutete hinwiederum, dass es so etwas wie zu viel Wärme geben kann. Der Job dieser und anderer Gefühle ist, dem Organismus mitzuteilen, was gut für ihn und was schlecht für ihn ist. So schrieb der Biologe George Romanes im Jahr 1884 (ein Vierteljahrhundert nach dem Erscheinen von Darwins *Über die Entstehung der Arten*): »Gelüste und Schmerzen müssen sich als die subjektive Begleiterscheinung von Prozessen entwickelt haben, die entweder förderlich oder schädlich für den Organismus sind und die sich deshalb zu dem Zweck und mit dem Ziel entwickelt haben, dass er das eine sucht und das andere meidet.«[7]

Dies legt *eine* bestimmte Art und Weise nahe, darüber nachzudenken, ob Gefühle wahr oder trügerisch sind. Gefühle sind dazu konzipiert, *Urteile über Dinge in unserer Umwelt* zu codieren. Typischerweise geht es bei den Urteilen darum, ob diese Dinge gut oder schlecht für das Überleben des fühlenden Organismus sind (auch wenn es bei ihnen manchmal darum geht, ob sie gut oder schlecht für unsere nahen Verwandten – insbesondere unseren Nachwuchs – sind, da sie so viele Gene mit uns gemeinsam haben[8]). So könnten wir sagen, dass Gefühle »wahr« sind, wenn die Urteile, die sie codieren, zutreffen – wenn, sagen wir einmal, die Dinge, zu denen sie den Organismus hinziehen, tatsächlich gut für ihn sind, oder wenn diejenigen, die zu meiden sie den Organismus anstacheln, tatsächlich schlecht für ihn sind. Wir könnten sagen, dass Gefühle »trügerisch« oder vielleicht »illusionär« sind, wenn sie den Organismus irreführen – wenn also das Befolgen der Gefühle zu Umständen führt, die schlecht für ihn sind.[9]

Dies ist nicht die einzige Weise, auf die man »wahr« oder »falsch« in einem biologischen Kontext definieren könnte, aber es ist ein möglicher Ansatz. Also lassen Sie uns sehen, wie weit wir damit kommen.

Überholte Triebe

Kommen wir noch einmal auf die Puderzucker-Donuts zurück. Ich persönlich hege ihnen gegenüber besonders warme Gefühle – so warm, dass ich sie zum Frühstück, Mittag- und Abendessen sowie als Zwischenmahlzeiten äße, wenn ich mich von meinen Gefühlen leiten ließe. Dennoch sagt man mir, dass es ziemlich ungesund für mich wäre, wenn ich jeden Tag so viele süße Gebäckteile zu mir nähme. Deshalb vermute ich, dass mein Gefühl des Hingezogenseins zu den Donuts falsch sein könnte: Diese Leckereien vermitteln mir ein gutes *Gefühl*, das aber ist eine Illusion, weil sie in Wirklichkeit nicht gut für mich sind. Eine solche Nachricht ist zunächst einmal schwer zu verkraften. Sie erinnert an die klagende Zeile aus dem Song des alten Luther Ingram: »If loving you is wrong, I don't want to be right« (»*Wenn dich zu lieben unrecht ist, dann möchte ich nicht im Recht sein*«).

So stellt sich dann die Frage: Wie konnte die natürliche Selektion so etwas geschehen lassen? Sollten unsere Gefühle uns nicht zu Dingen hinführen, die gut für den Organismus sind? Ja, sie *sollten* es. Doch hier ist der springende Punkt, dass die natürliche Selektion unsere Gefühle in einer ganz bestimmten Umwelt entwickelte – und in der längsten Zeit unserer Evolutionsgeschichte gab es eben kein Junkfood und kein Süßgebäck, sondern das Süßeste, was uns zur Verfügung stand, waren gesunde Früchte. Und dies nur in beschränktem Maße. Ein Schleckermaul leistete uns also gute Dienste. Es gab uns Gefühle, von denen man sagen könnte, dass sie in dem Sinne »wahr« waren, als sie uns zu solchen Nahrungsmitteln hinführten, die gut für uns waren. Doch in unserer modernen, evolutionsgeschichtlich noch relativ jungen Zivilisation, die uns solch zweifelhafte Errungenschaften wie »leere Kalorien« beschert, und dies im Überfluss, werden derartige Gefühle »falsch« oder zumindest nicht verlässlich wahr. Die Entwicklung des Organismus konnte nicht Schritt halten mit der Geschwindigkeit des modernen

Fortschritts. Deshalb sagen unsere Gefühle uns manchmal, etwas sei gut, wenn es nicht gut für uns ist.

Es gibt viele Gefühle wie dieses. Sie waren vor langer Zeit, als sie sich in unserer Abstammungslinie über größere Zeiträume herausbildeten, dem Interesse unserer Urahnen dienlich. Angesichts der rapide veränderten Lebensumstände sind sie heute aber nicht mehr sinnvoll. Nehmen wir beispielsweise die wütend-aggressive Fahrweise. Das Verlangen danach, jemanden zu bestrafen, der uns unfair oder respektlos behandelt hat, ist zutiefst menschlich. Und geben wir es zu: Auch wenn es unangenehm ist, wütend gemacht zu werden, liegt auch etwas Befriedigendes an dem Gefühl der Wut selbst – das Gefühl, dass man *berechtigt* wütend ist. Der Buddha sagte, Wut habe »eine vergiftete Wurzel und eine honigsüße Spitze«.

Und es ist offensichtlich, warum die natürliche Selektion eine »gerechte Wut« attraktiv gemacht hat: In einer kleinen Gemeinschaft von Jägern und Sammlern hätten Sie jemandem eine Lektion erteilen müssen, der Sie ausgenutzt hätte – der Ihr Essen gestohlen, Ihre Partnerin weggenommen oder Sie allgemein »wie Dreck« behandelt hätte. Würde er schließlich damit durchkommen, Sie übervorteilt zu haben, dann könnte er das immer wieder versuchen. Und noch schlimmer: Andere in Ihrem sozialen Universum würden sehen, dass man Sie auf diese Weise ausnutzen kann, also würden auch *sie* anfangen, Sie schlecht zu behandeln. In einer solch intimen, unveränderlichen sozialen Umgebung wäre es »lohnend« für Sie, so wütend über die Ausbeutung zu werden, dass Sie Ihren Peiniger konfrontieren und bereit sein würden, es zu einer Schlägerei kommen zu lassen. Selbst wenn Sie dabei den Kürzeren zögen – sogar wenn Sie ziemlich heftig verprügelt würden –, hätten Sie doch das Signal ausgesandt, dass man Sie nicht schädigen kann, ohne dafür bezahlen zu müssen; und diese Botschaft könnte sich mit der Zeit auszahlen.

Sie denken vielleicht bereits über die Absurdität der Art und Weise nach, auf die dieser Trieb sich auf einer modernen Autobahn auswirken kann. Der respektlose Fahrer, der Ihnen die Vorfahrt genommen hat und den Sie gern bestrafen würden, ist jemand, den Sie niemals wiedersehen werden, und genauso ist es mit all den anderen Fahrern, die Ihren Racheakt eventuell beobachten. Es liegt also keinerlei Nutzen darin, in Ihrer Wut zu schwelgen. Und was die Kosten angeht: Mir scheint, dass jemanden in einem Auto mit 150 Kilometern pro Stunde zu verfolgen mit größerer Wahrscheinlichkeit zu Ihrem Tod führen könnte, als in einer Gesellschaft von Jägern und Sammlern einen Faustkampf zu beginnen.

Also könnte man diese wütend-aggressive Fahrweise als »falsch« bezeichnen. Sie mag sich gut beziehungsweise als »berechtigt« anfühlen, aber dieses Empfinden ist illusorisch, weil seiner Anziehungskraft nachzugeben zu einem Verhalten führt, das im Allgemeinen nicht gut für den Organismus ist.

Es gibt natürlich auch viele Fälle von »falscher« Wut jenseits der Autobahn – Wutausbrüche, die im besten Fall unproduktiv und im schlimmsten destruktiv sind. Wenn die Meditation Sie also davon befreien würde, diesen Regungen nachzugeben, dann wäre das in einem gewissen Sinn das Vertreiben einer Illusion – der Illusion, der Sie sich implizit verschreiben, wenn Sie dem Gefühl folgen, sowie der Illusion, dass die Wut und im Übrigen auch die Rache, die sie inspiriert, grundsätzlich »gut« seien. Es stellt sich heraus, dass das Gefühl nicht einmal in seinem grundlegenden Sinn des Selbstinteresses etwas Positives bewirkt.

Das ist also eine Weise, »wahr« und »falsch« im Hinblick auf Gefühle zu definieren: Wenn wir sie als gut empfinden, sie uns aber dazu bringen, etwas zu tun, was nicht wirklich gut für uns ist, dann sind sie falsche Gefühle. Doch es gibt noch einen anderen Sinn, in dem Gefühle wahr oder falsch sein können. Einige Einstellungen sind am Ende doch mehr als Gefühle; sie *implizie-*

ren nicht einfach nur Urteile darüber, ob gewisse Handlungen gut für den Organismus sein werden. Sie kommen mit festen Überzeugungen einher, Überzeugungen über Phänomene und Objekte in der Umgebung und darüber, was sie mit dem Wohlergehen des Organismus zu tun haben. Offensichtlich können solche Überzeugungen auf ziemlich eindeutige Weise falsch sein.

Falsch Positive

Nehmen wir an, Sie wandern durch eine Gegend, von der Sie wissen, dass es dort Klapperschlangen gibt. Und nehmen wir zudem an, Sie wissen, dass erst vor einem Jahr jemand hier allein gewandert ist, von einer Klapperschlange gebissen wurde und starb. Jetzt stellen Sie sich vor, dass sich in dem Unterholz in der Nähe Ihrer Füße etwas bewegt. Dieses Rascheln löst nicht nur einen Anfall von Angst in Ihnen aus. Sie haben das Gefühl, dass wirklich eine Klapperschlange in der Nähe ist. Wenn Sie sich schnell zu dem Geräusch hin umwenden und Ihre Furcht ihren Höhepunkt erreicht, stellen Sie sich möglicherweise so deutlich eine Klapperschlange vor, dass – selbst falls der Auslöser sich als eine Eidechse erweist – es einen Sekundenbruchteil gibt, in dem die Echse tatsächlich wie eine Schlange aussieht. Dies ist eine Illusion im wortwörtlichen Sinn: Sie glauben, dass da etwas ist, was gar nicht dort existiert; tatsächlich »sehen« Sie es.

Diese Art von Fehlwahrnehmungen wird »falsch Positive« genannt. Aus der Sicht der natürlichen Selektion sind sie ein Befund und kein Fehler. Obwohl Ihre kurze Überzeugung, dass Sie eine Klapperschlange gesehen haben, in 99 von 100 Fällen falsch sein mag, könnte diese Überzeugung in einem von 100 Fällen Ihr Leben retten. Und nach dem Kalkül der natürlichen Selektion kann die Tatsache, dass Ihre Wahrnehmung in Fragen von Leben oder Tod in einem Prozent aller Fälle richtig ist, den kurzen Schrecken aufwiegen, den Sie in jedem der 99 Fälle erfahren.

Es gibt also tatsächlich *zwei* Unterschiede zwischen der Schlangenillusion einerseits und dem Donut sowie der Wut im Straßenverkehr andererseits: (1) Im Fall der Schlange ist es eine ganz klare Illusion – es ist eine wirklich falsche Wahrnehmung der physischen Welt und, für einen Moment, eine falsche Überzeugung. (2) Dabei funktionieren Ihre emotionalen Mechanismen aber genau so, wie sie es sollten. Mit anderen Worten: Die Schlangenillusion ist kein Ergebnis einer »Fehlanpassung an die Umgebung« *(environmental mismatch)*. Sie ist kein Fall, in dem ein Gefühl, das von der natürlichen Selektion dazu konzipiert worden war, sich in einer Jäger-und-Sammler-Gesellschaft in einem gewissen Sinn als »wahr« zu erweisen, sich durch die Umstände des modernen Lebens als »falsch« erwiesen hat. Die natürliche Selektion hat dieses Gefühl vielmehr so konzipiert, dass es im wörtlichen Sinne *fast immer* eine Illusion ist. Dieses Gefühl vermittelt Ihnen eine Überzeugung – ein Urteil darüber, was sich in Ihrer unmittelbaren Umgebung befindet –, die mit ziemlicher Verlässlichkeit unwahr ist. Dies erinnert uns ein weiteres Mal daran, dass die natürliche Selektion unseren Geist nicht dazu entworfen hat, die Welt klar zu sehen; sie hat ihn dazu konzipiert, Wahrnehmungen und Überzeugungen zu haben, die helfen können, unsere Gene weiterzugeben.

Das führt uns zu einem dritten Unterschied zwischen der Donut- und der Autoverkehr-Illusion einerseits und der Schlangenillusion andererseits: Letztere mag auf lange Sicht gesehen durchaus gut für Sie sein; sie kann Sie vor einem Unglück bewahren, das Sie ansonsten heimsuchen würde. Dasselbe gilt für vergleichbare Illusionen, denen Sie, je nachdem, wo Sie leben, mit größerer Wahrscheinlichkeit erliegen als einer Schlangenillusion. Während Sie spät in der Nacht nach Hause gehen, könnte Sie die Furcht befallen, dass die Fußtritte, die Sie hinter sich hören, von einem Straßenräuber stammen. Und obwohl Sie wahrscheinlich falsch liegen, ist grundsätzlich zur anderen Straßenseite überzuwechseln eine Vorsichtsmaßnahme, die im Laufe Ihres ganzen Lebens vielleicht eine Straftat verhindert, der Sie ansonsten zum Opfer gefallen wären.

Ich fürchte, dies alles hört sich eindeutiger an, als es tatsächlich der Fall ist. Es mag so aussehen, als gäbe es zwei Arten falscher Gefühle – die von der Art einer unnatürlichen »Fehlanpassung an die Umwelt« und die von der Art eines »falsch Positiven« – und dass Sie die erste Art immer ignorieren sollten, während es sinnvoll ist, der zweiten Art Folge zu leisten. Wie sich zeigt, kann diese Trennlinie in der realen Welt verschwimmen.

Haben Sie zum Beispiel schon einmal befürchtet, dass etwas, was Sie gesagt haben, eine Person verletzt haben könnte? War diese Person jemand, den Sie eine ganze Weile nicht mehr wiedersehen würden? Und wäre es Ihnen, weil Sie diese Person nicht besonders gut kannten, peinlich gewesen, sie anzurufen oder ihr eine E-Mail zu schicken, um herauszufinden, ob Sie sie verletzt haben, oder um klarzustellen, dass Sie nichts Böses gemeint hatten?

Das Gefühl an sich – die Sorge, Sie könnten jemanden verletzt haben – ist völlig natürlich. Gut mit anderen Menschen auszukommen erhöhte die Chance unserer Vorfahren, zu überleben und sich fortzupflanzen. Genauso natürlich ist die Tatsache, dass Sie in manchen Fällen die Möglichkeit, die Person verletzt zu haben, übertreiben und Sie eventuell sogar fest glauben, dies getan zu haben. Dies könnte ein weiteres falsch Positives der Natur sein. Die Empfindung, dass Sie etwas falsch gemacht haben, mag dazu »konzipiert« sein, dass Sie öfter als wirklich nötig etwas wiedergutmachen wollen.

Was *nicht* natürlich sein kann, ist die Schwierigkeit, Wiedergutmachung zu leisten. In einer Gemeinschaft von Jägern und Sammlern würde die Person, die Sie verletzt zu haben fürchten, in Ihrer mehr oder weniger unmittelbaren Nähe leben, und Sie würden sie relativ bald wiedersehen. In dem Moment könnten Sie ihr Verhalten einschätzen und vielleicht feststellen, dass sie sich nicht verletzt fühlt, oder darauf schließen, dass sie tatsächlich angefressen ist, und versuchen, die Situation richtigzustellen.

Mit anderen Worten: Das ursprüngliche Gefühl – selbst wenn es illusionär sein sollte – ist wohl natürlich dazu konzipiert, bei Gelegenheiten wie dieser aufzutauchen. Was nicht natürlich ist, sind die Gegebenheiten der modernen Welt, die es so schwierig machen herauszufinden, ob dieses Gefühl eine Illusion ist oder nicht. Also hält das Gefühl länger an, als es wahrscheinlich von irgendeinem praktischen Wert ist. Und fatalerweise ist das Gefühl unangenehm.

Ein weiteres unangenehmes Produkt von Fehlanpassung an die Umwelt ist schmerzliche Ichbewusstheit. Wir sind von der natürlichen Selektion dazu entworfen, uns darum zu sorgen – und sehr stark darum zu sorgen –, was andere Menschen von uns denken. Im Laufe der Evolution waren Menschen, die von anderen gemocht, bewundert und respektiert wurden, effektivere Verbreiter von Genen als die Menschen, die das Gegenteil davon darstellten. Aber in einer Gemeinschaft von Jägern und Sammlern würden Ihre Nachbarn einen riesigen Bestand von Informationen über Ihr Verhalten haben, weswegen es unwahrscheinlich wäre, dass Sie an irgendeinem Tag irgendetwas tun könnten, was deren Meinung von Ihnen radikal verändern würde, zum Besseren oder zum Schlechteren hin. Soziale Begegnungen würden also typischerweise keine Gelegenheiten sein, bei denen Sie unter großem Druck stünden.

In der modernen Welt finden wir uns oft in der unnatürlichen Position, jemandem zu begegnen, der nur wenig oder gar nichts über uns weiß. Das kann den Druck bei dieser Gelegenheit ein wenig vergrößern, und er könnte noch größer sein, wenn man Ihnen von klein auf immer wieder gesagt hat: »Du bekommst

nur eine Chance, einen guten ersten Eindruck zu hinterlassen!«
Sie mögen die Person dann so intensiv auf ein Feedback hin
abtasten, dass Sie Dinge zu sehen beginnen, die gar nicht da
sind.

Ein Experiment in Sozialpsychologie aus dem Jahr 1980 hat
dies deutlich gemacht. Ein professioneller Maskenbildner brachte realistisch aussehende »Narben« auf dem Gesicht von Versuchspersonen an. Man sagte ihnen, der Zweck des Experiments
bestünde darin herauszufinden, wie eine Narbe die Art und Weise der Reaktion anderer Menschen auf sie beeinflussen könne.
Die Versuchspersonen sollten ein Gespräch mit jemandem führen, und die Versuchsleiter würden die Reaktionen dieser Person
beobachten. Man zeigte den Probanden ihre Narben in einem
Spiegel, aber kurz vor ihren Begegnungen sagte man, man müsse
noch ein wenig an der Narbe verändern, man würde etwas
Feuchtigkeitscreme hinzufügen, damit die Schminke nicht brö-
ckele. Tatsächlich wurde die Narbe jedoch entfernt. Die Versuchspersonen gingen also mit einer verzerrten Vorstellung über
ihr Aussehen in die soziale Interaktion.

Nach den Begegnungen befragte man sie: Haben Sie bei Ihrem
Gesprächspartner eine Reaktion auf die Narbe bemerkt? »Aber
ja«, sagten viele von ihnen. Und wenn man ihnen eine Video-
aufzeichnung ihres Gesprächspartners zeigte, dann konnten sie
tatsächlich auf diese Reaktionen hinweisen. Manchmal sah die
Person zum Beispiel von ihnen weg – sie wandte also ihre Augen
offensichtlich von der Narbe ab.[10] Wieder einmal fördert ein
Gefühl – ein unangenehmes Gefühl der Ichbewusstheit – eine
illusionäre Wahrnehmung, eine grundlegende Fehlinterpreta-
tion des Verhaltens anderer.

Das moderne Leben ist voller emotionaler Reaktionen, die
wenig sinnvoll sind, außer im Licht der Umgebung, in der sich
unsere Spezies entwickelt hat. Sie werden vielleicht noch stundenlang von etwas Peinlichem verfolgt, was Sie in einem Bus

oder in einem Flugzeug getan haben, selbst wenn Sie die Menschen, die Zeuge davon waren, niemals wiedersehen werden und deren Meinung von Ihnen deshalb keinerlei Konsequenzen für Sie hat. Warum sollte die natürliche Selektion Organismen daraufhin konzipieren, dass sie ein völlig unsinniges Unbehagen empfinden? Vielleicht weil dieses Unbehagen in der Umwelt unserer Vorfahren nicht sinnlos gewesen wäre: In einer Gesellschaft von Jägern und Sammlern agierte man fast immer in Gegenwart von Menschen, die man wiedersehen würde und deren Meinung deshalb wichtig war.

Meine Mutter pflegte zu sagen: »Wir würden nicht so viel Zeit darauf verschwenden, uns Sorgen darum zu machen, was andere Menschen von uns denken, wenn wir wüssten, wie selten sie an uns denken.« Sie hatte recht. Unsere Annahme, dass die Leute sich auf die eine oder andere Weise viel mit uns beschäftigen, ist oft eine Illusion. Ebenso wie die unausgesprochene Empfindung, dass es wichtig sei, was so gut wie jedermann von uns denkt, dem wir begegnen. Doch diese Intuitionen waren in der Umgebung, in der unsere Evolution stattfand, weniger häufig täuschend, und das ist ein Grund dafür, dass sie sich auch heute noch so hartnäckig halten.

Öffentliche Auftritte und andere Schrecken

Wenn es etwas noch Unnatürlicheres gibt, als sich in der Gegenwart einer großen Anzahl Menschen zu befinden, die man nie zuvor gesehen hat, so ist es, zu allen von ihnen gleichzeitig sprechen zu müssen. Der bloße Gedanke an ein solches Ereignis kann für uns erschreckende Illusionen über die Zukunft mit sich bringen. Nehmen wir an, Sie müssten morgen einen Vortrag halten – vielleicht eine PowerPoint-Präsentation oder ein Referat in einem weniger strukturierten Sinn. Nehmen wir außerdem noch an, dass Sie so sind wie ich: Dann werden Sie eine gewisse Angst verspüren, sobald sich der Zeitpunkt der Präsentation nähert.

Darüber hinaus kann diese Angst Auswüchse der Überzeugung mit sich bringen, dass alles schiefgehen wird. Sie mögen sich sogar ganz bestimmte Horrorszenarien vorstellen. Und mit großer Wahrscheinlichkeit werden sich diese Visionen als falsch erweisen; im Rückblick waren diese von der Angst hervorgerufenen Ausbrüche apokalyptischer Überzeugungen »falsch Positive«.

Natürlich war die Angst möglicherweise der Grund dafür, dass schließlich alles gutgegangen ist; vielleicht hat sie Sie dazu angetrieben, einen großartigen Vortrag zu halten. Wenn das der Fall war, dann unterscheiden sich diese »falsch positiven PowerPoint-Apokalypsen« von »falsch positiven Klapperschlangen«. Schließlich hat Ihre augenblickliche Furcht, eine Klapperschlange nähere sich Ihnen, keine Auswirkung darauf, ob tatsächlich eine Klapperschlange anwesend ist oder nicht. Im Gegensatz dazu hat Ihre PowerPoint-Apokalypsen-Angst womöglich eine Power-Point-Apokalypse abgewendet.

Womöglich. Aber machen wir uns nichts vor: Auch wenn Angst manchmal in diesem Sinn produktiv ist, plagen sich die Leute oft mit Sorgen, die nicht dem geringsten Zweck dienen. Es gibt beispielsweise Menschen, die von der Vorstellung besessen sind, dass sie sich plötzlich explosionsartig erbrechen müssen, während sie zu einer Menschenmenge sprechen – auch falls sie, wenn man es recht bedenkt, sich noch nie explosionsartig haben erbrechen müssen, während sie zu einer Menschenmenge gesprochen hatten.

In einer besonders perversen Wendung der PowerPoint-Apokalypsen-Angst habe ich schon die Nacht vor einer großen Präsentation wach gelegen *und mir Sorgen darüber gemacht, dass ich am nächsten Tag einen schlechten Vortrag abliefern würde, wenn ich nicht gut geschlafen hätte.* Das ist tatsächlich eine ziemliche Vereinfachung. Ich mache mir nicht nur Sorgen darüber, dass ich nicht einschlafen kann. Zur Abwechslung unterbreche ich diese Sorgen periodisch mit Anfällen des Selbsthasses dafür, dass ich zu der Art von Menschen gehöre, die sich so viel Sorgen darüber machen, nicht einschlafen zu können, dass sie nicht in der Lage sind einzuschlafen. Dann, nachdem meine Wut abgeflaut ist, komme ich zurück zu der wichtigen Aufgabe, mir so viele Sorgen zu machen, nicht einschlafen zu können, dass ich tatsächlich wach bleibe …

Ich bin stolz darauf, sagen zu können, dass dies nicht vor den meisten meiner öffentlichen Vorträge passiert. Aber es ist geschehen, und ich würde mich gegen jedes Argument verwehren, dass dies die Methode der natürlichen Selektion sei, meine Überlebens- und Fortpflanzungschancen zu vergrößern. Genauso ist es mit vielen anderen Ängsten, die mit menschlicher sozialer Interaktion zu tun haben: einer Abscheu davor, zu einer Cocktailparty zu gehen, die tatsächlich mit größter Wahrscheinlichkeit nicht zu irgendetwas führen wird, vor dem man Abscheu haben müsste; Sorgen darüber, wie es Ihrer Tochter auf ihrer ersten Pyjamaparty – etwas, worauf Sie keinen Einfluss haben – ergehen wird; oder sich über Ihre PowerPoint-Präsentation Sorgen zu machen, *nachdem* Sie sie gehalten haben – als wenn das Grübeln darüber, ob sie den Leuten gefallen hat, etwas daran ändern würde, wie sie aufgenommen wurde.

Ich würde sagen, dass diese drei Beispiele alle zumindest etwas damit zu tun haben, wie unsere Umwelt sich gewandelt hat. Im Umfeld unserer Vorfahren gab es keine Cocktail- und Pyjamapartys oder PowerPoint-Präsentationen. Unsere Jäger-und-Sammler-Ahnen bekamen es nie mit einem Saal voller Menschen zu tun, die sie nie zuvor getroffen hatten, oder mussten ihre Kinder losziehen lassen, die im Haus einer Familie übernachten wollten, welche sie nicht kannten, und sie mussten auch nicht Vorträge vor einer Zuhörerschaft halten, die sie nicht gut oder gar nicht kannten.

Diese Fehlanpassung zwischen unserer evolutionär gestalteten Natur und dem Umfeld, in dem wir uns heute wiederfinden, ist übrigens nicht nur ein modernes Phänomen. Seit Jahrtausenden hat es soziale Milieus gegeben, die nicht denen entsprachen, für die wir konzipiert waren. Der Buddha wurde in eine königliche Familie geboren, was bedeutete, dass er in einer Gesellschaft mit Bevölkerungsgruppen lebte, die viel größer waren als die einer Gemeinschaft von Jägern und Sammlern. Und obwohl Power-Point noch nicht erfunden war, gibt es Hinweise darauf, dass die Leute gelegentlich zu einer großen Zuhörerschaft sprechen mussten und dass es etwas Ähnliches wie PowerPoint-Apokalypsen-Angst gegeben hat. In einer Unterweisung nannte der Buddha als eine der »Fünf Ängste« die »Angst vor Beschämung in einer Versammlung«.[11] Diese Angst gehört auch heute noch zu den Top Five. In der Tat zeigen manche Umfragen, dass öffentliche Vorträge die am meisten gefürchteten aller Aktivitäten sind.

Um es ganz klar zu sagen (und auf das Risiko hin, mich zu wiederholen), ich behaupte nicht, dass soziale Angst nicht in irgendeinem Sinn das Produkt der natürlichen Selektion ist. In der Umwelt unserer Urahnen – der Umwelt unserer Evolution – gab es viele soziale Interaktionen, und diese Interaktionen hatten große Auswirkungen auf unsere Gene. Wenn sie einen niedrigen sozialen Status und wenige Freunde hatten, dann beschränkte das ihre Chancen, ihre Gene zu verbreiten. Also war es wichtig, Menschen zu beeindrucken, selbst wenn es nicht mit einem PowerPoint-Vortrag war. Und wenn ihre Sprösslinge nicht beliebt waren, dann war das ein schlechtes Omen für ihre Aussicht, sich fortzupflanzen, und damit für ihre Gene. Darum sind Erbfaktoren, die uns dazu bringen, uns Sorgen um unsere sozialen Aussichten und die gesellschaftlichen Aussichten unseres Nachwuchses zu machen, Teil des menschlichen Genpools geworden.

In diesem Sinne kann man soziale Ängste als »natürlich« betrachten. Aber sie werden in einer ganz anderen Umgebung wirksam als in dem Umfeld, für das sie »konzipiert« waren, und dies könnte tatsächlich erklären, warum sie oft unproduktiv sind und Illusionen fördern, die keinerlei Wert haben. So können wir Überzeugungen haben – zum Beispiel so gut wie sicher sein, dass uns ein Unglück droht –, die sowohl im wörtlichen als auch im pragmatischen Sinn falsch sind: Sie sind nicht wahr, und sie sind nicht gut für uns.

Wenn Sie die Idee akzeptieren, dass viele unserer lästigen Gefühle in dem einen oder anderen Sinn Illusionen sind, dann können Sie die Meditation als einen Prozess unter anderen verstehen, der Illusionen auflöst.

Hier ist ein Beispiel: Im Jahr 2003, einige Monate nach meiner ersten Meditationsklausur, reiste ich nach Camden in Maine, um einen Vortrag auf einer »Poptech« genannten jährlichen Konferenz zu halten. In der Nacht vor meinem Vortrag wachte ich so um 2.00 oder 3.00 Uhr morgens mit einem meiner kleinen Angstanfälle auf. Nachdem ich einige Minuten wach gelegen und über die schwerwiegenden Konsequenzen nachgedacht hatte, die es haben kann, nachts wach zu liegen und über schwerwiegende Konsequenzen nachzudenken, beschloss ich, mich in meinem Bett aufzusetzen und zu meditieren. Ich richtete meine Aufmerksamkeit für eine Weile auf meinen Atem, aber ich fokussierte mich auch auf die Angst selbst: das verkrampfte Gefühl in meinem Bauch. Ich versuchte, es anzusehen, wie man es mir in meiner ersten Meditationsklausur beigebracht hatte: ohne zu urteilen. Es war nicht unbedingt etwas Schlechtes, und es gab keinen Grund, davor wegzulaufen. Ich fühlte einfach etwas, also saß ich da, fühlte und beobachtete es. Ich kann nicht behaupten, dass ich das Gefühl toll fand, aber je mehr ich es akzeptierte und es beobachtete, ohne es zu beurteilen, desto weniger unangenehm wurde es.

Und dann geschah etwas ganz Ähnliches wie bei meinem großen Durchbruch nach der Überdosis Koffein in der Meditationsklausur. Die Angst schien jetzt irgendetwas von mir Entferntes zu sein, etwas, was ich einfach mit meinem inneren Auge ansah, so ähnlich, wie ich vielleicht eine abstrakte Skulptur in einem Museum ansehen würde. Sie sah aus wie eine Art dickes verknotetes Seil von Verkrampfung, das den Teil meines Bauches einnahm, in dem man Angst fühlt, aber ich *empfand* die Verkrampfung nicht mehr. Meine Angst, die noch vor wenigen Minuten sehr schmerzlich gewesen war, fühlte sich jetzt weder gut noch schlecht an. Und nicht lange nachdem sie diesen neutralen Status erlangt hatte, löste sie sich ganz auf. Nach wenigen Minuten dieser angenehmen Erholung vom Leiden legte ich mich wieder hin und schlief ein. Am nächsten Tag lief mein Vortrag – und ich mache hier eine Pause, um die Spannung zu steigern – wunderbar.

Es ist im Prinzip auch möglich, Angst aus einem anderen Blickwinkel anzugehen. Statt sich auf das Gefühl selbst zu konzentrieren, wie ich es in jener Nacht tat, untersuchen Sie die Gedanken, die damit einhergehen. So funktioniert die kognitive Verhaltenstherapie: Ihr Therapeut stellt Ihnen Fragen wie: »Ist es angesichts der vielen Vorträge, die Sie in der Vergangenheit gehalten haben, *wirklich* wahrscheinlich, dass Sie diese Präsentation vermasseln?« Und: »Falls Sie sie vermasseln, würde das *tatsächlich* augenblicklich Ihre Karriere ruinieren?« Wenn Sie dann sehen, dass diese Gedanken wenig logisch sind, dann kann es sein, dass die sie begleitenden Gefühle abgeschwächt werden.

Die kognitive Verhaltenstherapie geht also in vieler Hinsicht im Geiste der Achtsamkeitsmeditation vor. Beide stellen in einem gewissen Sinn die Gültigkeit von Gefühlen infrage. Es ist nur so, dass in der kognitiven Verhaltenstherapie die Fragen wörtlicher gestellt werden. Sollten Sie übrigens auf die Idee kommen, diese beiden Ansätze miteinander zu kombinieren und als der Gründer einer ganz neuen Therapieschule berühmt zu werden, dann habe ich schlechte Nachrichten für Sie: Die achtsamkeitsbasierte kognitive Therapie (Mindfulness Based Cognitive Therapy, MBCT) existiert bereits.

Ebenen der Verblendung: eine Rekapitulation

Wenn ich meine Arbeit gut gemacht habe, sollten Sie sich ein wenig enttäuscht fühlen – nicht von mir, sondern von Ihren Gefühlen. Und ich bin noch nicht einmal zu den tiefsten und subtilsten Täuschungen gekommen, die durch unsere Empfindungen hervorgerufen werden. Die spare ich mir für später auf. Für den Moment lassen Sie uns einmal mehrere Weisen rekapitulieren, auf die unsere Gefühle irreführend sein können:

1. *Unsere Gefühle wurden nicht dazu konzipiert, die Wirklichkeit selbst in unserer »natürlichen« Umgebung abzubilden.* Sie wurden dazu konzipiert, es unseren Jäger-und-Sammler-Vorfahren zu ermöglichen, ihre Gene an die nächste Generation weiterzugeben. Wenn das bedeutete, unsere Ahnen irrezuführen – etwa sie so ängstlich zu machen, dass sie eine Schlange sahen, die in Wirklichkeit gar nicht da war –, dann war das ganz in Ordnung. Diese Klasse von Illusionen, »natürlichen« Illusionen, hilft, eine Menge der Verzerrungen unserer Wahrnehmung der Welt zu erklären, besonders der sozialen Welt: verdrehte Vorstellungen von uns selbst, unseren Freunden, unseren Verwandten, unseren Feinden, beiläufigen Bekannten und sogar von Fremden. (Was wohl das ganze Spektrum umfasst, nicht wahr?)
2. *Die Tatsache, dass wir nicht in einer »natürlichen« Umgebung leben, macht unsere Gefühle zu noch weniger verlässlichen Indikatoren der Realität.* Gefühle, die dazu konzipiert waren, Illusionen zu erzeugen, wie etwa eine Schlange zu sehen, die nicht da ist, mögen zumindest den Vorteil haben, die Aussicht des Organismus auf Überleben und Fortpflanzung zu erhöhen. Aber die moderne Umwelt kann verschiedene Ar-

ten von Gefühlen, die unseren Vorfahren im darwinistischen Sinn halfen, nehmen und sie in demselben Sinn kontraproduktiv machen – sie können tatsächlich die Lebenserwartung einer Person verringern. Rasende Wut und die ungebremsten Gelüste eines Leckermauls sind gute Beispiele dafür. Diese Gefühle waren einmal »wahr«, zumindest in dem pragmatischen Sinn, dass sie den Organismus zu einem Verhalten veranlasst haben, das in irgendeinem Sinn gut für ihn war. Aber heute sind sie wahrscheinlich irreführend.

3. *All diesem zugrunde liegend ist die Glücksverblendung.* Wie der Buddha betonte, führen unsere fortlaufenden Versuche, uns besser zu fühlen, zu einer Überschätzung dessen, wie lange der »bessere Zustand« anhalten wird. Hinzu kommt noch: Wenn der »bessere« aufhört, kann der »schlechtere« darauf folgen – ein beunruhigendes Gefühl, ein Durst nach mehr. Lange bevor Psychologen die »hedonistische Tretmühle« beschrieben haben, hatte der Buddha sie bereits erkannt.

Was er nicht gesehen haben kann, war ihr Ursprung. Noch einmal: Wir wurden von der natürlichen Selektion konstruiert, und die natürliche Selektion arbeitet darauf hin, die Weiterverbreitung von Genen zu maximieren. Punkt. Außerdem kümmert sie sich nicht um die Wahrheit an sich, sie kümmert sich auch nicht um unserer Glück auf lange Sicht. Sie wird uns ohne Weiteres darüber täuschen, was dauerhaftes Glück bringt und was nicht, wenn diese Verblendung unsere Vorfahren dazu angetrieben hat, ihre Gene zu verbreiten. Tatsächlich kümmert sich die natürliche Selektion nicht einmal um unser *kurzfristiges* Glück. Betrachten Sie nur, was all diese falsch Positive uns kosten: Von einer Schlange in Schrecken versetzt zu werden, die 99-mal hintereinander gar nicht da ist, könnte sich auf das psychische Wohlbefinden einer Person auswirken. Die gute Nachricht ist wie gesagt, dass diese Angst beim hundertsten Mal unsere Vorfahren am Leben erhalten und so letztlich zu unserer Schöpfung geführt hat. Aber wir sind immer noch die Erben dieser Neigung zu falsch Positiven – nicht nur was Schlangen angeht, sondern auch im Bereich anderer Befürchtungen und alltäglicher Ängste. Wie Aaron Beck, der manchmal als Begründer der kognitiven Verhaltenstherapie bezeichnet wird, geschrieben hat: »Der Preis des Überlebens der Abstammungslinie mag ein lebenslanges Unbehagen sein.«[12] Oder, wie der Buddha es formuliert hätte, »ein Leben des *dukkha*«. Doch der Buddha hätte vielleicht hinzufügen können: »Aber dieser Preis ist vermeidbar, wenn man direkt mit den psychologischen Ursachen umgeht.«

Offensichtlich war dieses Kapitel keine pauschale Anklage menschlicher Gefühle. Einige unserer Empfindungen, vielleicht sogar die meisten, dienen uns einigermaßen gut. Sie verzerren unsere Sicht der Realität nicht stark, und sie helfen uns, zu überleben und zu gedeihen. Mein Hingezogensein zu Äpfeln und meine Abneigung dagegen, in Messerschneiden zu greifen und an Wolkenkratzern emporzuklettern, sind nur zu meinem Guten. Trotzdem hoffe ich, dass Sie zu sehen vermögen, welche Vorteile es haben kann, Ihre Gefühle näher zu untersuchen – sie zu inspizieren, um zu sehen, welche davon es verdienen, dass wir ihnen folgen, und welche, dass wir dies nicht tun, um dann versuchen zu können, uns aus dem Griff jener Gefühle zu befreien, die schädlich für uns sind.

Und ich hoffe, Sie können sehen, warum dies kompliziert ist. Es liegt in der Natur von Gefühlen, dass sie es uns schwer machen, die wertvollen von den schädlichen, die verlässlichen von den irreführenden zu unterscheiden. Eines haben alle Gefühle gemeinsam, dass sie ursprünglich dazu »konzipiert« waren, ihnen zu folgen. Sie fühlen sich geradezu per definitionem richtig und wahr an. Und sie wehren sich aktiv dagegen, dass wir sie objektiv betrachten.

Vielleicht hilft dies, zu erklären, warum ich so lange gebraucht habe, um auf den Geschmack der Achtsamkeitsmeditation zu kommen – weil sie für mich nie »funktionierte«, bis ich mich einmal ganz auf sie eingelassen und an jenem einwöchigen Retreat der stillen Meditation teilgenommen hatte. Aber das ist nicht der einzige Grund. Noch andere Umstände haben damit zu tun, wie Gefühle uns beeinflussen, Dinge, die es uns schwer machen, das Blatt zu wenden und unsere Sklave-Herr-Beziehung zu ihnen umzukehren. Und es gibt andere Aspekte an der Art und Weise des Funktionierens unseres Geistes, die es von Beginn an schwer machen, sich in einen meditativen Zustand zu versenken. Tatsächlich begann ich erst nach jenem ersten Retreat zu erkennen, wie herausfordernd es sein kann – und *warum* es so herausfordernd sein kann –, zu dem Punkt zu gelangen, an dem Achtsamkeitsmeditation wirklich funktioniert.

Außerdem ist es so, dass Ziele, die sich lohnen, oft der Anstrengung bedürfen. Und etwas anderes, was ich bei jener Klausur zu erkennen begann, war, *wie* lohnend Achtsamkeitsmeditation sein kann. Tatsächlich gehen diese Belohnungen so weit über das hinaus, was ich in diesem Kapitel angedeutet habe, dass ich befürchte, die meditative Erfahrung vielleicht trivialisiert zu haben. Natürlich ist es eine feine Sache, damit zu beginnen, einige Ihrer eher beunruhigenden Gefühle in den Griff zu bekommen – und wenn es Ihnen hilft, das zu erreichen, indem Sie erkennen, dass diese Gefühle in einem gewissen Sinne »falsch« sind, umso besser. Aber das Zähmen beunruhigender Gefühle kann bloß der Anfang sein. Es gibt andere Dimensionen der Achtsamkeit, und es gibt dort Einsichten, die sehr viel tiefer gehen und subtiler sind als die Erkenntnis, dass es vielleicht keine so tolle Idee ist, sich der Wut im Straßenverkehr hinzugeben.

4

Glückseligkeit, Ekstase und wichtigere Gründe zu meditieren

Streng genommen ist »Retreat schweigender Meditation« keine ganz richtige Bezeichnung. Während meines ersten einwöchigen Rückzugs damals im Sommer 2003 gab es zwei Gelegenheiten, bei denen die Schüler mit einem Meditationslehrer sprachen. Bei einer davon versammelte sich eine Gruppe von acht oder neun von uns »Yogis« in einem Raum in der Nähe der Meditationshalle. Dort konnten wir für eine Dreiviertelstunde alle Probleme zur Sprache bringen, die wir hatten.

Das war gut, denn ich hatte ein Problem: *Ich konnte nicht meditieren!* Ich hatte meinen großen »Durchbruch« noch nicht gehabt, jenen Moment, in dem ich meine Koffein-Überdosis achtsam betrachtete und sie transzendierte. Alles, was ich bisher getan hatte, war, einen und einen halben Tag hinter mich zu bringen und es nicht zu schaffen, mich auf meinen Atem zu fokussieren. Ich hatte es versucht und versucht, aber ich konnte einfach nicht aufhören, über irgendetwas *nachzudenken*.

Als ich an der Reihe war zu reden, gab ich dieser Frustration Ausdruck. Der darauf folgende Dialog mit meinem Lehrer verlief etwa folgendermaßen:

»Du bemerkst also, dass dein Geist ständig abschweift?«

»Ja.«

»Das ist gut.«

»Es ist gut, dass mein Geist abschweift?«

»Nein. Es ist gut, wenn du bemerkst, dass dein Geist ständig abschweift.«

»Aber das passiert fast die ganze Zeit.«

»Das ist noch besser. Das bedeutet, du hast viele Gelegenheiten, es zu bemerken.«

Das hatte nicht gerade die ermutigende Wirkung, die mein Lehrer vielleicht beabsichtigt hatte. Ich fühlte mich ein wenig jovial behandelt. Es war ähnlich wie zu jenen Zeiten, zu denen eine meiner Töchter in ihrer Kleinkindphase kläglich bei etwas versagte und ich mich anstrengte, sie irgendwie zu ermutigen. Vielleicht fiel sie hin, während sie versuchte, auf ein Dreirad zu steigen, und ich sagte dann: »Du bist wieder aufgestanden! Was für ein großes Mädchen du doch bist!« – Wobei ich zuerst einmal nicht daran dachte, dass große Mädchen tatsächlich nicht hinfallen, während sie versuchen, auf ein Dreirad aufzusteigen …

Aber mir ist mittlerweile klar geworden, dass dieses erste Feedback, das ich jemals von einem Meditationslehrer erhielt, keine beschwichtigende Ermutigung war. Er hatte recht: Indem ich häufig *bemerkte*, dass mein Geist abschweifte, betrat ich tatsächlich Neuland. Wenn mein Geist während meines gewöhnlichen Arbeitsalltags von hier nach da sprang, dann pflegte ich ihm über Berg und Tal zu folgen, ohne mir dessen bewusst zu sein. Jetzt folgte ich ihm nur für kurze Strecken, bevor ich mich von ihm freimachte – zumindest kurzzeitig frei. Doch lange genug, um zu bemerken, dass er mich an der Nase herumgeführt hatte. Eine Erkenntnis, die dann wieder weiterem Wandern des Geistes Platz machte …

Um dies in einer Terminologie zu formulieren, die sich wissenschaftlich anhört: Ich begann das Funktionieren dessen zu beobachten, was als »Ruhezustandsnetzwerk« beziehungsweise »Default Mode Network« bezeichnet wird. Diese Gruppe von Gehirnregionen ist aktiv, wenn wir nichts Bestimmtes tun – nicht mit jemandem sprechen, uns nicht auf unsere Arbeit oder irgendeine andere Aufgabe konzentrieren, keinen Sport treiben, kein Buch lesen und keinen Film ansehen. Es ist das Netzwerk, in dem unser Geist herumwandert, wenn er wandert.[13]

Und wohin wandert unser Geist? Nun, offensichtlich an alle möglichen Orte, aber Studien haben gezeigt, dass diese Orte gewöhnlich in der Vergangenheit oder der Zukunft liegen. Sie denken vielleicht über unlängst geschehene oder schon lange vergangene Ereignisse nach, starke Erinnerungen; Sie fürchten vielleicht bevorstehende Ereignisse oder erwarten sie ungeduldig; Sie entwickeln möglicherweise Strategien, wie Sie eine drohende Krise abwenden können; oder Sie geben sich Fantasien über eine Romanze mit der attraktiven Person in der Arbeitsnische neben Ihnen hin. Was Sie im Allgemeinen nicht tun, wenn Ihr Geist wandert, ist, *unmittelbar den gegenwärtigen Moment zu erleben*.

In mancher Hinsicht ist es nicht schwierig, Ihr Ruhezustandsnetzwerk zum Schweigen zu bringen: Tun Sie einfach etwas, was ihre Aufmerksamkeit verlangt. Lösen Sie ein Kreuzworträtsel oder versuchen Sie, mit drei Tennisbällen zu jonglieren. Bis Sie an den Punkt gelangen, an dem das Jonglieren zu Ihrer zweiten Natur wird, werden Sie wahrscheinlich keinen Fantasien über die attraktive Person in der Arbeitsnische neben Ihnen nachhängen.

Schwierig ist es allerdings, dem Ruhezustandsnetzwerk zu entfliehen, wenn Sie praktisch nichts tun – etwa mit geschlossenen Augen in einer Meditationshalle sitzen. Darum versuchen Sie, sich auf den Atem zu sammeln: Der Geist braucht *irgendein* Objekt, auf das er sich fokussieren kann, um ihn von seinem gewohnten Umherschweifen abzubringen.

Aber selbst wenn Ihnen diese »Krücke« zur Verfügung steht, finden Sie sich womöglich in der Position wieder, in der ich mich während des ersten Teils dieser Klausur befand: Ich wurde wiederholt, häufig und hilflos aus dem Erfahrungs- in den Ruhezustandsmodus davongetragen. Jedes Mal, wenn Sie bemerken, dass Sie fortgetragen wurden, besteht die Versuchung, Frustration oder Ärger zu erfahren oder (mein persönlicher Favorit) Selbstverachtung. Doch die Standardanweisung ist dann, keine Zeit darauf zu verschwenden. Nehmen Sie einfach die Tatsache zur Kenntnis, dass Ihr Geist abgedriftet ist, und vielleicht auch, wohin er sich bewegt hat (Abneigung gegen Arbeit, Erwartung des Mittagessens, Jammern über einen schlechten Abschlag beim Golf), und lenken Sie Ihre Aufmerksamkeit dann auf den Atem zurück. Indem mein Lehrer auf den Silberstreif um meine Wolke diffuser Aufmerksamkeit hinwies, versuchte er zweifellos, mich genau dazu zu ermutigen.

Das erwies sich als ein sehr guter Ratschlag. Indem ich die Machenschaften meines Ruhezustandsnetzwerks unterbrach, indem ich aus ihm »ausbrach« und erkannte, dass mein Geist wanderte, und dann zu meinem Atem zurückkehrte, schwächte ich die Dominanz dieses Netzwerks. Indem ich besser darin wurde, mich für längere Perioden auf meinen Atem zu sammeln, wurde dieses Netzwerk immer weniger aktiv. Zumindest bin ich mir einigermaßen sicher, dass dem so war. Gehirnscan-Studien haben gezeigt, dass dies bei Meditationsanfängern geschehen kann. Solche Studien haben auch gezeigt, dass weit fortgeschrittene Meditierende, Menschen, die Zehntausende von Stunden meditiert haben, in einer ganz anderen Liga spielen als ich und ein dramatisch verringertes Wirken des Ruhezustandsnetzwerks beim Meditieren erkennen lassen.

Wenn das Default Mode Network in seiner Aktivität nachlässt – also der Geist aufhört herumzuwandern –, kann das ein gutes Gefühl sein.[14] Sie mögen ein Gefühl der Befreiung von

Ihrem plappernden Geist erfahren, ein Gefühl des Friedens, ja sogar des tiefen Friedens. Sie erfahren dieses Gefühl vielleicht nicht jedes Mal, wenn Sie meditieren, aber bei manchen Menschen geschieht es oft genug, um einer der Hauptgründe dafür zu sein, dass sie sich am nächsten Tag wieder auf ihr Meditationskissen setzen. Es ist Teil der positiven Bestärkung, die sie ihre Praxis aufrechterhalten lässt.

Sind Sie erst einmal an diesen Punkt gelangt – wenn Sie also Ihren Atem dazu benutzt haben, ein gewisses Maß an Freiheit von Ihrem wandernden Geist zu erreichen –, dann stehen Sie an einem Scheideweg. Es gibt zwei verschiedene Pfade, denen Sie folgen können, die zwei unterschiedlichen Arten der Meditation entsprechen.

Sammlung und Achtsamkeit

Ein Pfad besteht darin, die Sammlung auf Ihren Atem aufrechtzuerhalten. Es fühlt sich zuerst einmal gut an, diesen Fokus für eine sehr lange Zeit beizubehalten. Und versuchen Sie, den Fokus noch zu verengen und zu vertiefen, sich immer mehr in den Atem zu versenken. Dann machen Sie einfach so weiter. Es kann sein, dass Sie sich dann immer besser fühlen.

Dies nennt man »Versenkungsmeditation«,[15] und das Objekt der Versenkung muss nicht unbedingt der Atem sein. Je nach Meditationstradition kann es sich um ein Mantra, ein vorgestelltes Bild, einen wiederholten Klang oder irgendetwas anderes handeln.

Versenkungsmeditation wird manchmal auch als »Gelassenheitsmeditation« oder »ruhiges Verweilen« bezeichnet – was sinnvoll ist, weil die Sammlung Gelassenheit mit sich bringen kann. In Wirklichkeit kann Ihnen die Sammlung noch mehr als Gelassenheit bringen. Wird sie lange genug aufrechterhalten, so kann sie machtvolle Gefühle der Glückseligkeit oder Ekstase hervorrufen.

Und ich meine *machtvolle Gefühle der Glückseligkeit oder Eksta-se*. In der fünften Nacht meiner ersten Klausur hatte ich mit einer modifizierten Version der üblichen Technik »Sammle dich auf deinen Atem« experimentiert. Ich sammelte meine Aufmerksamkeit beim Einatmen auf meinen Atem, doch beim Ausatmen auf Klänge. Sich auf die Geräusche zu fokussieren war leicht, denn es war eine heiße Sommernacht im ländlichen Massachusetts, die Fenster der Meditationshalle standen offen, und ein Chor von Insekten – darunter auch Zikaden, wie ich annehme – zirpte lauthals. Während ich meditierte, fokussierte ich mich immer dichter auf meinen Atem und den Gesang, die beide an Intensität zuzunehmen schienen, während sie meine Aufmerksamkeit immer vollständiger absorbierten. An einem bestimmten Punkt, nach etwa dreißig Minuten, machte ich eine dramatische und machtvolle Erfahrung, die schwer zu beschreiben ist. Später in diesem Buch werde ich mein Bestes versuchen, sie zu erläutern, doch für den Moment will ich einfach nur sagen, dass sie sehr, sehr lebhaft war.

Tatsächlich würde ich dem letzten Satz am liebsten noch ein weiteres »sehr« hinzufügen. Ich weiß nicht aus eigener Erfahrung, wie es ist, LSD zu nehmen und noch eine Dosis Heroin draufzusetzen, aber ich vermute, es wäre so etwas wie die Erfahrung, die ich in jener Nacht machte: von einer ans Halluzinatorische grenzenden visuellen Intensität und von überwältigender Glückseligkeit. Ich erinnere mich, dass ich ein Gefühl hatte, als sei mir insbesondere in meinen Kiefer ein machtvolles Narkotikum injiziert worden. Mein ganzes Sein vibrierte von dieser freudigen Vision, und ich hatte das Gefühl, irgendeine Schwelle übertreten zu haben und in einen anderen Bereich eingetreten zu sein.

Wenn die Erfahrung, die ich in jener Nacht machte, sich reizvoll anhört, habe ich schlechte Nachrichten für Sie. Die Art von Meditation, die mir diese Gipfelerfahrung schenkte, ist nicht die Art von Meditation, die in diesem Buch behandelt wird. Und sie ist auch nicht die Art von Meditation, um die es in dieser Klausur ging. Als ich am Ende des Retreats Michael Grady, einem der beiden Lehrer der Klausur, stolz von meiner Gipfelerfahrung erzählte, sagte er mit einer Lässigkeit, die ich ein wenig entmutigend fand: »Hört sich nett an, aber hafte bloß nicht daran.« Bei dieser Klausur sollte es um Achtsamkeitsmeditation gehen, den zweiten der beiden grundlegenden meditativen Pfade, die man einschlagen kann.

Achtsamkeit und Sammlung oder Versenkung sind so wichtige buddhistische Bestrebungen, dass sie beide einen Teil des »Edlen Achtfachen Pfades« ausmachen, den ein überzeugter Buddhist beschreiten sollte. Sie sind in der Tat der siebte und achte Teil dieses Pfades; aber das heißt nicht, dass sie dessen Höhepunkt darstellen. Es kann zu einem Missverständnis führen, wenn man sich die acht Phasen als eine Abfolge vorstellt. Die Grundidee ist nicht, dass Sie zuerst den ersten dieser acht Faktoren, die »rechte Anschauung«, ganz und gar meistern müssen, um dann zum zweiten und dritten Faktor – »rechter Entschluss« und »rechte Rede« – fortzuschreiten und so weiter. Es gibt eine zu starke wechselseitige Abhängigkeit zwischen den acht Faktoren, um von einem derart linearen Fortschritt sprechen zu können. So wird zum Beispiel Fortschritt beim siebten und achten Faktor – »rechte Achtsamkeit« und »rechte Versenkung« – ein tieferes, aus eigener Erfahrung resultierendes Verständnis der Kernprinzipien des Buddhismus fördern und damit die »rechte Anschauung« verstärken.

Außerdem gilt es, etwas zu beachten, was für dieses Kapitel noch relevanter ist: Auch wenn rechte Achtsamkeit auf dem Achtfachen Pfad vor der rechten Versenkung kommt, kann es sein, dass man zuerst die Versenkung kultivieren muss, um Achtsamkeit kultivieren zu können. Aus diesem Grund gehört zum frühen Teil der Achtsamkeitsmeditationssitzung typischerweise die Sammlung auf Ihren Atem oder etwas anderes. Ein gewisses Maß an Sammlung zu beherrschen befreit Sie von der Aktivität des Ruhezustandsnetzwerks und bringt das mentale Geplapper zum Stillstand, von dem Sie normalerweise völlig eingenommen sind.

Wenn Sie die Versenkungsmeditation dazu benutzt haben, Ihre Aufmerksamkeit zu stabilisieren, dann können Sie Ihre Aufmerksamkeit allen möglichen anderen Objekten zuwenden, deren Sie sich gerade bewusst werden – etwa gewöhnlichen Regungen, die in Ihrem Inneren geschehen, wie Emotionen oder Körperempfindungen, aber Sie können sie auch auf Ziele in der Außenwelt richten wie etwa Geräusche. Währenddessen tritt die Atmung in den Hintergrund zurück, auch wenn sie vielleicht Ihr »Anker« bleibt, als etwas, dessen Sie sich vage bewusst bleiben, selbst während Sie andere Objekte untersuchen, oder zu dem Sie Ihre Aufmerksamkeit von Zeit zu Zeit zurückbringen können. Wesentlich ist, dass Sie alles, was Sie erfahren, achtsam erfahren, mit jener paradoxen Kombination von Nähe und kritischer Distanz, die ich erwähnte, als ich beschrieb, wie ich mit dem Gefühl der Überdosis Koffein umgegangen bin.

Mir ist klar, dass die achtsame Anschauung irgendeines Gefühls, das Sie empfinden – zum Beispiel Angst oder Ruhelosigkeit –, sich nicht so exotisch reizvoll anhört wie die psychedelische Ekstase, die die Versenkungsmeditation mir an jenem Sommerabend in Massachusetts schenkte. Doch es mag Sie trösten, dass es etliche andere lohnende Aspekte der Achtsamkeitsmeditation gibt und einige davon durchaus ihre exotische Seite haben.

Achtsamkeit im wahren Leben

Zuerst einmal ist die Achtsamkeitsmeditation eine gute Übung. Wenn Sie Ihre Gefühle achtsam anschauen, während Sie auf einem Meditationskissen sitzen, kann Sie das besser darin machen, sie auch im Alltagsleben achtsam zu sehen. Das heißt, dass Ihr Leben weniger von irreführenden und unproduktiven Empfindungen beherrscht wird. Sie verschwenden weniger Zeit darauf, über andere Autofahrer zu wüten, die eine gefühlte Ewigkeit brauchen, um aufs Gaspedal zu treten, nachdem die Ampel auf Grün umgeschaltet ist. Sie schreien Ihre Kinder, Ihre Frau oder wen auch immer Sie (theoretisch) anzuschreien geneigt sein könnten, weniger häufig an. Sie verwenden weniger Zeit darauf, indigniert zu sein angesichts irgendwelcher Unverschämtheiten, die man Ihnen zugemutet hat, und entwickeln weniger »Rachefantasien« in Hinblick auf die Zeitgenossen, die Ihnen so übelwollten, und so weiter.

Ein anderer Vorzug der Achtsamkeitsmeditation ist, dass sie Sie stärker auf Schönheit einstimmen kann. Diese Wirkung zeigt sich besonders dramatisch während eines Retreats, wenn Sie sehr viel meditieren und Ihre Isolation von der »wirklichen Welt« die Anzahl der Umstände stark begrenzt, derentwegen Sie sich Sorgen machen können, die Sie ungeduldig erwarten oder bitter bereuen. Wird Ihrem Ruhezustandsnetzwerk neuer Treibstoff entzogen, fällt es leichter, im Erfahrungsmodus zu verweilen.

Diese vertiefte Absorption durch alltägliche Empfindungen kann Ihr Bewusstsein dramatisch verändern. Vogelzwitschern kann sich auf surreale Weise herrlich anhören. Oberflächenstrukturen aller Art – die Haptik von Ziegeln, von Asphalt, von Holz – können faszinierend werden. Während eines Spaziergangs im Wald inmitten eines Retreats geschah es mir, dass ich den kunstvoll knorrigen Stamm eines Baums streichelte – ja, im wahrsten Sinn des Wortes zärtlich streichelte. Und glauben Sie mir, ich gehöre sonst nicht zu den Typen, die Bäume umarmen. Ich gehöre auch nicht zu den Leuten, die innehalten, um die Rosen zu riechen.

An einem typischen Arbeitstag esse ich gewöhnlich auf folgende Weise zu Mittag: Ich öffne eine Dose Sardinen, nehme mir eine Gabel, verspeise die Fische direkt aus der Konserve, während ich vor der Küchenspüle stehe, und werfe die leere Dose dann weg. Das war's. Doch bei meinem ersten Retreat bekam ich nach einigen Tagen eine völlig andere Einstellung zum Essen. Das ist umso erstaunlicher, weil die Mahlzeiten nach konventionellen Maßstäben äußerst spartanisch waren: streng vegetarisch, keine im Laden gekauften Snacks und, was das Schlimmste war, keineswegs täglich Schokolade.

Als ich zum ersten Mal in den Speisesaal eintrat, war ich erstaunt, zu sehen, dass so viele Menschen mit geschlossenen Augen aßen. Doch schon sehr bald verstand ich, warum: Das visuelle Feld abzuschirmen brachte die Absorption durch den Geschmack näher an 100 Prozent. Das Resultat war überwältigend. Ein einziger Bissen Salat – langsam gekaut und nicht nur ob seines Geschmacks, sondern auch wegen seiner Konsistenz gewürdigt – konnte fünfzehn geradezu glückselige Sekunden bescheren. Jetzt stellen Sie sich eine Scheibe Brot mit Butter vor!

Während eines Retreats können gewöhnliche visuelle Erfahrungen etwas Dramatisches bekommen. Ich erinnere mich, wie ich die Hand ausstreckte, um eine alte Fliegengittertür zu öffnen, und plötzlich das Gefühl hatte, einen Film anzusehen – eine dieser Szenen, in denen eine extreme Nahaufnahme irgendein bedeutsames Ereignis ankündigt. Natürlich geschah nichts Spektakuläres, solange man nicht die nächste dramatische visuelle Erfahrung in Betracht zieht, die sehr bald folgen sollte. Bei einer Gelegenheit während dieses ersten Retreats saß ich in meinem Schlafsaal und kritzelte Beobachtungen auf Karteikarten nieder, als ich aufsah und Folgendes niederschrieb. »Während ich diese Karte schreibe, bin ich geradezu betäubt von der Schönheit ihres marmorierten Musters – Sonnenschein durch Bäume und das Rollo gefiltert. Fühlt sich narkotisch an.«

Da ich gerade von Pharmazeutika spreche: Wenn ich hier das Lob von Meditationsklausuren singe, bin ich verpflichtet, mögliche Nebenwirkungen zu erwähnen. Genau die Stille und Abgeschiedenheit, die Sie von den Anforderungen des Arbeitsalltags befreit, kann Ihnen auch Zeit geben, sich in andere Belange zu vertiefen – insbesondere persönliche Probleme und solche mit der Familie, die Sie im Alltagsleben vielleicht heimsuchen und die möglicherweise wiederkehren, sich aber gewöhnlich nicht für einen langen Aufenthalt einrichten. Darüber hinaus mag es sein, dass der Kontakt mit den tatsächlichen Machenschaften Ihres Geistes, der jetzt enger ist als gewöhnlich, Sie dazu bringen kann, Probleme mit einer neuen und vielleicht beunruhigenden Ehrlichkeit zu betrachten. Was, wenn Sie es bedenken, auch nicht schlecht ist. Geht es im Buddhismus denn nicht gerade darum, sich mit dem Leiden zu beschäftigen, statt es zu umschiffen, und es dadurch zu unterminieren, dass Sie sich damit konfrontieren und es unerschrocken betrachten?

Meiner Erfahrung nach funktioniert das im Allgemeinen. Ich neige dazu, Probleme, die mich während einer Klausur verfolgen, »durchzuarbeiten« und so eine neue und gesündere Perspektive auf sie zu gewinnen. Allerdings kann dieses Durcharbeiten eine Weile dauern und recht intensiv werden. Menschen, die an einer langen Meditationsklausur teilnehmen wollen, sage ich manchmal, das sei wie das Ausüben einer Extremsportart für den Geist: Es umfasst sowohl grandiose als auch qualvolle Momente. Zum Glück kann ich sagen, dass das Verhältnis meiner Erfahrung nach etwa vier zu eins ist.

Wenn ich mich nicht in einem Retreat befinde und meine Morgenmeditation sich auf dreißig Minuten beschränkt (vielleicht gefolgt von einem kürzeren Sitzen später am Tag), sind die Belohnungen weniger dramatisch. Keiner meiner Nachbarn hat jemals die Nummer des Notrufs gewählt, um zu berichten, ich würde ihre Bäume streicheln. Dennoch – solange ich meine tägliche Meditation aufrechterhalte, ist es sehr viel wahrscheinlicher, dass ich beim Gassigehen mit meinen Hunden stehen bleibe und die Borke von Bäumen *betrachte*. Und ich neige mehr dazu, meine Sardinen zu genießen oder, während ich sie verspeise, tatsächlich die Bäume durch das Küchenfenster zu *sehen*.

An diesem Punkt will ich davon Abstand nehmen, einen längeren Sermon über das »Leben im Augenblick«, das »In-der-Gegenwart-Sein« oder das »Verweilen im Jetzt« oder irgendeine andere Kombination dieser Begriffe zu halten. Da heute jedermann – von missionierenden Priestern bis zu professionellen Golfspielern – das Lob der Geistesgegenwart singt, muss ich in diesen Chor nicht auch noch einstimmen.

Zu viel Betonung auf das Leben im Jetzt zu legen würde das Potenzial der Achtsamkeitsmeditation zudem zu kurz kommen lassen und wäre in einem gewissen Sinne irreführend, was das Herz der buddhistischen Lehren angeht. Wie ich schon im ersten Kapitel gesagt habe, enthält das *Satipatthana Sutta – Die Vier Grundlagen der Achtsamkeit* – keine Aufforderung dazu, im Jetzt zu leben. Tatsächlich gibt es in dem gesamten Text keinen Begriff, der als »Jetzt« oder »die Gegenwart« zu übersetzen wäre.[16] Das heißt allerdings nicht, dass »in der Gegenwart zu bleiben« vor zweitausend Jahren nicht Teil der Erfahrung buddhistischer Meditierender war. Wenn Sie sich auf Ihre Atmung oder auf körperliche Empfindungen sammeln, wie es in den alten Achtsamkeitstexten gefordert wird, dann werden Sie sich in der Gegenwart befinden. Doch wenn Sie sich ganz und gar auf den Buddhismus einlassen – also die rote Pille schlucken – wollen, dann müssen Sie verstehen, dass das Verweilen in der Gegenwart nicht das ist, worum es letztlich geht. Auch wenn es ein wichtiger Bestandteil der Achtsamkeitsmeditation ist, es handelt sich um ein Mittel zum Zweck, nicht den Zweck selbst.

Annäherungen an die Erleuchtung

Dies bringt uns zum Thema »Erleuchtung«. Erleuchtet zu werden würde im Sinne des buddhistischen Begriffs bedeuten, dass Sie die zweifache Verblendung, unter der die Menschen im Allgemeinen leiden, gänzlich loswerden: die Illusion über das, was »hier drinnen« (in Ihrem Geist) und was »da draußen« (im Rest der Welt) ist.[17] Nur für den Fall, dass dieser Zustand vollkommenen Begreifens sich nicht attraktiv genug anhört, sollte ich noch einen anderen Begriff zu seiner Beschreibung anführen, nämlich »Befreiung«, wie in der Formulierung »Befreiung vom Leiden« (oder zumindest von *dukkha*, wie immer Sie dieses vieldeutige Wort übersetzen wollen). Und noch ein weiterer Begriff für diesen Zustand ist »Nirwana«. Sie haben bestimmt schon einmal vom Nirwana gehört, nicht wahr? Wir kommen später noch darauf zu sprechen.

Es gibt unterschiedliche Meinungen darüber, wie zugänglich Erleuchtung ist. Manche Menschen glauben, sie sei ein realistisches Ziel für einen jeden von uns. Andere sagen, sie sei so schwer zu erlangen, dass man sich dazu in einen Wald in Asien begeben und monate-, wenn nicht jahrelang 24 Stunden täglich an dem Projekt arbeiten müsse. Und manche behaupten, sie sei in Wirklichkeit gar nicht erreichbar. Die reine Erleuchtung ähnelt nach letzterer Anschauung dem, was Mathematiker eine »Asymptote« nennen: etwas, dem man immer näher kommen, das man aber nie ganz erreichen kann.

Wie viele Menschen es gibt, die Erleuchtung erlangt haben, und ob es überhaupt welche gibt, das sind Fragen, die zu beantworten ich nicht qualifiziert bin. Aber es scheint Meditierende zu geben, die die Illusionen darüber, was sich »hier drinnen« und was sich »dort draußen« befindet, so gründlich auflösen konnten, dass sie eine Art von Schwelle übertreten haben. Sie erreichen dann mehr oder weniger dauerhaft einen Bewusstseinszustand, der sich radikal vom gewöhnlichen Bewusstsein unterscheidet und der nach dem, was sie berichten, außerordentlich angenehm ist.

Das führt unvermeidlich zu der Frage: Wie haben sie das erreicht? Was genau müssen Sie anstellen, um erleuchtet zu werden oder um zumindest der Erleuchtung so nahe zu kommen, dass Sie sich wahrhaft transformiert fühlen, dass Sie das Gefühl haben, in eine ganz neue Welt eingetreten zu sein?

Es besteht die natürliche Tendenz, sich diese Transformation als etwas Plötzliches und Machtvolles vorzustellen. Ist dies nicht schließlich die Art und Weise, auf die sich große spirituelle Einsichten einstellen? Moses und der brennende Busch, Mohammed in der Höhle, Paulus auf der Straße nach Damaskus? Selbst vom Buddha heißt es, er habe das Licht während einer einzigen dramatischen Episode der Meditation gesehen. Und wenn Sie daran zweifeln, wie ungemein dramatisch dieser Moment war, dann sehen Sie sich die Erleuchtungsszene in dem Film »Little Buddha« an (in dem, wie in »Matrix«, Keanu Reeves die Hauptrolle spielt). Wenn das keine großartigen Bilder sind!

Falls Sie sich Meditation auf diese Weise vorstellen – als etwas, dessen Ziel eine dramatische und überwältigende Erfahrung von Offenbarung, von Erleuchtung ist –, dann mögen Sie zu dem Schluss kommen, dass von den beiden beschriebenen meditativen Pfaden die Versenkungsmeditation die sicherere Route ist. Mein eigenes unbeabsichtigtes Experiment mit längerer Sammlungsmeditation während meiner ersten Klausur scheint das nahezulegen. Ich hatte das Gefühl, plötzlich eine radikal wahrhaftigere Sicht der Dinge erlangt und eine Art von großem Durchbruch erlebt zu haben. Und auch wenn ich nicht glaube, dass diese Erfahrung mich tatsächlicher Erleuchtung auch nur vage nahegebracht hat, so glaube ich dennoch, dass manche Menschen mit der Versenkungsmeditation auf plötzliche und dramatische Weise in diesen seltenen Bereich eintreten oder ihm zumindest nahekommen können.

Doch seit jenem ersten Retreat bin ich zu der Überzeugung gelangt, dass die Achtsamkeitsmeditation – ganz gleich, wie dramatisch und tief greifend sich meine Erfahrung auch anfühlte und wie unspektakulär die Achtsamkeitsmeditation sich im Vergleich dazu anhören mag – tatsächlich zu dem gleichen Ort führen kann, einem Ort massiv und lebhaft veränderter Perspektive. Das Routinegeschäft der Achtsamkeit, die Welt innerhalb und außerhalb von Ihnen selbst mit außerordentlicher Sorgfalt zu beobachten, kann mehr erreichen, als unangenehme Gefühle abzumildern und Ihren Sinn für Schönheit zu fördern. Sie kann auf eine langsame, schrittweise, oft unregelmäßige und doch systematische Weise Ihre Sicht dessen transformieren, was wirklich »da draußen« und was wirklich »hier drinnen« ist. Was als ein bescheidenes Unterfangen beginnt – eine Methode, Stress oder Angst abzumildern, Zorn abzukühlen oder Selbstverachtung nur um einen Schritt herunterzuschalten –, kann zu profunden Einsichten in die Natur der Dinge und im gleichen Maße zu tiefgründigen Gefühlen von Freiheit und Glück führen. Ein im Wesentlichen therapeutisches Bestreben mag so zu einem zutiefst philosophischen und spirituellen Unterfangen werden. Dies ist der dritte Vorteil der Achtsamkeitsmeditation: Sie bietet uns einen Pfad zur Befreiung von der »Matrix«.

Ich wünschte, behaupten zu können, dass der ganze vorangegangene Abschnitt auf meiner eigenen Erfahrung beruhte, dass ich die Dinge mit nahezu perfekter Klarheit sähe, nachdem ich eine dauerhafte und folgenschwere Verschiebung der Perspektive erlebt hätte, und dass ich im Allgemeinen in einem nahezu glückseligen Zustand lebte. Traurigerweise ist das nicht der Fall. Aber ich habe inzwischen mit erfahrenen Meditierenden gesprochen, die auf dem Pfad sehr viel weiter fortgeschritten sind, als ich es bin, um davon überzeugt zu sein, dass der vorangegangene Abschnitt wahr ist. Wir werden Zeugnisse von einigen dieser Menschen hören, die, wie ich hoffe, Sie zu derselben Art von Überzeugung führen werden.

Und mehr noch, ich konnte persönlich *ziemlich* dramatische, wenn auch manchmal vorübergehende Verschiebungen der Perspektive erfahren. Ich habe bereits einige davon erwähnt – etwa meine Momente einer plötzlich transformierten Beziehung zu meiner Angst und, bereits davor, zu meiner Überdosis Koffein. Und im Gespräch mit jenen weit fortgeschrittenen Meditierenden erfuhr ich, dass sie fast durch die Bank solche und andere Arten von Erfahrungen selbst auch irgendwann auf ihrem Pfad gemacht haben. Tatsächlich ebneten in vielen Fällen diese Erfahrungen offenbar den Weg zu ihren umfassenderen Erleuchtungen. Auch wenn ich nicht das ganze Gebäude der Erleuchtung sehen konnte, habe ich anscheinend zumindest einige der Bausteine erblickt.

Einsichtsmeditation

Genau genommen ist es nicht nur die Achtsamkeitsmeditation, die mich dazu gebracht hat, diese Bausteine zu erkennen. Meine Achtsamkeitsmeditation vollzog sich innerhalb einer besonderen Schule der Meditation, die »Vipassana« genannt wird. Dies ist ein alter Begriff, der »klares Sehen« bedeutet und gewöhnlich als »Einsicht« übersetzt wird. Der Name der Einrichtung, bei der ich an jener Meditationsklausur im Jahr 2003 teilgenommen habe, könnte auch »Society for Vipassana Meditation« genannt werden, denn das ist sie im Grunde.

Vipassana legt so viel Gewicht auf Achtsamkeit, dass manche die beiden Begriffe synonym verwenden. Doch die Unterscheidung ist wichtig. Achtsamkeitsmeditation ist eine Technik, die Sie zu unterschiedlichen Zwecken benutzen können, angefangen mit einfacher Stressreduktion. Doch wenn Sie Achtsamkeitsmeditation innerhalb eines traditionellen Vipassana-Rahmens praktizieren, so ist der letztliche Zweck ehrgeiziger: nämlich *Einsicht* zu erlangen. Und nicht einfach nur Einsicht in dem alltäglichen Sinne, dass man irgendetwas Neues versteht. Es geht darum, die wahre Natur der Realität zu sehen, und buddhistische Texte, die mehr als ein Jahrtausend zurückgehen, erklären genau, was das bedeutet. Sie definieren Vipassana als das

Begreifen dessen, was »Die Drei Merkmale des Daseins« genannt wird.

Zwei dieser drei Daseinsmerkmale hören sich so an, als seien sie im Grunde nicht schwer zu verstehen. Das erste ist Vergänglichkeit. Wer könnte leugnen, dass nichts für ewig besteht? Das zweite Daseinsmerkmal ist das bereits erwähnte *dukkha* – Leiden oder Unbefriedigtsein. Und wer von uns hat noch nicht gelitten und fühlte sich unbefriedigt? Was diese beiden Daseinsmerkmale betrifft, geht es bei der Vipassana-Meditation nicht so sehr darum, sie zu verstehen – denn das ist leicht genug –, sondern sie mit einer neuen Scharfsinnigkeit zu verstehen, sie in solch hoher Auflösung zu sehen, dass Sie ihre Allgegenwärtigkeit zutiefst zu würdigen vermögen. Aber mit dem dritten Daseinsmerkmal, dem »Nicht-Ich« (oder »Nicht-Selbst«[18]), ist das eine andere Geschichte. Das Verständnis von Nicht-Ich an sich ist eine Herausforderung.[19] Doch nach der buddhistischen Lehre ist es von entscheidender Wichtigkeit, das Nicht-Ich zu begreifen, wenn Ihr Ziel Vipassana ist – die Realität mit wahrer Klarheit zu sehen, einer Klarheit, die den Pfad zur Erleuchtung ebnet.

Mein eigener Fortschritt in Richtung auf das Begreifen des Nicht-Ich begann bei jener ersten Meditationsklausur. Im Rückblick begann er tatsächlich etwa zu der Zeit, als ich meinem Lehrer berichtete, dass mein wandernder Geist mich davon abhielt, mich auf meine Atmung zu sammeln. Zu bemerken, dass Ihr Geist wandert, scheint keine sehr tiefgründige Einsicht zu sein; und in der Tat ist es das nicht, auch wenn mein Lehrer darauf bestand, mit einer stehenden Ovation darauf zu reagieren. Aber es ist durchaus nicht bedeutungslos. Was ich in jener Sitzung meinem Lehrer sagte, war, dass das Ich – also mein »Selbst«, das »Ding«, von dem ich glaubte, es besitze die Kontrolle – den fundamentalsten Aspekt meines mentalen Lebens nicht ohne Weiteres zu kontrollieren vermochte, nämlich das, worüber ich nachdachte.

Wie wir im nächsten Kapitel sehen werden, ist auf diesen Mangel an Kontrolle hinzuweisen ein Teil, aber bei Weitem noch nicht alles von dem, was der Buddha bezweckte, wenn er die Wichtigkeit des Begreifens des Nicht-Ich betonte. Und so paradox es sich auch anhört, später im Buch werden wir sehen, dass den Sinn zu erfassen, in dem Sie nicht existieren, ein wichtiger Schritt daraufhin ist, dass »Sie« verantwortlich sind.

5

Die angebliche
Nichtexistenz des Ich

Ajahn Chah war ein thailändischer Mönch des 20. Jahrhunderts, der viel dafür getan hat, im Westen ein Bewusstsein für die Vipassana-Meditation zu erzeugen. Er warnte gewöhnlich vor der Schwierigkeit, die buddhistische Idee von *anatta* oder »Nicht-Ich« zu verstehen. Der Grundgedanke ist dabei, dass das Ich – Ihr Ich, mein Ich – in einem gewissen Sinne nicht existiert. »Um Nicht-Ich zu verstehen, müssen Sie meditieren«, empfahl er. Wenn Sie versuchten, die Lehre allein durch »Intellektualisierung« zu begreifen, werde *»Ihnen der Kopf explodieren«*.[20]

Ich bin in der glücklichen Lage, Ihnen berichten zu können, dass er nicht recht hatte, was das Explodieren des Kopfs angeht. Sie können, ohne zu meditieren, versuchen, das Nicht-Ich auszuloten, und brauchen keine Furcht vor einer Detonation zu haben. Ich will damit nicht sagen, dass es Ihnen gelingen *wird*, das Nicht-Ich auszuloten. Ich will jedoch versuchen, Ihnen zu helfen, dem Erfolg so nah wie möglich zu kommen. Aber wenn Sie am Ende dieses Kapitels das Gefühl beschleicht, immer noch kein kristallklares Verständnis der Idee zu haben, machen Sie sich keine Sorgen: Sie sind damit nicht allein.

Wie dem auch sei, Ajahn Chah wollte nicht nur darauf hinweisen, wie schwierig es ist, diese Idee intellektuell zu verstehen. Er unterstrich damit auch, wie wichtig es im Buddhismus ist, Schlüsselideen aus eigener Erfahrung, durch Meditation, zu begreifen. Es besteht ein großer Unterschied zwischen der abstrakten Betrachtung der Nicht-Ich-Lehre und der unmittelbaren *Einsicht* – oder auf gewisse Weise dem Gefühl –, was die Erfahrung aus erster Hand bedeutet. Und das gilt besonders dann, wenn Sie die Idee des Nicht-Ich nicht nur verstehen, sondern auch praktisch anwenden wollen, sie also so nutzbar machen möchten, dass Sie ein glücklicherer und sogar ein besserer Mensch werden, indem Sie eine neue Empfindung der Verbundenheit mit Ihren Mitkreaturen und ein neues Gefühl von Großzügigkeit ihnen gegenüber gewinnen. Wahrhaft und tief zu verwirklichen, dass Sie »ichlos« sind – in dem Sinne, dass Sie kein Ich besitzen –, kann Sie in dem üblicheren Sinne des Begriffs selbstlos machen.

Schauen Sie, wie dramatisch Walpola Rahula, ein buddhistischer Mönch, der 1959 ein einflussreiches Buch mit dem Titel *What the Buddha Taught* publizierte, das Thema beschreibt:

> Nach der Lehre des Buddha ist der Begriff eines Selbst ein eingebildeter, falscher Glaube, dem keine Wirklichkeit entspricht und der schädliche Meinungen von »mir« und »mein«, selbstsüchtiges Begehren, Verlangen, Anhaften, Hass, Übelwollen, Eitelkeit, Stolz, Ichsucht und andere Befleckungen, Unreinheiten und Probleme erzeugt. Er ist der Urquell aller Leiden in der Welt, vom persönlichen Streit bis zu den Kriegen zwischen den Völkern. Kurz gesagt, alles Übel in der Welt kann auf diese falsche Ansicht zurückgeführt werden.[21]

Da mag man sich wünschen, mehr Menschen würden erkennen, dass sie kein Ich besitzen! Doch was das angeht, gibt es ein

Problem: Die voll ausgebildete Erfahrung des Nicht-Ich wird typischerweise nur von Meditierenden berichtet, die schon sehr viel meditiert haben – gewiss mehr, als ich es getan habe. Wenn die Rettung der Welt davon abhängt, dass ein großer Teil der menschlichen Rasse diese Erfahrung macht, wird es wohl so sein, dass wir sehr lange darauf warten können.

Aber wir müssen irgendwo anfangen! Und hier ist die gute Nachricht: Die Erfahrung des Nicht-Ich ist nicht streng binär. Sie müssen sie sich nicht als eine Schwelle vorstellen, die Sie entweder irgendwann überschreiten können, um dadurch transformiert zu werden, oder die Sie niemals erreichen und so keinerlei Aufschwung finden werden. So seltsam es sich anhören mag, Sie können selbst mit einer einigermaßen bescheidenen täglichen Meditationspraxis ein wenig Nicht-Ich erfahren. Mit der Zeit wird es dann womöglich etwas mehr. Und wer weiß das schon? Vielleicht haben Sie eines Tages eine vollständige, Sie gründlich transformierende Version der Erfahrung. Doch selbst wenn das nicht geschieht, können Sie bedeutsame und dauerhafte Fortschritte machen, und auf diesem Weg werden Sie einen wichtigen und nachhaltigen Gewinn für sich selbst und für die Menschheit ansammeln.

Und ich möchte behaupten, dass auch das, was Ajahn Chah »Intellektualisieren« genannt hat – der Versuch, das Nicht-Ich begrifflich, auf abstrakte Weise zu verstehen –, dabei helfen kann, diesen Pfad des meditativen Fortschritts zu betreten. Besonders lohnend ist es, so meine ich, die Argumente zu bedenken, die der Buddha selbst in Bezug auf das Nicht-Ich angeführt hat.

Bevor wir mit dem Nachdenken beginnen, sollte ich vielleicht zu der Warnung Ajahn Chahs noch eine weitere hinzufügen, denn die Argumentation des Buddha hat Tücken, die die intellektuelle Herausforderung, das Konzept zu verstehen, noch größer machen. Er analysiert den menschlichen Geist auf eine Weise, auf die der durchschnittliche Psychologe, und damit wohl auch Sie und ich, ihn wahrscheinlich nicht analysieren würden. Aber nach diesem Kapitel werden wir wieder den sich fester anfühlenden Boden der modernen Wissenschaft betreten, und in der Zwischenzeit ist es von wirklich praktischem Wert, wenn wir versuchen, die ganze Sache so zu betrachten, wie der Buddha sie gesehen hat.

Die wegweisende Nicht-Ich-Unterweisung

Der logische Ausgangspunkt ist die ursprüngliche Lehrrede von den Merkmalen des Nicht-Ich (*Anattalakkhana Sutta*),[22] die Buddhas früheste Äußerung zu dem Thema sein soll. Anlass für seine Darlegung ist eine Begegnung mit fünf Mönchen. Die Begebenheit folgt einem Muster, das in der frühen buddhistischen Literatur typisch für solche Begegnungen ist: Der Buddha führt die Mönche durch die Logik hinter einem bestimmten Aspekt seiner Lehre, und sie wurden augenblicklich überzeugt. Tatsächlich sind sie in diesem Fall sofort *erleuchtet*. Am Ende der Darlegung sind sie alle vom Zustand bloßer Mönche zu dem von *arhats* übergegangen, wahrhaft erleuchteten Wesen. Es heißt, dass diese fünf Mönche die ersten fünf Menschen sind, die, abgesehen vom Buddha selbst, diesen Stand erreicht haben.

Dass dieser historische Meilenstein durch das Begreifen des Nicht-Ich erreicht wurde, sagt Ihnen etwas über die Wichtigkeit dieser Lehre im buddhistischen Denken. Und die Tatsache, dass diese spezielle Unterweisung über das Nicht-Ich diejenige ist, die diese Wirkung hatte, verleiht ihr einen besonderen Platz im buddhistischen Kanon. Wie viele Lehren in vielen alten Philosophien und Religionen wird auch das Nicht-Ich auf unterschiedliche Weise interpretiert, und wenn die Leute sich um die wahre Bedeutung streiten, können sie unterschiedliche buddhistische Texte als Bestätigung heranziehen. Doch dieser spezielle Text ist wirklich wegweisend.

Die Strategie des Buddhas in dieser Darlegung ist, das Vertrauen der Mönche auf ihre traditionellen Ideen über das Ich zu erschüttern, indem er sie fragt, wo genau man in einem Menschenwesen irgendetwas finden könne, was die Qualifizierung als ein »Ich« verdient. Er geht bei dieser Suche systematisch vor. Er nimmt sich die »Fünf Daseinsgruppen« (khandas, wörtlich »Anhäufungen«) vor, aus denen nach der buddhistischen Philosophie ein menschliches Wesen und die Erfahrung des Menschen besteht. Diese Daseinsgruppen oder »Aggregate« präzise zu erörtern würde ein eigenes Kapitel verlangen, aber für unseren Zweck können wir sie an dieser Stelle in etwa beschreiben als (1) der physische Körper (der in dieser Darlegung »Form« genannt wird) einschließlich der Sinnesorgane wie Augen und Ohren, (2) grundlegende Gefühle, (3) Wahrnehmungen (wie zum Beispiel von identifizierbaren Anblicken oder Geräuschen), (4) »Geistformationen« (auch »Gestaltungen«, eine große Kategorie, die komplexe Emotionen, Gedanken, Neigungen, Gewohnheiten und Entscheidungen umfasst) und (5) »Bewusstsein«, insbesondere das Bewusstsein der Inhalte der anderen vier Daseinsgruppen. Der Buddha geht diese Liste durch und fragt, welche der Gruppen, wenn überhaupt eine, man als ein »Ich« bezeichnen könne. Mit anderen Worten: Welche der Gruppen weist die Eigenschaften auf, die Sie von einem Ich erwarten würden?

Dies wirft wiederum die Frage auf: Welche Eigenschaften *müsste* Ihrer Erwartung nach ein Ich besitzen? Oder noch grundlegender: Was bedeutete das Wort »Ich« für den Buddha? Unglücklicherweise hat er nicht viel Zeit darauf verwandt, seine Begriffe zu definieren. Doch wenn Sie seine Argumentation *gegen* das Ich aufmerksam verfolgen, bekommen Sie ein Gefühl dafür, was er mit dem *Ich* meinte – eine Ahnung von den speziellen Eigenschaften, die er von etwas erwarten würde, was sich mit Recht ein »Ich« nennen könnte.

Zuerst einmal verbindet er die Idee des Ich mit der Idee von *Kontrolle*. Lesen Sie, was er über die Daseinsgruppe »Form«, den physischen Körper, sagt: »Die Körperlichkeit, ihr Mönche, ist Nicht-Ich. Denn wäre, ihr Mönche, diese Körperlichkeit das Ich, nicht würde da diese Körperlichkeit der Krankheit [Leiden] anheimfallen: Erlangen könnte man es dann bei der Körperlichkeit: ›So möge meine Körperlichkeit sein, so möge meine Körperlichkeit nicht sein!‹« Aber, so sagte er, unser Körper führt zu Leiden, und wir können ihn nicht auf magische Weise verändern, indem wir sagen: »So möge meine Körperlichkeit sein.« Also ist Form – der Stoff, aus dem der menschliche Körper gemacht ist – nicht wirklich unter unserer Kontrolle. Deshalb, so sprach der Buddha, muss zutreffen, dass »Körperlichkeit Nicht-Ich ist«. Wir sind nicht unser Körper.

Er geht dann, eine nach der anderen, die weiteren vier Daseinsgruppen durch. »Das Gefühl, ihr Mönche, ist Nicht-Ich. Denn wäre, ihr Mönche, dieses Gefühl das Ich, nicht würde da dieses Gefühl der Krankheit [Leiden] anheimfallen?« – und Sie wären in der Lage, Ihre Gefühle zu ändern, indem Sie sagen: »So möge mein Gefühl sein, so möge mein Gefühl nicht sein!« Aber natürlich besitzen wir gewöhnlich *nicht* diese Art von Kontrolle über unsere Gefühle – daher besteht ja auch die Tendenz der unangenehmen Gefühle nachzuklingen, selbst wenn uns das nicht recht ist.[23] Also schlussfolgert der Buddha, dass auch »Gefühl Nicht-Ich ist«. Dasselbe gilt für Wahrnehmungen, Geistformationen und Bewusstsein. Ist irgendeiner dieser Bereiche wirklich unter Kontrolle – so komplett unter Kontrolle, dass sie nie zu Leiden führen? Und wenn sie nicht unter Kontrolle sind, wie können wir sie dann für Teile des Ich halten?

An diesem Punkt mögen manche von Ihnen etwas verwirrt sein und fühlen, wie eine Frage aufkommt wie etwa die folgende: »Moment mal, sagt der Buddha, dass das Ich etwas ist, was kontrolliert *wird*? Ich persönlich neige eher dazu, mein Ich für das zu halten, was die Kontrolle *besitzt* – eine Art Geschäftsführer meines Daseins.« Natürlich kann es sein, dass Sie nicht einer dieser Leser sind, und vielleicht verstehen Sie gar nicht, warum irgendjemand eine solche Frage stellen sollte. Es gibt ein Problem, wenn wir über das Ich sprechen, nämlich dass verschiedene Menschen unterschiedliche Vorstellungen davon haben, was das Wort »Ich« bedeutet. Aber für den Fall, dass diese Frage in Ihnen auftaucht – hier ist so etwas wie eine Antwort.

Die Idee, das Ich stelle eine Art Geschäftsführer dar, es sei die Instanz, »die den Laden schmeißt«, erscheint in anderen buddhistischen Texten, in denen die Existenz eines solchen Ich geleugnet wird, sehr viel klarer. Und man könnte argumentieren, dass der Buddha mit dieser Darlegung die Existenz eines solchen Ich *implizit* leugnet.[24] Wie auch immer, wir werden uns im nächsten Kapitel mit der Existenz – oder Nichtexistenz – eines Geschäftsführer-Ich beschäftigen. Für den Moment würde ich Ihnen raten, sich nicht zu viele Gedanken über jede Nuance der Argumentation des Buddha zu machen. Es ist die Struktur der Argumentation, die Art und Weise, auf die der Buddha auf der Suche nach Anzeichen für die Existenz eines Ich das Inventar eines Menschenwesens Punkt für Punkt durchgeht, die uns sehr nützlich sein wird, wenn wir darüber nachzudenken beginnen, wie ein Meditierender – selbst ein Anfänger – die Idee des Nicht-Ich nutzen kann.

Kontrolle ist nicht die einzige Eigenschaft, die man gern mit dem Ich verbindet, und es ist nicht die einzige Eigenschaft, die der Buddha in dieser Darlegung untersucht. Wenn ich an mein Ich denke, dann denke ich an etwas, was *in der Zeit andauert*. Zwar habe ich mich sehr verändert, seit ich zehn Jahre alt war, aber hat nicht irgendeine innere Essenz – meine Identität, mein Ich – in einem gewissen Sinn Bestand gehabt? Ist das nicht die einzige Konstante inmitten des ständigen Wandels?

Der Buddha stünde dieser Behauptung natürlich skeptisch gegenüber, da er davon ausgeht, dass sich alles im Fluss befindet und nichts dauerhaft ist. In seiner Lehrrede über die Merkmale des Nicht-Ich wendet er diesen Skeptizismus auf jede einzelne der Fünf Daseinsgruppen an: »Was meint ihr, o Mönche, ist Gefühl unvergänglich oder vergänglich?« Geflissentlich antworten die Mönche: »Vergänglich, o Herr.« Und so geht es weiter mit den Geistformationen, dem Körper, dem Bewusstsein: Keine der Daseinsgruppen ist unvergänglich, stimmen die Mönche zu.

So wird also festgestellt, dass zwei der Eigenschaften, die üblicherweise mit einem Ich verbunden werden – Kontrolle und Fortdauer durch die Zeit –, nicht vorhanden sind, dass sie in den Fünf Daseinsgruppen, die ein Menschenwesen zu konstituieren scheinen, nicht auffindbar sind. Dies ist das Kernargument, das der Buddha in seiner ersten und berühmtesten Unterweisung über das Nicht-Ich vorbringt, und es gilt allgemein als das Kernargument des Buddhismus gegen die Existenz eines Ich.

Bedeutet Nicht-Ich wirklich kein Ich?

Aber dieses richtungsweisende Argument dafür, dass das Ich nicht existiert, hat eine seltsame Besonderheit: eine gelegentliche Tendenz anzudeuten, dass das Ich existiert.

Gegen Ende der Darlegung, als er ausführt, welche Lektion die Mönche mit nach Hause nehmen sollen, unterweist der Buddha sie, jede der Fünf Daseinsgruppen durchzugehen und zu sagen: »Dies ist nicht mein, das bin ich nicht, das ist nicht mein Selbst!« Er sagt: »So erkennend, o Mönche, wendet sich der erfahrene, edle Jünger von der Körperlichkeit ab, er wendet sich ab vom Gefühl, er wendet sich ab von der Wahrnehmung, er wendet sich ab von den Gestaltungen, er wendet sich ab vom Bewusstsein. Abgewandt wird er entsüchtet. Durch die Entsüchtung wird er befreit. Im Befreiten ist die Erkenntnis: ›Befreit bin ich. Versiegt ist die Geburt, vollendet der heilige Wandel, getan das Werk, nichts Weiteres nach diesem hier‹ – so erkennt er.«

Na schön. Aber wenn es kein Ich gibt, was ist dann die Natur des »Er«, der befreit wird, nachdem er sich von allen Dingen, die nicht ein Ich sind, abgewandt hat? Wer vollzieht die Abwendung? Wenn Sie nicht existieren, wie können Sie dann von jeder Daseinsgruppe sagen: »Dies ist nicht mein, das bin ich nicht, das ist nicht mein Selbst!«? Wenn es sinnvoll sein soll, zu sagen, dass es etwas gibt, was Sie nicht besitzen, und dass da etwas ist, was Sie nicht sind, dann muss es doch erst einmal ein »Sie« geben, nicht wahr? Wie kann der Buddha einerseits darauf pochen, dass das Ich nicht existiert, und andererseits Wörter wie »ich«, »du«, »er« und »sie« gebrauchen?

Eine übliche buddhistische Antwort auf Fragen dieser Art lautet: »Obwohl das Ich im tiefsten Sinne nicht existiert, ist die menschliche Sprache nicht gut darin, die Wirklichkeit auf der tiefsten Ebene zu beschreiben. Als ein praktisches Mittel – als linguistische Konvention – müssen wir also davon sprechen, dass es ein Ich und Du, ein Er und Sie gibt.« Mit anderen Worten: Das Ich existiert nicht in einem »letztendlichen Sinn«, aber es existiert in einem »konventionellen« Sinn.

Na bitte, hat das die Angelegenheit geklärt? Nein, eigentlich nicht? Wie wäre es denn mit dieser weniger formellen Formulierung der gleichen Grundidee durch einen buddhistischen Lehrer: »Sie sind wirklich. Aber Sie sind nicht *wirklich* wirklich«?

Immer noch verwirrt? Dann sollten Sie vielleicht eine andere Herangehensweise an die Lösung des Paradoxes wählen: Ziehen Sie die Möglichkeit in Betracht, dass der Buddha in dieser berühmten Darlegung *die Existenz des Ich nicht wirklich leugnen wollte*. Falls Sie sich fragen, warum die letzte Hälfte des vorangegangenen Satzes kursiviert ist: Es soll unterstreichen, was für eine radikale Idee dies ist, zumindest unter den Denkern des buddhistischen Mainstreams. Doch es ist eine Idee, die von einigen wenigen Querdenkern unter den Gelehrten ernst genommen wird.[25] Und sie ist es wert, untersucht zu werden.

Die Untersuchung einer Häresie

Ein Argument, welches diese Querdenker gern vorbringen, ist, dass der Buddha in seiner ersten wegweisenden Darlegung über das Nicht-Ich an keiner Stelle sagt, das Ich existiere nicht. Er sagt, sämtliche Fünf Daseinsgruppen seien Nicht-Ich, aber er behauptet keinesfalls, die Untersuchung der Fünf Daseinsgruppen stelle eine erschöpfende Suche nach dem Ich dar. Vielleicht sei da ja mehr an einer Person als die Fünf Daseinsgruppen!

Nun ja, vielleicht, aber wenn Sie diese Möglichkeit zulassen, werden die vielen buddhistischen Gelehrten, die keine Querdenker sind, zurückschlagen und darauf bestehen, dass nach der buddhistischen Philosophie die Fünf Daseinsgruppen alles sind, was eine Person ausmacht, selbst wenn der Buddha das in dieser speziellen Darlegung nicht gesagt hat. Und es stimmt: Die Vollständigkeit der Fünf Daseinsgruppen ist zu einem Grundsatz der buddhistischen Philosophie geworden. Das gilt auch für die Idee, es existiere kein Ich. Aber wir fragen nicht, ob diese Dinge Teil der buddhistischen Philosophie sind. Wir fragen, ob sie *ursprünglich* Teil der buddhistischen Philosophie waren – ob der Buddha selbst sie vertrat. Und Tatsache ist einfach: Keine dieser Ideen wird in dem, was die erste große Aussage Buddhas zu dem Thema sein soll, explizit ausgesprochen.

Jedenfalls ist dies eine mögliche Weise, zu erklären, was der Buddha beabsichtigte, wenn er so tat, als gäbe es ein »Sie«, das sich von den Fünf Daseinsgruppen abwenden und durch diese Abwendung befreit werden könne: Vielleicht gibt es nach Anschauung des Buddha mehr an uns als einzig und allein die Fünf Daseinsgruppen.

Es gibt ein zweites, damit in Verbindung stehendes Szenario, das erklären könnte, wo wir das »Sie« finden können, das befreit ist, nachdem Sie sich von den Fünf Daseinsgruppen abgewandt haben: Womöglich sind nicht alle Gruppen gleichwertig. Vielleicht ist eine von ihnen – das Bewusstsein – etwas Besonderes.

Nachdem »Sie« sich von allen Fünf Daseinsgruppen abgewandt haben, ist es vielleicht diese eine Gruppe, die befreit ist, frei von der Verstrickung mit den anderen vier. Und vielleicht ist es das, was »Sie« sind, nachdem Sie die Idee des Ich losgelassen haben: eine Art gereinigte Form des Bewusstseins.

Es gibt ein offensichtliches Problem mit diesem Szenario, auf das Nicht-Querdenker schnell hinweisen würden: Der Buddha spricht in dieser ersten Darlegung über das Nicht-Ich so, als müssten »Sie« sich vom Bewusstsein genauso gründlich abwenden wie von den anderen Daseinsgruppen – als sei, mit anderen Worten, das »Sie«, das nach der Befreiung verbleibt, nicht enger mit dem Bewusstsein verknüpft als mit den anderen Gruppen.

Das ist ein berechtigtes Argument. Andererseits gibt es Darlegungen – nicht viele, aber einige –, in denen der Buddha eine etwas andere Melodie zu singen scheint. In einer davon, die beschreibt, was geschieht, nachdem Sie die Nicht-Selbst-Lehre ernst genommen und Ihr Haften an den Fünf Daseinsgruppen aufgegeben haben, sagt er, es sei das Bewusstsein selbst, das »befreit« sei. Und darüber hinaus geht er, wenn er den Zustand dieses befreiten Bewusstseins beschreibt, fast nahtlos zur Beschreibung der Person über, die befreit wurde. Er sagt vom Bewusstsein: »Dadurch, dass es befreit ist, ist es stabil; dadurch, dass es stabil ist, ist es befriedet. Durch die Befriedung ist er nicht beunruhigt. Da er nicht beunruhigt ist, erreicht er persönlich Nirwana.«[26]

Wenn der Buddha es auf diese Weise formuliert – wenn er das Bewusstsein selbst als befreit bezeichnet –, dann stellt er die Beziehung zwischen dem Bewusstsein und den anderen vier Daseinsgruppen auf eine interessante Art und Weise dar. In seiner gewöhnlichen Form – der Form, mit der alle von uns unerleuchteten Wesen vertraut sind – ist das Bewusstsein, so sagt der Buddha, »verwickelt« mit den anderen vier Gruppen; es ist verwickelt mit Gefühl, mit Geistesformationen, mit Wahrnehmung, mit dem Körper.

Dies bedeutet nicht nur, dass das Bewusstsein *Zugang* zu körperlichen Empfindungen und so weiter hat. Schließlich müsste das Bewusstsein selbst eines vollkommen erleuchteten Wesens *Zugang* zu diesen Bereichen haben. Andererseits – wenn es zum Beispiel keinen Zugang selbst zu Wahrnehmungen hätte, dann gäbe es nicht viel, wenn überhaupt etwas, *dessen* ein erleuchtetes Wesen sich bewusst sein könnte. »Verwicklung« bezieht sich vielmehr auch auf eine stärkere Verbindung zwischen dem Bewusstsein und den anderen Daseinsgruppen. Verwicklung ist das Produkt einer »Gier«, eines »Begehrens«, das die Menschen nach den Daseinsgruppen haben. Es besteht ein Haften an ihnen, eine besitzergreifende Beziehung zu ihnen. Die »Verwicklung« dauert, mit anderen Worten gesagt, so lange an, wie es der Person nicht zu erkennen gelingt, dass die Gruppen »Nicht-Ich« sind. Die Person hängt an Emotionen, Gedanken und anderen Elementen der Daseinsgruppen, als wären sie persönlicher Besitz. Doch das sind sie nicht.[27]

Diese Ausführung legt ein bestechend einfaches Modell nahe: Befreiung besteht darin, dass Sie die Beziehung zwischen Ihrem Bewusstsein und den Dingen ändern, die Sie normalerweise für seine »Inhalte« halten – also zu Ihren Gefühlen, Ihren Gedanken und so weiter. Sobald Sie erkennen, dass diese Dinge »Nicht-Ich« sind, wird die Beziehung Ihres Bewusstseins zu ihnen eher so etwas wie eine Kontemplation als eine Verwicklung, und Ihr Bewusstsein ist befreit. Und das »Sie«, das zurückbleibt – das Sie, das der Buddha in seiner ersten Darlegung über das Nicht-Ich als befreit darstellt –, *ist* dieses befreite Bewusstsein.

Ich wünschte, behaupten zu können, dass dieses Szenario das Rätsel, das zu lösen ich mich aufgemacht habe, sauber und definitiv löst. Wenn nämlich die Fünf Daseinsgruppen alles sind, was eine Person ausmacht, wo finden Sie dann das »Er«, von dem es in jener ersten Darlegung über das Nicht-Ich heißt, es sei befreit? Unglücklicherweise ist es so: Je tiefer Sie in die Darlegung über die Verwicklung eindringen – sich mit ihren Zweideutigkeiten und scheinbaren Widersprüchlichkeiten konfrontieren –, je mehr Sie Übersetzungsprobleme bedenken und die alten Kommentare dazu gegeneinander abwägen, desto schwieriger wird es, mit Zuversicht ein solch einfaches Szenario daraus abzuleiten.[28] Außerdem ist nicht zu leugnen, dass der Buddha in jener ersten Darlegung über das Nicht-Ich und anderswo wiederholt *sagt*, das Bewusstsein sei Nicht-Ich, etwas, was »Sie« loslassen müssen, damit es zur Befreiung kommen kann – was in ziemlichem Widerspruch zu der Aussicht steht, dass »Sie« fröhlich in der Bewusstseinsgruppe zu Hause sein können, nachdem Sie die Verwicklung in die anderen vier Daseinsgruppen aufgelöst haben.

Aber schreiben Sie diese Aussicht noch nicht ganz ab. Einige buddhistische Philosophen haben vorgeschlagen, dass es vielleicht zwei Arten, Modi oder Ebenen von Bewusstsein gibt. Die eine ist die Art des Bewusstseins, *von der* Sie befreit werden, und die andere ist die Art von Bewusstsein, die nach der Befreiung bei »Ihnen« bleibt – die Sie *ist*. Die erste Art von Bewusstsein ist tief verstrickt – gänzlich verwickelt – mit den Inhalten der anderen Daseinsgruppen, und die zweite Art ist ein objektiv höheres Bewusstsein dieser Inhalte, ein stärker kontemplatives Bewusstsein, das fortdauert, nachdem die Verwicklung aufgelöst wurde.

Fortgeschrittene Meditierende berichten, dass sie manchmal ein »Zeugenbewusstsein« erfahren, das in etwa der zweiten Art des Bewusstseins zu entsprechen scheint, und einige von ihnen erfahren es über längere Zeiträume. Wenn es für immer andauert, dann könnten Sie vielleicht behaupten, erleuchtet zu sein. Vielleicht ist es dieses »Zeugenbewusstsein«, in dem das »Sie« wohnt, das nach der Befreiung übrig bleibt.[29]

Vielleicht. Oder vielleicht sollten wir einfach zugestehen, dass Ajahn Chah den Nagel auf den Kopf getroffen hat: Zu versuchen, die Idee des Nicht-Ich durch »Intellektualisierung« zu verstehen, könnte unseren Kopf zum Platzen bringen. Und vielleicht sollten wir angesichts dieser Möglichkeit genau hier mit dem Intellektualisieren aufhören.

Natürlich könnte sich Ihr Kopf, auch wenn er intakt geblieben ist, trotzdem noch in einem etwas verwirrten Zustand befinden. Aber ich habe gute Nachrichten: Sie müssen Ihre Verwirrung nicht eben jetzt auflösen; Sie können einige Jahre warten, bis Sie so viel meditiert haben, dass Sie voll erleuchtet sind. Dann, nachdem Sie das Nicht-Ich direkt erfahren haben, können Sie es mir erklären.

In der Zwischenzeit empfehle ich Ihnen Folgendes:

Fahren Sie fort, die These zu hegen, die Sie wahrscheinlich schon Ihr ganzes Leben lang gehegt haben, dass es irgendwo in Ihrem Inneren etwas gibt, was den Namen »Ich« verdient. Und *fürchten Sie nicht*, einen schlimmen Verstoß gegen das buddhistische Dogma zu begehen, nur weil Sie sich selbst für ein »Ich« halten. *Aber* seien Sie offen für die radikale Möglichkeit, dass Ihr Ich auf der tiefsten Ebene ganz und gar nicht das ist, wofür Sie es immer gehalten haben. Wenn Sie der Führung Buddhas folgen und die riesigen Brocken psychologischer Landschaft aufgeben, von denen Sie immer geglaubt haben, sie gehörten zu Ihnen, dann mag es sein, dass Sie eine atemberaubende Verschiebung Ihrer Vorstellung davon erfahren, was es bedeutet, ein Mensch zu sein. Würden Sie den Zustand erreichen, den er empfiehlt, dann würde sich dieser sehr unterscheiden von dem Besitz eines Ich in dem Sinne, wie Sie es zuvor immer besessen haben.

Wie genau würde sich das anfühlen? Da fragen Sie mich besser nicht, denn ich habe nie *riesige* Brocken psychologischer Landschaft aufgegeben. Aber ich hatte die Erfahrung, die ich im zweiten Kapitel beschrieben habe – meinen ersten »Erfolg« in der Meditation. Die Spannung, die ich in meinem Kiefer spürte, das Gefühl einer Überdosis Koffein, das mich mit den Zähnen knirschen lassen wollte, hörte plötzlich auf, sich wie ein Teil von mir anzufühlen. Und in genau dem Moment hörte es auf, unangenehm zu sein. Ich war mir des Gefühls in meinem Kiefer immer noch *bewusst*, aber mein Bewusstsein war nicht mehr in dem Sinne darein *verstrickt*, dass ich das Gefühl hatte, es gehöre zu mir. Ich hatte nicht mein Haften an *allen* Gefühlen losgelassen, wie es der Buddha empfiehlt, aber ich hatte mein Haften an diesem einen Gefühl losgelassen. Ich hatte erkannt, so könnte man sagen, dass dieses Gefühl nicht Teil von mir selbst sein musste; ich hatte mein Ich auf eine Weise neu definiert, die dieses Gefühl ausschloss.

Ganz offensichtlich war das Gefühl immer noch in einem gewissen Sinn Teil meines Bewusstseins, aber mein Bewusstsein kontemplierte es jetzt auf die Art und Weise, auf die es die Bäume kontempliert, die sich vor meinem Fenster im Wind wiegen, während ich diesen Satz schreibe. Ich hatte nicht die Empfindung, der Besitzer jener Spannung zu sein, die mich mit den Zähnen hatte knirschen lassen wollen, und so konnte ich sie leidenschaftslos und ruhig betrachten.

Den Schmerz aus dem Zahnweh entfernen

Wenn wir schon von Zähnen sprechen, hier ist etwas, was Edward Conze über die buddhistische Vorstellung vom Ich geschrieben hat (Conze lebte im 20. Jahrhundert und war ein herausragender Gelehrter des Buddhismus):

> Wenn es einen Zahn gibt, in dem eine Fäulnis stattfindet, dann ist dies ein Prozess in dem Zahn und dem dazugehörenden Nerv. Wenn sich mein »Ich« jetzt dem Zahn zuwendet und sich selbst davon überzeugt, dass dies »mein« Zahn ist – und manchmal scheint dafür nicht viel Überzeugungsarbeit nötig zu sein –, und glaubt, dass das, was mit dem Zahn geschieht, *mich* auf jeden Fall betreffen muss,

dann führt das wahrscheinlich zu einer bestimmten Verstörung meines Denkens.[30]

In diesem Sinne gelte »der Glaube an ein › Ich‹ für alle Buddhisten als eine unerlässliche Voraussetzung für die Entstehung von Leiden«. Mit anderen Worten: Der Schmerz in Ihrem Zahn kann Ihnen nur wehtun, wenn Sie sich zuerst einmal den Zahn zu eigen machen.

Ich kenne tatsächlich einen Mann, der viele, viele Stunden meditiert hat und der diese Behauptung einmal auf die Probe stellte. Bevor er sich ein Loch in einem Zahn füllen ließ, beschloss er, dem Zahnarzt als eine Art Experiment zu sagen, er solle kein Betäubungsmittel verwenden. Er berichtete nicht, die Erfahrung besonders *geliebt* zu haben, aber er sagte, er zöge sie immer noch der typischen Erfahrung nach einer Zahnbehandlung vor, stundenlang mit einem zum Teil gelähmten Gesicht herumzulaufen.

Ich persönlich würde das teilweise gelähmte Gesicht präferieren. Ich glaube nicht, dass ich auf dem Stuhl eines Zahnarztes in einen Zustand tiefer Achtsamkeit eintreten könnte. Doch einmal, nach etwa zehn Tagen einer zweiwöchigen Meditationsklausur, tat ich etwas Ähnliches. Ein Zahn – von dem sich herausstellte, dass er einer Wurzelkanalbehandlung bedurfte – begann zu schmerzen, wann immer ich etwas trank. Der Schmerz war stechend und konnte ziemlich quälend werden, selbst wenn das Getränk Raumtemperatur hatte. Um einfach einmal herauszufinden, was geschehen würde, setzte ich mich in meinem Zimmer hin, meditierte dreißig Minuten lang und nahm dann einen großen Schluck Wasser zu mir und badete den Zahn absichtlich darin.

Das Resultat war dramatisch und seltsam. Ich fühlte ein Pulsieren, das so machtvoll war, dass ich von seinen Wellen absorbiert wurde, aber das Pulsieren fühlte sich nicht ständig schlecht an; es war genau auf dem Scheitelpunkt zwischen bitter und süß und schwankte zwischen den beiden Polen hin und her. Gelegentlich war es geradezu fantastisch, man könnte beinah sagen ehrfurchtgebietend – atemberaubend in seiner Macht und seiner Großartigkeit und Schönheit. Die einfachste Weise, den Unterschied zwischen dieser und meiner gewöhnlichen Erfahrung von Zahnschmerzen zu beschreiben, ist vielleicht zu sagen, dass es weniger »Aua!« und mehr »Oha!« als gewöhnlich war.

Ich wäre wahrscheinlich nicht fähig gewesen, dies zu tun, hätte ich mich nicht in einem Retreat befunden. Dreißig Minuten meiner alltäglichen Meditation bringen mich nicht in die Lage, starke Zahnschmerzen so objektiv zu sehen, dass ein großer Teil des Leidens daraus verschwindet. Und doch war diese Erfahrung eine Bestätigung der Tatsache, dass es mir genau genommen freigestellt ist, mir starke Schmerzen zu eigen zu machen.

Natürlich sind Zahnschmerzen dank der modernen Zahnbehandlungsmethoden kein so großes Problem wie zu Zeiten Buddhas. Ein großes Problem ist allerdings immer noch die Angst. Und wie ich schon erwähnt habe, gelang es mir, mich in jener Nacht in Camden vor meinem Vortrag zu einem guten Teil davon zu befreien. Die Angst wurde zu etwas, was ich eher beobachtete, als es zu fühlen, etwas, was ich leidenschaftslos erlebte. Vielleicht würde der Buddha sagen, dass mein Bewusstsein aufgehört hatte, in die Angst »verwickelt« zu sein.

Um diese Angelegenheit aus einem etwas anderen Winkel zu betrachten: Der Schlüssel dazu, einen oder zwei Brocken meines Ich loszulassen, bestand darin, den Akt der Beobachtung von dem Akt der Bewertung zu trennen. Ich erfuhr die Angst noch immer, aber ich erlebte sie nicht mehr als entweder gut oder schlecht. Wie wir im zweiten Kapitel gesehen haben, sind Gefühle von der natürlichen Selektion dazu konzipiert, *Urteile* über die Gegebenheiten zu repräsentieren, sie zu bewerten. Die natürliche Selektion »will«, dass Sie sie entweder als gut oder als schlecht empfinden. Der Buddha glaubte, dass Sie die Dinge – einschließlich der Inhalte Ihres Geistes – umso klarer sehen und umso weniger von ihnen verblendet werden, je weniger Sie sie beurteilen.

Die Führung durch Loslassen übernehmen

Eine Lektion, die ich durch meine Erfahrung damit gelernt habe, mir diese verschiedenen unangenehmen Gefühle nicht zu eigen zu machen – die Spannung in meinem Kiefer durch die Überdosis Koffein, den Zahnschmerz, die Angst –, ist das Paradox der Kontrolle. Alle drei Gefühle erwiesen sich in ihrem unangenehmen Andauern als etwas, was nicht unter meiner Kontrolle war. Wenn man von Kontrolle reden kann, dann waren sie es, die mich kontrollierten! Und nach der Vorstellung Buddhas vom »Ich« bewies mein Mangel an Kontrolle über sie, dass sie nicht Teil von mir selbst waren. Aber sobald ich dieser Logik folgte – indem ich aufhörte, diese Phänomene, die ich nicht kontrollieren konnte, als Teil meines Ich zu sehen –, wurde ich von ihnen befreit und besaß in einem gewissen Sinn wieder die Kontrolle darüber. Oder vielleicht wäre es besser, es folgendermaßen zu formulieren: Mein Mangel an Kontrolle über sie hörte auf, ein Problem zu sein.

Beachten Sie, wie viele Male die Wörter »ich«, »mich« und »mein« in dem vorangegangenen Abschnitt aufgetaucht sind: vielleicht ein Beweis dafür, wie weit ich noch von der Verwirklichung des Nicht-Ich entfernt bin. Zu keiner Zeit, weder während ich diese Erfahrungen machte noch während ich später über sie nachdachte, kam ich auch nur in die Nähe eines Loslassens der Vorstellung von einem Ich. Doch das Festhalten an irgendeiner Vorstellung eines Ich hielt mich nicht davon ab, eine ziemlich drastische Neudefinition meines Ich zu erfahren – eine Neudefinition, die, wer weiß, vielleicht der erste Schritt dazu ist, eines Tages die vollständige Nicht-Ich-Erfahrung zu machen!

Vielleicht ist es sogar *von Vorteil*, für eine Weile an einer Vorstellung vom Ich festzuhalten; daran festzuhalten könnte Ihnen helfen, an den Punkt zu gelangen, an dem Sie nicht mehr daran glauben, dass es existiert. Der Gelehrte Peter Harvey schrieb:

> Man kann die Vorstellung von einem Ich vielleicht als etwas betrachten, was so etwas wie die Rolle einer Rakete erfüllt, die eine Nutzlast gegen die Schwerkraft der Erde in den Weltraum schleudert. Sie stellt die Kraft zur Verfügung, den Geist aus dem »Schwerkraftfeld« des Haftens an den Persönlichkeitsfaktoren [den Daseinsgruppen] hinauszutreiben. Hat sie das getan, so »fällt sie zurück und verglüht« als ein für sich zweckloses Konzept.[31]

Auf jeden Fall glaubt Harvey, dass die Nicht-Ich-Lehre »nicht so sehr etwas ist, worüber man nachdenken, sondern das man *tun* sollte«.[32] Und wer weiß, vielleicht war das auch Buddhas Sicht dieser Angelegenheit. Vielleicht versuchte er nicht wirklich, eine Doktrin zu artikulieren, sondern Sie auf einen Pfad zu führen. Und zu diesem Pfad gehört, Ihnen zu zeigen, wie viele Dinge es gibt, die Sie für einen Teil ihres Ich halten, die man aber nicht auf diese Weise betrachten muss. So gesehen gab der Buddha in jener ersten Darlegung über das Nicht-Ich keine Vorlesung über Metaphysik, das Geist-Körper-Problem oder irgendeine andere rein philosophische Idee. Er versuchte einfach, die Mönche dazu zu bringen, auf eine Weise über ihren Geist nachzudenken, die sie zur Befreiung führen konnte.[33]

Dies könnte den Aspekt der Darlegung erklären, den die Menschen, die das Ich für einen Geschäftsführer halten, seltsam finden: dass das Kriterium Buddhas zur Bezeichnung eines Teiles von Ihnen als Nicht-Ich darin bestand, dass es nicht *unter* Kontrolle ist, und nicht etwa, dass es nicht die Kontrolle *besitzt*. Mit Nicht-Ich meinte der Buddha vielleicht einfach etwas, was »als

Teil Ihres Ich zu betrachten nicht nützlich ist« oder »mit dem man sich nicht identifizieren sollte«. In diesem Fall sagte er im Grunde: »Seht nach, ob es einen Teil von euch gibt, der nicht unter eurer Kontrolle ist und der euch deshalb leiden lässt, und dann tut euch selbst den Gefallen, und hört auf, euch damit zu identifizieren!« Diese Interpretation passt gut zu der Anleitung, die er gegen Ende der Darlegung gibt, wenn er sagt, dass die rechte Einstellung zu jeder der Fünf Daseinsgruppen ist: »Dies ist nicht mein, dies bin ich nicht, dies ist nicht mein Selbst.«

In gewisser Weise stehen wir damit wieder auf Feld eins, dem von Ajahn Chah zu Anfang gegebenen Rat zu der Lehre vom Nicht-Ich: *Denkt* nicht zu viel darüber nach – *tut* es einfach. Aber ich hoffe, Sie sind der Auffassung, dass das Nachdenken darüber nützlich war. Später werden wir von jemandem hören, der offenbar nicht nur darüber nachgedacht, sondern der es »getan« hat – nachdem er aufgehört hatte, sich immer größere Brocken dessen zu eigen zu machen, was wir traditionellerweise für das Ich halten, schließlich alles davon fallen ließ. Aber für den Moment ist mein Rat für Anfänger in der Meditation folgender: *Nehmen Sie die Idee des Nicht-Ich nicht zu ernst.* Vielleicht wird der meditative Pfad Sie schließlich zu der Erfahrung des vollständigen Nicht-Ich führen und zu der Überzeugung, dass in einem tiefgründigen und schwer zu beschreibenden Sinn tatsächlich kein »Ich« hier drinnen ist.

Bis Sie so weit sind, lassen Sie sich einfach von den weniger dramatischen Lektionen aus der Darlegung Buddhas über das Nicht-Ich leiten. Betrachten Sie sich selbst als jemanden, der im Prinzip die Fähigkeit besitzt, eine andere Art von Beziehung zu seinen Gefühlen, Gedanken, Impulsen und Wahrnehmungen herzustellen – die Fähigkeit, sich von manchen von ihnen loszulösen; die Fähigkeit, sie sich in einem gewissen Sinne nicht zu eigen zu machen, also die Grenzen Ihres Ich auf eine Weise zu definieren, die sie ausschließt. Gehen Sie davon aus, dass ein gewisses Maß an Befreiung möglich ist, und machen Sie sich keine Gedanken über die Tatsache, dass dies nicht unbedingt die Existenz eines Ich impliziert, das befreit werden kann. Es gibt Schlimmeres, als ein Ich zu sein, das befreit wird.

Und im Übrigen – auf das Risiko hin, dass ich diesem ganzen Thema einen Teil seiner Dramatik raube –: Meiner Meinung nach ist es in gewisser Hinsicht sinnlos, darüber zu streiten, was der Buddha tatsächlich über das Ich geglaubt hat. Es ist überaus fraglich, ob all die Aussagen, die ihm in den buddhistischen Texten zugeschrieben werden, wirklich von ihm selbst stammen. Tatsächlich werden Ihnen einige Gelehrte sagen, dass es wenig oder gar nichts in diesen Texten gibt, was wir ihm mit Gewissheit zuschreiben können. Ebenso wie der »historische Jesus« ist auch der »historische Buddha« durch den Nebel der Geschichte hindurch nur schwer zu erkennen. So wie die Berichte der Evangelien über Jesus Produkte einer Entwicklung sind, von mündlichen und textlichen Hinzufügungen im Laufe der Zeit, so ist es auch mit den alten Berichten von den Aussagen Buddhas. Selbst wenn wir annehmen, dass die meisten dieser Berichte ursprünglich auf etwas beruhten, was er tatsächlich gesagt hat, erfuhren sie doch im Laufe der Generationen, absichtlich oder nicht, einiges an »Nachbesserung«. In diesem Licht betrachtet, ist es kaum überraschend, dass es Unstimmigkeiten und offensichtliche Widersprüche im buddhistischen Kanon gibt.

Doch bei allem Streit darüber, was der Buddha gesagt und was er gemeint hat, gibt es einige Themen, die nach Übereinstimmung aller Gelehrten von früh an Teil der buddhistischen Tradition waren. Und eines davon ist, dass wir mit unserer Vorstellung von unserem Ich, im besten Fall, ziemlich schiefliegen. Wir verbinden das Ich mit Kontrolle und einer konstanten Fortdauer durch die Zeit, aber bei genauerer Untersuchung zeigt sich, dass wir weniger unter Kontrolle und sehr viel mehr im Fluss sind, eine wesentlich weniger fixe Identität haben, als wir denken.

Im nächsten Kapitel werden wir beginnen, zu betrachten, was die moderne Psychologie über all dies zu sagen hat. Neigt die Psychologie dazu, die Anschauungen des Buddhismus zu bestätigen? Legt sie nahe, dass unsere übliche Vorstellung von einem Ich als einem festen, dauerhaften Kern, der das System unter Kontrolle hält, tatsächlich eine Illusion ist? Verleiht sie der buddhistischen Idee, dass es Sie der Wahrheit tatsächlich näherbringen würde, wenn Sie sich von großen Brocken Ihres Ich – und eines Tages vielleicht von dem ganzen Klumpatsch – distanzieren könnten? Falls Sie mich fragen, so lautet die Antwort: »ja, ja und ja.«

6

Ihr Geschäftsführer
ist spurlos verschwunden

Offenbar hatte Buddhas berühmte Darlegung über die Merkmale des Nicht-Ich keineswegs jedermann sofort von seiner Meinung überzeugt. Einige Zeit nachdem er sie gegeben hat,
läuft ihm den buddhistischen Schriften zufolge ein Mann namens Aggivessana über den Weg, ein Angeber, der eine große
Zuhörerschar um sich versammelt hat, die miterleben soll, wie er
den Buddha in einem Streitgespräch über das Ich besiegt. Aggivessana beginnt die Debatte, indem er die Behauptung Buddhas
infrage stellt, dass das Ich in keiner der Fünf Daseinsgruppen
aufzufinden ist. Er erklärt: »Form ist mein Ich, Gefühl ist mein
Ich, Wahrnehmung ist mein Ich, Geistesformationen sind mein
Ich, Bewusstsein ist mein Ich.«[34]

Dies ist eine ziemlich unverhohlene Provokation, ein direkter
Angriff auf die Weltsicht Buddhas. Aber der Buddha bleibt natürlich gelassen. Er sagt: »Na gut, Aggivessana, ich werde dich in
dieser Angelegenheit ins Kreuzverhör nehmen.«

Wenn Sie schon viele der Darlegungen Buddhas gelesen haben, dann wissen Sie, dass Aggivessanas Überzeugungen den
nun folgenden Dialog nicht ungeschoren überstehen werden.
Die einzige Frage ist, welches rhetorische Werkzeug der Buddha

benutzen wird, um die Verwirrung seines Herausforderers aufzulösen. Wie sich zeigt, ist die Antwort die »Königs«-Metapher.

Der Buddha fragt: »Würde ein gesegneter, edler Krieger-König – so wie der König Pasendai von Kosala oder König Ajatasattu Vedehiputta von Magadha – die Macht in seinem eigenen Reich ausüben und jene exekutieren, die die Exekution verdienen, jene bestrafen, die Bestrafung verdienen, und jene verbannen, die Verbannung verdienen?«

»Ja, Meister Gautama«, antwortet Aggivessana. »Er würde sie ausüben, und er würde es verdienen, sie auszuüben.«

Daraufhin sagt der Buddha: »Was denkst du, Aggivessana? Wenn du sagst, ›Form ist mein Ich‹, übst du Macht über diese Form aus: ›Möge meine Form so sein, möge meine Form nicht so sein‹?«

Aggivessana antwortet nicht. Der Buddha wiederholt die Frage. Aggivessana schweigt weiterhin.

Jetzt fährt der Buddha schwereres Geschütz auf. Er erinnert Aggivessana: »Sollte jemand nicht antworten, wenn der Tathagata [der Buddha] ihm bis zu dreimal eine legitime Frage stellt, dann wird sein Kopf auf der Stelle in sieben Stücke zerspringen.«

In diesem Moment schaut Aggivessana nach oben und sieht über sich bedrohlich einen Dämon mit einem eisernen Donnerkeil in der Hand schweben. (Dieser trägt den treffenden Namen »Mit dem Donnerkeil in der Hand«.) Der Geist verkündet warnend: »Sollte Aggivessana nicht antworten, wenn ihm von dem Begnadeten bis zu dreimal eine berechtigte Frage gestellt wird, werde ich seinen Kopf augenblicklich in sieben Stücke spalten.«

Derart bedrängt, beantwortet Aggivessana die Frage Buddhas: »Nein, Meister Gautama, das tue ich nicht.« Er gibt damit zu, was wir schon angesprochen haben, nämlich dass wir keine uneingeschränkte Macht über unseren Körper haben. Der Buddha geht dann die anderen Daseinsgruppen durch – Gefühl, Wahrnehmung und so weiter. Aggivessana sieht ein, dass er nicht ebensolche Macht über einen dieser Bereiche hat wie ein König über sein Herrschaftsgebiet.

Die Argumentation Buddhas hat gesessen: Du – das »Du«, das Gefühle und Wahrnehmungen erfährt und Gedanken hegt – hast nicht wirklich die vollständige Kontrolle über diese Bereiche. Wenn du glaubst, dass es irgendwo in deinem Kopf einen König als höchsten Herrscher gibt, nun, dann stellt sich die Frage, wo genau du ihn finden willst.

2500 Jahre später spricht die Wissenschaft der Psychologie die Sprache Buddhas. Natürlich nicht *genau*, aber im Prinzip. Psychologen behaupten selten, dass Sie nicht der König Ihres persönlichen Bereichs sind, da es heutzutage nur wenige Könige gibt, die tatsächlich Macht über ihr eigenes Reich ausüben. Psychologen benutzen eine modernere Terminologie. Wie Robert Kurzban, ein Professor für Psychologie an der Penn State University, es formuliert: »›Sie‹ sind nicht der Präsident, die zentrale Exekutive, der Premierminister.«[35] Oder der Geschäftsführer.

So gut wie alle Psychologen sind sich in dieser Frage einig: Das bewusste Ich ist keine allmächtige exekutive Macht. Tatsächlich hat nach Ansicht der modernen Psychologie das bewusste Ich sogar noch weniger Macht, als Aggivessana ihm zugestand, nachdem der Buddha sein Denken geklärt hatte. Aggivessana gestand nur zu, dass die verschiedenen Gruppen, wenn man es sich genau überlegt, nicht *vollständig* zu kontrollieren sind. Denn wären sie das, so pflegte der Buddha gern zu fragen, warum würden sie dann so viel Leid hervorrufen? Die moderne Psychologie führt ein noch stärkeres Argument ins Feld. Sie sagt im Grunde: Wissen Sie, wie Sie gemeinsam mit Aggivessana nach genauer Überlegung schlussfolgern würden, dass Sie nicht die totale Kontrolle besitzen? Nun, Sie besitzen tatsächlich noch weniger Kontrolle, als Sie nach sorgfältiger Überlegung schlussfolgern.

Falls Sie nicht mit »nach genauer Überlegung« meinen, »nachdem Sie die Art von Überlegungen angestellt haben, die

Sie gegen Ende eines einwöchigen Meditationsretreats anstellen«. Wenn das Retreat seine beabsichtigte Wirkung erzielt hat, dann ist Ihr Geist zu diesem Zeitpunkt sehr viel ruhiger als gewöhnlich, und Sie sehen seine Inhalte sehr viel objektiver als sonst. Und Sie bemerken, dass einige Inhalte Ihres Bewusstseins, von denen Sie normalerweise denken, dass Sie selbst sie hervorbringen, von etwas anderem erzeugt werden. Mehr als einmal habe ich einen Meditationslehrer sagen hören: »Gedanken denken sich selbst.« Am Ende einer Meditationsklausur erscheinen diese Worte allmählich seltsam sinnvoll.

Wenn also der bewusste Geist nicht die Kontrolle besitzt, was *besitzt* dann die Kontrolle? Wie wir sehen werden, könnte die Antwort lauten: »nichts Spezielles.« Je näher wir den Geist untersuchen, desto mehr scheint er aus einer Menge unterschiedlicher Spieler zu bestehen, die manchmal kooperieren, zuweilen aber ebenso um die Kontrolle kämpfen, wobei derjenige gewinnt, der irgendwie der Stärkste ist. Mit anderen Worten: Da drinnen befindet sich ein Dschungel, und Sie sind nicht der Herrscher dieses Dschungels. Die gute Nachricht ist wie gesagt, dass die Erkenntnis, nicht der Herrscher zu sein, der erste Schritt dazu sein kann, echte Macht zu gewinnen.

Natürlich ist es nicht leicht zuzugeben, dass Sie kein »König«, »Herrscher« oder »Geschäftsführer« sind, und das nicht nur, weil das vordergründig eine großartige Sache wäre. Es liegt daran, dass wir das Gefühl haben, Herrscher zu sein; wir haben das Gefühl, dass unser bewusstes Ich die Verantwortung für unser Verhalten hat, dass es entscheidet, was wir wann zu tun haben. Aber eine Vielzahl von Experimenten im Laufe der letzten Jahrzehnte stellt die Richtigkeit dieser Intuition infrage.

Zwei Arten des Geistes

Zu den dramatischsten dieser Untersuchungen gehören die berühmten Split-Brain-Experimente. Diese lassen sich mit Menschen durchführen, deren linke und rechte Gehirnhälfte durch einen operativen Eingriff voneinander getrennt wurden, indem das Bündel von Nervenfasern gekappt wurde, das sie normalerweise verbindet. (Solche Eingriffe wurden typischerweise vorgenommen, um schwere Anfälle von Epilepsie zu verhindern.) Es stellte sich heraus, dass eine solche Operation nur geringe Auswirkungen auf das Verhalten dieser Menschen hatte; unter normalen Umständen verhalten Menschen mit einem derart gespaltenen Gehirn sich ganz unauffällig. In den Sechzigerjahren entwarfen die Neurowissenschaftler Roger Sperry und Michael Gazzaniga aber eine Reihe raffinierter Experimente, die Patienten mit gespaltenem Gehirn dazu brachten, sich seltsam zu verhalten.

Der Schlüssel bestand darin, die Vermittlung einer bestimmten Information auf eine einzige Gehirnhälfte zu beschränken, indem sie nur einer Seite des Gesichtsfelds des Patienten präsentiert wurde. Wird zum Beispiel ein Wort nur dem linken Gesichtsfeld gezeigt, das von der rechten Gehirnhemisphäre verarbeitet wird, dann kommt es nicht in der linken Hemisphäre an.

Bei den meisten Menschen ist es die linke Gehirnhälfte, die die Sprache kontrolliert. Patienten, deren rechter Gehirnhälfte etwa das Wort »Nuss« gezeigt wird, berichteten dann auch, sich dieses Inputs nicht bewusst zu sein. Doch ihre linke Hand – kontrolliert von der rechten Hemisphäre – wird, wenn man sie in einer Schachtel herumtasten lässt, die verschiedene Objekte enthält, eine Nuss wählen.

Dieses Ergebnis allein könnte Sie dazu bringen, traditionelle Vorstellungen vom bewussten »Ich« infrage zu stellen. Doch jetzt beachten Sie Folgendes: Wenn die linke Hemisphäre gefragt wird, das von der rechten Hemisphäre in Gang gesetzte Verhalten zu erklären, versucht sie, eine plausible Geschichte zu präsentieren. Senden Sie das Kommando »Geh« an die rechte Gehirnhälfte dieser Patienten, dann werden sie aufstehen und gehen. Doch wenn Sie sie fragen, wohin sie gehen wollen, wird die Antwort von der linken Hemisphäre kommen, der diese Aufforderung verborgen geblieben ist. Und diese Hemisphäre wird etwas erfinden, was aus ihrer Perspektive eine vernünftige Antwort ist. Ein Mann antwortete, was ja durchaus nachvollziehbar ist, dass er sich etwas zu trinken holen wolle. Und die Person, die diese improvisierte Erklärung gab – oder zumindest ihre linke Gehirnhälfte, die für das Sprechen zuständig ist –, scheint tatsächlich an diese Geschichte zu glauben.

In einem Experiment wurde der linken Hemisphäre des Patienten das Bild einer Hühnerklaue gezeigt und der rechten Hemisphäre eine Szene mit einer Schneelandschaft. Dann wurde beiden Hemisphären eine Reihe von Bildern gezeigt, und der Patient wurde gebeten, eines der Bilder auszuwählen. Die linke Hand des Patienten zeigte auf eine Schaufel, wahrscheinlich, weil die Hemisphäre, die die linke Hand kontrolliert, die verschneite Szene gesehen hatte und Schnee etwas ist, was man schaufeln kann. Die rechte Hand zeigte auf ein Huhn. Gazzaniga berichtet, was als Nächstes geschah:

> Dann fragten wir, warum er diese Bilder gewählt habe. Das Sprachzentrum in der linken Gehirnhälfte antwortete: »Oh, das ist einfach. Die Hühnerklaue passt zu dem Huhn«, und sie erklärte so einfach, was sie wusste. Sie hatte die Hühnerklaue gesehen. Als der Mann dann auf seine linke Hand hinabschaute, die auf die Schaufel zeigte, sagte er, ohne zu zögern: »Und man braucht eine Schaufel, um einen Hühnerstall auszumisten.«[36]

Wieder hatte der Teil des Gehirns, der die Sprache kontrolliert, eine kohärente, wenn auch falsche Erklärung des Verhaltens geliefert und sich selbst offensichtlich von der Wahrheit dieser Erklärung überzeugt.

Die Split-Brain-Experimente demonstrierten sehr deutlich die Fähigkeit des bewussten Ich, sich selbst davon zu überzeugen, dass es das Heft in der Hand hat, auch wenn dies tatsächlich nicht der Fall ist. Allerdings wurde diese Demonstration mit Menschen ausgeführt, die kein normales Gehirn mehr besitzen. Wie steht es mit uns anderen, deren Hemisphären nicht getrennt wurden? Macht unser Gehirn tatsächlich Gebrauch von dieser Fähigkeit zur Selbsttäuschung?

Es gibt einen guten Grund zu glauben, dass die Antwort darauf ein Ja ist. In einem viel zitierten Experiment forderten die Psychologen Richard Nisbett und Timothy Wilson Kunden auf, vier Paar Strumpfhosen zu bewerten und das beste Paar auszusuchen. Wie sich zeigte, hatten die Kundinnen die starke Tendenz, das Paar zu wählen, das ganz auf der rechten Seite lag. Wenn Sie gefragt wurden, warum sie dieses Paar ausgesucht hatten, sagten sie nicht: »Weil es ganz rechts gelegen hat.« Sie neigten dazu, ihre Wahl der Qualität der Strumpfhosen zuzuschreiben, und erklärten manchmal detailliert, es läge an dem Stoff, der Oberflächenbeschaffenheit und so weiter. Diese Begründungen waren leider unzutreffend, da die vier Paare von Strumpfhosen identisch waren.

Psychologen haben alle möglichen Methoden erfunden, Leute dazu zu bringen, bestimmte Verhaltensweisen an den Tag zu legen, ohne dass diese sich bewusst wären, warum sie etwas tun. Eine übliche Technik besteht darin, Informationen unterschwellig zu präsentieren, zum Beispiel ein Wort oder ein Bild auf einem Bildschirm für einen Sekundenbruchteil aufblitzen zu lassen, nicht so lange, dass die bewusste Wahrnehmung einsetzen konnte.

In einer in England ausgeführten Studie sagte man den Versuchspersonen, sie würden eine Belohnung in Form von Geld erhalten, abhängig davon, wie stark sie in einer Serie von Versuchen einen Handgriff zusammendrücken würden, und der Einsatz würde von Versuch zu Versuch unterschiedlich sein. Während sie auf einen Versuch warteten und dabei einen Bildschirm im Auge behielten, der ihnen zeigen würde, wie stark sie den Handgriff hatten zusammendrücken können, blitzte auf dem Bildschirm das Bild einer Münze auf, entweder ein Penny oder ein Pfund. Auch wenn das Bild unterschwellig gezeigt wurde, beeinflusste die Höhe des Einsatzes doch, wie stark die Versuchspersonen den Griff zusammendrückten.

Dieses Experiment hatte eine zweite Dimension. Das Gehirn der Versuchspersonen wurde nämlich gescannt. Die Wissenschaftler beobachteten besonders eine Gehirnregion, die mit Motivation und Emotion zu tun hat und von der man glaubt, dass sie Informationen über Belohnung verarbeitet. Dieser Teil des Gehirns war aktiver, wenn die Belohnung in Form von Geld höher war – und das traf zu, ganz gleich, ob die Information über die Belohnung unterschwellig präsentiert worden war oder lange genug auf dem Bildschirm erschien, um bewusst wahrgenommen zu werden. Die Wissenschaftler schrieben: »Dieselbe basale Vorderhirnregion unterstützte durchgängig die unterschwellige und die bewusste Motivation.«[37]

Aber ist »bewusste Motivation« wirklich der richtige Begriff? Man könnte meinen, dies bedeute, dass die Motivation aus dem bewussten Willen *entsteht*. Doch dieses Experiment legt ein unterschiedliches Szenario nahe: Der tatsächliche Gehirnmechanismus, der den Anreiz in Motivation übersetzt, ist derselbe, ganz gleich, ob Sie sich des Anreizes bewusst sind und die Übersetzung bewusst erfahren oder nicht. Vielleicht fügt also die bewusste Wahrnehmung dem Prozess nicht wirklich etwas hinzu. Mit anderen Worten: Möglicherweise geht es nicht so sehr um »bewusste Motivation«, sondern vielmehr um »Bewusstheit *der* Motivation«. Mit oder ohne bewusste Wahrnehmung scheint derselbe physische Motivationsmechanismus die Schwerarbeit zu leisten.[38]

Sicherlich könnten Sie das *Gefühl* haben, dass die Bewusstheit des Anreizes Sie dazu gebracht hat, Ihren Griff zu verstärken. Doch dieses Experiment legt nahe, dass dies vielleicht eine Illusion ist. Das ist nicht die einzig mögliche Interpretation, aber es ist eine ins Auge springende, und es ist eine, für die der Buddha sich wahrscheinlich hätte erwärmen können: Sie glauben, Sie sind der Regisseur des Films, aber tatsächlich sehen Sie ihn nur an. Oder – wobei ich riskiere, dies zu einer Metapher zu machen, die Ihr Geist unmöglich zu erfassen vermag –: Der Film führt bei Ihnen Regie, solange es Ihnen nicht gelingt, sich davon zu befreien.

Die Frage, wie viel Kontrolle der bewusste Geist tatsächlich ausübt, ist inzwischen aus vielen experimentellen Blickwinkeln gestellt worden. In einer berühmten Serie von Experimenten, die zuerst in den Achtzigerjahren von Benjamin Libet durchgeführt wurden, beobachteten Forscher das Gehirn von Versuchspersonen, während sie sich »entschlossen«, eine Handlung in Gang zu setzen. Die Forscher kamen zu dem Schluss, dass das Gehirn die Handlung bereits in Gang setzte, bevor die Person sich des »Entschlusses«, sie zu initiieren, bewusst wurde.[39]

Die einschlägige Forschung ist noch dabei zusammenzuwachsen. Nicht alle Befunde werden auf lange Sicht Bestand haben, während die Experimente wiederholt werden, und in einigen Fällen, einschließlich der Studien von Libet, bestehen noch ungelöste Fragen der Interpretation.[40] Dennoch erscheint es zumindest angemessen, zu sagen, dass die Rolle unseres bewussten Ich in der Führung unseres Verhaltens nicht annähernd so groß ist, wie wir lange gedacht haben. Und der Grund dafür, dass diese Rolle übertrieben wurde, ist, dass der bewusste Geist sich so machtvoll *anfühlt*. Mit anderen Worten: Der bewusste Geist ist von Natur aus hinsichtlich seiner eigenen Natur verblendet.

Die darwinistischen Vorteile der Selbsttäuschung

Wenn Sie also ein buddhistischer Philosoph sind, fühlen Sie sich vielleicht bestätigt. Aber Sie mögen sich auch verwirrt fühlen. Warum sollte die natürliche Selektion ein Gehirn entwerfen, das die Menschen in Verblendung über sich selbst leben lässt? Eine Antwort ist: Wenn wir etwas über uns selbst glauben, wird uns das helfen, andere Menschen zu überzeugen, es ebenfalls zu glauben. Und gewiss ist es zu unserem Vorteil – oder, genauer gesagt, es wäre zum Vorteil der Gene unserer Jäger-und-Sammler-Vorfahren gewesen –, die Welt davon zu überzeugen, dass wir kohärente, einheitlich Handelnde sind, die die Situation unter Kontrolle haben.

Erinnern Sie sich an den Mann, dessen rechter Gehirnhälfte man sagte, er solle gehen, und dessen linke Gehirnhälfte auf die Frage, wohin er denn gehe, antwortete, er wolle sich etwas zu trinken holen. Seine Antwort ist nicht wirklich wahr, aber sie inspiriert eine Art von Selbstvertrauen in ihm. Er sieht wie jemand aus, der sich selbst unter Kontrolle hat und der nicht einfach herumläuft und etwas aus keinem guten Grund tut. Vergleichen Sie ihn mit jemandem, der eine ehrlichere Antwort gibt: »Ich weiß nicht wirklich, warum ich aufgestanden bin oder wohin ich gehe. Manchmal mache ich etwas einfach, ohne eine Erklärung dafür zu haben.« Wären diese beiden Burschen Ihre Nachbarn in einer Gemeinschaft von Jägern und Sammlern, mit welchem von ihnen würden Sie lieber auf die Jagd gehen? Mit welchem würden Sie sich gern anfreunden? In der menschlichen Evolution spielten die Antworten auf solche Fragen eine Rolle: Wenn man glaubte, dass Sie der Zusammenarbeit und Freundschaft nicht wert seien, dann waren Ihre Gene in Schwierigkeiten.

Kurz gesagt: Vom Standpunkt der natürlichen Selektion aus gesehen, ist es gut für Sie, wenn Sie eine kohärente Geschichte über sich selbst erzählen, wenn Sie sich als einen rationalen und seiner selbst bewussten Agenten darstellen können. Wenn also Ihre tatsächlichen Motivationen dem Teil Ihres Gehirns, der mit der Welt kommuniziert, nicht zugänglich sind, dann wäre es für diesen Teil Ihres Gehirns sinnvoll, Geschichten über Ihre Motivation zu erfinden.

Natürlich ist eine kohärente Motivation, auch wenn sie bei einem Freund oder Mitarbeiter eine wünschenswerte Eigenschaft ist, nicht für sich selbst genommen entscheidend. Falls jemand klare und konsistente Ziele hat, aber immer dabei versagen würde, sie zu erreichen, falls es ihm nicht möglich wäre, zu den Bemühungen des Teams beizutragen, oder wenn er Versprechen nicht hielte, dann würde er oder sie nicht gerade eine Unmenge an Freunden und Mitarbeitern haben. Also darf man erwarten, dass wir nicht nur kohärente Geschichten über uns selbst erzählen (und an diese glauben), sondern auch Geschichten, die uns schmeicheln.

Und im Großen und Ganzen tun wir das. 1968 erfand der Psychologe Anthony Greenwald den Begriff *beneffectance*,[41] um zu beschreiben, auf welche Weise wir uns von Natur aus der Welt präsentieren – als vorteilhaft und effektiv.[42] Viele Experimente haben seither gezeigt, dass die Menschen nicht nur diese Art von Werbung für sich selbst machen, sondern dass sie tatsächlich daran glauben.

Und sie könnten recht damit haben! Es *gibt* förderliche und effektive Menschen auf der ganzen Welt. Aber eine Sache kann nicht stimmen, nämlich dass die *meisten* Menschen in dieser Hinsicht überdurchschnittlich förderlich sind. Dennoch hat eine ganze Reihe von Studien gezeigt, dass die Mehrzahl der Befragten tatsächlich glaubt, sie seien in den verschiedensten Bereichen überdurchschnittlich begabt, von sportlichen bis zu sozialen Fähigkeiten, und diese Art der Selbsteinschätzung kann sich allen gegenteiligen Beweisen widersetzen. Eine Studie von fünfzig Personen fand, dass sie ihre Fähigkeit, ein Auto zu fahren, im Durchschnitt als nahe dem »Experte«-Ende des Spektrums zuordneten – was weniger bemerkenswert wäre, wenn nicht alle fünfzig kurz zuvor in einen Autounfall verwickelt gewesen und nicht zwei Drittel von ihnen von der Polizei für den Unfall verantwortlich gemacht worden wären.[43]

Wenn es eine Eigenschaft gibt, die uns noch mehr beeindruckt als unsere Kompetenz, so ist es unsere moralische Veranlagung. Ein Befund unter vielen anderen, die diese Tatsache deutlich machen, ist, dass die meisten glauben, sie täten mehr Gutes und weniger Schlechtes als der Durchschnitt.[44] Fast ein halbes Jahrtausend nach dem Tod von Montaigne hat die Wissenschaft die Logik hinter seinem vielleicht allzu bescheidenen Ausspruch bestätigt: »Ich halte mich selbst für einen durchschnittlichen Menschen, einmal abgesehen von der Tatsache, dass ich mich selbst für einen durchschnittlichen Menschen halte.«

Und wir halten uns selbst nicht nur im Vergleich zu einer vage vorgestellten Population menschlicher Wesen im Allgemeinen für über dem Durchschnitt stehend. Wenn wir zu einem sehr kleinen Team gehören, neigen wir dazu, uns selbst davon zu überzeugen, dass wir wertvoller sind als das durchschnittliche Teammitglied. In einer Studie wurden Akademiker, die zusammen an der Ausarbeitung von Forschungsberichten gearbeitet hatten, gefragt, welchen Prozentanteil der Leistung des Teams ihrer eigenen Arbeit zu verdanken sei. In dem durchschnittlichen Vier-Personen-Team war die Summe des beanspruchten Verdienstes 140 Prozent! Das Schlüsselwort in dem vorangegangenen Satz ist *Verdienst*. Wenn die Bemühungen des Teams nicht erfolgreich sind, dann schrumpft der von uns selbst wahrgenommene Anteil an dem Ergebnis.[45]

Die Menschen sind sich dieser Form der Selbsttäuschung oft bewusst – zumindest wenn sie bei anderen auftritt. In einer amerikanischen Studie beschrieben die Versuchsleiter acht unterschiedliche Voreingenommenheiten, die für viele Leute typisch sind, wie etwa: »Sie neigen dazu, sich das Verdienst für Erfolg zuzuschreiben, leugnen aber die Verantwortlichkeit für Versagen; sie betrachten ihren Erfolg als das Resultat persönlicher Eigenschaften, wie Antrieb oder Befähigung, aber sehen Versagen als das Resultat äußerer Faktoren, wie ungünstiger Arbeitsbedingungen oder unzureichender Anweisungen.«[46] Im Falle aller acht Voreingenommenheiten sagte die durchschnittliche Person, der Amerikaner sei in der Regel anfälliger dafür als sie selbst. Wie Robert Kurzban seinen Befund zusammenfasst: »Wir glauben, wir seien besser als der Durchschnitt, darin anzunehmen, dass wir nicht voreingenommen sind *in dem Glauben, besser als der Durchschnitt zu sein.*«[47]

Unsere egozentrischen Voreingenommenheiten werden noch durch die Art und Weise gefördert und bestärkt, auf die unser Erinnerungsvermögen arbeitet. Auch wenn bestimmte schmerzliche Ereignisse sich in unser Gedächtnis einbrennen können – vielleicht damit wir die Fehler vermeiden mögen, die zu ihnen geführt haben –, so ist es doch im Allgemeinen wahrscheinlicher, dass wir uns an Ereignisse erinnern, die ein günstigeres Licht auf uns werfen, als an jene, die das Gegenteil tun. Und wir erinnern uns an positive Erfahrungen in mehr Details als an negative, so als seien positive Ereignisse besonders dafür geeignet, sie mit der Allgemeinheit in vielen Einzelheiten zu teilen. Eine solche Asymmetrie erzählerischer Details findet sich nicht in unserer Erinnerung an positive und negative Dinge, die *anderen Leuten* geschehen sind.[48]

Hinzu kommt noch Folgendes: Wenn wir jemandem von einer Erfahrung erzählen, dann verändert der Akt des Erzählens die Erinnerung daran. Während wir eine Geschichte jedes Mal auf diese Weise ein wenig umformen – indem wir unangenehme Fakten auslassen und angenehme betonen oder übertreiben –, können wir im Lauf der Zeit unseren tatsächlichen Glauben an das transformieren, was wirklich geschehen ist. Und das macht es wahrscheinlich leichter, andere davon zu überzeugen, dass unsere Geschichte wahr ist.

Natürlich haben wir nicht immer eine aufgeblasene Vorstellung von uns selbst. Es gibt auch so etwas wie ein geringes Selbstwertgefühl – und es gibt Erklärungen, spekulative, aber plausible Erklärungen, warum es aus darwinistischer Sicht sinnvoll wäre, wenn dies von bestimmten Erfahrungen hervorgerufen würde. Außerdem gibt es andere Unterschiede zwischen Menschen, die die Art von Geschichten beeinflussen können, die sie über sich selbst erzählen und von sich selbst glauben. In einer Studie führten sowohl Menschen, die einen hohen Wert auf einer Skala für Extraversion aufwiesen, als auch solche, die auf einer Skala für Neurotizismus hoch einzuordnen waren, ein Tagebuch über ihre alltäglichen emotionalen Erfahrungen. Später erinnerten sich die Extravertierten an mehr positive Erfahrungen, als sie tatsächlich gehabt hatten, und die Neurotiker erinnerten sich an mehr negative Erfahrungen, als sie in Wirklichkeit gehabt hatten.[49] Dies beweist, dass ein aufgeblähtes Ich, auch wenn es in unserer Spezies die Norm ist, kein ehernes Gesetz darstellt. Aber beachten Sie, dass beide Arten von Menschen falsch lagen; ihre jeweilige Persönlichkeit hatte sie zu unterschiedlichen Arten der Illusion geführt, doch in beiden Fällen ist »Illusion« das Schlüsselwort.

Die Art der Geschichten, die wir uns selbst und anderen erzählen, unterscheiden sich ebenfalls in unterschiedlichen Kulturen. Was bestimmte Dimensionen angeht, haben Asiaten im Durchschnitt ein weniger aufgeblasenes Selbstwertgefühl als Menschen des Westens.[50] Hinsichtlich anderer Dimensionen – vor allem »kollektivistische« Tugenden wie etwa Loyalität zu der Gruppe – neigen Asiaten dazu, stärker von sich selbst überzeugt zu sein als Menschen aus dem Westen. Dennoch ist das grundlegende Muster eines aufgeblähten Ich weltweit gültig, und das trifft besonders zu, wo es um ethische Tugenden wie etwa Fairness geht; in aller Regel glauben die Leute, moralisch über dem Durchschnitt zu stehen. Dies ist eine besonders wichtige Art der Selbstschmeichelei, weil sie hilft, jene Selbstgerechtigkeit zu nähren, die Konflikte hervorruft und aufrechterhält, von einem persönlichen Streit bis hin zu Kriegen.

Alles in allem leiden wir also unter zumindest zwei Arten von Illusionen. Die eine betrifft die Natur des bewussten Ich, von dem wir glauben, es besäße mehr Kontrolle über die Dinge, als tatsächlich der Fall ist. Die andere Illusion betrifft die Vorstellung davon, welche Art von Mensch wir sind – und zwar was unsere Fähigkeiten ebenso wie unsere Anständigkeit angeht. Man könnte diese beiden Irrmeinungen »die Illusion über unser Ich« und »die Illusion über uns selbst« nennen. Sie wirken synergistisch zusammen, um die Welt davon zu überzeugen, dass wir kohärent und konsistent Handelnde sind: Wir tun nichts ohne guten Grund, und die Gründe, aus denen wir handeln, sind sinnvoll. Wenn unser Verhalten Lob oder Tadel verdient, so gibt es ein inneres Ich, das Lob oder Tadel verdient. Die zweite Illusion hilft uns, die Welt davon zu überzeugen, dass wir ihr Lob und nicht ihren Tadel verdienen. Wir sind ethisch höherstehend als der Durchschnittsmensch, und wir sind produktiver als das durchschnittliche Teammitglied. Wir besitzen *beneffectance*.

Wenn Sie, mit anderen Worten, eine für Eigenwerbung zuständige Komponente in das Gehirn einbauen sollten, so würde diese etwa so aussehen wie das bewusste Ich. Der Anthropologe Jerome Barkow hat geschrieben: »Es ist möglich zu argumentieren, dass die primäre evolutionäre Funktion des Ich darin besteht, das Organ des Eindrucks-Managements zu sein (und nicht, wie unsere Alltagspsychologie meint, die des Fällens von Entscheidungen).«[51]

Das Einzige, was ich hier hinzufügen möchte, ist, dass die Alltagspsychologie an sich vielleicht Teil des Funktionierens der

Evolution ist. Wenn wir uns selbst als effektive, anständige Menschen darstellen, so gehört dazu der Glaube an die Macht unseres Ich.

Von Geist zu Geist

Wenn das bewusste Ich nicht ein Geschäftsführer ist, der alles Verhalten lenkt, das er zu lenken glaubt, wie wird Verhalten dann gelenkt? Wie werden Entscheidungen getroffen?

Eine Antwort, die innerhalb des Feldes der Psychologie, insbesondere der Evolutionspsychologie, immer mehr Anerkennung gewinnt, ist, dass der Geist »modular« sei. Nach dieser Anschauung ist Ihr Geist aus vielen spezialisierten Modulen – Modulen zur Einschätzung von Situationen und Reaktionen darauf – zusammengesetzt, und es ist vielleicht das Zusammenspiel dieser Module, das Ihr Verhalten bestimmt. Und ein großer Teil dieses Zusammenspiels vollzieht sich, ohne dass wir selbst das bewusst wahrnehmen. Auch wenn dieses modulare Modell des Geistes noch jung und noch nicht völlig ausgeformt sein mag, ist es doch recht vielversprechend.

Zuerst einmal ist es in Begriffen der Evolution sinnvoll: Der Geist wurde »Stück für Stück« aufgebaut, und wenn unsere Spezies auf neue Herausforderungen traf, wurden neue »Stücke« hinzugefügt. Wie wir sehen werden, hilft uns dieses Modell auch, einige der großen inneren Konflikte des Lebens zu verstehen, so etwa, ob wir unsere Ehefrau betrügen, eine Sucht erzeugende Droge konsumieren oder einen weiteren Puderzucker-Donut essen sollen. Den Geist für modular zu halten ist für unsere Zwecke vielleicht am wichtigsten, weil es Sätze sinnvoll erscheinen lässt, die wir von buddhistischen Meditationslehrern hören, wie zum Beispiel »Gedanken denken sich selbst«, und weil es befreiend ist, diese Tatsache anzuerkennen.

Aber es gibt ein großes Problem mit dem modularen Modell des Geistes: sein Name. Das Wort »Modul« schreit geradezu nach Fehlinterpretationen. Bevor wir uns also mit den Funktionen des modularen Geistes beschäftigen, lassen Sie mich versuchen, Missverständnissen vorzubeugen, indem ich drei Weisen aufzähle, auf die Sie sich Module *nicht* vorstellen sollten:

1. *Die Module sind kein Bündel physischer Abteilungen.* Sie können nicht auf einen Teil Ihres Gehirns zeigen und sagen: »Dies ist das Modul, das mir hilft, aus dem, was die Leute sagen, sowie aus ihrer Körpersprache und ihrem Gesichtsausdruck zu folgern, was sie denken.«
Psychologen glauben, dass es ein solches Modul gibt: das »Theory-of-Mind«-Modul.[52] Doch wenn die Wissenschaftler versuchen, dieses Modul mithilfe von Gehirnscans zu umreißen, dann finden Sie, dass es weit verstreut ist und sich verschiedener Regionen des Gehirns bedient, wobei es manchmal mehr auf eine Region und manchmal mehr auf eine andere zurückgreift.

2. *Die verschiedenen Module sind nicht wie die verschiedenen Bestandteile eines Schweizer Armeemessers oder die Apps auf einem Smartphone.* Ich sage dies mit einem gewissen Zögern, weil Vertreter des modularen Paradigmas manchmal genau diese Metaphern gebrauchen. Aber in Wahrheit gibt es sehr viel mehr Interaktion und Überschneidungen zwischen den verschiedenen mentalen Modulen, als man in einem Schweizer Armeemesser oder in einem Smartphone findet.
So haben zum Beispiel manche Psychologen argumentiert, dass es ein »Betrügererkennungsmodul« gibt, das Ihnen herauszufinden hilft, wem Sie trauen können. Dieses Modul würde vermutlich auch das »Theory-of-Mind«-Modul in Anspruch nehmen, aber wahrscheinlich nicht alles davon, und es würde wohl auf Teile des Gehirns außerhalb seiner selbst zurückgreifen. Es könnte, sagen wir einmal, mit einer bestimmten Art von Benennungsmodul kommunizieren, das

Menschen negativ oder positiv einschätzt, in Abhängigkeit davon, ob sie den Betrügertest bestehen.

Um das Ganze noch komplizierter zu machen, existieren verschiedene *Arten* von Betrügern, die es zu erkennen gilt. So gibt es zum Beispiel geschäftliche Betrüger – etwa einen skrupellosen Gebrauchtwagenhändler –, und sexuelle Betrüger, also Partner, die heimlich untreu sind. Ist es sinnvoll, zu denken, dass diese beiden Arten von Erkennung von ein und demselben Modul gehandhabt werden? Es liegt wahrscheinlich *eine gewisse* Überschneidung zwischen ihnen vor; wir könnten in beiden Fällen einschätzen, ob die Person uns in die Augen zu sehen vermag, während sie etwas sagt, was wir für unwahr halten. Aber die Überschneidung ist nicht vollständig, unter anderem weil das Motivationssystem, das den »Betrügererkennungsmechanismus« antreibt, sich in den beiden Fällen unterscheidet. Eifersucht bringt mich nicht dazu, besonders aufmerksam auf den Gesichtsausdruck eines Gebrauchtwagenhändlers zu achten, und wenn ich erkenne, dass er nicht vertrauenswürdig ist, dann bekomme ich keinen Wutausbruch aus Eifersucht (sollte ich zu der Schlussfolgerung gelangen, wenn der Wagen zusammenbricht, nachdem er ihn mir verkauft hat, dann könnte ich allerdings einen Wutausbruch ohne Eifersucht bekommen). Alles in allem: Die Aufteilung der Arbeit unter den Modulen in unserem Geist und die Abgrenzung zwischen ihnen ist sehr viel weniger deutlich, als das Wort »Module« nahelegt. Wenn Sie also lieber ein Wort wie »Netzwerke« oder »Systeme« benutzen, dann tun Sie sich keinen Zwang an.

3. *Die Module sind keine Abteilungen wie im Organigramm eines Unternehmens.* Das muss vielleicht nicht besonders betont werden, nachdem ich gerade ausgeführt habe, wie flüssig die Interaktion und die Überschneidung dieser Module ist, sowie angesichts der Tatsache, dass es im Gesamtkontext dieser

Diskussion darum geht, dass unser Geist keinen Geschäftsführer hat. Dennoch ist es lohnend, noch ein wenig darauf einzugehen, wie höchst unwahrscheinlich das idealisierte Funktionieren des Geistes im Sinne eines Unternehmens ist. Zu den Zügen, an denen es Modulen oft mangelt, gehören Gehorsam und Harmonie. Ja, die Module arbeiten vielleicht manchmal zusammen, aber sie stehen zuweilen auch in Konkurrenz zueinander, und sie können sehr heftig miteinander wetteifern. Jemand hat einmal eine Reihe von scherzhaften Organigrammen größerer Unternehmen skizziert, und Microsoft, das bekannt ist für seine internen Auseinandersetzungen, wurde als ein im Kreis aufgestelltes Exekutionskommando dargestellt. Unser Geist ist nicht *dermaßen* zerrissen von internen Streitigkeiten, aber er kommt manchmal in die Nähe des offiziellen Organigramms von Microsoft. Michael Gazzaniga, der Pionier der Split-Brain-Experimente, hat geschrieben: »Während innerhalb der Module eine hierarchische Informationsverarbeitung stattfindet, sieht es so aus, als gäbe es keine Hierarchie unter den Modulen. All diese Module sind nicht einem Abteilungsleiter berichtspflichtig – es ist ein sich in einem allgemeinen Gerangel selbst organisierendes System.«[53]

Es liegt eine gewisse Spannung in dem letzten Satz. »Allgemeines Gerangel« und »selbstorganisierendes System« rufen unterschiedliche Vorstellungen hervor. Aber man muss die beiden Begriffe ja nicht zur gleichen Zeit auf den Geist anwenden. Manchmal fühlt sich der Geist wie ein allgemeines Gerangel an, und manchmal haben wir das Gefühl, er sei stärker organisiert, so als sei das allgemeine Gerangel aufgelöst worden. Hinzu kommt, dass die Empfindung von Organisation manchmal irreführend ist, weil das allgemeine Gerangel auf einer unterbewussten Ebene ablaufen und auf dieser Ebene aufgelöst werden kann. »Die Vorstellung, deren Sie sich in einem bestimmten Moment gerade bewusst sind, ist einfach diejenige, die wie eine Luftblase an die Oberfläche aufsteigt, diejenige, die dominant wird«, schreibt Gazzaniga. »Die Welt in Ihrem Gehirn ist eine Hund-frisst-Hund-Welt, in der verschiedene Systeme darum kämpfen, an die Oberfläche zu treten und den Preis der bewussten Wahrnehmung zu gewinnen.«[54]

Wenn Gazzaniga von einer »Hund-frisst-Hund-Welt« in Ihrem Kopf spricht, dann spricht er nicht nur über die Art des offensichtlichen »Dr.-Jekyll-und-Mr.-Hyde«-Widerstreits zwischen dem Ich, das einen Donut essen möchte (oder vielleicht sogar einen Donut stehlen will!), und dem Ich, das zur Zurückhaltung rät. Was diese Art von Widerstreit angeht, so ist der Konflikt *an sich* oft Teil des Bewusstseins. Gazzaniga spricht eher über ein Ringen, das auf einer unbewussten oder kaum bewussten Ebene abläuft und gelöst wird. Die Dinge, denen ich Aufmerksamkeit widme, die Geschichten, die ich über Dinge erzähle, denen ich Aufmerksamkeit widme, und die Geschichten, die ich über mich selbst erzähle – all diese resultieren aus einer Wahl, die getroffen wird, und »ich« (das bewusste »Ich«, also das, was ich für mich selbst halte) treffe im Großen und Ganzen nicht die Entscheidungen.

Dies sollte beinahe genügen, damit Sie sich die Frage stellen, ob das Ding, das Sie für Ihr Ich halten, diese Benennung verdient! Robert Kurzban schrieb: »Wenn es am Ende wahr ist, dass Ihr Gehirn aus vielen, vielen kleinen Modulen mit unterschiedlichen Funktionen besteht, und wenn nur eine kleine Anzahl davon bewusst ist, dann mag es keinen speziellen Grund dafür geben, einige davon für ›Sie‹, ›wirklich Sie‹, Ihr ›Ich‹ oder sonst irgendetwas Spezielles zu halten.«[55] Als Kurzban dies schrieb – in einem Buch mit dem Titel *Why Everyone (Else) Is a Hypocrite. Evolution and the Modular Mind* (»Warum alle [anderen] Heuchler sind«) –, war ihm die buddhistische Idee des Nicht-Ich kein Begriff. Aber Jahrtausende nach dem Entstehen dieser Idee hat die Wissenschaft ihn zu dieser Vorstellung geführt.

Ich bin nicht einverstanden mit Kurzbans Unterstellung, der bewusste Geist sei nichts »Spezielles«. Der bewusste Geist ist speziell, so möchte ich behaupten, weil er, nun ja, bewusst ist. Als solcher kann er Lust und Leid, Freude und Traurigkeit empfinden. Diese Fähigkeit zum Fühlen und zur subjektiven Erfahrung im Allgemeinen ist das, was dem Leben Sinn verleiht und was moralische Fragen bedeutungsvoll macht. Wenn Sie sich einen Planeten voller menschenähnlicher Roboter vorstellen, die unfähig zu subjektiver Erfahrung sind, wäre da irgendetwas offensichtlich schlecht daran, sie zu zerstören, oder irgendetwas offensichtlich gut daran, mehr von ihnen zu erzeugen?

Und dennoch ist der bewusste Geist – das bewusste »Ich« – nicht auf die Weise speziell, auf die wir ihn im Allgemeinen für speziell halten. Er sagt bei Weitem nicht so oft, wo es langgeht, wie wir vermuten. Er gleicht weniger einem Präsidenten als dem Sprecher des amerikanischen Abgeordnetenhauses, der dessen Wahlen leitet und das Ergebnis bekanntgibt, der aber keine Kontrolle über die Stimmabgabe hat. Natürlich mag der Speaker of the House hinter den Kulissen ein wenig Druck ausüben und so einen gewissen Einfluss auf die Wahl haben, und wir können auch die Möglichkeit nicht ausschließen, dass der bewusste Geist hier und da in der Lage ist, etwas Druck auszuüben.

Sie mögen es in der Tat nützlich finden, sich die Meditation als einen Prozess vorzustellen, der sich einen bewussten Geist zur Brust nimmt, welcher nur ab und zu ein wenig Druck ausübt, und ihn in etwas verwandelt, was eine Menge Druck auszuüben vermag – was ihn vielleicht zu etwas macht, was eher ein Präsident als ein Speaker of the House ist. Und um das zu erreichen, mögen Sie es nützlich finden, zu verstehen, wie das Gehirn entscheidet, welches Modul in jedem bestimmten Moment die Zügel in der Hand hat. Das ist die Frage, auf die wir uns im nächsten Kapitel konzentrieren werden.

7

Die mentalen Module,
die Ihr Leben bestimmen

Als ich neu auf dem College war, lernte ich, dass ich eine »intertemporale Nutzenfunktion« habe. Das ist keine Diagnose, sondern etwas, was jedermann besitzt. Es handelt sich vereinfacht ausgedrückt um eine Gleichung, die unsere Bereitschaft beschreibt, Befriedigung aufzuschieben – jetzt auf etwas zu verzichten, was wir gern mögen, um später mehr vom selben zu bekommen. Man spricht auch vom »Belohnungsaufschub«.

So könnten Sie zum Beispiel bereit sein, heute auf ein Honorar von 100 Euro zu verzichten, wenn man Ihnen garantieren könnte, dass Sie in einem Jahr 125 Euro erhalten. Aber Ihr Freund, dessen intertemporale Nutzenfunktion anders justiert ist, könnte 150 Euro in einem Jahr verlangen, damit er jetzt auf 100 Euro verzichtet.

Man nennt dies auch »Zeitdiskontierung«. Die Menschen neigen dazu, die Zukunft in dem Sinne zu »diskontieren«, dass 100 Euro ein Jahr später zu erhalten nicht so gut ist, wie heute 100 Euro zu erhalten. In dem genannten Beispiel diskontiert Ihr Freund die Zukunft steiler, als Sie es tun.

Wie auch immer, nach dem Modell, das mir in dem Unterricht über Wirtschaftswissenschaft präsentiert wurde, bleibt meine intertemporale Nutzenfunktion, wie auch immer sie justiert ist – wie steil auch immer meine Zeitdiskontierung ist –, morgen, nächste Woche, nächsten Monat und nächstes Jahr dieselbe. Man sagte mir, meine Diskontierungsrate sei ein dauerhafter Zug meiner Psychologie.

Ich glaube, der Buddha hätte dieser Behauptung skeptisch gegenübergestanden. Er neigte dazu, die Gegebenheiten nicht als dauerhaft zu betrachten – ganz gewiss nicht Umstände, die Teil der Psychologie eines Menschen sind. Wäre Buddha auf dem College mein Kommilitone gewesen, dann wäre er wohl während des Ökonomieseminars aufgestanden und hätte etwas gesagt wie: »Was haltet ihr davon, ihr Mönche? Sind die Geistesformationen dauerhaft oder vergänglich?«

Vielleicht hätte er den Lehrbetrieb nicht auf diese Weise gestört, aber den buddhistischen Schriften zufolge sagte er genau so etwas in einer anderen Umgebung. Es war während seiner ersten und berühmtesten Darlegung über das Nicht-Ich, mit der wir uns im fünften Kapitel beschäftigt haben. Dort und im sechsten Kapitel habe ich mich hauptsächlich auf einen Teil der grundlegenden Argumente Buddhas für das Nicht-Ich konzentriert: die Idee, dass die »Fünf Daseinsgruppen« nicht Ihrer Kontrolle unterliegen. Sie statten Sie nicht, wie er es später formulierte, mit der gleichen Beziehung zu Ihrem Ich aus wie die, die ein König zu seinem Herrschaftsbereich hat.

In dem anderen großen Teil der Argumentation Buddhas für das Nicht-Ich, den ich nur kurz angesprochen habe, ging es um den Wandel oder die Vergänglichkeit. Nachdem er die Mönche gefragt hat: »Sind Geistesformationen dauerhaft oder vergänglich?«, erhält er die zu erwartende Antwort: »Vergänglich, o Herr.«

Nun, der Buddha geht weiter und fragt, ob es sinnvoll sei, von vergänglichen Dingen zu sagen: »Dies ist mein, das bin ich, das ist mein Selbst!«

»Das ist es tatsächlich nicht, o Herr.«

Der Buddha exerziert dann dasselbe mit den anderen vier Daseinsgruppen durch. Er besteht in jedem Fall darauf, dass man etwas, was dem Wandel unterliegt, nicht für einen Bestandteil des Ich halten sollte. Er sagt nicht explizit, warum.[56] Und um eine vollständige Erklärung zu liefern, müssten wir tiefer in die Vorstellungen vom Ich oder Selbst eintauchen, die zu seiner Zeit gängig waren. Doch auch wenn wir diesen intellektuellen Kontext beiseitelassen, hat Buddhas Argumentation für den gesunden Menschenverstand sicherlich einen gewissen Reiz: Wir neigen dazu, uns das Ich – das innere, wahre Ich – als etwas Dauerhaftes vorzustellen, etwas, was selbst während unseres Wachstums von Kindern zu Erwachsenen und zu alten Menschen fortbesteht.

In Wirklichkeit verändern wir uns natürlich. Und wir verändern uns nicht nur im Sinne der Wandlung von Kindern zu Erwachsenen. Wir verändern uns von Moment zu Moment. Und manchmal verändern wir uns im Hinblick auf Dimensionen, die im Allgemeinen als Konstanten betrachtet werden.

Das führt uns zurück zu meiner intertemporalen Nutzenfunktion. Zeigt man Männern Fotos von Frauen, die sie attraktiv finden, so haben Psychologen herausgefunden, dann verändert sich ihre intertemporale Nutzenfunktion. Das Ausmaß, in dem sie die Zukunft diskontieren, verändert sich. Sie werden weniger bereit, auf kurze Sicht auf Bargeld zu verzichten – ja, die Versuchsleiter boten ihnen echtes Geld an –, um auf längere Sicht einen größeren Betrag zu erhalten.[57]

Warum sollte sich die grundsätzliche finanzielle Philosophie von jemandem verändern, nachdem er die Bilder von Frauen betrachtet hat? Wir werden darauf zurückkommen. Aber hier ist schon einmal eine Andeutung: Es scheint mentale Module ins Spiel zu bringen, die wir im vorigen Kapitel diskutiert haben. Allgemeiner gesagt, kann der psychologische Wandel, die Vergänglichkeit, die im buddhistischen Denken die Existenz eines Ich infrage stellt, zum Teil als Auswirkung dieser Module beschrieben werden. Die Dinge in diesen Begriffen zu sehen hilft uns, ein Kernparadox der buddhistischen Meditationspraxis zu erhellen: Zu akzeptieren, dass Ihr Ich nicht die Kontrolle besitzt und dass es in mancher Hinsicht vielleicht sogar nicht einmal existiert, kann Ihrem Ich – oder so etwas Ähnlichem – Kontrolle verleihen.

Dieses Experiment zur Zeitdiskontierung gehört zu der Art von Experimenten, in denen Psychologen den Geisteszustand von Menschen manipulieren und dann beobachten, wie sich ihre Neigungen verändern. Oft ist das Ergebnis dasselbe, wie es in diesem Experiment war: Etwas, was man für einen ziemlich feststehenden Zug des Geistes einer Person gehalten hat, ist tatsächlich längst nicht so festgelegt.

Neigen Sie zum Beispiel dazu, der Menschenmenge zu folgen, oder bevorzugen Sie die weniger ausgetretenen Pfade? Die richtige Antwort ist: Das hängt davon ab! Eine Studie im *Journal of Marketing Research* legt nahe, dass Werbungtreibende die Wirkung von Werbung durch die Anpassung ihrer Werbeslogans an deren Medienkontext erhöhen können.[58] Die Versuchsleiter zeigten verschiedenen Probanden Ausschnitte aus unterschiedlichen Filmen, entweder aus dem Horrorfilm »Shining« oder der Romanze »Before Sunrise«. Die Versuchspersonen in jeder Gruppe sahen dann eine von zwei Anzeigen für ein Kunstmuseum. In der ersten Anzeige war der Slogan »Von über einer Million Menschen im Jahr besucht« zu sehen, in der zweiten »Heben Sie sich von der Menge ab«.

Probanden, die Szenen aus »Shining« gesehen hatten, fühlten positiver im Hinblick auf das Museum und waren eher bereit, es zu besuchen, wenn man ihnen den ersten Slogan zeigte, vermutlich weil ein Zustand der Furcht sie geneigt machte, eine Menschenmenge als eine sichere Zuflucht zu sehen. Diejenigen, die

Szenen aus »Before Sunrise« gesehen hatten, zeigten die entgegengesetzte Reaktion, vielleicht weil romantische Gefühle sie geneigt machten, eine intimere Umgebung aufzusuchen.

Dies mag nichts besonders Weltbewegendes sein. Wir alle wissen, dass wir uns verschieden verhalten, wenn wir uns in unterschiedlichen Gemütsverfassungen befinden, und so ist es nur verständlich, dass es unser Verhalten verändert, wenn man uns in eine romantische Stimmung versetzt. Doch die Psychologen, die diese Studie durchführten, halten das »Stimmung«-Paradigma nicht für das hier angemessenste. Douglas Kenrick und Vladas Griskevicius, die bei dieser Untersuchung zusammenarbeiteten, sind der Ansicht, dass wir alle multiple »Unter-Ichs« besitzen – oder Module, wie Kenrick sie manchmal nennt –, und sie glauben, dass in diesem Fall der Film, den Sie sehen, bestimmt, welches Unter-Ich oder Modul Ihre Reaktion auf die Anzeige kontrolliert. Der romantische Film gibt Ihrem »Partnergewinnungsmodul« die Zügel in die Hand. Der furchterregende Film übergibt Ihrem »Selbstschutzmodul« die Führung.

Ich kann mir vorstellen, dass diese Sichtweise dem Buddha gefallen würde. Die alternative Weise zur Beschreibung der Situation – zu sagen, dass »ich« mich in verschiedenen »Stimmungen« unterschiedlich verhalte – ist einfach eine Weise, der Frage auszuweichen, die er gestellt zu haben scheint: Wenn Sie von einem Moment auf den anderen unterschiedliche Vorlieben haben, in welchem Sinne ist das dann von Moment zu Moment dasselbe »Ich«? Ist dieses Bild von Ihnen, bei dem eine Stimmung auf die andere folgt, nur eine Weise, die Tatsache zu verdecken, dass Ihr heutiges Ich und Ihr Ich von morgen nicht wirklich dasselbe Ich sind?

Wir könnten darüber den ganzen Tag lang debattieren. Aber es lohnt sich, zur Kenntnis zu nehmen, dass im Lauf der vergangenen zwei Jahrzehnte eine recht große Zahl von Psychologen zur gleichen Anschauung gelangt ist wie Kenrick und Griskevicius – oder Kurzban und Gazzaniga aus dem letzten Kapitel –, dass nämlich die Dynamik des Geistes sich sehr gut durch ein modulares Modell beschreiben lässt. Würde man, von dieser Anschauung ausgehend, einen Roboter bauen, dessen Gehirn wie das menschliche arbeitet, und die Computerwissenschaftler dann auffordern, sein Funktionieren zu beschreiben, dann würden sie sagen, dass sein Gehirn aus vielen sich teilweise überlappenden Modulen besteht – und aus Modulen innerhalb von Modulen – und dass die Umgebung des Roboters bestimmt, welche Module für den Augenblick die Zügel in der Hand haben. Diesen Computerwissenschaftlern würde es schwerfallen, auf einen Teil der Programmierung des Roboters zu verweisen und zu sagen: »Dieser Teil ist der Roboter selbst.«

Das »Ding«, das einem Selbst oder Ich am ehesten nahekommen würde, wäre ein Algorithmus, der bestimmt, welche Umstände welchen Modulen die Kontrolle überträgt. Und dieser Algorithmus kann nicht das sein, was wir mit dem »bewussten Ich« in einem Menschenwesen meinen – dem Geschäftsführer selbst –, weil Menschen sich nicht bewusst dafür entscheiden, sich in einen romantischen oder angsterregenden Modus zu begeben. Würde ein Psychologe seinen Versuchspersonen sagen, dass sie auf einen Film reagieren, indem sie ihre Reaktion auf Werbeslogans verändern, oder dass sie auf die Fotos von Frauen reagieren, indem sie das Maß ihrer Zeitdiskontierung verändern, dann wären sie wahrscheinlich ziemlich überrascht.

Wenn also das bewusste Ich nicht die Instanz ist, die das Programm ändert und einem neuen Modul die Verantwortung überträgt, was ist es dann? Nun, die Aktivierung von Modulen ist eng mit Gefühlen verbunden. Der Film »Shining« macht Ihnen Angst, und diese Angst scheint wie gesagt eine Rolle bei der Aktivierung des Selbstschutzmoduls zu spielen, sodass Sie dazu neigen, Zuflucht in einer Menschenmenge zu suchen. »Before Sunrise« aktiviert romantische Gefühle, und diese Gefühle scheinen das Partnergewinnungsmodul anzusprechen, das zur Intimität neigt.

Diese Idee – dass Module von Gefühlen aktiviert werden – wirft ein neues Licht auf die Verbindung zwischen zwei fundamentalen Vorstellungen des Buddhismus: die Idee des Nichtanhaftens an Gefühlen und die Idee des Nicht-Ich. Wir haben bereits eine Art von Verbindung gesehen: Wenn Sie ein Gefühl loslassen, indem Sie es achtsam betrachten, dann lassen Sie etwas los, was Sie zuvor für einen Teil Ihres Ich gehalten haben. Sie meißeln ein Stück nach dem anderen von diesem Ich ab. Doch jetzt sehen wir, dass wir die Größenordnung dessen, was Sie tun, womöglich unterschätzen, wenn wir von einem Abmeißeln sprechen. Gefühle sind nicht einfach nur kleine Teile dessen, was Sie für das Ich gehalten haben. Sie sind dem Kern der Sache sehr viel näher: Sie tun das, was »Sie« zu tun geglaubt haben. Sie bestimmen, wo es langgeht. Es sind Gefühle, die »entscheiden«, welches Modul für den Moment am Zuge ist, und es sind Module, die dann entscheiden, was Sie tatsächlich während dieser Zeit tun. In diesem Licht wird es ein wenig klarer, warum die Lösung des Anhaftens an Gefühle Ihnen helfen könnte, einen Punkt zu erreichen, an dem es kein Ich zu geben scheint.

Eifersucht: der Tyrann des Geistes

Manchmal ist die Verbindung Gefühl/Modul so machtvoll, dass sie unübersehbar ist: Das Gefühl selbst ist überwältigend, und das Modul, das es aktiviert, ist schlichtweg transformierend. Betrachten Sie die sexuelle Eifersucht, wie sie von Leda Cosmides und John Tooby analysiert wurde.[59] Cosmides und Tooby, die mit zu denjenigen gehörten, die in den Achtziger- und Neunzigerjahren die Grundlagen für die evolutionäre Psychologie gelegt haben, waren frühe und einflussreiche Befürworter einer modularen Sicht des Geistes. Im Laufe der Entwicklung ihres Denkens griffen sie die Frage auf, wie mentale Module mit Emotionen verbunden sind. Sie kamen zu dem Schluss, dass das, was Emotionen tun – wozu Emotionen *da sind* –, darin besteht, jene modularen Funktionen zu aktivieren und zu koordinieren, die in darwinistischen Begriffen für den Moment angemessen sind. (Damit ist natürlich nicht gesagt, dass diese Funktionen in moralischer Hinsicht angemessen sind oder dass sie sogar dem Wohlbefinden der Person dienen, die sie steuern, sondern einfach, dass Sie unseren Vorfahren halfen, ihre Gene zu verbreiten.) Tooby und Cosmides verwendeten Eifersucht als ein Beispiel:

Die Emotion der sexuellen Eifersucht stellt einen organisierten Betriebsmodus dar, der speziell dazu entworfen ist, die Programme zum Einsatz zu bringen, die jeden psychologischen Mechanismus beherrschen, sodass jeder davon bereit ist, sich mit der aufgedeckten Untreue zu befassen. Physiologische Prozesse werden für solche Dinge wie Gewalt vorbereitet … Das Ziel, den Rivalen abzuschrecken, zu verletzen oder zu ermorden, taucht auf. Das Ziel, den Partner zu bestrafen, abzuschrecken oder zu verlassen, erscheint. Der Wunsch, sich selbst für alternative Partner konkurrenzfähig attraktiver zu machen, taucht auf. Das Gedächtnis wird aktiviert, um die Vergangenheit neu zu analysieren. Zuversichtliche Einschätzungen in der Vergangenheit werden in Zweifel transformiert. Die allgemeine Einschätzung der Verlässlichkeit und Vertrauenswürdigkeit des anderen Geschlechts (oder tatsächlich aller anderen Menschen) mag sich verschlechtern. Mit der Situation verbundene Schamprogramme mögen aktiviert werden, um nach Situationen zu suchen, in denen das Individuum öffentlich Akte der Gewalt oder Bestrafung demonstrieren kann, um gegen eine (vorgestellte oder reale) soziale Wahrnehmung von Schwäche anzugehen und so weiter.

Das ist eine Menge an Zündstoff! Es ist in der Tat so viel Zündstoff – so viel Wandel in der Einstellung, Ausrichtung und Gesinnung der Person –, dass man sagen könnte, ein völlig neues Ich sei zum Vorschein gekommen und habe die Kontrolle über den Geist übernommen. Im 17. Jahrhundert schrieb John Dryden ein Gedicht mit dem Titel »Eifersucht: Tyrann des Geistes« – und das ist in der Tat die Weise, auf die Eifersucht funktioniert. Sie wird, zumindest eine bestimmte Zeit lang, zum unbestrittenen Herrscher Ihres Geistes. Gewiss kann jedermann bestätigen, der einmal diese eifersüchtige Wut erfahren hat, dass, wer auch immer in diesem Moment die Zügel seines Verhaltens in der Hand gehalten hat, nicht sein gewöhnliches Ich war.

Das Gefühl der Eifersucht ist so machtvoll, dass man sich kaum vorstellen kann, wie man ihm widerstehen sollte. Aber Widerstand ist, genau genommen, ohnehin nicht die achtsame Weise, mit Eifersucht umzugehen. Diese bestünde eher darin, das Gefühl achtsam zu beobachten, wenn es aufzutauchen beginnt, und so erst gar nicht eifrig daran festzuhalten. Wenn Sie dem Anhaften nicht nachgeben – wenn Sie, wie der Buddha sagen würde, nicht zuließen, dass Ihr Bewusstsein sich in das Gefühl »verwickelt« –, dann würde das Eifersuchtsmodul vermutlich gar nicht erst aktiviert. Gefühle ohne Anhaften zu beobachten ist die Art und Weise, auf die Sie Module davon abhalten können, Kontrolle über Ihr Bewusstsein zu gewinnen. Das ist natürlich leichter gesagt als getan, ich weiß.

Sollte es Ihnen gelingen, Ihr Anhaften an Eifersucht zu durchtrennen, dann muss Sie das nicht unfähig machen, mit der Situation umzugehen. Sie können immer noch über die Tatsache der Untreue Ihres Partners nachdenken und sich entscheiden, ob dies bedeutet, dass Sie Ihre Beziehung beenden sollten. Aber solange Sie sich nicht der Eifersucht hingeben, werden Sie eher in der Lage sein festzustellen, ob *tatsächlich* Untreue vorliegt. Sie werden besser fähig sein, ein weises Vorgehen zu wählen, und es wird auf jeden Fall unwahrscheinlicher werden, dass Sie jemanden umbringen.

Um es noch einmal zu sagen: Eifersucht ist ein besonders dramatisches Beispiel für die Übernahme der Kontrolle des Geistes durch ein Modul. Wann immer Leute beginnen, mit Gegenständen zu werfen und herumzuschreien, ist das ein Hinweis darauf, dass das Gehirn unter einer neuen Geschäftsführung steht. Und selbst wenn Eifersucht nicht in ihrer wütenden Phase ist, hat sie doch eine unübersehbar zwanghafte Qualität, die Ihren Geist dazu nötigt, bestimmte Gedankengänge ständig zu wiederholen.

Doch selbst subtilere Emotionen mit weniger offensichtlichen Auswirkungen können genug Wandel mit sich bringen, um eine ganz neue Geistesverfassung herbeizuführen. Bedenken Sie noch einmal das Experiment, in dem das Betrachten eines romantischen Films Leute dazu brachte, Menschenmengen zu scheuen. Diese Reaktion ist von selbst wohl kaum transformierend, doch andererseits geschieht da nichts »von selbst«. Es geht hierbei um eine der verschiedenen Veränderungen, die hervorgerufen werden durch die Auslösung dessen, was Kenrick und Griskevicius das »Partnergewinnungs-Unter-Ich« (mate-acquisition subself) nennen.

Das bringt uns zurück zu der intertemporalen Nutzenfunktion und speziell der Tatsache, dass Männer, welche Frauen sehen, die sie für attraktiv halten, dazu neigen, die Zukunft steiler zu diskontieren, als sie es noch Momente zuvor getan haben. Was geht hier vor sich? Ist dies ein anderer Teil des hypothetischen Partnergewinnungsmoduls?

Margo Wilson und Martin Daly, die diese Studie zur Zeitdiskontierung durchführten (und die wie Tooby und Cosmides Pioniere der evolutionären Psychologie waren), wurden durch das Nachdenken über die Geschichte unserer Spezies zu diesem Experiment inspiriert. Es gibt gute Gründe für die Annahme, dass

Männer, die Zugang zu Ressourcen hatten (wie etwa Nahrung) und die einen hohen sozialen Status besaßen, im Laufe der Evolution eher in der Lage waren, Partnerinnen anzuziehen. Wenn es also tatsächlich ein Partnergewinnungsmodul gibt, dann sollte man erwarten, dass es den folgenden Algorithmus aufweist: Männer, die Anzeichen einer auf kurze Sicht möglichen Gelegenheit zur Liebeswerbung sehen, ergreifen eher die Gelegenheit, auf kurze Sicht Ressourcen zu gewinnen, selbst wenn dies bedeutet, dass ihnen auf lange Sicht Gelegenheiten entgehen. Sie wollen ihre Ressourcen – was in einer modernen Umgebung Bargeld bedeutet – jetzt.

Natürlich sahen die Männer in diesen Experimenten keine echten Gelegenheiten zur Paarung; sie sahen nur Fotos von Frauen. Doch in der Welt unserer Vorfahren gab es keine Fotos, und so hätte jedes realistische Bild einer Frau bedeutet, dass diese tatsächlich präsent war. Das ist der Grund, aus dem der Geist der Männer in diesem Experiment von bloßen Bildern »getäuscht« werden konnte, obwohl die Männer auf einer bewussten Ebene »wussten«, dass diese Frauen nicht verfügbar waren. Damit ist dieses Experiment unter anderem eine weitere Erinnerung daran, dass Module nicht nur ausgelöst werden können, ohne dass das bewusste Ich dies veranlasst, sondern auch ohne dass es die geringste Ahnung von der darwinistischen Logik hinter dieser Aktivierung hat.

Zeitdiskontierung ist nicht der einzige psychologische Zug, der sich im Partnergewinnungsmodus als fließender erweisen kann, als Sie es sich hätten vorstellen können. Man sollte denken, dass die Karriereziele eines Menschen, auch wenn sie sich im Lauf der Zeit zu einem *gewissen* Maße ändern mögen, nicht von Moment zu Moment fluktuieren können. Aber offensichtlich tun sie genau das. In einer Studie ließen Psychologen Männer Fragebögen über ihre Karrierepläne ausfüllen; einige bearbeiteten sie in einem Raum, in dem auch Frauen Formulare ausfüllten, und andere in einem Raum, in dem sie nur in Gesellschaft von Männern waren. Männer, die sich in der Gegenwart von Frauen befanden, waren mehr geneigt, die Ansammlung von Reichtum als ein wichtiges Ziel zu bezeichnen.[60]

Dies musste nicht unbedingt bedeuten, dass ihre Karrierewünsche sich tatsächlich verändert hatten. Vielleicht veränderte das Partnergewinnungsmodul ihre Langzeitpläne nicht, sondern aktivierte nur für kurze Zeit ein »Eigenwerbungsuntermodul«. Mit anderen Worten: Vielleicht macht die Gegenwart von Frauen den Geist eines heterosexuellen Mannes geneigt, diese zu beeindrucken, indem er sie von kühnen Plänen wissen lässt, was seinen künftigen Reichtum angeht, ganz gleich, wie realistisch diese Pläne sind oder wie lange diese Kühnheit anhalten wird. Doch wenn das so ist, so scheint das bewusste Ich der Männer nicht um diese strategische Logik zu wissen. Schließlich enthüllten die Männer ihre kühnen Pläne nur durch einen Fragebogen, den die Frauen ohnehin nicht zu lesen bekommen hätten.

Und damit kommen wir auf die Moral der Split-Brain-Experimente zurück: Menschen sind fähig, sich selbst von jeder Art von Geschichte über ihre eigene Motivation zu überzeugen, die anderen zu erzählen in ihrem Interesse liegt (oder in dem, was die natürliche Selektion als ihr »Interesse« definiert). Nur dass dieses keine Patienten mit gespaltenem Gehirn sind; dies sind anatomisch normale Menschenwesen, geführt von einem Geist, wie er natürlich funktioniert. Oder zumindest geleitet von dem Teil des Geistes, der in diesem Moment die Zügel in der Hand hält. Damit haben wir also drei Umstände, die sich bei Menschen verändern können, welche das Gefühl haben, eine Gelegenheit zur Paarung liege vor: Sie können etwas gegen Menschenmengen haben und plötzlich intime Umgebungen bevorzugen; ihre intertemporale Nutzenfunktion kann neu justiert werden; und ihre Karriereziele können, zumindest für den Augenblick, materialistischer werden.[61]

Diese drei Veränderungen sind keineswegs eine erschöpfende Aufzählung dessen, was mit dem Geist eines Menschen im Paarungsmodus geschehen kann. Aber Sie können bereits erkennen, warum es verlockend ist, zu denken, dass ein Modul – oder ein »Unter-Ich«, wie Kenrick und Griskevicius es nennen – die Kontrolle über den Geist übernimmt, wenn Menschen sich in der Gegenwart eines potenziellen Partners befinden, den sie attraktiv finden.

Vertrackte Module

Gleichzeitig sollten wir nicht außer Acht lassen, wie vertrackt der Geist ist, und uns nicht zu sehr in die modulare Metapher verlieben. Und Kenrick und Griskevicius hören sich manchmal ziemlich verliebt an. Sie unterteilen den Geist säuberlich in sieben »Unter-Ichs« mit den folgenden Aufgaben: Selbstschutz, Partnergewinnung, Partnererhaltung, Verbundenheit (sich Freunde machen und sie behalten), Verwandtenfürsorge, sozialer Status und Krankheitsvermeidung. Eine solche Systematik hat ihre Vorteile, und diese sieben Bereiche mentaler Funktionen wurden von der natürlichen Selektion bei der Konzipierung des Geistes zweifellos sehr stark betont. Aber Sie brauchen sich die Liste nicht lange anzusehen, bis Ihnen auffällt, dass es schwer ist, klare Grenzlinien zwischen den Modulen zu ziehen.

Wenn zum Beispiel Männer in der Karriereziele-Studie ihre Ziele aufpoliert haben, könnte man das als einen Versuch beschreiben, einen Partner anzuziehen. Aber es könnte ebenso dazu dienen, ihren Status in den Augen eines potenziellen Partners aufzuwerten. Darüber hinaus ist es etwas, was sie tun könnten, um ihren Status in den Augen von jemandem aufzuwerten, der *kein* potenzieller Partner ist. Sollten wir also davon ausgehen, dass das Partnergewinnungsmodul ein »Sozialer-Status«-Submodul hat? Oder sollten wir denken, dass das Partnergewinnungsmodul sich sozusagen eine Funktion ausleiht, die in dem getrennten »Sozialer-Status«-Modul angesiedelt ist, das Kenrick und Griskevicius postulieren? Diese Art von Problemen ist einer der Gründe, warum ich davor gewarnt habe, den Geist als ein Schweizer Armeemesser oder ein Smartphone zu verstehen.

Ein anderes Problem mit der Smartphone-Metapher besteht darin, dass das Hin-und-her-Wechseln zwischen den Modulen subtiler sein kann als das Wechseln von einer App zur anderen. Auch wenn der Begriff »Partnergewinnungsmodul« sich nach einer ziemlich selbstständigen Angelegenheit anhört, muss das Gefühl, von dem es aktiviert wird, bei Weitem nicht so dramatisch sein wie das Gefühl, das Eifersucht auslöst. Es mag da keinerlei Andeutung von Liebe oder Lust geben, vielleicht einfach nur eine Empfindung von verstärkter Anziehung und Interesse. Auch ist der sich daraus ergebende Geisteszustand typischerweise nicht so schrill wie der eifersüchtige Geisteszustand. Dennoch ist es ein deutlich erkennbarer Geisteszustand, und er wird von einem Gefühl hervorgerufen.

Wenn Sie angesichts der irreführenden Säuberlichkeit der modularen Metapher statt »Modul, das die Kontrolle übernommen hat« den Ausdruck, den ich gerade verwendet habe – »Geisteszustand« –, bevorzugen, ist das ganz in Ordnung. In beiden Fällen sind zwei Lektionen, die Sie aus der Diskussion mit nach Hause nehmen können, gültig:

1. Dies ist kein Geisteszustand, für den sich das bewusste »Ich« *entscheidet*. Es ist vielmehr ein Zustand, der von einem Gefühl ausgelöst wird, und das bewusste »Ich« mag zwar im Prinzip Zugang zu dem Gefühl haben, aber es kann sein, dass es dieses nicht bemerkt oder nicht mitbekommt, dass es in einen neuen Zustand eingetreten ist. (So viel zu der Idee von Ihnen als einem bewussten Geschäftsführer.)
2. Sie können sehen, warum der Buddha betont hat, wie flüssig, wie vergänglich die einzelnen Teile des Geistes sind, und wa-

rum er diesen ständigen Fluss als relevant für das Nicht-Ich-Argument betrachtet hat. Wenn man das Ich für irgendeine unveränderliche Essenz hält, ist es ziemlich schwierig, sich vorzustellen, wo genau dieses Ich im Lauf der ständigen Übergänge von einem Geisteszustand zu einem anderen angesiedelt sein soll.

Wenn es da tatsächlich etwas gibt, was sich als eine Konstante in dem andauernden Fluss qualifiziert, etwas, was *tatsächlich* fortdauert, im Wesentlichen unverändert im Lauf der Zeit, dann ist dieses etwas eine Illusion: die Illusion, dass es einen Geschäftsführer gibt, einen König, und dass »ich« – das bewusste Ich – dieser bin. Wir haben im vorangegangenen Kapitel gesehen, dass diese Illusion aus der Sicht der Evolution durchaus sinnvoll ist. Das bewusste Ich ist das Ich, das spricht, das Ich, das mit der Welt kommuniziert, sodass es Zugang zu Perspektiven erlangt, deren Zweck darin besteht, mit der Welt geteilt zu werden. Zu diesen Sichtweisen gehört die Empfindung, dass es ein handelndes Ich gibt und dass dies zudem ein verdammt effektives handelndes Ich ist. In diesem Kapitel haben wir gesehen, wie der bewusste Geist nicht nur eine andauernde Illusion beheimatet, sondern auch Zugang zu anderen, flüchtigeren Illusionen erhält – zum Beispiel Karrierezielen –, und zwar in Abhängigkeit davon, welches Gefühl welchem Modul die Kontrolle übergibt und welche Sichtweise dieses Modul mit der Welt teilen möchte.

Es mag so aussehen, als lohne es sich nicht, sich über solche Illusionen sonderlich zu streiten. Was ist falsch daran, wenn Männer und Frauen in Selbsttäuschung schwelgen, wenn sie versuchen, einander zu beeindrucken? Vermutlich gar nichts. Einige Illusionen sind harmlos, und einige sind sogar förderlich. Es geht mir keineswegs darum, Ihnen all Ihre Fantasien zu vermiesen. Im Großen und Ganzen ist meine Philosophie »Leben und leben lassen«. Wenn Sie Spaß haben an der »Matrix«, dann spielen Sie ruhig verrückt.

Außer vielleicht, wenn Ihre Illusionen anderen Menschen in Ihrem Leben schaden und zu den größeren Problemen in der Welt beitragen. Und das kann passieren. So bewirkt der Selbstschutzmodus zum Beispiel mehr, als eine Menschenmenge attraktiv für uns zu machen. In einer Studie beurteilten Männer, die einen Teil des schreckenerregenden Films »Das Schweigen der Lämmer« gesehen hatten und denen man dann Fotos von Männern aus unterschiedlichen ethnischen Gruppen zeigte, deren Gesichtsausdruck als sehr viel wütender, als dies Männer taten, die keinen furchterregenden Film gesehen hatten.[62]

Natürlich können Sie sich vorstellen, dass diese Art von Illusion, diese Übertreibung einer Bedrohung, ganz nützlich sein mag. Wenn Sie durch ein Ihnen unbekanntes Stadtviertel gehen, dann kann es sich durchaus auszahlen, wenn Sie es aus übertriebener Vorsicht schnell wieder verlassen. Andererseits kann diese Tendenz, die Feindseligkeit bestimmter Fremder überzubewerten, es Ihnen versagen, eine konstruktiv freundliche Interaktion mit einem Menschen einer anderen ethnischen Herkunft zu haben. Zudem sind die Risiken dieser Neigung manchmal wesentlich größer als das Schicksal einer Person, die durch ein ihr unbekanntes Stadtviertel geht. Politiker aktivieren dieselbe mentale Neigung nämlich manchmal mit dem Ziel, uns Bedrohungen auf eine Art und Weise »überschätzen« zu lassen, die zu ethnischer Gegnerschaft und sogar Krieg führen kann.

Und was das Partnergewinnungsmodul angeht, so ermutigt es uns nicht nur, Menschenmengen zu meiden und ein intimes Bistro aufzusuchen; es strukturiert auch das Gespräch, das in jenem Bistro stattfindet. Es mag uns zum Beispiel dazu bringen, wenig schmeichelhafte Dinge über scheinbare Rivalen zu sagen, um die Zuneigung der Person auf der anderen Seite des Tisches zu gewinnen. Und diese Abwertung von Rivalen ist der Wahrheit nicht näher als die Aufblähung des Ich, die in einem solchen Gespräch eine große Rolle spielen mag. Aber die Abwertung kommt von Herzen; wir neigen dazu, an das schlechte Licht zu glauben, in das wir Rivalen rücken, und meinen, es sei besser, es zu verbreiten.[63]

Der Buddha scheint diese Dynamik klar erkannt zu haben. In einer ihm zugeschriebenen Schrift heißt es:

> Der Sinne Anhaltspunkte und Funktionen
> Lösen solche Geringschätzung für andere
> Und solche Selbstherrlichkeit aus –
> Die Überzeugung, er sei im Recht,
> Dass all seine Rivalen einzuschätzen sind
> Als »arme hirnverbrannte Narren«.[64]

Was können wir also gegen all das tun? Wenn unser Geist ständig von unterschiedlichen Modulen eingefangen wird und jedes Modul eine andere Illusion mit sich bringt, wie verändern wir dann die Situation? Die Antwort ist nicht einfach, aber was bereits klar sein sollte, ist, dass mehr Kontrolle über die Situation zu erlangen etwas mit Gefühlen zu tun haben könnte. Eine Verbindung zwischen Gefühlen und Verblendung wurde bereits im dritten Kapitel angedeutet, wo ich schrieb, dass einige Gefühle in dem einen oder anderen Sinne »falsch« sind und dass es deshalb die Dinge klären kann, wenn wir etwas kritische Distanz zu ihnen gewinnen. Aber die Argumente, die dagegensprechen, uns von unseren Gefühlen gefangen nehmen zu lassen, werden nur noch stichhaltiger, wenn Sie erkennen, dass sich deren Verbindung zur Verblendung noch auf eine zweite Weise beschreiben lässt. Gefühle bringen nicht nur spezifische flüchtige Illusionen mit sich; sie können uns in eine ganze Geisteshaltung versetzen und damit für einige Zeit den Horizont unserer Wahrnehmungen und Vorlieben verändern – zum Guten und zum Schlechten hin.

Das buddhistische Denken und die moderne Psychologie sind sich in diesem Punkt einig: Im menschlichen Leben, wie es gewöhnlich geführt wird, gibt es kein Ich, keinen bewussten Geschäftsführer, der sagt, wo es langgeht. Es scheint vielmehr eine Reihe von Ichs zu geben, die abwechselnd die Zügel in der Hand halten – und die in einem gewissen Sinne die Kontrolle über unser Verhalten ausüben. Wenn sie sich dabei der Gefühle bedienen, dann kann man vernünftigerweise annehmen, man sollte zum Beispiel die Rolle verändern, die Gefühle in unserem Alltagsleben spielen. Ich kenne keine bessere Weise, das zu tun, als die Achtsamkeitsmeditation zu praktizieren.

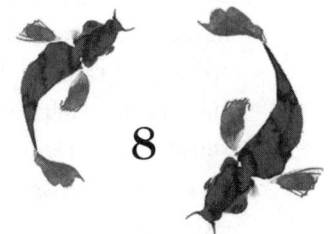

8

Wie Gedanken sich selbst denken

Kennen Sie das alte Sprichwort über Zen-, tibetische und Vipassana-Meditation? Nicht? Nun ja, es ist ein Sprichwort, das den Unterschied zwischen diesen drei kontemplativen Traditionen des Buddhismus formulieren soll – Vipassana mit seiner Betonung der Achtsamkeit, tibetische Meditation, die den Geist oft auf Visualisierungen hinlenkt, und Zen, zu dem manchmal die Meditation über »Koan« genannte kryptische Aussagen gehört. Hier ist das Sprichwort: »Zen ist für Dichter, tibetischer Buddhismus für Künstler und Vipassana für Psychologen.«

Wie die meisten Stereotype stellt auch dieses einen übertriebenen Kontrast dar, aber der Spruch enthält eine gültige Aussage: Die Achtsamkeitsmeditation, die wichtigste Methode des Vipassana, ist eine gute Methode zum Studium des menschlichen Geistes. Zumindest ist sie eine gute Methode zum Studium *eines bestimmten* menschlichen Geistes: des Ihren. Sie setzen sich hin, lassen den mentalen Staub sich legen und beobachten dann, wie Ihr Geist arbeitet.

Genau genommen ist dies natürlich nicht das, was Psychologen tun. Psychologie ist eine Wissenschaft, und Wissenschaften bringen per definitionem verifizierbare Daten hervor, experimentelle Resultate, die für jeden, der die entsprechenden Experimente durchführt, beobachtbar sind. Im Gegensatz dazu ist das, was Sie sehen, wenn Sie Ihren Geist beobachten, für niemand anderen als für Sie selbst sichtbar. Es sind keine Daten im strengen Sinne. Indem Sie meditieren, sind Sie also kein experimenteller Psychologe. Wenn Sie aus einem meditativen Zustand hervortreten und behaupten, das Ich existiere nicht, dann ist das kein wissenschaftlicher Beweis dafür, dass das Ich nicht existiert.

Nein, wenn es überhaupt eine Beziehung zwischen Wissenschaft und Meditation gibt, dann funktioniert sie andersherum. Es ist nicht so, dass meditative Beobachtungen Ihres Geistes wissenschaftliche Theorien bestätigen, sondern eher so, dass solche Theorien helfen können, meditative Beobachtungen Ihres Geistes zu bestätigen. Wenn Sie während der Meditation Dinge sehen, die mit glaubhaften wissenschaftlichen Modellen der Funktion des Geistes übereinstimmen, dann gibt Ihnen das ein wenig mehr Grund zu glauben, dass Meditation Ihnen in der Tat hilft, die Dynamik Ihres Geistes klar zu sehen.

Nehmen wir zum Beispiel das modulare Modell des Geistes. Wissenschaftlich spricht einiges dafür, es ernst zu nehmen. Wenn dieses modulare Modell also wirklich ein zutreffendes Bild des Geistes liefert, und wenn Vipassana-Meditation, die Einsichtsmeditation, uns in der Tat Einsicht in das Funktionieren des Geistes ermöglicht, dann sollten wir erwarten, dass diese Art der Meditation uns Eindrücke vom Funktionieren eines modularen Geistes vermittelt.

Ich glaube, genau das geschieht. Ich denke, dass einige der Erfahrungen, die wir während der Achtsamkeitsmeditation machen, im Licht eines modularen Modells des Geistes sehr sinnvoll erscheinen. Ich meine damit nicht nur besonders großartige Erfahrungen – Epiphanien, die Sie vielleicht nach Monaten der Zurückgezogenheit und Meditation erfahren können, wie etwa die plötzliche Erkenntnis, dass es »hier drinnen« kein Ich gibt. Ich meine auch Erfahrungsschritte auf dem meditativen Pfad, die vielleicht letztlich zu solchen Erscheinungen führen mögen, die aber sehr viel gewöhnlicher sind.

Einer dieser Schritte ist die von den wohl meisten Meditierenden geteilte Erfahrung, dass es wirklich schwierig ist, zu meditieren, weil ihr Geist sich weigert, an einem Ort zu verweilen. Wie ich bereits angesprochen habe, bedeutet die Einsicht, dass Ihr Geist wandert, einen Teil dessen zu sehen, was der Buddha meinte, als er die konventionellen Vorstellungen von einem Ich infrage stellte. Wenn es ein Geschäftsführer-Ich gäbe, dann würde der Geist vermutlich seinen Befehlen gehorchen und sich auf den Atem sammeln, wenn ihm gesagt wird, er solle das tun. Jetzt sind wir in einer Position weiterzugehen. Und wir sehen, dass die Beobachtung Ihres Geistes in diesem ungehorsamen Stadium – in dem Sie versuchen, ihn zu beobachten, während das Ruhezustandsnetzwerk weiter Amok läuft – mehr zu leisten vermag, als nahezulegen, dass das bewusste »Ich« nicht das Sagen hat. Sie kann Licht auf das werfen, was *tatsächlich* das Sagen hat, indem sie uns ein Bild des Geistes liefert, das eine erstaunliche Übereinstimmung mit dem modularen Modell aufweist.

Um zu sehen, was ich meine, folgen Sie einfach diesen vier leichten Schritten: (1) Setzen Sie sich auf ein Kissen. (2) Versuchen Sie, sich auf Ihren Atem zu sammeln. (3) Scheitern Sie bei dem Versuch, sich für längere Zeit auf Ihren Atem zu sammeln (dieser Schritt ist der leichteste). (4) Nehmen Sie zur Kenntnis, welche *Art* von Gedanken zu diesem Versagen führen.

Diese Gedanken können sich in Abhängigkeit von Ihrem Alter und anderen Faktoren stark unterscheiden, aber einige gute Beispiele für ein übliches Abschweifen des Geistes wären die folgenden:

1. Sie stellen sich vor, wie es wäre, ein Date mit der schönen Frau oder dem attraktiven Mann zu haben, die oder den Sie an Ihrem Arbeitsplatz getroffen haben – wobei Sie sich viel-

leicht vorstellen, welche Bonmots oder Komplimente Sie äußern und auf welche Weise Sie ihn oder sie beeindrucken würden.

2. Sie denken über die Begegnung nach, die Sie gestern mit ihm oder ihr gehabt haben, und fragen sich, ob seine oder ihre Worte das bedeutet haben, was Sie sich erhoffen.

3. Sie denken über eine Begegnung nach, bei der ein Rivale Sie auf subtile Weise verächtlich gemacht hat.

4. Sie schwelgen für eine kurze Zeit in einer Rachefantasie, in der der besagte Rivale eine öffentliche Blamage erleidet, die den Leuten klarmacht, wie niederträchtig und nichtswürdig er ist.

5. Sie stellen sich vor, wie schön es sein wird, wenn Sie nach Hause kommen und ein Bier trinken können, das Sie nach einem harten Tag des Fantasierens über die Niederlage Ihrer Rivalen nun wirklich verdient haben.

6. Sie schwelgen in Erinnerungen an den Annäherungsschlag, den Sie gestern am achtzehnten Loch geschlagen haben, und sehen noch einmal vor sich, wie beeindruckt Ihre Golfpartner zu Recht waren – ganz zu schweigen von der beiläufigen witzigen Bemerkung, die Sie danach gemacht haben, und dem Gelächter, das diese hervorrief.

7. Sie machen sich Sorgen über die PowerPoint-Präsentation, die Sie morgen zu geben haben.

8. Sie machen sich Sorgen über Ihre Tochter im Kindergarten oder fühlen sich schuldig, weil Sie Ihre alte Mutter gestern nicht angerufen haben.

9. Sie sind verärgert darüber, dass Ihr sogenannter Freund Ihnen nicht einen Gefallen von der Art tun konnte, die Sie ihm ständig erweisen.

10. Sie freuen sich auf ein bevorstehendes Abendessen mit einem anderen Freund, bei dem Sie Ihrem Ärger über den ersten »Freund« Luft machen können. Und so weiter.

Es gibt wie gesagt drei wiederkehrende Themen in diesen Gedankengängen. Zuerst einmal geht es bei ihnen um die Vergangenheit und die Zukunft, nicht die Gegenwart. Das Einzige, was Sie nicht tun, während Sie diesen Gedanken nachhängen, ist, auf das zu achten, was tatsächlich in diesem Moment in der realen Welt vor sich geht. Zweitens drehen sich alle diese Gedanken um Sie selbst. Wir denken automatisch hauptsächlich über Themen nach, die sich auf unsere Person beziehen. Das ist keine Überraschung, wenn man bedenkt, dass die natürliche Selektion das Gehirn dazu konzipiert hat, sich auf unsere eigenen Interessen zu konzentrieren (zumindest unsere »Interessen«, wie die natürliche Selektion sie definiert). Drittens beziehen die meisten dieser Gedanken andere Menschen mit ein. Auch dies ist keine Überraschung angesichts der Tatsache, dass Menschen soziale Wesen sind. In der Tat stellt sich heraus, dass es eine ziemlich starke Überlappung zwischen dem Ruhezustandsnetzwerk und dem gibt, was Gehirnscans als das »Theory-of-Mind«-Netzwerk identifiziert haben – den Teil des Gehirns, der an dem Nachdenken über das beteiligt ist, was andere Menschen denken.[65]

Es gibt hier auch noch ein viertes Thema, das fast alle diese mentalen Abschweifungen gemeinsam haben. Können Sie es ausmachen?

Ein Hinweis: Wovon handelten die vorangegangenen zwei Kapitel dieses Buches? Genau, von Modulen! Auch wenn die Gedankengänge, die Sie von der unmittelbaren Erfahrung abschweifen lassen, Sie an alle möglichen Orte führen können, scheinen doch ziemlich viele dieser Orte innerhalb des Bereichs einer der Arten mentaler Module zu liegen, die ich bereits beschrieben habe. Das sind Module, die aus Sicht der Evolution durchaus sinnvoll sind: solche, die mit der Anziehung von Partnern zu tun haben, damit, diese zu behalten, Ihren eigenen Status zu vergrößern (was auch bedeuten kann, Rivalen herunterzumachen), sich um Ihre Verwandtschaft zu kümmern, Ihre

Freundschaften zu pflegen (wozu auch gehört sicherzugehen, dass diese auf Gegenseitigkeit beruhen und dass Sie nicht ausgenutzt werden), und so weiter.

Eine hervorstechende Ausnahme – der einzige Gedanke in der oben stehenden Liste, der nicht in eines der Hauptmodule zu passen scheint – ist die Nummer 5: sich auf ein Bier zu freuen, das Sie sich wirklich verdient haben. Vermutlich hat die Evolution kein »Biertrinkenmodul« in uns eingebaut. Aber genauso wie andere Freizeitdrogen ist das Bier eine Erfindung, die die Logik der Evolution umgeht: Sie spricht direkt das Belohnungszentrum an, das normalerweise sehr viel schwieriger dadurch zu aktivieren wäre, dass man Dinge tut, die unseren Vorfahren geholfen haben, ihre Gene zu verbreiten.

Wenn Ihr Geist also wandert, dann mag sich das so anfühlen, nun ja, als würde Ihr Geist wandern – es ist, als schlenderte er durch die Landschaft von Modulen und probierte sie aus, wobei er sich für eine Weile in einem der Module ergeht und dann schließlich zu einem anderen überwechselt. Aber eine alternative Weise, dies zu beschreiben, wäre zu sagen, dass die unterschiedlichen Module tatsächlich im Wettstreit um Ihre Aufmerksamkeit stehen. Und wenn der Geist von einem Modul zum anderen »wandert«, dann ist das, was tatsächlich geschieht, dass das zweite Modul genügend Kraft gesammelt hat, um dem ersten Modul die Kontrolle über Ihr Bewusstsein zu entreißen.

Es liegt mir fern, darauf zu bestehen, dass Sie die eine oder andere dieser Weisen akzeptieren, den wandernden Geist zu betrachten. Für den Moment möchte ich nur zweierlei betonen:

1. Psychologen, die Anhänger des modularen Modells des Geistes sind, neigen zu der zweiten Anschauung – der Idee, dass Ihr bewusstes Ich weniger die Module aussucht, als dass es von den Modulen eingenommen wird, die die Oberhand über konkurrierende Module gewonnen haben und damit,

wie Gazzaniga es formuliert hat, »den Preis der bewussten Wahrnehmung gewonnen haben«.

2. Auch wenn Sie zu einer Vipassana-Meditationsklausur gehen und langsam und mit Rückschlägen besser darin werden, sich auf Ihre Atmung zu sammeln, dann werden Sie wahrscheinlich eher der zweiten Hypothese zuneigen: Es wird Ihnen immer wahrscheinlicher erscheinen, dass Ihr Geist nicht so sehr innerhalb seines eigenen Terrains umherwandert, sondern dass er von Eindringlingen als Geisel genommen wird.

Und schließlich wird dies nicht mehr so sehr wie Geiselnahmen, sondern eher wie versuchte Geiselnahmen aussehen. Gedanken werden auftauchen, aber sie werden Ihre Aufmerksamkeit nicht mehr so lange fesseln können wie zuvor, ehe Sie zu Ihrer Atmung zurückkehren. Es gelingt den Gedanken nicht, Sie davonzutragen. Der Zug wird in den Bahnhof einfahren, und Sie werden beobachten, wie er wieder abfährt, ohne dass Sie eingestiegen sind.

Ehrlich gesagt, hätte ich den letzten Satz nicht mit einer solchen Autorität schreiben dürfen – so, als würde ich oft mit totaler Losgelöstheit beobachten, wie ganze Gedankenzüge in den Bahnhof ein- und wieder abfahren. Meine typische Erfahrung ist eher so, dass ich in den Zug einsteige und dann, während er aus dem Bahnhof ausfährt und an Geschwindigkeit gewinnt, bemerke, dass ich nicht mitfahren will, und deshalb abspringe.

Dies war für mich schon oft recht frustrierend. Einerseits bin ich recht gut darin geworden, meine *Gefühle* mit einiger Objektivität anzuschauen – tatsächlich zu sehen, wie sie auftauchen, so als beobachtete ich eine Figur, die die Bühne betritt. (Zumindest bin ich ziemlich gut darin, während ich meditiere; im Alltagsleben sind meine Ergebnisse eher gemischt.) Aber ich finde es schwieriger, meine *Gedanken* mit ebensolcher Distanz zu betrachten. Um mein Problem anders zu formulieren: Erinnern Sie sich daran, wie Michael Gazzaniga gesagt hat, der Gedanke, dessen Sie sich in jedem gegebenen Moment bewusst sind, sei der Gedanke, der wie eine Luftblase an die Oberfläche aufsteigt? Nun, ich habe Schwierigkeiten damit, das Aufsteigen der Luftblase zu sehen. Wenn Sie also eine lebhafte Beschreibung davon haben wollen, sollten Sie hören, was jemand anders dazu zu sagen hat. Zum Beispiel Joseph Goldstein.

Im Jahr 1975 gründete Goldstein zusammen mit Sharon Salzberg und Jack Kornfield die Insight Meditation Society, wo ich 2003 an meiner ersten Meditationsklausur teilgenommen habe. Alle drei sind als junge Erwachsene nach Asien gereist und dort den Vipassana-Lehren begegnet. Und alle drei sind zu wichtigen Personen im westlichen Buddhismus geworden und haben sehr produktiv gelehrt und geschrieben. Goldsteins Buch *The Experience of Insight*[66] macht ihn zu einem guten Gesprächspartner über, nun ja, die Erfahrung von Einsicht. Einmal habe ich ihn gedrängt zu beschreiben, wie es ist, die eigenen Gedanken mit Distanz aufsteigen zu sehen (oder, wie er es lieber formuliert, mit Nichtanhaften).

Wie es ist, die eigenen Gedanken zu beobachten

Eine Weise, diese Idee zu begreifen, so sagt Goldstein, ist, »sich vorzustellen, dass jeder Gedanke, der in Ihrem Geist auftaucht, von der Person neben Ihnen kommt«. Wie würden Sie dann mit diesem Gedanken umgehen? Damit wollte er darauf hinaus, dass Sie sich nicht mit ihm identifizieren würden. »Der Gedanke selbst erscheint und verschwindet wie ein Geräusch, aber sich damit zu identifizieren ist etwas, was wir selbst hinzufügen.«

Ich fragte: »Dann kann man also in der Meditation das Gefühl haben, dass Gedanken einfach aus dem Nichts auftauchen, sozusagen fast wie Stimmen?«

»Genau«, antwortete er.

Ich freue mich immer, wenn ich vernünftigen Menschen helfen kann, sich nicht anzuhören, als seien sie verrückt; also fügte ich hinzu: »Obwohl es nicht so ist, als würdest du im wörtlichen Sinne Stimmen hören?«

»Ja, genau.«

Mir gefiel die Richtung, die dieses Gespräch nahm. Er schien zu sagen, dass Gedanken, von denen wir normalerweise annehmen, sie gingen vom bewussten Ich aus, tatsächlich an das gerichtet sind, was wir für das bewusste Ich halten. Danach greifen wir die Gedanken auf, als gehörten sie zu diesem Ich. Dies schien mir wiederum mit der Idee übereinzustimmen, dass Module außerhalb des Bewusstseins Gedanken erzeugen und sie irgendwie in das Bewusstsein einschleusen. Also bohrte ich weiter nach.

»Lass mich mal sehen, ob ich das recht verstehe. Während der Meditation kannst du beginnen, zu sehen, dass – obwohl du vielleicht dein ganzes Leben lang geglaubt hast, dass du Gedanken denkst, also dass das Ding, das du für ein ›Ich‹ hältst, Gedanken denkt – es eher so ist, dass die Gedanken versuchen, dich einzufangen, das Ding, das du für ein ›Ich‹ hältst.«

»Richtig.«

»Sie kommen von irgendwo in deinem Körper, irgendwo in deinem Gehirn.«

»Ja.«

So weit, so gut. Doch dann trieb ich diesen Gedankengang für Goldsteins Geschmack zu weit. Ich sagte: »Aber welchen Teil des Gehirns oder des Körpers auch immer du für dein Ich hältst, er ist eher so etwas wie ein Gefangener der Gedanken; die Gedanken versuchen, danach zu greifen und ihn festzuhalten ...«

»Das ist eine interessante Weise, es zu beschreiben, und es fühlt sich gewiss so an. Aber ich würde es etwas anders formulieren. Es ist einfach so, dass die Gedanken auftauchen und es eine ziemlich starke Gewohnheit des Geistes gibt, sich mit ihnen zu identifizieren. Es ist also nicht so sehr so, dass Gedanken die *Absicht* haben, nach uns zu greifen und uns festzuhalten, sondern es gibt einfach diese sehr starke gewohnheitsmäßige Identifikation. Auf diese Weise leben wir unser Leben, und es braucht Übung, um zu versuchen, diese Konditionierung zu durchbrechen, den Gedanken achtsam zu betrachten, statt sich in ihn zu verlieren.«

Dieser letzte Punkt, die Auffassung, dass die Identifizierung mit unseren Gedanken eine Gewohnheit ist, die durch »Konditionierung« entstanden ist, würde ich infrage stellen. Ich meine, dass einige unserer besonders typischen Illusionen – vielleicht einschließlich der Idee, dass »wir« unsere Gedanken erzeugen – durch die natürliche Selektion ziemlich tief in uns eingebaut sind. Auch wenn sie durch Lebenserfahrungen beeinflusst werden, sind sie doch genau genommen eher so etwas wie Instinkte als schlechte Gewohnheiten, was erklärt, warum es so schwer ist, sie auszurotten.

Aber ich schweife ab. Die Essenz der Beurteilung von Goldstein akzeptiere ich. Ich hatte nicht gemeint, dass Gedanken im wörtlichen Sinne versuchen, unsere Aufmerksamkeit einzufangen.

Tatsächlich hat das modulare Modell des Geistes mich dazu geführt, den Gedanken mehr Handlungsfreiheit zuzuschreiben, als es manche Meditationslehrer tun. Auch wenn diese Lehrer dazu neigen, zu sagen, dass »Gedanken sich selbst denken«, würde ich behaupten, dass Module Gedanken denken. Oder es ist vielmehr so, dass Module Gedanken erzeugen. Und wenn diese Gedanken sich dann in einem bestimmten Sinn als stärker erweisen als die von konkurrierenden Modulen erzeugten, dann werden sie zu *gedachten* Gedanken – das heißt, sie treten ins Bewusstsein. Dennoch kann man verstehen, warum es, während wir den Geist im Laufe der Meditation beobachten, so aussehen kann, als würden »Gedanken sich selbst denken« – weil die Module ihre Arbeit außerhalb des Bewusstseins verrichtet haben und sie deshalb, soweit der bewusste Geist es verstehen kann, aus dem Nichts hervorzutreten scheinen.

Jedenfalls ist es so, dass das zentrale Argument dieser Meditationslehrer dasselbe ist wie das Fazit des Modells des modularen Geistes: Das bewusste Ich erzeugt die Gedanken nicht, es *empfängt* sie. Und dieses Empfangen, so scheint es, ist der Teil des Prozesses, den Goldstein mit sehr viel mehr Objektivität und Klarheit beobachtet hatte, als ich sie aufbringen konnte – der Teil, wo die Gedanken in unsere bewusste Wahrnehmung eintreten, der Teil, wo sie »ins Bewusstsein aufsteigen«.

Nachdem ich Goldstein zu verstehen gegeben hatte, dass ich nicht meinte, Gedanken hätten tatsächlich den Wunsch, unsere Aufmerksamkeit einzufangen, fragte ich, ob Gedanken nichtsdestoweniger manchmal aktive und nicht passive Dinge zu sein scheinen. »Mit anderen Worten«, sagte ich, »sie sind Handelnde in deinem Bewusstsein, mit denen wir umgehen müssen, und wir sind es gewohnt, ihnen zu folgen, aber das muss nicht so sein.«

»Richtig. Und sie werden sehr viel weniger aktiv, wenn wir sie als das sehen, was sie sind, wenn wir uns nicht in ihr Drama hineinziehen lassen. Es ist etwa so, als gingen wir ins Kino. Wir sehen einen Film, und der hat eine sehr überzeugende Story; also werden wir in die Story hineingezogen und fühlen sehr viele Emotionen … Aufregung, Ängstlichkeit, Verliebtheit … Und dann lehnen wir uns zurück und sehen all dies als bloße Pixel von Licht, die auf eine Leinwand projiziert werden. Alles, von dem wir dachten, es geschehe, geschieht nicht wirklich. Mit unseren Gedanken ist es genauso. Wir verwickeln uns in die Geschichte, in das Drama der Gedanken, und vergessen ihre im Wesentlichen substanzlose Natur.«

Wenn Sie diesem Drama entkommen – wenn Sie sehen, dass Ihre Gedanken vor Ihnen vorüberziehen, statt von Ihnen auszugehen –, dann bringt Sie das näher an die Nicht-Ich-Erfahrung heran, an den Moment, in dem Sie »sehen«, dass es kein »Sie« da drinnen gibt, welches das Denken oder irgendetwas anderes ausführt, an den Moment, in dem etwas enthüllt wird, das wie eine metaphysische Wahrheit erscheint. Doch wie wir im fünften Kapitel gesehen haben, sagen manche Leute, dass die ursprüngliche Nicht-Ich-Lehre Buddhas am besten nicht als metaphysische Wahrheit, sondern als eine pragmatische Strategie anzusehen ist: Ganz gleich, ob ein Ich existiert oder nicht, indem Sie Teile von dem abwerfen, was Sie für Ihr Ich halten, klären Sie Ihre Anschauung der Welt und werden eine bessere und glücklichere Person. Und diese pragmatische Strategie des Nicht-Ich scheint von der Sichtweise, die Goldstein beschreibt, nicht weniger unterstützt zu werden als von der metaphysischen Entdeckung eines Nicht-Ich.

Wie er es beschrieben hat: »Wenn wir diese Basis der Weisheit hinsichtlich der Natur des Denkens besitzen, dann sind wir eher befähigt zu wählen, nicht wahr, welche Gedanken gesund sind ... und welche Gedanken nicht so gesund sind – jene, die wir ziehen lassen können.«

Bis hierher also sieht die Vipassana-Meditation im Licht des modularen Modells des Geistes ziemlich gut aus. Und sie sieht in zwei sehr unterschiedlichen Phasen des meditativen Pfades gut aus: beim ersten Mal auf dem Sitzkissen, wenn es Ihnen hoffnungslos erscheint, sich auf Ihren Atem zu sammeln, weil sich ständig irgendwelche Gedanken einmischen; und viel später auf dem Pfad, wenn Sie wie Goldstein die Fähigkeit erlangt haben, zu beobachten, dass Gedanken wie Luftblasen ins Bewusstsein aufsteigen, und dann reglos weiter dasitzen und sie sich auflösen lassen, ohne dass sie Ihren Geist entführen. Im ersten Fall – während Sie darum ringen, sich zu sammeln – sehen Sie, dass Sie von Gedanken eingefangen werden, und im zweiten Fall sehen Sie, dass die Gedanken es nicht schaffen, Sie einzufangen. Aber in beiden Fällen erkennen Sie, dass die Gedanken nicht von »Ihnen«, von Ihrem bewussten Ich kommen. So ließen sich beide Erfahrungen dadurch erklären, dass Gedanken tatsächlich von Modulen, die selbst jenseits der Reichweite der bewussten Wahrnehmung liegen, ins Bewusstsein eingeschleust werden. Mit anderen Worten: Wenn das modulare Modell zutreffend ist, dann ist die Sicht von Gedanken, die uns die Meditation ermöglicht, wahrer als die alltägliche, unreflektierte Anschauung, nach der Gedanken von einem Geschäftsführer-Ich ausgehen.

Und dies ist nicht das Ende der Bestätigung, die die Vipassana-Meditation durch das modulare Modell erhält. Genauso wie die achtsame Sicht von Gedanken im Licht dieses Modells sinnvoll ist, ist es auch die achtsame Sicht von Gefühlen. Wie wir gesehen haben, sind nach dem modularen Modell Gefühle die Dinge, die einem Modul zeitweilig die Kontrolle über die Show verleihen. Sie sehen jemanden, der Gefühle der Anziehung inspiriert, und plötzlich befinden Sie sich im Partnergewinnungsmodus, suchen Intimität, sind überaus taktvoll und beginnen vielleicht, sich in Szene zu setzen, wodurch Sie zu einer anderen Person werden. Sie sehen einen bitteren Rivalen, und die daraus entspringenden Gefühle bringen Sie dazu, etwas ganz anderes als Intimität zu suchen (auch wenn es, in Abhängigkeit von den Umständen, immer noch in Ordnung erscheint, sich in Szene zu setzen). Es leuchtet ein, dass diese *Gefühle* – der Anziehung und Zuneigung oder der rivalisierenden Abneigung – gar nicht erst beachtet worden wären, wenn die korrespondierenden Module nicht die Kontrolle übernommen hätten. So ist also eine der Ideen hinter der Achtsamkeitsmeditation – dass das Erlangen einer kritischen Distanz von Ihren Gefühlen Ihnen mehr Kontrolle darüber verleiht, welches »Ich« Sie in einem gegebenen Moment sind – im Licht des modularen Modells des Geistes vollkommen sinnvoll.

Was ist der Treibstoff der Gefühle?

Es gibt eine subtilere, feingliedrigere und, wie ich zugebe, spekulativere Verbindung zwischen der achtsamen Sicht von Gefühlen und dem modularen Modell des Geistes. Der erste Schritt zum Sehen besteht darin, wirklich sehr aufmerksam zu sein, während Sie meditieren. Ich bin versucht, den letzten Satz dahin gehend zu verändern, dass ich sage: »... während es Ihnen *nicht gelingt*, zu meditieren.« Denn der Teil der Meditation, von dem ich hier spreche, ist derjenige, bei dem Sie sich nicht auf Ihren Atem sammeln können, weil sich ständig Gedanken einmischen. Aber wenn Sie sehr aufmerksam dieses »Versagen« zu meditieren betrachten, dann ist das natürlich keine wirkliche Fehlleistung – weil das Aufmerksamsein auf alles, was geschieht, Achtsamkeitsmeditation ist.

Wie auch immer: Im Hinblick auf Gedanken, die sich einmischen, wenn ich mich auf meinen Atem zu sammeln versuche, habe ich Folgendes entdeckt – sie scheinen oft mit einem Gefühl verbunden zu sein. Und nicht nur das, ihr Vermögen, meine Aufmerksamkeit zu fesseln – mich in ihren Bann zu ziehen und mich davon abzuhalten, dass ich überhaupt *bemerke*, wie sie meine Aufmerksamkeit fesseln –, scheint von der Stärke dieser Gefühle abhängig zu sein. Wenn Sie mir nicht glauben, dann setzen Sie sich einfach hin, schließen Sie die Augen, und sammeln Sie sich auf Ihren Atem. Sobald es Ihnen nicht mehr gelingt, auf Ihren Atem fokussiert zu bleiben (was wahrscheinlich nicht sehr lange dauert!), versuchen Sie, sich auf die Umstände zu sammeln, die Sie davon abhalten. Und damit meine ich nicht nur, dass Sie sich auf irgendeinen Gedanken fokussieren, der Sie ablenkt – ich meine, dass Sie nachschauen, ob Sie ein Gefühl entdecken können, das mit dem Sie ablenkenden Gedanken verbunden ist.

Manchmal ist die Verbindung zwischen Gedanken und Gefühlen offensichtlich, weil das Gefühl so stark, ja geradezu urwüchsig ist. Wenn Sie daran denken, mit der Ehefrau Ihres Nachbarn zu schlafen, oder befürchten, dass Ihre Ehefrau mit Ihrem Nachbarn schläft, oder wenn Sie darüber fantasieren, diesem Nachbarn das zu verpassen, was er oder sie dafür verdient, mit dem Ehepartner eines Nachbarn zu schlafen, dann sind die damit verbundenen Gefühle – Wollust, Eifersucht, Rache – zu roh und machtvoll, als dass man sie übersehen könnte.

Aber selbst viele der weniger offensichtlich animalischen, eher »menschlichen« Wanderungen des Geistes sind ziemlich deutlich mit Gefühlen verbunden. Sie denken vielleicht an einen unlängst erlebten sozialen Triumph – vielleicht daran, wie einer Ihrer Witze so gut angekommen ist –, und es fühlt sich *gut* an. Also denken Sie eine Weile länger daran und stellen sich vielleicht vor, wie Sie noch einen amüsanten Schlusssatz hätten hinzufügen können; und Sie nehmen sich vor, dies beim nächsten Mal zu tun. Sie grübeln über einen wichtigen Stichtag nach und machen sich Sorgen – und die Sorgen lassen Sie weiter auf das drohende Debakel fixiert sein, bis Sie sich eine Handlungsstrategie ausgedacht oder sich selbst davon überzeugt haben, dass dieser Stichtag ohnehin nicht so wichtig ist, woraufhin die Sorgen verblassen und der Gedanke mit ihnen verblasst.

Selbst die am ehesten zerebrale Form von geistigem Wandern – etwas wissen zu wollen – scheint von Gefühlen begleitet zu sein. Wenn ich mich zum Meditieren hingesetzt habe und feststelle, dass ich in meiner Neugierde schwelge – indem ich über irgendein Rätsel nachdenke –, und wenn ich dann aufmerksam hinschaue, dann sehe ich, dass etwas Angenehmes an dem Grübeln ist, eine Art ständig vor meine Nase gehaltene Karotte, die mich dazu verführt, dem Pfad des Rätsels bis zu einer Lösung zu folgen. Und wenn ich diese Lösung finde, bricht als Belohnung eine überbordende Befriedigung hervor. Wie der Schriftsteller John Ruskin es im 19. Jahrhundert formuliert hat: »Neugierde ist ein Geschenk, eine Fähigkeit, sich am Wissen zu erfreuen.«

Zumindest fühlt sich Neugierde manchmal an wie ein so verfeinertes Vergnügen, dass man dieses kaum bemerkt. Aber Samuel Johnson, ein Schriftsteller des 18. Jahrhunderts, gab der Idee eine andere Wendung: »Die Befriedigung der Neugierde befreit uns eher von einem Unwohlsein, als dass sie uns Vergnügen bereitet; der Schmerz der Unwissenheit ist stärker als das Vergnügen, unterrichtet zu werden.«

Manchmal trifft das zu – manchmal fühlt sich die Suche nach Wissen mehr wie ein dringender Trieb, ein unstillbarer Durst an. Wenn Sie versuchen herauszufinden, ob der Börsenmarkt, in den Sie die Ersparnisse Ihres Lebens investiert haben, heute seinen Absturz der letzten Tage fortgesetzt hat, dann ist das etwas anderes, als sich zu fragen, warum es zu dem großen Börsenkrach im Jahre 1929 gekommen ist. Wenn Sie versuchen herauszufinden, ob Ihre Ehefrau mit Ihrem Nachbarn schläft, dann ist das etwas anderes, als sich zu fragen, ob die Ehefrau Ihres Nachbarn mit einem anderen Nachbarn ins Bett geht, und noch etwas ganz anderes, als wenn Sie sich Gedanken darüber machen, was Ehefrauen dazu bringt, mit Nachbarn zu schlafen – oder warum eigentlich Vögel singen und was Sterne leuchten lässt oder was überhaupt irgendetwas zu irgendwelchen Handlungen veranlasst. Ob Neugierde eher als ein verzweifelter Hunger oder als eine erfreuliche Verlockung auftritt, scheint davon abzuhängen, wie direkt und dringlich relevant die Frage für unsere Interessen ist, wie sie von der natürlichen Selektion definiert werden. Je weniger direkt und dringlich die Verbindung, desto subtiler und angenehmer ist das Gefühl.

Doch der wesentliche Punkt ist hier, dass alle Arten von Neugierde – von einer getriebenen und überstürzten Suche bis zu einem angenehmen Spaziergang entlang der Nebenstraßen der Spekulation – mit *Gefühlen* verbunden zu sein scheinen. Es ist deshalb keine Überraschung, wenn Gehirnscans zeigen, dass zu einem neugierigen Geisteszustand eine Aktivität im Dopaminsystem gehört, dem System, das mit Motivation und Belohnung, Begehren und Lust zu tun hat.[67]

Das ist es also, was ich aus vielen Stunden des Versagens bei der Meditation gelernt habe (ich meine aus vielen Stunden des Versagens bei der Meditation und gelegentlich der erfolgreichen achtsamen Beobachtung dieses Versagens): Gedanken, die meinen Geist ergreifen und ihn mitreißen, sind mit Gefühlen verbunden, wie subtil diese Gefühle auch immer sein mögen. Ich bin froh, Ihnen mitteilen zu können, dass diese Verbindung zwischen Gefühl und Denken auch von Menschen beobachtet wurde, deren Vermögen zur meditativen Introspektion weit besser entwickelt ist als das meine. Im Juni 2015, kurz nachdem ich einen rohen ersten Entwurf dieses Buches an meinen Lektor gesandt hatte, belohnte ich mich selbst mit einer zweiwöchigen Meditationsklausur im Forest Refuge, einem Anhängsel der Insight Meditation Society, das besonders auf erfahrene Meditierende zugeschnitten ist. Der Hauptlehrer für diese beiden Wochen war ein Psychotherapeut und früherer buddhistischer Mönch namens Akincano Marc Weber. Eines Abends sagte er während einer Dharma-Unterweisung: »Jeder Gedanke hat einen Treibstoff, und dieser Treibstoff ist emotional.«

Das Wort »Treibstoff« suggeriert die Antwort auf eine wichtige Frage: Wenn Ihr Geist wandert und wenn Ihr Ruhezustandsnetzwerk die Zügel in der Hand hat, wie entscheidet das Netzwerk, welches Modul zu jedem gegebenen Moment seinen Gedanken in das Bewusstsein einschleusen kann? Wir haben bereits Hinweise auf eine Art von Wettstreit unter den Modulen um die Dominanz gehört – Hinweise auf eine »Hund-frisst-Hund-Welt«, die jenseits der Grenzen der Bewusstheit liegt. Aber was bestimmt, welcher Hund gewinnt? Was macht einen Hund mächtiger als einen anderen?

Fühlen als Etikettierung

Diese Ehre gebührt, soweit ich es beurteilen kann, den Gefühlen. Von all den Gedanken, die in einem gegebenen Moment in diesem unterirdischen Wettstreit miteinander liegen, mag es der Gedanke sein, der mit dem stärksten Gefühl verbunden ist, welcher Zugang zum Bewusstsein gewinnt.[68]

Diese bloße Hypothese könnte womöglich falsch sein, aber sie wäre durchaus sinnvoll als eine Weise, auf die die natürliche Selektion den Geist organisiert hat. Schließlich sind Gefühle Urteile darüber, welche Beziehung unterschiedliche Objekte zu den darwinistischen Interessen eines Tieres haben. Daher wären aus Sicht der natürlichen Selektion Gefühle wunderbare Etikettierungen für Gedanken, »Aufkleber« oder »Label«, die Eigenschaften signalisieren wie »hohe Priorität«, »mittlere Priorität«, »niedrige Priorität«. Wenn Sie nur einen Tag von einem Ereignis entfernt sind, das eine deutliche Auswirkung auf Ihren sozialen Status haben wird – eine wichtige Präsentation, eine große Party, deren Gastgeber Sie sind –, dann haben Gedanken, die mit der Vorbereitung darauf zusammenhängen, eine hohe Priorität und sind deshalb mit großer Beunruhigung verbunden. Doch diese Gedanken besitzen eine niedrigere Priorität, und der Grad der Beunruhigung ist weniger hoch, wenn sie noch Wochen von dem Ereignis entfernt sind. Falls Sie und Ihr bester Freund gerade einen heftigen Streit hatten, dann ist herauszufinden, was Sie jetzt tun und sagen sollen, eine Angelegenheit von einiger Wichtigkeit – von größerer Wichtigkeit als das Denken an einen flüchtigen Bekannten, den Sie vielleicht verletzt haben; daher rührt der Unterschied zwischen Gefühlen inneren Aufruhrs und Gefühlen schwacher Besorgnis.

In allen diesen Fällen werden die mit den Gedanken verbundenen Gefühle in ihrer Stärke der (nach den Maßstäben der natürlichen Selektion zählenden) Wichtigkeit der Gedanken entsprechen. Und wenn das Ruhezustandsnetzwerk die Kontrolle übernimmt – wenn Ihr Geist also nicht darauf konzentriert ist, mit jemandem zu reden, ein Buch zu lesen, einen Sport auszuüben oder irgendeine andere Aufgabe zu erledigen, in die Sie ganz eintauchen können –, dann sind es die »wichtigsten« Gedanken (diejenigen, die durch die stärksten Gefühle etikettiert sind), die Priorität erhalten.

Es wird natürlich Zeiten geben, zu denen der wichtigste Gedanke im Wettstreit um den Zugang zum Bewusstsein gar nicht so besonders wichtig ist; manchmal ist das Leben auf gesegnete Weise frei von Problemen, denen wir dringend unsere Aufmerksamkeit schenken müssen. In einem solchen Fall mag das mit dem über Ihr Ruhezustandsnetzwerk in Ihr Bewusstsein vordringenden Gedanken verbundene Gefühl nicht sehr stark sein. Aber vermutlich werden Sie bei dem Gedanken, der plötzlich in Ihr Bewusstsein vordringt, so gut wie immer eine Gefühlsfärbung entdecken, die entweder zum Positiven oder zum Negativen hin tendiert (wenn Sie nur aufmerksam genug sind – was um vieles leichter ist, wenn Sie meditieren). Denn hätte der Gedanke nicht irgendein solches Gefühl, dann hätte er erst gar nicht Ihre Aufmerksamkeit erhalten. Gefühle sind unter anderem eben die Methode Ihres Gehirns, die Wichtigkeit von Gedanken zu etikettieren, und Wichtigkeit determiniert (in dem manchmal sehr groben Sinn, den die natürliche Selektion diesem Begriff gibt), welche Gedanken bewusst werden.

Auch hier möchte ich nicht so tun, als bestünde innerhalb der Psychologie ein allgemeiner Konsens, was diese Sichtweise angeht. Tatsächlich ist es so, dass es – selbst wenn wir uns auf die Psychologen beschränken, die ein modulares Modell des Geistes vertreten, das in etwa dem von mir beschriebenen entspricht – nicht eine einzige Sichtweise dessen gibt, was bestimmt, welches Modul den Sieg davonträgt. Dennoch empfinde ich von allen angebotenen Hypothesen diese als die plausibelste. Sie ist sinnvoll aus der darwinistischen Sicht, und sie stimmt mit den

Resultaten der meditativen Introspektion überein. Und auch wenn Introspektion keine wissenschaftlichen Daten liefert, ist sie doch eine legitime Hilfe bei der Entscheidung, welche Hypothesen eine weitere Erkundung verdienen.

Diese bestimmte Hypothese mag zudem helfen, etwas im Hinblick auf den Pfad des meditativen Fortschritts zu erklären. Wie ich zuvor erwähnt habe, finde ich es leichter, meine Gefühle mit einem gewissen Maß an Distanz zu betrachten, als meine Gedanken auf dieselbe Weise anzusehen. Und ich glaube, ich bin hier keine Ausnahme. Viele Meditierende scheinen sich mit Gefühlen leichter zu tun als mit Gedanken. Das wäre einleuchtend, wenn Gefühle in der Tat der Leim sind, der Gedanken an Ihrem Bewusstsein festkleben lässt, sodass Sie sich diese unreflektiert zu eigen machen. Schließlich können Sie wohl nicht beginnen, diesen Leim aufzulösen – und somit keine Distanz von Ihren Gedanken gewinnen –, bis Sie lernen, sie klar zu sehen und Gefühle mit einer gewissen Objektivität zu betrachten.

Nach diesem Szenario müssten Sie tatsächlich gut darin sein, selbst sehr *subtile* Gefühle mit Objektivität zu betrachten, bevor Sie ein breites Spektrum an Gedanken auf diese Weise anschauen können. Demnach ist es nur vernünftig anzunehmen, dass ziemlich fortgeschrittene Meditierende wie Joseph Goldstein besonders klar und eindringlich sehen, wie es Gedanken misslingt festzukleben, sodass Sie betrachten können, wie sie aufsteigen und wieder verschwinden, ohne Einfluss auf den Geist zu gewinnen.

Diese Hypothese – dass Gefühle unter anderem die Methode des Geistes sind, Gedanken Prioritätenmarkierungen zuzuweisen – stimmt mit einem verbreiteten Trend in der Psychologie der letzten Jahrzehnte überein: aufzuhören, über »affektive« und »kognitive« Prozesse zu sprechen, als fänden sie in getrennten Abteilungen des Gehirns statt, und anzuerkennen, wie eng verwoben sie sind. Und dieser Trend ist ein weiterer Punkt, in dem die moderne Psychologie vom alten Buddhismus vorweggenommen wurde. In einem berühmten Sutra, dem *Mahatanhasankhaya Sutta* (»Sutra über die Versiegung des Durstes«), sagt der Buddha, dass ein »Geistobjekt« – eine Kategorie, zu der auch Gedanken gehören – genauso ist wie ein Geschmack oder ein Geruch:

> Hört er nun mit dem Gehöre einen Ton,
> Riecht er nun mit dem Geruche einen Duft,
> Schmeckt er nun mit dem Geschmacke einen Saft,
> Tastet er nun mit dem Getaste eine Tastung,
> Erkennt er nun mit dem Gedenken ein Ding,
> So verfolgt er die angenehmen Dinge und verabscheut
> die unangenehmen ...[69]

Wie wir einige Kapitel weiter sehen werden, hilft die engere Verwobenheit von Affekt und Kognition uns, eine der sich verrückter anhörenden buddhistischen Behauptungen zu verstehen: dass die Objekte, die wir in der Welt da draußen wahrnehmen – Bäume, Flugzeuge, Kieselsteine –, nicht existieren, zumindest nicht in dem Sinne, in dem wir sie üblicherweise als existierend begreifen. Und wie wir im nächsten Kapitel sehen werden, kann uns diese Verwobenheit von Affekt und Kognition auch helfen, mit einem Rätsel zu ringen, das ich früher schon angesprochen habe: Wenn das »Ich« nicht existiert, was ist dann die wirkliche Dynamik dessen, was im Allgemeinen »Selbstkontrolle« genannt wird? Und was sagt der Buddhismus uns darüber, wie wir etwas von dieser Kontrolle des »Selbst« gewinnen können?

9

»Selbst«-Kontrolle

Im 18. Jahrhundert schrieb der schottische Philosoph David Hume: »Die Vernunft ist nur Sklavin der Leidenschaften.«[70] Wenn Hume mit »Leidenschaften« das gemeint hätte, was wir heute unter diesem Wort verstehen, dann wäre diese Beobachtung nicht der Rede wert. Es ist offensichtlich, dass unser Verstand nicht Regie führt, wenn uns intensive Gefühle wie Lust oder Rache im Griff haben. Aber Hume meinte mit »Leidenschaften« etwas anderes. Er meinte Gefühle im breitesten Sinne. Seiner Meinung nach spielt das rationale Denken zwar eine wichtige Rolle in der Motivation des Menschen, aber es hat in einem gewissen Sinn nie wirklich das Heft in der Hand. Wenn wir uns entschließen, etwas zu tun, dann entscheiden wir uns auf der Grundlage eines Gefühls.

Wie kam Hume zu dieser Idee? Anscheinend durch Introspektion – indem er sorgfältig das Funktionieren seines eigenen Geistes beobachtete. Man könnte sagen, dass Hume bereits achtsam war, bevor Achtsamkeit cool wurde. Was westliche Philosophen angeht, war Hume in der Tat ziemlich östlich. Viele seiner Ansichten stimmen auf fast unheimliche Weise mit dem buddhistischen Denken überein, darunter seine Argumentation gegen die Existenz eines Ich. Einige Gelehrte sind der Ansicht, dies sei womöglich kein Zufall, sondern Hume sei eventuell irgendwie mit buddhistischem Gedankengut in Berührung gekommen, auch wenn dieses noch kaum begonnen hatte, sich von Asien aus westwärts zu verbreiten. Ganz gewiss ist die Vorstellung, dass Gefühle sehr viel mehr die Zügel in der Hand haben, als wir bemerken, dem Geist nach buddhistisch.[71]

Heute, ein Vierteljahrtausend nachdem Hume zum Buddhismus aufschloss, holt die Wissenschaft zu Hume auf. Sie hat Werkzeuge entwickelt, die uns Einblick in die Maschinerie unserer Motivation gewähren und uns sehen lassen, welche Teile des Gehirns aktiv sind, wenn wir Entscheidungen treffen. Und Humes Vorstellungen von der Beziehung zwischen Verstand und Gefühlen, die lange Zeit als radikal bezeichnet wurden, sehen auf einmal ziemlich vernünftig aus.

Denken Sie an eine Entscheidung, die so unkompliziert ist wie der Entschluss, etwas zu kaufen. Es ist verlockend, dies für eine Ausübung rationaler Überlegungen zu halten: Sie betrachten das Produkt und den Preis, und dann stellen Sie sich eine Reihe von Fragen: Wie oft würde ich dieses Produkt gebrauchen? Würde mich der Kauf einen großen Batzen meines Bargelds kosten? Was könnte ich mir sonst mit diesem Geld kaufen? Nachdem Sie solche Fragen beantwortet haben, wägen Sie kühl die Argumente für und wider den Kauf ab und treffen dann eine Entscheidung.

Aber Argumente abzuwägen ist letztlich vielleicht gar nicht so cool, wie ein Experiment gezeigt hat, das Kognitionswissenschaftler der Stanford-Universität, der Carnegie-Mellon-Universität und des MIT durchgeführt haben. Sie gaben ihren Versuchspersonen echtes Geld und boten ihnen eine Reihe von Produkten an, die sie damit kaufen konnten: drahtlose Kopfhörer, eine elektrische Zahnbürste, eine »Krieg-der-Sterne«-DVD und so weiter. Während man den Personen zuerst jedes Produkt zeigte und dann seinen Preis nannte, wurde ihr Gehirn gescannt. Es stellte sich heraus, dass die Forscher ziemlich gut vorhersagen konnten, ob jemand ein bestimmtes Produkt kaufen würde, indem sie beobachteten, welche Teile des Gehirns aktiver und welche weniger aktiv wurden. Und keines davon gehörte zu den Bereichen des Gehirns, die hauptsächlich mit rationaler Überlegung assoziiert sind. Es waren vielmehr solche, die mit Gefühlen verbunden sind – zum Beispiel der Nucleus accumbens, der eine Rolle beim Austeilen von Lust spielt und der aktiver wird, wenn Menschen eine Belohnung erwarten oder etwas sehen, was sie mögen. Je aktiver der Nucleus accumbens war, während die Versuchspersonen ein Produkt betrachteten, desto wahrscheinlicher war es, dass sie es kaufen würden. Andererseits war da noch die Insula, die besonders aktiv wird, wenn Menschen Schmerzen oder andere unangenehme Umstände erwarten. Je aktiver die Insula wurde, wenn die Versuchspersonen den Preis erfuhren, desto weniger wahrscheinlich war es, dass sie das Produkt kaufen würden.[72]

Auch wenn es sich so anhört, als sei das Abwägen der Vor- und Nachteile eines Kaufs ein rein rationaler, ja sogar mechanischer Akt, lässt dieses Experiment vermuten, dass die Weise, auf die das Gehirn das Abwägen vollzieht, über einen Wettstreit widerstreitender Gefühle verläuft. Selbst der Faktor des Preises – eine rein quantitative Angabe, also etwas, was sich leicht in den Algorithmus der Entscheidungsfindung eines Computers eingeben lässt – taucht in der Gleichung letztlich in der Form eines Gefühls auf, des Ausmaßes von Abneigung. Und das stärkere Gefühl – Anziehung oder Abneigung – gewinnt.

Natürlich können diese Gefühle vom Verstand *informiert* werden. Wenn Sie sich daran erinnern, dass Sie die letzte elektrische Zahnbürste, die Sie gekauft haben, nie benutzten, und in Betracht ziehen, dass die nächste elektrische Zahnbürste wahrscheinlich dasselbe Schicksal erleiden wird, dann mag jedes Gefühl der Attraktivität der elektrischen Zahnbürste verblassen. Wenn Sie sich vor Augen führen, dass die 20 Euro, die die Zahnbürste kosten soll, weniger sind, als Sie letzten Freitag für Ihr Abendessen ausgegeben haben, dann mag Ihre Aversion gegen den Preis – und die Aktivität in Ihrer Insula – abnehmen.

Warum Gefühle das Denken beherrschen

Der Verstand spielt also eine Rolle bei dem, was eine Person letztlich tut. Dennoch lässt dieses Experiment vermuten, dass er diese Rolle vielleicht nur spielen kann, weil er den ultimativen Motivator beeinflusst: die Gefühle. Hume sagte, »dass die Vernunft allein niemals Motiv eines Willensaktes sein kann«.[73] Die Entscheidung, etwas zu kaufen, läuft letztlich darauf hinaus, ob sich der Kauf gut anfühlt oder zumindest besser als der Verzicht auf den Kauf. Natürlich mögen Sie später bereuen, dass Sie darauf verzichtet haben; das »Bedauern des Nichtkäufers« ist ebenso real wie das »Bedauern des Käufers«. Aber in beiden Fällen ist das Schlüsselwort »Bedauern«. Das Besserwissen am Montagmorgen kommt in der Form eines Gefühls, weil dies die Form ist, die das ursprüngliche Besserwissen am Sonntag angenommen hatte.

Im Hinblick auf die Evolution ist dies alles durchaus sinnvoll. Gute und schlechte Gefühle sind wie gesagt das, was die natürliche Selektion benutzt hat, um Tiere dazu anzutreiben, sich Objekten oder Gegebenheiten entweder zuzuwenden oder sie zu meiden, sie sich zu beschaffen oder zurückzuweisen. Gute Gefühle wurden Konsequenzen wie Fressen und schlechte Gefühle solchen wie Gefressenwerden zugeteilt. Mit der Zeit, Schritt für Schritt, wurden die Tiere intelligenter, aber vom Standpunkt der natürlichen Selektion aus gesehen, sollte Intelligenz die Gefühle nicht *ersetzen*, sondern sie besser informiert machen: Intelligenz hilft Tieren, auf schlauere Weise herauszufinden, welchen Objekten sie sich annähern oder welche sie meiden sollten, welche sie sich aneignen oder welche sie zurückweisen sollten – das heißt, was sich für sie gut und was sich schlecht anfühlen sollte.

Auch wenn im Verlauf der Evolution die Überlegungen, die unsere Gefühle informieren, immer ausgeklügelter wurden, bleiben sie doch weiterhin das, was uns letztlich durch unser Leben leitet. Wir kaufen einen Anorak vielleicht deshalb, weil wir uns durch gründliche Onlinerecherchen und längeres Nachdenken von seinen Vorteilen überzeugt haben, aber der Grund, aus dem wir den Anorak letztlich kaufen, ist, dass uns alle rationale Analyse ein gutes Gefühl im Hinblick auf diesen Kauf gibt.

Was dies angeht, ist der Grund, aus dem wir die Angelegenheit zuerst einmal analysiert haben, dass sich Frieren im Winter schlecht anfühlt. Gefühle sagen uns, worüber wir nachdenken sollten, und dann, wenn wir alles bedacht haben, sagen sie uns, was wir tun sollen. Im Verlauf der Geschichte unserer evolutionären Entwicklung hat das Denken eine immer größere Rolle für das Handeln gespielt, aber es hat seinen Anfang und sein Ende immer in Gefühlen gehabt.

Etwas anderes, was im Verlauf der Geschichte geschehen kann, ist, dass immer mehr Objekten Gefühle zugeschrieben werden. Während das Sozialverhalten unserer Spezies zunehmend komplexer wurde, hingen die Nahrungsbeschaffung und der Sex immer mehr davon ab, sich in einer sozialen Landschaft zurechtzufinden – wozu gehörte, Bündnisse zu schließen und hohes Ansehen zu genießen. Sich Freunde zu machen und Respekt zu verdienen fühlten sich deshalb gut an, und zurückgewiesen zu werden führte zu einem schlechten Gefühl. Dies führte wiederum zu neuen Gedankengängen: herauszufinden, warum man von einem Freund angegriffen wurde, sich vorzustellen, wie man andere Leute beeindrucken könnte, und so weiter. Aber dieses wachsende Netzwerk von Gefühlen und Gedanken war immer noch eine geradlinige Ausweitung des grundlegenden Wertesystems der Evolution, das von Anfang an in uns eingebaut wurde – ein System, dem es bekanntlich darum ging, zu überleben und unsere Gene zu verbreiten.

Da die natürliche Selektion nun einmal eine so sparsame Angelegenheit ist, ist die Biologie hinter jenen Gefühlen und Gedanken eine geradlinige Ausweitung der Biologie, die diese ursprünglichen Werte verkörpert. Gehirnscanstudien haben gezeigt, dass dieselben Teile des Gehirns, die körperlichen Schmerz vermitteln, uns auch den Schmerz sozialer Ausgrenzung spüren lassen. Dies hilft zu erklären, warum Opiate und andere Schmerzmittel sozialen Rückschlägen den Stachel nehmen können. Selbst große Dosen von Tylenol, so hat eine Studie gezeigt, können den Schmerz der Zurückweisung lindern.[74]

Verstand und Schokolade

All das führt uns jetzt zum Thema der Schokolade. Eine Tafel »Godiva«-Schokolade war, wie es sich trifft, einer der Artikel, die den Versuchspersonen in der oben beschriebenen Studie zum Kaufverhalten angeboten wurde. Doch selbst wenn das nicht so gewesen wäre, hätte ich jetzt wahrscheinlich die Schokolade ins Feld geführt, da ich versuche, auf das Thema der Selbstkontrolle zuzusteuern – und wenn es um Selbstkontrolle geht, so steht die Schokolade ziemlich hoch auf meiner Liste der Herausforderungen, ganz oben mit Puderzucker-Donuts und dem Anschauen von Sportübertragungen im Fernsehen anstelle der Arbeit an diesem Buch.

Selbstkontrolle wurde oft als ein Sieg des Verstands über die Gefühle beschrieben. Plato benutzte die Metapher eines Wagenlenkers (des rationalen Ich, der Vernunft), der die Pferde (die unbändigen Leidenschaften [Willen und Begierde]) unter Kontrolle hält. Diese grundlegende Idee hat etwa zweieinhalb Jahrtausende mehr oder weniger intakt überlebt. Tatsächlich behaupten einige Fachleute, die wissenschaftliche Untersuchung des Gehirns habe den Wagenlenker lokalisiert. Der präfrontale Cortex, der gleich hinter unserer Stirn platziert ist, wird in Lehrbüchern für höhere Schulen und Museumsausstellungen als die Instanz präsentiert, die uns menschlich macht. Es heißt, er sei der »Geschäftsführer« des Gehirns, da er uns mit der Fähigkeit zu logischem Nachdenken und Planen sowie zur Selbstkontrolle ausstatte. Sie können erkennen, dass es unseren Vorfahren, den Australopithecinen, an dieser exekutiven Ebene mangelte, wenn Sie sich nur die beschämend flache Neigung ihrer Stirn ansehen!

Ohne Frage ist der präfrontale Cortex eine wichtige Gehirnregion; ich bin ebenso stolz darauf wie meine Nachbarn. Außerdem gibt es gute Gründe dafür, zu glauben, dass dieser Teil unserer grauen Zellen *irgendeine* Rolle bei dem spielt, was wir für Selbstkontrolle halten. Studien haben gezeigt: Je eindrucksvoller eine Versuchung ist, desto mehr Aktivität gibt es im präfrontalen Cortex von Personen, die ihr widerstehen.[75]

Und doch, wenn Hume recht haben sollte, dann dürfte man diese präfrontale Aktivität nicht so einordnen, wie sie im Allgemeinen eingeordnet wird – als »Sieg des Verstands über die Versuchung« oder dessen erfolgreiche »Durchsetzung gegen Gefühle«. Der Verstand wirkt nämlich nicht dadurch, dass er ein Gefühl direkt zurückdrängt, sondern indem er jenes Gefühl verstärkt, das die Zurückweisung tatsächlich erledigt. Natürlich sieht die Tafel Schokolade sehr gut aus, und der Gedanke daran, sie zu essen, *fühlt* sich gut an; aber wenn Sie an den Zeitschriftenartikel über die Belastung Ihres Körpers durch hohe Blutzuckerwerte denken, so löst der Gedanke daran, die Tafel Schokolade aufzuessen, Schuldgefühle in Ihnen aus. Und es sind diese Schuldgefühle und nicht das Nachdenken über den Artikel, die in direktem Widerstreit zu dem Drang stehen, die Schokolade zu essen. Die Vernunft allein, so argumentierte Hume, könne bei der Lenkung des Willens niemals der Leidenschaft widerstehen. Nichts anderes könne dem Impuls der Leidenschaft widerstehen oder ihn bremsen als ein gegenteiliger Impuls.[76]

So gesehen ist der präfrontale Cortex nicht eine Art Kommandozentrale, die von der Evolution beabsichtigt war, als wir von bloßen Tieren zu Menschenwesen befördert wurden. Er ist nicht etwas, was letztlich unsere unbändigen Gefühle bändigt und uns die rationale Kontrolle verleiht. Nein, die Verstandesfähigkeit, die in den präfrontalen Cortex eingebettet ist, steht selbst unter der Kontrolle von Gefühlen. Das in die Gefühle eingebettete Wertesystem – die Vorstellung der natürlichen Selektion von dem, was gut und was schlecht ist, was wir verfolgen und was wir meiden sollten – bleibt weiterhin, mehr oder weniger, das vorherrschende Wertesystem.

Die natürliche Selektion hat uns dazu gebracht, uns Nahrung mit bestimmten Arten von Geschmäckern und uns außerdem ein langes, gesundes Leben zu *wünschen*. Das Ringen um Selbstkontrolle ist – zumindest in diesem speziellen Fall – ein Konflikt zwischen diesen beiden Wertesystemen und zwischen den Gefühlen, die mit diesen beiden Werten verbunden sind. Wenn der Verstand eine Rolle in dem Widerstreit spielen soll, dann kann er das nur als Erfüllungsgehilfe für diese Werte. Es ist das *Verlangen* danach, ein langes Leben zu leben, das unseren Verstand dazu bringt, die Verbindung zwischen Zuckerkonsum und Langlebigkeit in den Blick zu nehmen, und die Verstandesfähigkeit kann nur *vermittels* dieses Begehrens das Begehren nach Schokolade selbst überwinden. In diesem Sinne bleibt die Vernunft eine »Sklavin« der Leidenschaften, wie Hume es formuliert hat – und damit eine Sklavin des übergeordneten Wertesystems der natürlichen Selektion.

Je mehr wir über das Funktionieren des Gehirns herausfinden, desto sinnvoller scheint Humes Sichtweise zu sein. Joshua Greene, ein Neurowissenschaftler von der Harvard-Universität, schrieb Folgendes über eine bestimmte Region im präfrontalen Cortex, die der »dorsolaterale präfrontale Cortex (DLPFC)« genannt wird:

175

Der DLPFC, der Sitz der abstrakten Verstandestätigkeit, steht zutiefst in Wechselwirkung mit dem Dopaminsystem, das dafür zuständig ist, Objekten und Handlungen einen Wert zuzuweisen. Aus neuronaler Sicht der Evolution sind die Systeme unseres logischen Denkens keine unabhängigen logischen Mechanismen. Sie sind Erweiterungen primitiver, den Säugetieren eigener Systeme für die Auswahl belohnenden Verhaltens, kognitive Prothesen für unternehmungslustige Säugetiere.[77]

Mit anderen Worten: Wie Greene selbst feststellt, scheint Hume recht zu haben.

Es ist nicht nur der präfrontale Cortex, dessen Sicht lange Zeit allzu sehr vereinfacht wurde. Der »limbisches System« genannte Teil des Gehirns wird üblicherweise als »Sitz der Emotionen« bezeichnet, aber es stellt sich heute heraus, dass dies irreführend ist. Der Neurowissenschaftler Luiz Pessoa schrieb: »Einerseits haben ›affektive‹ Gehirnregionen Anteil an der Kognition, und andererseits haben ›kognitive‹ Gehirnregionen Anteil an den Emotionen.« In seinem Lehrbuch *The Cognitive-Emotional Brain* führt Pessoa, wie es viele Autoren in der Geschichte der Psychologie getan haben, Platos Bild vom Wagenlenker an – aber anders als die meisten von ihnen mit dem Ziel, es zu widerlegen.[78]

Urteilt Ihr innerer Richter wirklich?

Es ist nicht überraschend, dass sich Platos Vorstellung eines rein rationalen Wagenlenkers so lange gehalten hat. Wenn Sie sich dazu entschließen, in – sagen wir mal – Schokolade zu schwelgen, fühlt sich das nicht letztlich so an, als gäbe es ein rationales Ich, das die Frage abwägt: eine Art Richter, der sich die Argumente für und wider den Kauf der Schokolade anhört? Einerseits haben Sie bereits einige Kilo Übergewicht, und die Schokolade so spät am Tag zu essen könnte es Ihnen schwerer machen zu schlafen. Andererseits würden Sie sich, wenn Sie die Schokolade äßen, energiegeladener fühlen und noch einige Arbeit erledigen können; außerdem verdienen Sie eine Belohnung angesichts der harten Arbeit, die Sie gestern geleistet haben (was Sie vielleicht zum Teil deshalb konnten, weil Sie Schokolade gegessen haben!).

Nachdem Sie, der Richter, die Argumente beider Seiten angehört und bedacht haben, fällen Sie ein Urteil. Da Sie ein strenger Richter sind, entscheiden Sie: Nein, heute gibt es keine Schokolade. An einem anderen Tag wiederum sind Sie vielleicht ein nachsichtiger Richter und entscheiden, dass Sie sich die Schokolade tatsächlich verdient haben, und das Urteil ist gesprochen. Oder aber die Sitzung ist vertagt; nachdem Sie die Schokolade gekauft haben, werden Sie ein Urteil fällen in der Frage, ob Sie darauf warten sollen, bis Sie nach Hause kommen, bevor Sie die Schokolade essen.

So oder so fühlt es sich an, als gäbe es einen Moment, in dem *Sie* eine Entscheidung treffen. Was ist also falsch daran, wenn man dies so beschreibt, als gäbe es ein rationales »Ich«, das einen Urteilsspruch fällt? Ich habe Robert Kurzban einmal diese Frage gestellt. Da er zu den Psychologen gehört, die der Ansicht sind, dass womöglich kein Ich existiert, war ich mir ziemlich sicher, dass er einen Weg finden würde, das Schokoladenurteil so zu beschreiben, als sei kein rationales »Ich« involviert, das der Richter ist.

Als ich ihm also die Frage stellte: »Was ist falsch daran, wenn ich so etwas sage wie: ›Ich habe das Für und Wider abgewogen und mich dafür entschieden, die Schokolade nicht zu essen‹«, antwortete er tatsächlich: »Genau genommen sollten Sie dies etwa folgendermaßen formulieren: ›Es gab bestimmte Systeme in meinem Kopf, die für die Motivation dazu ausgelegt waren, Nahrung mit vielen Kalorien zu essen, und diese Systeme hatten bestimmte Arten von Motiven oder Überzeugungen oder Repräsentationen; und es gibt andere Systeme in meinem Kopf, deren Motivation auf langfristige Gesundheit ausgerichtet ist, und diese Systeme haben bestimmte Überzeugungen im Hinblick auf die Schokolade.‹« Am Ende haben die Module der zweiten Art, denen es um die langfristige Sicht geht, »das Verhalten gehemmt, das von den kurzfristigen Modulen unterstützt wurde«. Mit anderen Worten: Keine der beiden Arten von Modulen war »rationaler« als die andere; sie hatten einfach unterschiedliche Ziele, und an diesem speziellen Tag war das eine stärker als das andere.

Jetzt könnten Sie fragen: Was genau meinen wir mit »stärker?« Nun, wenn Hume recht hatte und die Tendenz des Experiments zum Kaufverhalten stimmt, dann läuft alles auf einen Wettstreit von Gefühlen hinaus. Ein Langzeitmodul mag ein Gefühl der Schuld erzeugen, wenn Sie nach der Tafel Schokolade greifen; es kann Ihnen auch ein Gefühl des Stolzes vermitteln, wenn Sie der Verlockung der Schokolade widerstehen. Auf der anderen Seite des Wettstreits steht die Lust auf Schokolade, die von dem Kurzzeitmodul erzeugt wird. Und das Kurzzeitmodul hat vielleicht ebenfalls seine subtileren Taktiken. Ist es womöglich dieses Modul, das die Erinnerung an einen Artikel über die Langzeitvorteile von Antioxidanzien ausgegraben hat? Ihm kam gerade der Gedanke, dass das Langzeitmodul diesen Artikel vielleicht interessant finden könnte.

All dies unterstreicht eine Rätselfrage: Warum muss unser bewusster Geist Zeit damit verbringen, Zeuge der Anführung von Gründen zu sein, das heißt an der »Abwägung« beteiligt sein, wenn das alles nur ein Schauprozess ist – wenn alles nur auf einen Machtkampf zwischen Modulen hinausläuft, die sich aller logischen Argumente bedienen, die ihren Fall stützen könnten? Könnte die ganze Chose dann nicht unterbewusst ablaufen und den bewussten Geist damit dazu freistellen, etwas Konstruktives zu tun, wie zum Beispiel über das Geist-Körper-Problem nachzudenken? Nun, erinnern Sie sich daran, dass der bewusste Geist –

der ein Teil Ihres Geistes ist, welcher mit der Welt kommuniziert – offenbar eine Art Werbeagent für Sie ist. Der Grund dafür, dass Ihr bewusster Geist den Wettstreit einschließlich der den Sieg davontragenden Begründung beobachtet, ist, dass Sie in der Lage sein würden, plausible Gründe dafür anzuführen, wenn jemand Sie herausfordern oder fragen würde, warum Sie X, Y oder Z getan haben.

Wenn Sie also aus dem Laden herauskommen und sich einen Schokoladenriegel in den Mund schieben und jemand Sie fragend anschaut, dann können Sie sagen: »Ich tue dies, damit ich heute Nachmittag mehr Arbeit leisten kann.« Wahrscheinlich wird der Passant dann eine höhere Meinung von Ihnen haben, als wenn Sie sagten: »Ich habe einfach die Kontrolle über mich verloren, okay?«

Manchmal ist das soziale Risiko allerdings größer als das, was ein vorübergehender Fremder von Ihnen denkt. Wenn alle Leute, die Sie kennen, herausfinden, dass Sie Ihre Ehefrau betrogen haben, dann können Sie nicht einfach sagen: »Das liegt an den sexuellen Trieben, die von der natürlichen Selektion dazu konzipiert wurden, das genetische Erbe zu maximieren.« Dann werden die anderen herumerzählen, dass Sie einer von den Typen sind, die ihre Frau betrügen. Und natürlich gehören *Sie* nicht zu diesen Typen! Sie müssen also in der Lage sein, etwas zu sagen wie: »Ihr müsst das einfach verstehen: Meine Frau hat sich mir emotional entfremdet und konnte mein tiefes Bedürfnis nach Partnerschaft und Intimität nicht mehr befriedigen.« Dann werden die Leute vielleicht sagen, dass man Ihnen wirklich keinen Vorwurf machen kann. Es hilft also, wenn Sie diese Seite der Argumentation schon einmal gehört und gesehen haben, dass sie die Situation gerettet hat, bevor Sie beschließen, sich auf die Affäre einzulassen. Dann sind Sie dazu bereit.

Damit soll nicht gesagt sein, dass der *einzige* Grund, warum wir uns unseres Abwägungsprozesses bewusst sind, darin besteht, einer gutgläubigen Öffentlichkeit Erklärungen für unser Verhalten zu verkaufen. Wenn wir vor einer wichtigen Entscheidung stehen, beraten wir uns manchmal mit Freunden oder Familienmitgliedern darüber, was wir tun sollten. Und diese Beratung wird produktiver sein, wenn wir uns bereits einiger Argumente für und wider die Entscheidung bewusst sind. Natürlich mag es auch hierbei um Werbung für uns selbst gehen. »Beratung« kann eine Art und Weise sein, im Voraus sicherzustellen, dass wir nicht etwas tun werden, was wichtige Menschen in unserem Leben gegen uns aufbringen wird; oder es kann eine Weise sein, die Zusage zur Unterstützung durch diese Menschen zu erhalten, für den Fall, dass unsere Entscheidung andere gegen uns aufbringt. Doch besonders wenn wir mit Leuten sprechen, die wirklich ein Herz für unsere Interessen haben, kann »Beratung« tatsächlich bedeuten, dass wir Rat suchen.

So oder so, ein Vorteil des Kontakts Ihres bewussten Geistes mit den von wettstreitenden Modulen hervorgerufenen Begründungen besteht darin, dass Sie die Gründe anderen mitteilen können und von ihnen Feedback erhalten, bevor Sie Ihre Entscheidung treffen. Genau genommen sollte ich dies folgendermaßen formulieren: Sie können die Gründe anderen mitteilen, und deren Feedback wird einen Einfluss darauf haben, wie gut oder wie schlecht sich die beiden Optionen für Sie *anfühlen*.

Ihnen mag ein bestimmter Trend in diesem Kapitel aufgefallen sein: Je mehr wir über die Verbindung zwischen Verstand und Gefühl nachdenken, desto düsterer scheint es um die Aussicht auszusehen, dass wir unser Verhalten tatsächlich unter rationaler Kontrolle halten können. Zuerst haben wir gesehen, dass Hume recht zu haben scheint: Unsere Verstandesfähigkeit hat niemals wirklich das Heft in der Hand; ihre Absicht – das, worüber sie logisch nachdenkt – wird von Gefühlen bestimmt, und sie kann unser Verhalten nur beeinflussen, indem sie wiederum unsere Gefühle beeinflusst. Dann haben wir gesehen, dass der Begriff »Verstandesfähigkeit« sehr viel mehr vermuten lässt, was in Richtung geordneter Überlegungen weist, als typisch für den menschlichen Geist ist. Die Sichtweise, die sich herausbildet, ist vielmehr, dass wir nicht so sehr *eine* Verstandesfähigkeit haben, sondern eher Verstandes*fähigkeiten*. Module scheinen in der Lage zu sein, sich Begründungen zur Verfolgung ihrer Ziele zunutze zu machen.

Dies lässt wiederum vermuten, dass »logisches Denken« manchmal ein Euphemismus für das ist, was diese »Verstandesfähigkeiten« leisten. Zweifellos mag ein Modul etwas wirklich Vernünftiges und Wohldokumentiertes sagen wie: »Wenn du die Schokolade isst, wirst du Probleme haben einzuschlafen.« Aber ein anderes Modul kann etwas sagen wie: »Du wirst mehr Arbeit leisten können, wenn du die Schokolade isst« – selbst wenn die Erfahrung zeigt, dass Sie dann tatsächlich eher die sozialen Medien mit ungewöhnlichem Eifer verfolgen werden. Und es ist schwierig, gute Gründe von den nicht so guten zu unterscheiden, weil sich manchmal der am wenigsten gute Grund *gut anfühlt* – und Gefühle tragen meist den Sieg davon.

Aber Kopf hoch! Nur weil Gefühle entscheidende Spieler in diesem Drama sind, heißt das nicht, dass wir machtlos sind zu intervenieren. Tatsächlich besitzen wir ein Hilfsmittel – die Achtsamkeitsmeditation –, das gut geeignet ist, auf der Ebene der Gefühle einzugreifen und ihren Einfluss zu verändern. So gibt es vielleicht Hoffnung, dass wir mit der klassischerweise mit »Selbstkontrolle« verbundenen Herausforderung, mit dem Schwelgen in allen möglichen Gelüsten, umgehen können.

Wie sich gezeigt hat, gibt es tatsächlich spezifische meditative Techniken, die verwendet werden, um Menschen beim Umgang mit solchen Herausforderungen wie der Sucht nach Zigaretten umzugehen. Doch bevor wir dazu kommen, wird es hilfreich sein, zu verstehen, wie und warum manche Gelüste überhaupt erst dominant werden – was die evolutionäre Logik hinter der Kraft ist, die Sie in Ihrem Geist angesammelt haben.

Ist »Selbstdisziplin« wirklich das Problem?

Wenn Sie Zigaretten rauchen – oder süchtig nach irgendetwas anderem sind, von Heroin über Pornografie bis hin zu Schokolade –, dann hat es wahrscheinlich zumindest eine Gelegenheit gegeben, zu der Sie länger darüber nachgedacht haben, ob Sie in dieser Form der Belohnung schwelgen sollten. Vielleicht war es damals, als Sie – nachdem Sie die Sache einige Male ausprobiert hatten – sich ihrer Verlockung bewusst wurden und auf irgendeiner Ebene realisiert haben, dass Sie letztlich zu ihrem Sklaven werden könnten. Auf jeden Fall müssen Ihre Überlegungen an irgendeinem Punkt die kurzfristige Belohnung vorgezogen haben. Und im Lauf der Zeit haben Sie immer weniger Energie darauf verwandt nachzudenken, wenn sich eine Gelegenheit zur Belohnung ergab. Der Trieb zur sofortigen Belohnung wurde so stark, dass kein Widerstand mehr möglich schien. Genau so funktioniert diese Mechanik.

Footballtrainer beschreiben eine solche Dynamik gewöhnlich auf eine bestimmte Weise. Sie sagen, Selbstdisziplin sei wie ein Muskel. Wenn Sie sie benutzen, wird sie stärker, und wenn Sie das nicht tun, wird sie schwächer. Diese Binsenweisheit scheint das größere Muster zu erfassen: Wenn der Teil von Ihnen, der gegen das Schwelgen argumentiert, einige Male gewinnt – sofern Sie ihn also erfolgreich »trainieren« –, dann werden seine Chancen auf Erfolg beim nächsten Mal größer sein; wenn er jedoch einige Male hintereinander verliert, steuert er in Richtung auf eine sehr lange Reihe von Niederlagen.

Tatsächlich ist diese »Muskel«-Metapher so treffend, dass manche Psychologen sie benutzt haben, um das Fazit ihrer Forschungsergebnisse zusammenzufassen. Eine interessante Frage, die diese Psychologen nicht geneigt sind, zu fragen, ist, *warum* die »Muskel«-Metapher zutrifft. Mit anderen Worten: Weshalb führt früher Erfolg bei der Selbstdisziplin zu mehr Erfolgen, während frühe Niederlagen zu mehr Niederlagen führen? Wäre

Selbstdisziplin wirklich gut für den Organismus, dann sollte man meinen, dass die natürliche Selektion es einigen wenigen frühen Niederlagen nicht so leicht machen würde, die Selbstdisziplin zu unterminieren. Und dennoch ist nicht zu leugnen, dass einige wenige Injektionen von Heroin das Ende eines produktiven Lebens bedeuten können. Warum?

Eine Möglichkeit, diese Frage zu beantworten, ist, sich von der nützlichen, aber allzu engen »Selbstdisziplin-als-ein-Muskel«-Metapher zu verabschieden. Lassen Sie uns die Frage in modulare Begriffe übersetzen: Nachdem das Modul, welches das Schwelgen befürwortet, den Wettstreit einige Male gewonnen hat, wächst seine Macht bis zu einem Punkt an, an dem widersprechende Module sich nicht einmal mehr die Mühe geben, zu versuchen, Gegenargumente ins Feld zu führen. Warum sollte die natürliche Selektion die Dinge auf diese Weise konzipieren, also so, dass das gewinnende Modul immer stärker wird?

Stellen Sie sich einen Ihrer Urahnen vor 20 000 Jahren vor – Ihren Ur-Ur-Ur-(und-so-weiter-)Großvater. Stellen Sie ihn sich als einen sehr jungen Mann vor. Stellen Sie sich weiter vor, dass eines seiner Module – in etwa das, was Freud »Libido« genannt hat – ihn beflügelt, einer Frau sexuelle Avancen zu machen. Ein anderes Modul rät ihm zur Vorsicht und bringt Einwände vor wie: »Aber vielleicht wird sie deine Annäherungsversuche zurückweisen und dich damit demütigen, und vielleicht wird sie anderen Leuten erzählen, dass sie dich zurückgewiesen hat, und das wird dich noch mehr demütigen.« Oder, wenn sie bereits einen Partner hat, mag das vorsichtige Modul sagen: »Was, wenn sie ihrem bullenstarken Partner von deiner unerwünschten Anmache erzählt und er dich einem Löwen zum Fraß vorwirft?«

Nun, lassen Sie uns annehmen, das erste Modul gewinnt und Ihr Ahn umwirbt die Frau. Und nehmen wir weiterhin an, es stellt sich heraus, dass das libidinöse Modul recht hatte, Ihr

Vorfahr nicht zurückgewiesen wird, es zum Koitus kommt und der bullenstarke Partner nicht klüger als zuvor ist. Wenn es dann das nächste Mal zu einem Konflikt zwischen diesen beiden Stimmen kommt – derjenigen, die zu dem amourösen Abenteuer rät, und der anderen, die zur Keuschheit mahnt –, ist es dann nicht sinnvoll, sich im Zweifelsfall zugunsten der ersten Stimme zu entscheiden? Schließlich hat sie das letzte Mal ja auch reüssiert. Und die Tatsache, dass sie recht gehabt hat, lässt zweierlei vermuten: dass es durchaus nicht abwegig ist, zu denken, dass weibliche Wesen diesen bestimmten Vorfahren attraktiv finden, und dass das Gehirn dieses Vorfahren gut darin ist, kleine Winke von interessierten Frauen zu verstehen.

Werden diese Avancen andererseits zurückgewiesen, und Ihr Vorfahr wird gedemütigt und zur Zielscheibe des Spotts der Jäger-und-Sammler-Gemeinschaft – oder, schlimmer noch, er wird von dem bullenstarken Partner zusammengeschlagen, bevor er zur Witzfigur avanciert –, dann sieht die Sache anders aus. Dann wäre es besser, dem libidinösen Modul beim nächsten Mal weniger Macht zu verleihen. Und es wäre klug, dem zur Vorsicht ratenden Modul mehr Macht zu verleihen. Schließlich hat es beim letzten Mal recht gehabt.

Der Knackpunkt ist hier, dass es sinnvoll ist, wenn die natürliche Selektion einen modularen Geist auf die Weise konzipiert, dass »gewinnende« Module mehr Macht bekommen, wenn ihre Einschätzung bestätigt wird. Und beachten Sie auch, dass die Form, die die Bestätigung annimmt, zumindest in einigen Fällen eine sinnliche Belohnung darstellt: Wenn das libidinöse Modul zur sexuellen Selbstbehauptung rät und dies zu einem Orgasmus führt, dann wird sein Rat beim nächsten Mal mehr Gewicht haben.

In einer modernen Umgebung funktioniert diese Dynamik allerdings ganz anders. Ein Modul, das Ihnen rät, eine Pornografie-Website zu besuchen, kann zu sexueller Befriedigung führen;

also wird dieser Rat beim nächsten Mal mehr Gewicht haben – auch wenn Zeit auf einer Pornografie-Site zu verbringen nichts dazu tut, Ihre Aussichten auf Fortpflanzung zu vergrößern, sondern sogar das Gegenteil bewirken kann. Oder ein Modul rät zum Schnupfen von Kokain, und dies gibt Ihrem Selbstvertrauen starken Auftrieb, etwas, was in einem Umfeld von Jägern und Sammlern eine Belohnung dafür gewesen wäre, dass Sie Ihre Stammesgenossen beeindrucken konnten – also etwas, was nicht ein Modul verstärkt hätte, das Sie dazu drängt, Kokain zu schnupfen, sondern ein Modul, das Sie dazu veranlasst, die Art von Verhalten zu wiederholen, die Ihre Stammesgenossen beeindruckt hat. Auf diese Weise kann eine Belohnung eine Art von Verhalten verstärken, die sich sehr stark von dem Verhalten unterscheidet, das zu verstärken sie ursprünglich konzipiert war.

Das Problem der Selbstkontrolle auf diese Weise zu beschreiben – nämlich dass ein Modul sich verstärkt, während ein Allzweckmuskel genannt »Selbstdisziplin« immer schwächer wird – hat zwei Vorteile. Zuerst einmal hilft diese Perspektive, zu erklären, warum das Problem überhaupt so heimtückisch ist. Es ist schwer, sich vorzustellen, warum die natürliche Selektion eine »Muskel« genannte »Selbstdisziplin« so konzipieren sollte, dass einige wenige anfängliche Fehlschläge zu andauernder Kraftlosigkeit führen. Aber es ist leicht, sich vorzustellen, warum die natürliche Selektion Module entwerfen sollte, die mit wiederholtem Erfolg stärker werden, und warum die natürliche Selektion als Arbeitsdefinition für Erfolg Belohnung auf die eine oder andere Weise benutzen sollte.

Ein neuer Ansatz

Ein zweiter Vorteil der Erklärung des Problems der Selbstdisziplin in Begriffen von Modulen ist, dass sich dadurch neue Wege anbieten, mit dem Problem umzugehen. Uns vorzustellen, dass das Ziel den Selbstdisziplin-Muskel stärkt, ist etwas ganz anderes als die Vorstellung, dass es ein dominant gewordenes Modul schwächt.

Verwenden Sie den ersten Ansatz, dann neigen Sie dazu, gegen Ihre Versuchungen *anzukämpfen*. Sie fühlen den Drang, Zigaretten kaufen zu gehen, und Sie versuchen, diesen Gedanken aus Ihrem Geist zu verdrängen. Schließlich gibt es ja dieses Ding namens »Selbstdisziplin«, und Sie müssen es ausüben – Sie müssen sich dem Drang damit auf dem Schlachtfeld stellen und den Feind überwinden!

Doch einmal angenommen, Sie sehen das Problem stattdessen als dieses bestimmte Modul an, das zu einer besonders starken Gewohnheit geworden ist. Wie könnten Sie das Problem dann überwinden? Sie könnten so etwas wie die Achtsamkeitsmeditation ausprobieren. Damit Sie sehen, was ich meine, lassen Sie uns einen hochmodernen Ansatz der Achtsamkeitsmeditation betrachten, der dazu gedacht ist, Suchtverhalten zu überwinden.

Dieser Ansatz wurde mir von Judson Brewer erklärt, der an der Yale Medical School eine Studie darüber durchgeführt hat (und der auch eine der wichtigsten jener Studien geleitet hat, die zeigen, dass Meditation das Ruhezustandsnetzwerk beruhigt). Brewer sagte, die Grundidee sei, *nicht* gegen den Drang anzukämpfen, etwa den Drang, eine Zigarette zu rauchen. Das heißt, dass Sie nicht versuchen, den Drang aus Ihrem Geist zu verbannen. Sie benutzen vielmehr dieselbe Achtsamkeitstechnik, die Sie auch auf andere unangenehme Gefühle anwenden – Angst, Abneigung, Melancholie, Hass. Sie untersuchen das Gefühl einfach ruhig (oder so ruhig, wie es Ihnen unter den gegebenen Umständen möglich ist). In welchem Teil Ihres Körpers fühlen Sie den Drang? Wie ist die Beschaffenheit des Drangs? Ist er schneidend? Dumpf und schwer? Je länger Sie das tun, desto weniger scheint der Drang ein Teil von Ihnen zu sein; Sie haben sich der grundlegenden Ironie der Achtsamkeitsmeditation bedient: Wenn Sie die Gefühle nahe genug an sich heranlassen, sodass Sie sie genau untersuchen können, dann führt das letztlich dazu, dass sie eine Art kritischer Distanz zu ihnen gewinnen. Die Gefühle haben Sie nicht mehr so stark im Griff; wenn sich der Griff genügend lockert, dann sind sie nicht mehr Teil von Ihnen.

Diese Technik vollzieht sich in vier Schritten: (1) Zuerst erkennen Sie das Gefühl. (2) Dann akzeptieren Sie es (statt dass Sie versuchen, es zu vertreiben). (3) Anschließend untersuchen Sie das Gefühl und seine Beziehung zu Ihrem Körper. (4) Und letztlich gelangen Sie zur Nichtidentifikation oder zum Nichtanhaften. Das ist ein wunderbarer Schlussakkord, denn nicht an Dingen zu haften war Buddhas Allzweckrezept gegen alles, was uns leiden lässt.

Nach Brewers Aussage besteht diese Therapie darin, dass man den Drang zu rauchen nicht »füttert«. Er sagte: »Wenn Sie eine streunende Katze nicht füttern, dann kommt sie nicht mehr an Ihre Tür.«

Mir gefällt diese Metapher, die andeutet, dass es irgendwo in uns ein Tier gibt, das gezähmt werden muss. Schließlich besagt das modulare Modell des Geistes, dass es in einem gewissen Sinne eine Anzahl von Tieren in unserem Geist gibt – Module, die ein gewisses Maß an Unabhängigkeit besitzen und die manchmal miteinander um die Vorherrschaft kämpfen. Außerdem habe ich ja gerade vorgeschlagen, dass, ähnlich wie bei Tieren, das Verhalten von Modulen von positiver Verstärkung geprägt wird; werden Sie immer wieder für etwas belohnt, dann werden Sie es immer häufiger tun. Das ist offenbar die Grundlage von Sucht. Eine Ratte lernt, dass ein Nahrungskügelchen zum Vorschein kommt, wenn sie auf eine Taste drückt; eines Ihrer Module lernt, dass es etwas Nikotin bekommen wird, wenn es den Drang erzeugt, eine Zigarette anzuzünden.

Dieser Vergleich zeigt auf subtilere Weise den Unterschied zwischen dem Ankämpfen gegen den Drang zu rauchen und dem achtsamen Umgang mit dem Drang. Gegen den Drang anzu-kämpfen ist so, als drängte man die Ratte jedes Mal, wenn sie sich der Taste nähert, zur Seite. Das funktioniert auf kurze Sicht. Wenn die Ratte die Taste nicht drücken kann, dann erscheint keine Nahrungskugel, und nach einer Weile wird die Ratte es sogar aufgeben, sich der Taste zu nähern. Doch sobald man zu-lässt, dass die Ratte wieder an die Taste herankommt, wird sie sie erneut drücken, weil sie nichts erlebt hat, was gezeigt hätte, dass das Drücken der Taste keine Nahrung hervorruft.

Achtsam mit dem Drang umzugehen, würde ich sagen, ist mehr so, als arrangierte man die Dinge derart, dass kein Nah-rungskügelchen herauskommt, wenn die Ratte die Taste drückt. Der Drang – das Verhalten, das dem Drücken der Taste ent-spricht – darf sich voll ausformen, doch er wird nicht verstärkt, weil Sie ihn achtsam untersucht, ihn damit seiner Macht be-raubt und so die Verbindung zwischen dem Impuls und der Be-lohnung unterbrochen haben. Hat der Drang sich wieder und wieder entfaltet, ohne zu einer Belohnung zu führen, dann wird er mit der Zeit enden und nicht wiederauftauchen.

Das heißt, wenn die Technik funktioniert. Und in der Studie zum Zigarettenrauchen, die Brewer durchgeführt hat, funktio-nierte diese Technik besser als ein alternativer Ansatz, der von der American Lung Association empfohlen wird.[79]

Aufmerksamkeitsdefizit als Sucht

Die meisten unserer Probleme mit der Selbstkontrolle sind nicht so dramatisch und klar umrissen wie die klassische Sucht nach Nikotin oder Kokain. Die meisten von ihnen sind so subtil mit unserem Leben verwoben, dass wir gar nicht auf den Gedanken kommen, sie als Probleme mit der Selbstkontrolle zu betrachten.

So wies ich zum Beispiel als Kind eine kurze Aufmerksamkeits-spanne auf. Tatsächlich habe ich die noch immer – es ist nur so, dass man das heute nicht mehr so nennt. Es heißt jetzt »Aufmerksamkeitsdefizit-Störung«. Was diese beiden Begriffe gemeinsam haben, ist eine spezielle Weise, das Problem zu charakterisieren. Sie lassen es sich so anhören, als gäbe es eine Fähigkeit, die Menschen besitzen – die Fähigkeit, die wir »Aufmerksamkeit« nennen –, und irgendwie fehlte es meiner speziellen Fähigkeit zur Aufmerksamkeit an irgendetwas, was sie besser hätte funktionieren lassen. Doch wenn ich meine Aufmerksamkeitsdefizit-Störung in Aktion beobachte, wenn ich wirklich sehr aufmerksam die Dynamik der Zerstreuung betrachte, dann beginnt diese Charakterisierung, sich falsch anzuhören. Das Problem, die Konzentration zu verlieren, scheint eher ein Problem des Umgangs mit meinen Gefühlen zu sein.

Ein Beispiel: Genau jetzt bin ich darauf konzentriert, diesen Satz zu schreiben, und diesen Satz zu schreiben fühlt sich gut an. Ich mag es, Erfolg mit Tätigkeiten zu haben, die ich ausführe, und solange sich dieser Satz weiterhin auf meinem Computerbildschirm entfaltet, habe ich Erfolg mit etwas! Komme ich jedoch an einen Punkt, an dem ich mich nicht entscheiden kann, wie der nächste Satz lauten soll, beginnt sich das ein wenig unangenehm anzufühlen. Und es geht dabei nicht nur darum, wie ich den nächsten Satz formulieren soll. Wenn ich nicht genau weiß, was der nächste Satz aussagen und wohin dieser gesamte Schreibfluss führen soll – dann fühlt sich das *wirklich* unangenehm an. Ich liebe es, an Sätzen herumzubasteln, doch ich hasse es, über strukturelle Probleme nachzudenken.

Aber Moment mal – es gibt eine Alternative zu der Unannehmlichkeit, mich mit einem ungeschriebenen und offenbar so nicht schreibbaren Satz zu konfrontieren. Mein Browser ist geöffnet, und so kommt mir der Gedanke, dass ich einen Einkauf erledigen sollte: Ich brauche ein neues Smartphone. Ich meine, ich brauche nicht *unbedingt* ein neues Smartphone, aber mein altes hat dieses blöde Problem entwickelt, dass es denkt, die Kopfhörer seien eingestöpselt, selbst wenn sie es nicht sind.

Wenn mich also jemand anruft, kann ich nicht hören, was er sagt, solange ich den Kopfhörer nicht eingestöpselt oder die Lauthörerfunktion aktiviert habe. Vermögen Sie sich auch nur vorzustellen, dass man mit einer solchen Belastung leben kann? Meinen Sie nicht, ich sollte die nächsten paar Minuten besser darauf verwenden, Recherchen zu Smartphones anzustellen? Nun, ob Sie das meinen oder nicht, ich bin begeistert von technischen Spielzeugen, und deshalb fühlt sich der Gedanke, das zu tun, gut an – viel, viel besser als der Gedanke auszuklügeln, wie der nächste Satz aussehen soll. Das Urteil ist gesprochen. Dann bis später.

Ich bin mir nicht sicher, welches Modul dieses »Warum suchst du nicht mal nach neuen Smartphones?« in meinen Geist eingeschleust hat – anscheinend ein Modul, das es mag, Produkte zu erwerben. Auf jeden Fall hat das Modul den Gedanken genau im richtigen Augenblick produziert, gerade in dem Moment, in dem sich das Schreiben unangenehm anzufühlen begann. Module sind in dieser Hinsicht sehr trickreich.

Wie auch immer, der Knackpunkt ist hier, dass Sie das Problem der Ablenkung als analog zu dem Problem des Rauchenaufgebens betrachten können. Und wenn Sie die Sache so sehen – wenn Sie es als Ihr Ziel betrachten, das Modul zu schwächen, das die Ablenkung von Ihrer Arbeit begünstigt –, dann kann dies eine Auswirkung darauf haben, wie Sie mit dem Problem umgehen.

Wenn Sie entschlossen sind, auf Ihre Arbeit fokussiert zu bleiben, auch wenn ein starker Wunsch danach auftaucht, nicht auf Ihre Arbeit konzentriert zu bleiben, dann kann es sein, dass Sie gewöhnlich mit einem Rüffel darauf antworten: Nein, *denk erst gar nicht* an Smartphones, mach dich wieder ans Schreiben! Doch wählen Sie den Ansatz der Achtsamkeit, dann sagen Sie: Na los doch, denk an Smartphones. Schließ die Augen, und stell dir vor, wie es sich anfühlen würde, nach den neuesten Testberichten über das neueste Smartphone Ausschau zu halten. Untersuch das Gefühl dieses *Wunsches* nach einem coolen neuen Smartphone und des *Wunsches*, online nach einem solchen zu suchen. Dann untersuchen Sie die ganze Sache noch weiter. Untersuchen Sie sie, bis sie ihre Macht verliert. Und dann kommen Sie zurück zum Schreiben!

Auch wenn wir normalerweise nicht glauben, dass Nikotinsucht und eine kurze Aufmerksamkeitsspanne viel gemeinsam haben, so sind beide doch in Wirklichkeit Probleme der Impulskontrolle. Und in beiden Fällen können wir, im Prinzip, den Impuls abschwächen, indem wir *nicht* gegen ihn ankämpfen, sondern ihn sich ausformen lassen und ihn dann sorgfältig beobachten. Dies nimmt dem Modul, das den Impuls hervorgebracht hat, die positive Verstärkung, die ihm beim nächsten Mal mehr Macht verleihen würde.

Hass als Sucht

Im Prinzip können wir einen großen Teil der Achtsamkeitsmeditation auf diese Weise beschreiben – dass wir Modulen die positive Verstärkung versagen, die ihnen Macht verliehen hat. Denn wenn Sie Gefühle achtsam beobachten, verhindern Sie oft, dass jenes Modul, welches sie hervorgebracht hat, irgendeine Belohnung erfährt. Wenn Sie das Gefühl, jemanden zu hassen, beobachten und einfach mit der Beobachtung des Gefühls fortfahren, dann wird das Gefühl nicht das bewirken, was es ansonsten verursachte – wie zum Beispiel Sie dazu zu bringen, dass Sie sich vorstellen, wie Sie sich für das rächen können, was die Person Ihnen angetan hat, um Ihren Hass zu verdienen. Wenn Sie tatsächlich in dieser Rachefantasie schwelgten, würde sich das gut anfühlen, nicht wahr? Was ist köstlicher, als sich vorzustellen, wie ein schreckliches Schicksal einen Todfeind ereilt? Und der Grund dafür, dass dies ein gutes Gefühl mit sich bringt, ist vermutlich, dass es die Art von Reaktion ist, für die die natürliche

Selektion ein Modul konzipiert hat: sich Wege vorzustellen, wie Sie Rivalen schwächen und Feinden schaden können. Vom Standpunkt der natürlichen Selektion aus gesehen, verdient das Modul also eine Belohnung dafür, dass es seine Aufgabe erfüllt hat, Sie dazu zu bringen, in einer Rachefantasie zu schwelgen – und diese Belohnung wird das Modul beim nächsten Mal noch stärker machen.

Dies ist nicht die einzige Mission, die zu erfüllen der Hass konzipiert wurde. Er ist auch gut darin, Sie dazu zu bringen, dass Sie niederträchtige Geschichten über jene Menschen erzählen, die Sie verabscheuen (womit Sie dabei versagen, das zu üben, was Buddhisten »rechte Rede« nennen, die einer der Faktoren des Achtfachen Pfads ist). Solche gemeinen Sachen zu sagen fühlt sich ebenfalls gut an. Aber zu dieser positiven Verstärkung wird es ebenso wenig kommen wie zu der positiven Verstärkung von Rachefantasien, wenn Sie das Gefühl des Hasses kommen sehen und es achtsam betrachten, statt sich ihm hinzugeben.

Kurz gesagt: Obwohl wir den Begriff »Selbstkontrolle« üblicherweise mit offensichtlichem Sichgehenlassen in Verbindung bringen – mit dem Spritzen von Heroin, dem Herunterschlingen von Schokolade und so weiter –, stellt sich heraus, dass die Lektionen, die wir aus diesen hervorstechenden Beispielen lernen, weit über diese hinausgehen. Hass und kurze Aufmerksamkeitsspanne sind Probleme der Selbstkontrolle, mit denen wir durch Achtsamkeit umgehen können.

»Selbstkontrolle« ist ein etwas zweideutiger Begriff. Manche Menschen glauben, er beziehe sich auf die Kontrolle *des* Selbst oder Ich, andere meinen damit die Kontrolle *durch das* Selbst. So oder so ist es seltsam, diesen Begriff in einem Buch zu gebrauchen, das auf den Lehren des Buddhismus aufbaut – denn nach diesen Lehren existiert kein Selbst oder Ich. Und wenn kein Selbst existiert, wie können wir dann von »Selbst«-Kontrolle sprechen? Wenn es keinen rationalen Wagenlenker gibt, wie entscheiden wir uns dann dafür, etwa die Achtsamkeitsmeditation zu praktizieren?

Für den Moment umschiffe ich die Frage, indem ich wiederhole, was ich bereits früher gesagt habe. Machen Sie sich keine Gedanken darüber, ob ein »Selbst« oder »Ich« existiert. Benutzen Sie einfach die Teile der Nicht-Ich-Lehre, die nützlich sind, insbesondere die Idee, dass keines Ihrer Gefühle – der Drang, Zigaretten zu rauchen, der Drang, nach Smartphones zu suchen, der Drang, zu hassen – in Wirklichkeit ein Teil von Ihnen ist. Sie können diese Gefühle als das beobachten, was sie sind: Dinge, die irgendein Modul zu verstärken versucht. Je mehr Sie sie auf diese Weise beobachten – sie achtsam beobachten –, desto weniger Macht werden diese Regungen haben, und desto weniger werden sie ein Teil von »Ihnen« sein.

Auch wenn David Hume Argumente gegen die Existenz eines Ich angeführt hat, glaubte er doch zweifellos, dass das, was wir »Selbstkontrolle« nennen, möglich ist. Er unterschied zwischen heftigen Passionen beziehungsweise Affekten wie Rache und Hass und ruhigen Affekten wie etwa der Liebe zur Schönheit, und er beobachtete, dass die heftigen Leidenschaften im Allgemeinen einen machtvolleren Einfluss auf den Willen hätten, obwohl sich oft zeige, dass die ruhigen Leidenschaften, wenn sie von Reflexion bekräftigt und von Entschlossenheit unterstützt würden, in der Lage seien, diese in ihren wildesten Momenten zu kontrollieren. Es sei sogar möglich, so schrieb er, dass die ruhigen Affekte das absolute Kommando über den Geist haben.[80]

Achtsamkeitsmeditation ist unter anderem ein Versuch, den ruhigen Leidenschaften mehr Macht zu verleihen und die heftigen zu schwächen. Trotz aller Spekulationen darüber, Hume könnte in Kontakt mit der buddhistischen Philosophie gekommen sein, scheint er nichts von der Achtsamkeitsmeditation gewusst zu haben. Wenn er jedoch die Vorteile der Ermächtigung der ruhigen Leidenschaften beschreibt, hört er sich an wie ein heutiger Meditationslehrer, der die Vorteile des Lebens in der Gegenwart preist. Wenn es uns nicht gelingt, die ruhigen Leidenschaften zu ermächtigen, so schrieb er – wenn wir also den heftigen Leidenschaften die Oberhand lassen –, dann würden wir es versäumen, »die einfachen Dinge des Lebens zu genießen«.[81]

Anderen zu helfen, dass sie mit Problemen der Selbstkontrolle umzugehen lernen, wird oft als eine rein therapeutische Übung angesehen. Menschen dabei zu unterstützen, dass sie das Rauchen aufgeben oder vom Heroin loskommen, lässt sich sicherlich als Therapie im allgemeinen Sinn des Wortes begreifen. Aber wenn Sie sehen, wie nahtlos die Diskussion der Selbstkontrolle in die Diskussion der Überwindung von Hass übergeht – und auch dazu, die Schönheit in den »einfachen Dingen des Lebens« zu sehen –, dann vermögen Sie zu erkennen, wie verschwommen die Grenze zwischen Therapie und moralischer Bildung und zwischen Therapie und spirituellem Aufschwung ist.

Dies ist nicht überraschend. Nach der buddhistischen Philosophie sind die Probleme, die wir »therapeutisch« nennen, und die Probleme, die wir »spirituell« nennen, beide das Produkt dessen, dass wir die Dinge nicht klar sehen. Und darüber hinaus ist dieses Versagen, die Dinge klar zu sehen, in beiden Fällen eine Folge der Irreführung durch Gefühle. Und der erste Schritt dazu, diese Gefühle zu durchschauen, ist wie gesagt, sie erst einmal wahrzunehmen – sich dessen bewusst zu werden, wie durchgehend und subtil Gefühle unser Denken und Verhalten beeinflussen.

Während der folgenden Kapitel werden wir auf sogar noch subtilere Ebenen dieses Einflusses eingehen. Und wir werden uns entlang des Spektrums weiter von der Therapie zur Spiritualität hin bewegen.

10

Begegnungen mit dem Formlosen

Das Folgende ist eine Passage aus dem *Samadhiraja Sutra*, einem buddhistischen Text, der ungefähr 19 Jahrhunderte alt ist:

> Wisse, dass alle Dinge so sind:
> Ein Trugbild, ein Wolkenschloss.
> Ein Traum, eine Erscheinung.
> Ohne Essenz, aber mit Eigenschaften,
> Die gesehen werden können.

Ich habe ihn das erste Mal in einer Meditationsklausur gehört, in der einer der Lehrer immer wieder von »dem Formlosen« gesprochen hat. Gelangt man in seiner Meditationspraxis an den Punkt, an dem man das Formlose begreift, so entnahm ich dem Gesagten, dann nimmt man die Wirklichkeit wahrhaftiger wahr, als wenn man immer noch in der Welt der »Formen« feststeckte – der Welt von Tischen, Lastwagen, Bowlingkugeln.

»Das Formlose« gehört nicht zu den sonderlich bekannten Begriffen der buddhistischen Terminologie. Ein sehr viel geläufigerer Begriff, der in etwa dasselbe bedeutet, was dieser Lehrer mit dem »Formlosen« meinte, ist »Leere« oder auch »Leerheit«.[82]

Welchen dieser Begriffe – Formlosigkeit oder Leere – auch immer Sie benutzen, letzten Endes besagen sie, dass an der Welt dort draußen, die so solide und so strukturiert zu sein scheint, so voller Objekte mit einer eigenständigen und fassbaren Identität, weniger dran ist, als man auf Anhieb erkennen kann. Diese Welt scheinbarer Formen ist in einem gewissen Sinn, wie das *Samadhiraja Sutra* sagt, »ein Trugbild, ein Wolkenschloss, ein Traum, eine Erscheinung«. Oder wie das *Herz-Sutra* es in seiner berühmten prägnanten Ausdrucksweise sagt: »Form ist nichts anderes als Leere.«[83]

Offenbar kommen einige sehr fortgeschrittene Meditierende an einen Punkt, an dem sie diese Wahrheit tief erfahren und die Welt vielleicht sogar ständig als »leer« oder »formlos« sehen. Dies wird als eine wichtige Errungenschaft betrachtet, insbesondere wenn es Ihr Ziel ist, Erleuchtung zu erlangen.

Wenn Sie über die Begriffe »Formlosigkeit« und »Leere« nachdenken, dann mögen Ihnen zwei andere Wörter durch den Kopf gehen: »verrückt« und »deprimierend«. Es scheint verrückt zu sein, wenn man denkt, dass unsere Außenwelt nicht real ist, dass Gegenstände, die substanziell erscheinen, in einem gewissen Sinn keinerlei Inhalt haben. Es scheint auch irgendwie deprimierend zu sein. Ich begegne nicht gerade vielen fröhlichen, erfüllten Menschen, die herumlaufen und sich der Leere von allem erfreuen.

Aber so langsam beginne ich zu denken, dass diese Idee tatsächlich gar nicht so verrückt ist und angesichts des Fortschritts der Psychologie in der Tat immer sinnvoller erscheint. Und was das Deprimierende angeht: Zu denken, dass die wahrgenommene Welt in einem gewissen Sinne leer ist, muss Ihr Leben nicht seines Sinns berauben. Das kann es Ihnen in der Tat ermöglichen, eine neue Rahmenstruktur des Sinns aufzubauen, die gültiger ist – und vielleicht sogar eher zum Glück führt – als Ihre alte Rahmenstruktur.

Ich beeile mich hinzuzufügen: Meine Bereitschaft, »Formlosigkeit« und »Leere« zu verteidigen, hängt davon ab, was genau sie bedeuten sollen, und verschiedene buddhistische Denker haben Unterschiedliches damit gemeint. Ich will hier nicht die extreme Version der »Nur-Geist«-Schule des Buddhismus verteidigen mit ihrer Behauptung, dass die Welt da draußen wirklich und letztlich nicht existiert. Allerdings verfolge ich auch nicht nur eine Lockvogeltaktik; ich werde Formlosigkeit und Leere nicht in einem so engen und technischen Sinn definieren, dass die »Gültigkeit«, die ich der grundlegenden Idee zugestehe, letztlich trivial wird. Ich meine, dass es einen wichtigen, wenn auch subtilen Sinn gibt, in dem wir der Realität zu viel Form und Inhalt zuschreiben, und ich denke, dass dies, wenn wir es zu würdigen wissen, radikale Auswirkungen für unser Leben haben kann und haben sollte.

Doch lassen Sie mich am nicht zu radikalen Ende der Argumentation beginnen. Es gibt eine kaum umstrittene Vorstellung, nach der wir, wenn wir die Außenwelt wahrnehmen, nicht wirklich die Gegebenheiten erfassen, sondern sie vielmehr »konstruieren«. Schließlich haben wir nicht viel direkten Kontakt mit unserem Umfeld. Die Objekte, die wir sehen, riechen und hören, befinden sich in einiger Entfernung von unserem Körper. Deshalb ist alles, was das Gehirn anstellen kann, aus indirekten Hinweisen Schlussfolgerungen zu ziehen – aus Molekülen, die über die Straße von einer Bäckerei herüberwehen, aus Schallwellen, die von einem Düsenflugzeug ausgehen, aus Lichtpartikeln, die von Bäumen reflektiert werden.

Die Welt ist zum Beispiel dreidimensional, und doch sehen wir sie vermittels zweidimensionaler Datenfelder: als Lichtpunkte, die auf die Oberfläche der Netzhaut unserer beiden Augen treffen. Damit unser Geist eine dreidimensionale Welt in all ihrer Tiefe sehen kann, müssen wir die keine Tiefe besitzenden Datenfelder unserer Augen nehmen und sie dazu benutzen, eine Art »Theorie« der Welt daraus aufzubauen.

Und manchmal ist die Theorie falsch. Wenn Sie in einen 3-D-Film gehen und Ihre 3-D-Brille aufsetzen, dann wird Ihr Hirn so ausgetrickst, dass Sie Superhelden von der Filmleinwand auf Ihren Sitz zuspringen sehen. Sobald Sie die Brille abnehmen, dann sehen Sie: Nein, tatsächlich sind da nur Sie und Popcorn in Ihrer unmittelbaren Nähe. Oder betrachten Sie eine altmodischere geometrisch-optische Täuschung wie etwa die berühmte Müller-Lyer-Illusion, die Sie denken lässt, eine Linie sei länger als eine andere, obwohl das tatsächlich nicht der Fall ist.

Diese Illusionen bedienen sich der Vermutungen, die unser Geist darüber anstellt, wie die Muster auf der Netzhaut unserer Augen die reale Welt widerspiegeln. Die Menschen, die derlei Täuschungen erfunden haben, klügelten Situationen aus, in denen diese Vermutungen keinen Bestand haben.

Natürlich haben die Vermutungen in unserem Alltagsleben *fast immer* Bestand. Unser Geist leistet eine beeindruckende Arbeit, wenn er das Modell einer dreidimensionalen Wirklichkeit auf der Grundlage von zweidimensionalen Daten konstruiert. Allgemeiner gesagt, arbeiten unsere fünf Sinne sehr gut. Im Großen und Ganzen sind die Bäume, die wir sehen, Bäume, und die Düsenflugzeuge, die wir hören, sind Düsenflugzeuge. Dennoch ist der Knackpunkt hier, dass all dies genau genommen eine Frage der *Konstruktion* ist. Wahrnehmung ist ein aktiver, nicht ein passiver Vorgang, ein Prozess des unablässigen Aufbaus von Konstrukten der Welt. Das ist beispielsweise auch ein Grund dafür, dass unterschiedliche Menschen verschiedene Dinge in abstrakten Tintenklecksen sehen, wie sie in Rorschachtests benutzt werden: Unser Geist versucht, selbst die vieldeutigsten Muster zu etwas Konkretem zu machen, was uns sinnvoll erscheint. Wir mögen es, eine Geschichte darüber zu haben, was die Erscheinungen sind und was sie bedeuten.

Während der Meditation können unsere Geschichten über die Dinge von uns abfallen. So meditiere ich zum Beispiel manchmal auf Geräusche. Zuweilen praktiziere ich das rhythmisch, indem ich mich beim Einatmen auf meinen Atem sammle und beim Ausatmen auf irgendein Geräusch in meiner Umgebung. Oder ich gehe aufs Ganze und fokussiere mich nur auf die Geräusche, ohne auf meinen Atem zu achten. Während einer Meditationsklausur kann ein Lehrer tatsächlich eine ganze Sitzung der Meditation auf Geräusche widmen. Wenn Sie tief genug in diese Übung versinken, beginnt sich die Struktur aufzulösen, die Sie Geräuschen »auferlegen«.

So mag zum Beispiel ein Flugzeug über Sie hinwegfliegen, und Sie hören das Geräusch eines über Sie hinwegfliegenden Flugzeugs. Allerdings müssen Sie nicht unbedingt denken: »Oh, ein Flugzeug.« Sie sind so in die Beschaffenheit des Geräuschs versunken, dass Sie womöglich nicht sofort denken: »Oh, ein ›Irgendwas‹.« Da ist einfach ein bloßes Geräusch, unverbunden mit der Vorstellung eines bestimmten, konkreten Objekts. Ich vermute, so würde sich ein Flugzeug für jemanden aus einer Kultur anhören, die keine Flugzeuge kennt, oder für einen Alien aus einer so fortgeschrittenen Zivilisation, dass deren Luftfahrzeuge kein Geräusch verursachen. Da wäre einfach nur Geräusch – nicht das Geräusch *von* irgendetwas.

Eine berechtigte Frage, die Sie mir an diesem Punkt stellen könnten, wäre: Aber wozu sollte es gut sein, zu vergessen, dass das Geräusch eines Flugzeugs von einem Flugzeug kommt? Ich bin froh, dass Sie gefragt haben, und die Antwort ist: Das bringt eigentlich nicht viel. Aber jetzt betrachten Sie ein anderes Beispiel, einen Fall, in dem diese Art des Vergessens tatsächlich etwas Gutes ist.

Geräusche in Musik verwandeln

Ich nahm einmal an einem Meditationsretreat teil, während dessen in dem Zentrum gerade ein neuer Schlafsaal gebaut wurde, sodass man die Geräusche von Hämmern und Kreissägen hörte. Nun mögen Sie denken, dass solcher Lärm von einer Baustelle der stillen Meditation nicht gerade förderlich und alles andere als angenehm ist. (Ich habe niemals »Kreissäge« als downloadbaren Klingelton für ein Handy gesehen.) Und tatsächlich entschuldigte sich der Meditationslehrer zu Anfang des Retreats dafür, dass wir die ganze Woche lang Baustellengeräusche hören würden. Aber er erinnerte uns auch daran, dass ein großer Teil der Achtsamkeitsmeditation darin besteht, die Realität zu akzeptieren, mit der man sich konfrontiert sieht. Wenn man die unangenehmen, nervenaufreibenden Baustellengeräusche hört, würde man normalerweise das Fenster schließen oder etwas anderes unternehmen, um ihnen ein Ende zu bereiten. Doch hier ging es darum, die Geräusche als solche zu akzeptieren, ohne auf den Gedanken zu verfallen, dass sie unangenehm und nervenaufreibend seien.

Dies auszuführen fällt nicht leicht, aber es ist im Prinzip ein sehr schnörkelloser Ansatz. Der Schlüssel besteht darin, sich dem Nervenaufreibenden geradeheraus zu stellen – das Aufreibende gewissermaßen zu untersuchen. Sie achten auf das Unbehagen, das die Geräusche erzeugen. Wo ist das Unbehagen oder sogar das Abscheuliche in Ihrem Körper lokalisiert? Welche Beschaffenheit hat das Gefühl? Je detaillierter Sie das Geräusch untersuchen, je vollständiger Sie das Gefühl akzeptieren, desto mehr verschwindet die negative Energie.

Tatsächlich gelang es mir nicht nur, von der Idee abzulassen, dass diese Geräusche unangenehm seien. Während ich mich immer mehr in die Klangwellen vertiefte, die von den Hämmern und Kreissägen ausgingen, begann die ganze Sache sich – im buchstäblichen Sinne – wie Musik anzuhören. Man mag das Geräusch einer Kreissäge als abrupt und nervenaufreibend empfinden, aber ich empfand etwas Erfreuliches in dem tiefer werdenden Decrescendo des Geräuschs und dem Wiedereinsetzen mit einem schneller aufsteigenden Ton: Das Kreissägengeräusch begann, sich so schön anzuhören, dass ich merkte, wie ich während längerer Perioden der Stille ungeduldig dasaß und hoffte, dass ein Bauarbeiter sich verdammt noch mal beeilen würde, weiteres Bauholz zu zersägen. Das zeigt natürlich, wie weit ich noch von der Erleuchtung entfernt bin, denn nach der buddhistischen Lehre sollte ich nicht an Dingen haften, die ich angenehm finde. Der Knackpunkt ist jedoch, dass ich Musik in etwas gefunden hatte, was ich gewöhnlich als üblen »Lärm« bezeichnet hätte.

Es ist wahrscheinlich offensichtlich, worauf ich hinauswill: Wenn wir tatsächlichen Lärm in Musik verwandeln können, vermögen wir dann nicht auch Lärm im metaphorischen Sinn – alle möglichen unangenehmen Wahrnehmungen, Gedanken und Gefühle – in die Empfindung von Musik zu verwandeln? Oder ihnen zumindest den Stachel zu nehmen? Und es dürfte offensichtlich sein, wie ich diese Frage beantworten werde: Ja, das können wir (mit hinreichend sorgfältiger Übung).

Doch bevor wir zu diesen praktischen Anwendungen kommen, lassen Sie uns zu der ursprünglichen Frage zurückkehren: Was genau hatte meine kleine Kreissägensinfonie mit der Formlosigkeit, mit Leere zu tun? Nun, zum einen ist es mir während dieser Klausur, wie ich glaube, gelungen, das loszulassen, was man die »Kreissägenform« nennen könnte. Das Geräusch einer Kreissäge ist Teil einer ganzen Struktur von Vorstellungen – unter denen natürlich die Vorstellung des Geräts selbst ganz zentral ist. Und ich glaube, ein Grund, warum wir Kreissägengeräusche nervenaufreibend finden, ist, dass sie zu dieser Struktur gehören – das heißt, wir wissen, dass sie von ebenjenen Kreissägen kommen. Mit ihrer wohlbekannten Fähigkeit, nicht nur Holz, sondern auch Knochen durchschneiden zu können, sind Kreissägen Objekte, mit denen die meisten von uns nicht gern in Kontakt kommen. Vielleicht helfen die Vorstellungen von diesen Geräten – und die negativen Gefühle, die diese Vorstellung hervorrufen – uns, eine Aversion gegen das Geräusch zu empfinden.

Natürlich könnte es auch so sein, dass jemand von Natur aus dazu neigt, die Geräusche von Kreissägen nicht zu mögen. Gewiss sind wir mit Neigungen geboren, spezielle Sachen zu mögen oder nicht zu mögen – bestimmte Geschmäcker, Gerüche, Anblicke, Geräusche. Aber zweifellos sind unsere Reaktionen auf Wahrnehmungen zu einem gewissen Maß auch das Ergebnis von Erfahrungen. An einem bestimmten Punkt in meiner Meditation begann das Geräusch, das von seiner gewöhnlichen »Kreissägenform« losgelöst war, eine andere Form anzunehmen. Es begann, mich an den Bohrer eines Zahnarztes zu erinnern, und natürlich wurde es augenblicklich wirklich *sehr* unangenehm. Das Geräusch war nur angenehm, wenn es von diesen »Formen« – der ursprünglichen und der des Bohrers – abgelöst war.

Erinnern Sie sich an Ajahn Chah, den thailändischen Mönch, der sagte, dass Ihr Kopf explodieren wird, wenn Sie versuchen, die Idee des Nicht-Ich allein durch »Intellektualisierung« zu verstehen? Er erzählte, er sei einmal beim Versuch, zu meditieren, immer wieder von den Geräuschen eines Festes in einem nahe gelegenen Dorf gestört worden. Dann, so erinnerte er sich, sei ihm aufgegangen: »Das Geräusch ist einfach das Geräusch. Ich bin es, der hinausgeht, es zu stören. Lasse ich das Geräusch einfach sein, was es ist, dann wird es mich nicht stören … Wenn ich nicht hinausgehe und das Geräusch störe, dann wird es mich nicht stören.«[84]

Ich würde diese Aussage nicht zu wörtlich nehmen; es ist nicht so, als würde das Geräusch Sie stören, um sich dafür zu rächen, dass Sie es gestört haben. Der springende Punkt ist einfach, dass ein Geräusch an sich etwas Passives und nichts Aktives ist, weder angenehm noch unangenehm. Um es unangenehm werden zu lassen, müssen Sie in einem gewissen Sinn aktiv werden und *etwas damit machen*.

Sehen Sie sich noch einmal die letzten Zeilen des Zitats aus dem *Samadhiraja Sutra* an. Es sagt, alle Dinge seien »ohne Essenz, aber mit Eigenschaften, die gesehen werden können«. Dieses Sutra leugnet nicht die Realität der Schallwellen von einer Kreissäge, die auf mein Ohr treffen, die »Eigenschaften«, die ich wahrnahm. Aber es scheint zu sagen, dass die »Essenz«, die ich normalerweise hinter diesen Eigenschaften sehe – die Essenz einer Kreissäge –, eine Frage der Interpretation ist. Sie ist etwas, was aus diesen Eigenschaften zu konstruieren oder nicht zu konstruieren ich mich entscheide. Essenzen existieren nicht unabhängig von der menschlichen Wahrnehmung.

Dies ist die Version der Lehre von der Leere, die mir sinnvoll erscheint, und es ist die Version, die unter buddhistischen Gelehrten am häufigsten akzeptiert ist: Es geht nicht um die Abwesenheit von allen Dingen, sondern die Abwesenheit von Essenz. Leere wahrzunehmen heißt, rohe Sinnesdaten wahrzunehmen, ohne das zu tun, wozu wir ganz natürlich neigen: eine Theorie darüber zu entwerfen, was sich im Kern der Daten befindet, und diese Theorie dann in eine Empfindung von Essenz einzukapseln.

Das führt natürlich gleich zu einer Erwiderung: Aber, nun ja, gibt es da nicht *tatsächlich* etwas im Kern des Kreissägengeräuschs? Sie verstehen, etwas, was wir eine »Kreissäge« nennen? Etwas, was nicht leer ist und tatsächlich eine Form aufweist? Es ist ja gut und schön, dass Sie in der Lage waren, sich diese Tatsache aus dem Kopf zu schlagen und damit Lärm in Musik zu verwandeln, aber wenn die Kreissäge wirklich vorhanden war, dann wurde Ihr Bild der Realität nicht wirklich klarer, sondern tatsächlich weniger klar, nicht wahr? Und geht der Buddhismus nicht davon aus, dass wir unser Leiden verringern, indem wir die Welt *klarer* sehen …?

Die folgenden Abschnitte enthalten keine völlig zufriedenstellende Antwort auf diese Fragen. Ideen, die so radikal sind wie die der Leere, lassen sich nicht mit einer netten kleinen Anekdote überzeugend verteidigen. Aber ich hoffe, dass diese Idee sich nach einigen weiteren Kapiteln vielleicht, wenn schon nicht unwiderlegbar gültig, so doch wenigstens weniger verrückt anhört, als sie dies zu Beginn gewesen ist. Bis dahin lassen Sie mich einfach eine vorläufige Antwort auf diese Fragen über die angebliche Leere und Formlosigkeit einer Kreissäge geben.

Ja, die Kreissäge existiert natürlich. Sie besteht aus Teilen wie einem Elektrokabel, einem Elektromotor, einem Sägeblatt und einem Triggerschalter. Diese Bestandteile gehören, so könnte man sagen, zu den »Eigenschaften« des Geräts. Doch wenn ich von der »Essenz« der Kreissäge spreche, dann spreche ich von etwas, was wir in einer Kreissäge wahrnehmen und was mehr ist als die Summe solcher Eigenschaften, etwas, was eigenständige Vorstellungen und emotionale Wirkung hervorruft. Und wenn ich es schaffe, mich von einigen dieser Vorstellungen und Wirkungen loszulösen – so weit, dass ich mich tatsächlich am Geräusch einer Kreissäge erfreuen kann –, dann beginnt diese Essenz, sich aufzulösen.

Um es anders zu formulieren: Vor dieser speziellen Meditationsklausur hätte ich sagen können: »Es ist Teil der Essenz von Kreissägen, dass sie unangenehme Geräusche erzeugen.« Aber wie sich herausstellte, wohnt das Erzeugen unangenehmer Geräusche nicht tatsächlich den Kreissägen inne. Und wenn es ihnen nicht inhärent ist, wie kann es dann Teil ihrer Essenz sein?

Im folgenden Kapitel werde ich argumentieren, dass die »Essenz« *vieler* Dinge – vielleicht sogar aller – ihnen tatsächlich nicht inhärent ist. Um das zu belegen, werde ich alle möglichen Forschungsergebnisse der modernen Psychologie heranziehen. Nach diesem Kapitel, so hoffe ich, wird die Idee der Formlosigkeit oder Leere plausibler erscheinen – oder Sie werden zumindest eine klarere Vorstellung davon haben, in genau welchem Sinne ich diese Idee für plausibel halte.

Vorher erzähle ich Ihnen aber noch eine andere Anekdote aus einem Retreat.

Es sind Geschichten ganz bis nach unten

In der Klausur, in der ich zum ersten Mal von dem Formlosen hörte, hatte jeder Yogi ein zehnminütiges Gespräch mit einem der Lehrer, während dessen er unter vier Augen alle Probleme vorbringen konnte, mit denen er zu ringen hatte, um dann eine Anleitung durch den Lehrer zu erhalten. Ich traf mich mit einer Lehrerin namens Narayan Liebenson. Sie hatte die Passage aus dem *Samadhiraja Sutra* vorgelesen, doch es war der andere Lehrer des Retreats, Rodney Smith, der über das Formlose sprach. Dies war meine Chance, Narayans Meinung über das zu hören, was genau er meinte.

Narayan ist übrigens eine Hardcore-Lehrerin. Wie die meisten Lehrer der Insight Meditation Society hat sie eine intensive kontemplative Praxis hinter sich gebracht, darunter Monate der Einsamkeit in den Wäldern von Südostasien. Sie lehrt Meditation nicht nur zur Reduktion von Stress, auch wenn sie natürlich glücklich zur Kenntnis nimmt, dass dies zu deren Wohltaten zählt. Sie ist hier, weil sie Menschen helfen will, Befreiung zu erreichen.

Aus diesem Grund war sie nicht ganz damit einverstanden, dass ich dieses Buch schreiben wollte. Schließlich konnte das Schreiben über die buddhistische meditative Praxis die Praxis selbst behindern. Wenn Sie *versuchen*, bestimmte meditative Zustände zu erreichen, um sie in einem Buch erläutern zu können, dann kann es weniger wahrscheinlich sein, dass Sie sie erlangen und dass Sie verschiedene Durchbrüche zu verwirklichen vermögen, die sich ergeben können, wenn Sie die Praxis in einem anderen Geist angehen. Sie sagte mir einmal mit sehr ernstem Gesichtsausdruck: »Ich glaube, du wirst wählen müssen, ob du dieses Buch schreiben oder Befreiung erlangen willst.«

Aber, so argumentierte ich, das Buch könnte doch anderen Menschen helfen, dem Dharma zu folgen – und wenn es genug von ihnen helfe, würde das dann nicht mein eigenes Versagen aufwiegen, Befreiung zu erreichen? Sie blieb ungerührt. Ihr Job bestehe darin, Befreiung zu lehren, und in diesem Moment war sie meine Lehrerin. Außerdem war sie offenbar der Meinung, dass man nichts Besseres für die Welt tun könne, als ein wahrhaft befreites Wesen zu werden – das sei jedenfalls mehr als ein selbst nicht befreiter Autor, der andere in die Richtung der Befreiung lenken wolle.

Wie auch immer, in diesem speziellen Gespräch fragte ich Narayan, ob Rodneys Sichtweise von vielen anderen Vipassana-Lehrern geteilt würde und ob sie die Idee des Formlosen ernst nähme. Ja, sagte sie, das täte sie. Und nein, was Rodney über das Formlose gesagt habe, würde in ihren Kreisen nicht als radikal angesehen. »Joseph würde dasselbe sagen«, sagte sie und meinte damit Joseph Goldstein.

Also drängte ich sie, zu präzisieren, was mit diesem Begriff gemeint sei. Sie bestätigte meine Vermutung, er bedeute keineswegs, dass die physische Welt nicht existiere oder keinerlei Struktur besäße. Tische sind da, Kreissägen ebenfalls. Aber nach einigen Minuten unseres Gesprächs hatte ich das Gefühl, den Kern dessen begriffen zu haben, was sie meinte.

Ich fragte: »Also ist die Vorstellung, dass alles, was wir an der Welt für *sinngebend* halten, etwas ist, was wir ihr überstülpen?«

Sie antwortete: »Genau.«

Ich beeilte mich hinzuzufügen, dies bedeute nicht, dass wir in einem sinnlosen Universum leben. Der zutiefst moralische Wert fühlenden Lebens ist ein integraler Bestandteil des Buddhismus – nicht nur der Wert menschlicher Wesen, sondern der Wert aller Organismen, die eine subjektive Erfahrung haben und damit fähig sind, Schmerz und Lust, Leiden und Nichtleiden zu erfahren. Und dieser Wert macht wiederum andere Dinge wertvoll, so wie etwa Menschen zu helfen, freundlich zu Hunden zu sein und so weiter. *Moralischer* Sinn ist dementsprechend eine Empfindung, die dem Leben innewohnt.

Doch worauf Narayan hinweisen wollte, ist, dass wir im Verlauf unseres täglichen Lebens den Dingen eine Art erzählerischen Sinn zuweisen. Letztlich nehmen diese Erzählungen dann eine große Form an. Wir entscheiden, dass etwas, was wir getan haben, ein großer Fehler war und dass alles wunderbar gewesen wäre, wenn wir stattdessen etwas anderes getan hätten. Oder wir entscheiden, dass wir über irgendeinen speziellen Besitz oder eine Errungenschaft verfügen müssen und dass alles schrecklich sein wird, wenn wir sie nicht erlangen. In der Tiefe liegen diesen Erzählungen elementare narrative Urteile über das Gut- oder Schlechtsein der Dinge zugrunde.

Wenn ich zum Beispiel beginne, mir eine lange Geschichte darüber auszudenken, dass es ein Fehler war, zu dieser Meditationsklausur zu kommen, dass ich immer wieder Fehler dieser Art mache und so weiter, dann beruht diese Geschichte auf einer Anzahl von fragwürdigen Voraussetzungen. So wäre eine Prämisse, dass alles, was ich unternommen hätte, wenn ich nicht in das Retreat gegangen wäre, wie geschmiert gelaufen wäre – während ich woanders genauso gut von einem Bus hätte überfahren werden können. Es wäre ebenfalls eine Prämisse, dass die wenigen schmerzlichen Erfahrungen, die ich in dieser Woche gemacht habe, im Großen und Ganzen schlecht für mich gewesen sind, während ich in der Tat nicht wissen kann, welche Auswirkungen die Klausur auf lange Sicht haben wird. Und letztlich beruht diese Geschichte auf ganz grundlegenden Prämissen: einfachen Wahrnehmungsurteilen wie etwa: »Dieses Kreissägengeräusch, das ich höre, während ich versuche, zu meditieren, ist schlecht.« Und diese Art von Sinn, die so tief in die Beschaffenheit der Dinge eingebettet zu sein scheint, ist in der Tat keine der Realität innewohnende Eigenschaft. Sie ist etwas, was wir der Wirklichkeit überstülpen, eine Geschichte, die wir über die Realität erzählen.

Wir bauen Geschichten auf Geschichten auf Geschichten auf, und das Problem mit den Geschichten beginnt an ihrer Basis.

Achtsamkeitsmeditation ist unter anderem ein Hilfsmittel zur sorgfältigen Untersuchung unserer Geschichten von der Basis aufwärts, sodass wir, wenn wir das wollen, die Wahrheit von der Einbildung unterscheiden können.

11

Die gute Seite der Leere

Eines Tages fragte ein 59-jähriger Mann seine Ehefrau, wo denn seine Ehefrau sei. »Fred« – so das Pseudonym, das die Forscher dem Mann gegeben hatten – machte nicht etwa einen Spaß. »Auf ihre überraschte Antwort hin, sie stünde doch genau vor ihm«, so schrieben die Wissenschaftler in der Zeitschrift *Neurological Science*, »bestritt er hartnäckig, dass sie seine Frau sei.«[85]

Das Problem war nicht, dass Fred das Gesicht seiner Frau nicht wiedererkannte. Diese Dame sah ganz genau so aus wie seine Gattin. Aber er bestand darauf, sie sei ein »Double«. Seine wirkliche Frau, so vermutete er, sei ausgegangen und würde später zurückkehren.

Fred litt an der sogenannten Capgras-Illusion[86] (auch »Capgras-Syndrom« genannt), bei welcher der Betroffene glaubt, eine nahestehende Person – gewöhnlich ein Verwandter, manchmal ein enger Freund – sei ein Schwindler. Ein sehr guter Schwindler, nämlich ein genauer Doppelgänger, zumindest äußerlich. Aber nicht im Inneren. Diese Person mag genau so aussehen wie, sagen wir, Ihre Mutter, aber ihr fehlt das, was wir die »Essenz Ihrer Mutter« nennen könnten.

Wie wir gesehen haben, ist Essenz ganz zentral für das buddhistische Konzept der Leere. Zumindest die Abwesenheit von

Essenz. Der Grundgedanke der Leere ist, dass die Dinge, die wir in der Welt wahrnehmen, zwar in einem gewissen Sinne existieren, dass es ihnen aber an dieser »Essenz« mangelt. Wenn Fred also seine Frau ansah und nicht die »Essenz von Ehefrau« erkannte, erfuhr er dann Leere? Stand er etwa auf der Schwelle zur buddhistischen Erleuchtung?

Wohl eher nicht. Die Idee der Erleuchtung bedeutet, dass Sie Ihre Illusionen *verlieren*, wohingegen Sie einer Illusion erliegen, wenn Sie zu glauben beginnen, Ihre Frau wäre nicht Ihre Frau. Daher der Begriff »Capgras-*Illusion*«. Was immer sich da auch in Freds Gehirn abspielen mochte, es war nicht das, was die Buddhisten mit »Erleuchtung« meinen.[87] Gleichzeitig glaube ich aber, Freds Gehirn könnte *irgendetwas* mit dem Gehirn eines Menschen gemeinsam haben, der die Welt in einem tiefen meditativen Zustand als gänzlich oder teilweise »leer« erfährt. Und ich denke, diese Sichtweise könnte ein wichtiges Licht auf die Erfahrung von Leere werfen: was sie ist, warum wir sie erfahren und was wir damit anfangen sollen.

Niemand weiß genau, was die Capgras-Illusion verursacht. Aber eine bereits lange bestehende Theorie besagt, dass sie aus einer Unterbrechung der Verbindung eines Teils des Gehirns resultiert, der mit der visuellen Verarbeitung zu tun hat (vielleicht der Gyrus fusiformis, der eine Rolle für die Wiedererkennung von Gesichtern spielt), mit einem Teil des Gehirns, der Emotionen verarbeitet (wie etwa die Amygdala). Klar ist, dass hier ein Mangel an Affekt, an *Gefühl*, vorliegt. Die Regungen, die typischerweise von, sagen wir, Ihrer Mutter hervorgerufen werden, sind einfach nicht vorhanden. Und wenn der Anblick von jemandem Ihnen nicht das Gefühl vermittelt, das Sie haben, wenn Sie Ihre Mutter sehen, wie könnte diese Person dann Ihre Mutter sein?

Normalerweise glauben wir, es sei ein einfacher Akt visueller Wahrnehmung, menschliche Wesen zu identifizieren. Es scheint etwas zu sein, was selbst ein Computer zu leisten vermag. Tatsächlich sind Rechner sehr gut darin, nur indem sie Gesichter scannen. Aber offenbar haben Menschenwesen eine kompliziertere Methode, Objekte zu identifizieren: Es kommt nicht nur darauf an, wie sie aussehen, sondern auch, was für ein Gefühl sie ihnen vermitteln. Zumindest scheint das – der Capras-Illusion nach zu urteilen – der Fall zu sein, wenn wir Freunde und Verwandte identifizieren.

Ist dies auch der Fall mit vielen anderen Objekten? Ist unser Wiedererkennen des Hauses, in dem wir leben, und des Autos, das wir fahren, ja sogar des Computers, den wir benutzen, abhängig von unseren *Gefühlen* für diese Gegenstände? Oder würde die Abwesenheit dieser Gefühle, selbst wenn sie die Wiedererkennung an sich nicht verhinderte, doch unsere Sicht davon revidieren, was diese Dinge sind und was sie bedeuten? Ist die Bedeutung des Wortes »Ozean« – nicht die lexikalische Bedeutung, sondern die tatsächliche Bedeutung des Wortes für Sie – abhängig von einem Gemisch von Gefühlen, die Sie im Lauf der Zeit mit Ozeanen assoziiert haben? Würden Sie plötzlich von diesen Gefühlen abgetrennt, würde der Ozean dann leer erscheinen?

Ich vermute, das wäre der Fall. Und ich denke, dies könnte zu erklären helfen, wie die buddhistische Lehre von der Leere entstand. Meditation kann die Verbindung abschwächen zwischen Wahrnehmungen und Gedanken einerseits und zwischen Wahrnehmungen und Gefühlen andererseits, den affektiven Resonanzen, die die Gedanken typischerweise begleiten. Wenn Ihnen diese Abschwächung also sehr gut gelingt und Ihre Wahrnehmungen zunehmend frei von den affektiven Anklängen werden, könnte dies Ihre Sicht der Welt verändern. Die Dinge könnten auf der Außenseite weiterhin gleich aussehen, aber innerlich etwas vermissen lassen. Mit den Worten des *Samadhiraja Sutra* könnten sie »ohne Essenz, aber mit Eigenschaften, die gesehen werden können«, erscheinen. Als die buddhistische

Idee der Leere sich herauszubilden begann, geschah dies vielleicht im Geist von Menschen, die sehr, sehr tief meditiert hatten – so tief, dass die normale affektive Einfärbung der Welt fast vollständig wegfiel. Als die mit den verschiedenen Objekten assoziierten Gefühle verblassten, erschienen diese Dinge womöglich transformiert, einer gewissen Art von Substanz beraubt.

Ein Grund, an dieser Option zu zweifeln, ist, dass Sie sich womöglich nicht für jemanden halten, der wirklich starke Gefühle etwa für den Ozean oder seinen Computer hat – zumindest nicht so starke Gefühle, dass sie integraler Bestandteil von deren tatsächlicher Identität sind. Aber ich möchte gern herausstellen, dass Gefühle eine größere Rolle bei der Wahrnehmung spielen, als uns normalerweise bewusst wird.

Das erste Beweisstück hierfür ist die Capgras-Illusion selbst. Ungeachtet der allgemeinen Trennung des Gehirns in »kognitive« und »affektive« Aktivitäten kann der einfache kognitive Akt der Identifizierung eines Menschen von einer affektiven Reaktion abhängig sein. Nachdem ich auch noch die »Beweisstücke B und C« angeführt habe, wird es womöglich plausibler aussehen, dass die Lehre von der Leere, bevor sie zu einer Lehre wurde und bevor buddhistische Philosophen sie formuliert und verteidigt haben, einfach nur eine empirische Auffassung war, zu der Menschen gelangt sind, die so lange und so intensiv meditiert hatten, dass sie Dinge ohne die Überlagerung durch Gefühle, die zuvor mit diesen Objekten verbunden waren, sehen und hören konnten.

Aber die Vermutung ist nicht der springende Punkt dieser Übung. Wirklich wichtig ist hier, den Mechanismus dieser empirischen Auffassung tiefer zu erkunden – eine klarere Idee von dem zu erlangen, was im Gehirn jener ernsthaft meditierenden Menschen geschieht, die Leere wahrnehmen, im Gegensatz zu dem, was im Gehirn der sehr viel größeren Zahl von Menschen vor sich geht, die überall, wohin sie schauen, Essenzen sehen. Dies wiederum wird uns helfen, zu fragen, ob diese zweite Gruppe – und dazu gehören wohl die allermeisten von uns – chronisch verblendet ist und, falls dies zutrifft, wie schwerwiegend die Konsequenzen dieser Verblendung sind. Als Spielverderber verrate ich Ihnen schon einmal: Ich bin überzeugt, dass die Konsequenzen in mancher Hinsicht ausgesprochen schwerwiegend sind.

Exotische und gewöhnliche Essenz

Der Psychologe Paul Bloom hat geschrieben, der »Essenzialismus« – die Neigung, den Dingen eine innere Essenz zuzuschreiben – sei ein »menschliches Allgemeines«. Einige seiner Beispiele für den Essenzialismus sind wirklich exotisch. So hat zum Beispiel jemand für ein Maßband, das einmal John F. Kennedy gehört hatte, bei einer Versteigerung 48 875 Dollar bezahlt, offenbar durch die Empfindung motiviert, dass ihm eine Art von präsidentieller »Essenz« innewohnte. Einige von Blooms Beispielen sind weniger exotisch: Ein Ehering ruft typischerweise Gefühle hervor – zumindest in demjenigen, der ihn trägt –, die ein völlig gleich aussehender Ring nicht erwecken würde. Sowohl das Maßband als auch der Ehering sind in gewisser Hinsicht besonders, und dasselbe gilt für viele Gegenstände, die ein besonders starkes Gefühl von Essenz projizieren.

Bloom schreibt in seinem Buch *How Pleasure Works*, dass solch ein Objekt besonders ist »aufgrund seiner Geschichte, entweder wegen seiner Beziehung zu bewunderten Menschen oder bedeutsamen Ereignissen oder wegen seiner Verbindung mit jemandem, der eine persönliche Bedeutung hat. Diese Geschichte ist unsichtbar und unfassbar, und in den meisten Fällen gibt es keinen Test, mit dem sich das spezielle Objekt jemals von einem Objekt unterscheiden ließe, das genauso aussieht. Und trotzdem macht es uns Freude, und das Duplikat würde uns kaltlassen.«[88]

Bloom meint, dass Menschen von Natur aus noch in einem breiter gefassten Sinne »Essenzialisten« sind, und ich stimme ihm zu. Das ist in der Tat ein Teil dessen, worum es in diesem Kapitel geht: dass wir selbst Dinge, die nicht im Bloom'schen Sinne des Wortes »besonders« sind, mit einer affektiv aufgeladenen Essenz ausstatten.[89] Aber es hat etwas für sich, wenn wir – zumindest vorübergehend – die Analyse auf Objekte beschränken, die wirklich besonders sind. Das ermöglicht es Ihnen, eine Art Gedankenexperiment durchzuführen. Sie könnten zum Beispiel zu dem Bieter, dessen Angebot bei der Auktion den Zuschlag erhalten hat und der nun das Maßband des Präsidenten wie Kronjuwelen in den Händen hält, sagen: »Hoppla, uns ist da ein Fehler unterlaufen. Dieses Maßband gehört in Wirklichkeit dem Installateur. Wir müssen Ihnen das Maßband von JFK nach Hause zusenden.« Und dann könnten Sie die Auswirkung dieser Information beobachten. Der veränderte Gesichtsausdruck des Bieters wird keinen Zweifel daran lassen, dass sich sein Gefühl verändert hat. Ein Maßband, das vor einigen Augenblicken noch Ehrfurcht und Bewunderung hervorgerufen hat, würde nun zu nichts in dieser Art mehr inspirieren. Eine kostbare Reliquie ist zu einem bloßen Objekt geworden, der Essenz entleert, die sie noch Momente zuvor besessen hat.

Solche »Experimente« passieren tatsächlich im wirklichen Leben. Bloom erzählt die Geschichte des Nazi-Kriegsverbrechers Hermann Göring, der erfuhr, dass ein Gemälde, welches er besaß und von dem er glaubte, es sei ein echter Vermeer, tatsächlich eine Fälschung war. Wie der Beobachter der Szene berichtet, sah Göring in diesem Moment so aus, »als habe er zum ersten Mal entdeckt, dass es das Böse in der Welt gibt«.[90]

Görings Gesicht in diesem Moment oder das Gesicht unseres hypothetischen Maßbandbesitzers zu beobachten bedeutet, eine Art von Korrelation zwischen wahrgenommener Essenz und Affekt zu sehen. Diese Experimente legen nahe, dass besondere Gegenstände als etwas zu sehen, was eine besondere Essenz besitzt, bedeutet, besondere *Gefühle* für sie zu haben.

Doch was ist mit den vielen weniger exotischen besonderen Dingen in unserem Umfeld, Objekten, von denen wir nicht annehmen, ein Präsident hätte sie besessen oder sie seien von Vermeer gemalt worden – dem Anblick eines Güterzugs, eines Lastwagens oder eines Bergbachs, dem Geräusch eines Nebelhorns, der Grillen in der Nacht oder der Vögel am Morgen? Hier ist es sehr viel schwieriger, eine Verbindung zwischen Essenz und Affekt herzustellen. Zum einen ist es nicht so offensichtlich, dass Menschen *denken*, diese Dinge besäßen eine Essenz. Schließlich bezahlen die Leute nicht exorbitante Summen für sie. Sie brechen auch nicht in Tränen aus bei dem Gedanken, sie zu verlieren, weil sie für sie unersetzlich wären. Und es ist nicht so offensichtlich, dass Menschen spezielle Gefühle haben, wenn sie so profane Objekte sehen wie Züge oder Lastwagen.

Doch gibt es schon lange eine Schule des Denkens, die der Ansicht ist, dass gewöhnliche Gegenstände *tatsächlich* affektive Reaktionen hervorrufen, wenn auch sehr subtile. Im Jahr 1980 schrieb der Psychologe Robert Zajonc etwas, womit er damals eine einigermaßen exzentrische Anschauung zum Ausdruck brachte:

> Es gibt wahrscheinlich sehr wenige Wahrnehmungen und Kognitionen im Alltagsleben, die nicht eine signifikante affektive Komponente enthalten, die nicht heiß oder zumindest lauwarm ist. Und vielleicht enthalten alle Wahrnehmungen einen gewissen Affekt. Wir sehen nicht einfach nur »ein Haus«: Wir sehen »ein hübsches Haus«, »ein hässliches Haus«, »ein protziges Haus«. Wir lesen nicht einfach nur einen Artikel über Einstellungswandel, über kognitive Dissonanz oder über Herbizide. Wir lesen einen »aufregenden« Artikel über Einstellungswandel, einen »wichtigen« Artikel über kognitive Dissonanz oder einen »oberflächlichen« Artikel über Herbizide.[91]

Beachten Sie, dass Zajonc implizit *Gefühle* zu Dingen zu haben mit dem *Urteilen* über diese gleichsetzt.

Diese Gleichung entspricht der (im dritten Kapitel dargelegten) darwinistischen Anschauung, dass Gefühle, funktionell gesprochen, Urteile *sind*. Sie entspricht auch der Tatsache, dass wir durch meditative Techniken Urteile abschwächen können, indem wir unsere Gefühle kritisch untersuchen. Aber ich schweife ab. Zajonc fährt fort: »Und dasselbe gilt für einen Sonnenuntergang, ein Blitzlicht, eine Blüte, ein Grübchen, einen Nietnagel, eine Küchenschabe, den Geschmack von Chinin, Saumur, die Farbe der Erde in Umbrien, das Geräusch des Verkehrs auf der 42nd Street und genauso für den Klang eines Tons von 1000 Hertz und den Anblick des Buchstaben Q.«

Des Buchstaben Q? Damit geht Zajonc vielleicht ein bisschen zu weit, aber nicht viel zu weit. Ich glaube, dass wir nicht nur auf bestimmte Objekte affektiv reagieren – ein besonders schönes Auto, ein besonders hässliches Auto –, sondern auch affektive Reaktionen auf gattungsmäßige Gegenstände entwickeln wie zum Beispiel Autos im Allgemeinen. Nehmen wir Maßbänder. Ich mag sie wirklich, auch wenn sie nicht einem Präsidenten gehört haben. Ich mag es, sie aufzuziehen und dazu zu benutzen, eine Antwort auf eine Frage zu erhalten. (Wie lang ist die Neonröhre, die ich auswechseln muss?) Und ich mag das Gefühl, sie wieder in die Spule zurückschnurren zu lassen. Ich halte gewöhnlich nicht in einem Baumarkt inne, um mich am Anblick eines Maßbands zu ergötzen, aber ich vermute, dass ich eine positive Reaktion habe, wenn ich eins sehe, und dass dies ein Teil meiner Vorstellung von einem Maßband ist, ein Teil dessen, was ein Maßband für mich bedeutet.

Es ist offensichtlich, warum die »Experimente«, die wir mit wirklich speziellen Gegenständen wie etwa dem Maßband von JFK oder Görings gefälschtem Vermeer anstellen können, schwieriger durchzuführen sind, wenn wir es mit weniger besonderen Objekten zu tun haben. Bei besonderen Dingen ist die affektive Konnotation Produkt eines eindeutigen Glaubens an die Geschichte des Gegenstands, und so kann man der Person, die dieser Überzeugung anhängt, sagen, dass sie falsch ist, und dann die Auswirkung dieser Nachricht auf den Affekt abschätzen.

Aber es gibt keine vergleichbare Manipulation, die man mit weniger besonderen Objekten durchführen kann. Sie können mich nicht davon überzeugen, dass die vielen positiven Erfahrungen, die ich mit Maßbändern gehabt habe, nicht tatsächlich stattfanden. Und es würde wahrscheinlich keine Rolle spielen, selbst wenn Sie das könnten, weil meine positive Einstellung zu Maßbändern ohnehin nicht das Resultat einer bewussten Überzeugung meiner Geschichte mit ihnen ist, sondern das Ergebnis der emotionalen Konditionierung, zu der es im Verlauf dieser Geschichte unbewusst gekommen ist.

Die Infiltration der Wahrnehmung durch Gefühle

Trotzdem gibt es viele Hinweise darauf, dass wir dazu neigen, positive und negative Assoziationen mit beinahe allem Möglichen zu verbinden. Es gibt zwei Methoden, dies zu zeigen, eine sehr subtile und auf raffinierte Weise enthüllende und eine weniger raffinierte.

Die nicht so raffinierte Methode ist, Leute einfach zu fragen, was sie von bestimmten Objekten halten. In einer Studie zeigte man den Versuchspersonen Bilder von Dingen und forderte sie auf, ihre Positivität oder Negativität auf einer Skala von 4 bis −4 einzustufen. Einige der Objekte riefen starke und vorhersehbare Urteile hervor: Schwäne waren stark positiv besetzt, Schlangenköpfe und Käfer stark negativ. Einige riefen verhaltene Reaktionen hervor: Ketten, Besen und Mülltonnen wurden im Durchschnitt leicht negativ eingeordnet, Kürbisse und Zahnbürsten und Umschläge leicht positiv.[92]

Die subtilere und auf raffinierte Weise enthüllende Methode, die affektiven Urteile der Leute zu erkunden, geht über die Frage hinaus, ob Menschen von Natur aus Urteile fällen, und fragt danach, ob sie das *automatisch* tun. Das heißt mit anderen Worten, ob sie affektive Reaktionen auf Dinge zeigen, bevor sie überhaupt Zeit gehabt haben, wirklich über sie nachzudenken.

Diese Frage wird mithilfe eines »Priming« (Vorbereitung) genannten Prozesses untersucht. Nehmen wir an, man zeigt Ihnen zwei Wörter hintereinander und fordert Sie auf, Sie sollten das zweite Wort laut aussprechen, sobald Sie es sehen. Wenn das zweite Wort »Rotkehlchen« ist, stellt sich heraus, dass Sie es schneller aussprechen – für den Bruchteil einer Sekunde –, wenn das erste Wort »Vogel« ist und nicht etwa »Straße«. Das Wort »Vogel« hat Ihr Gehirn darauf vorbereitet, auf damit zusammenhängende Wörter zu reagieren. Dies nennt man »semantisches Priming«. Es gibt auch etwas, was man »affektives Priming« nennen könnte. Zeigt man Ihnen das Wort »Sonnenschein«, dann werden Sie schneller auf das Wort »wundervoll« reagieren, als wenn man Ihnen zuvor das Wort »Krankheit« gezeigt hätte. Ebenso werden Sie auf das Wort »schrecklich« schneller reagieren, wenn das erste Wort »Krankheit« war, als wenn man Ihnen zuerst das Wort »Sonnenschein« gezeigt hätte.[93]

Diese Experimente sagen natürlich nichts darüber aus, was Sie fühlen, wenn Sie länger über Krankheit nachdenken. Der Prozess vollzieht sich zu schnell für ein bewusstes Reflektieren über das Thema. Die Vorbereitung, die kurze Pause und die Präsentation des Zielworts geschehen alle innerhalb einer halben Sekunde. Tatsächlich zeigt sich die Wirkung auch dann, wenn die Vorbereitung so kurz eingeblendet wird, dass die Person sich nicht bewusst ist, das Wort wahrgenommen zu haben. Was diese Experimente zeigen, ist, dass das Wort »Krankheit« bereits eine negative Kennzeichnung hat, bevor es bewusst in Ihrem Geist auftaucht.

Das ist nicht überraschend; Krankheit ist ziemlich schrecklich und Sonnenschein ziemlich wundervoll. Doch wir können dieselbe Dynamik bei weniger offensichtlich evokativen Begriffen beobachten. Tatsächlich nahmen die Versuchsleiter, die Probanden nach ihrer Reaktion auf profane Gegenstände – auf Ketten, Besen und Mülltonnen, auf Kürbisse, Zahnbürsten und Umschläge – gefragt hatten, dieselben Bilder und machten mit einer neuen Gruppe die Priming-Experimente. Und es zeigte sich, dass die Bilder, die von der ersten Gruppe negativ beurteilt worden waren, tendenziell auch von der zweiten Gruppe negativ beurteilt wurden, der Gruppe, der nicht einmal bewusst war, dass sie sie tatsächlich beurteilten, sondern bei denen aufgrund der Geschwindigkeit ihrer Reaktion auf darauf folgende positive oder negative Worte implizite Urteile offenbar wurden.[94]

Zajonc scheint also recht zu haben: Menschenwesen sind automatische Beurteiler. Wir neigen dazu, Substantiven Adjektive zuzuschreiben, sei es bewusst oder unbewusst, explizit oder implizit.

Wenn man es recht bedenkt, musste Zajonc geradezu richtigliegen. Vom Standpunkt der natürlichen Selektion her gesehen, geht es bei der Wahrnehmung vor allem um die Verarbeitung von Informationen, die für die darwinistischen Interessen des Organismus relevant sind – wie wir wissen, heißt das: für seine Chancen, die eigenen Gene zu verbreiten. Und Organismen registrieren diese Relevanz, indem sie den wahrgenommenen Informationen positive oder negative Werte zuschreiben. Wir sind dazu konzipiert, Objekte zu beurteilen und diese Urteile in Gefühle zu codieren.

Bei einer Spezies, die so kompliziert ist wie die unsere, mag es offensichtlich oder nicht offensichtlich sein, welche Relevanz etwas für darwinistische Interessen hat. Maßbänder zum Beispiel waren nicht Teil des Jäger-und-Sammler-Umfelds, in dem wir uns entwickelt haben. Aber wir wurden von der natürlichen

Selektion dazu konzipiert, Befriedigung zu empfinden, wenn wir Antworten auf Fragen gefunden haben. Und jedes Mal, wenn ich mir die Frage gestellt hatte, wie lang etwas ist, gaben Maßbänder mir die Antwort. Vielleicht ist das der Grund dafür, dass ich sie mag. Womöglich hat es auch damit zu tun, was ich beim Gebrauch von Maßbändern für ein Gefühl zu mir selbst habe, eine Tatsache, die darauf beruhen könnte, dass ich als Kind verschiedene Rollenmodelle beobachtete, die Maßbänder benutzt haben.

Wie auch immer, eines sollte klar sein: Ich behaupte nicht, dass alles, wozu ich positive oder negative Gefühle habe, tatsächlich eine entsprechende positive oder negative Wirkung auf meine Chancen haben wird, meine Gene zu verbreiten. Ich behaupte nur, dass der Mechanismus in meinem Geist, der den verschiedensten Objekten Gefühle zuschreibt, ursprünglich dazu konzipiert war, die genetische Fortpflanzung zu maximieren. Dass dieser Mechanismus heute nicht mehr verlässlich funktioniert, gehört zu den Absurditäten des menschlichen Lebens.

Die bestürzende Unsichtbarkeit meines Bruders

Bevor wir zum Thema der Leere zurückkommen, möchte ich noch etwas klarstellen: Ich behaupte nicht, dass jedermann eine affektive Reaktion auf alles hat. Die Studien, die ich gerade beschrieb, berichten nur über eine Ansammlung von Statistiken. In dieser Ansammlung verborgen gibt es auch Einzelne, die neutral auf bestimmte Wörter und Bilder reagierten. Und das ist nicht überraschend. Schließlich wies die Umwelt selbst in unseren Jäger-und-Sammler-Tagen Objekte auf, die die Chancen auf die Verbreitung unserer Gene weder in die eine noch in die andere Richtung beeinflussten. Also hat es immer schon Dinge gegeben, die keine besonderen Gefühle hervorrufen.

Derartige Objekte sind zudem solche, auf die Organismen ohnehin nicht viel achten – genau deshalb, weil sie in darwinistischen Begriffen nicht wichtig sind. Worauf die Organismen *allerdings* achten, das ist tatsächlich von darwinistischer Bedeutung und ruft deshalb tendenziell Gefühle hervor. Das führt dazu, dass unsere *wahrgenommene* Umwelt – die Landschaft der Dinge, denen wir Aufmerksamkeit schenken und die unser Bewusstsein dominieren – wie subtil auch immer von Gefühlen durchdrungen ist. Wenn da etwas vorkommt, mit dem Sie keinerlei Regung assoziieren, wird es Ihnen wahrscheinlich gar nicht erst auffallen. Es ist vielleicht nur eine geringfügige Übertreibung zu sagen, dass es so etwas wie eine makellose Wahrnehmung nicht gibt.

Nachdem mein großer Bruder die Phase seines mittleren Alters erreicht hatte, in der Frauen nicht mehr besonders auf ihn geachtet hatten, sagte er: »Es ist nicht so, dass sie mich für schlecht aussehend halten. Sie nehmen meine Existenz einfach nicht zur Kenntnis.« Genau! Wenn eine heterosexuelle Frau eine Straße entlanggeht, so gibt es Unmengen von Dingen, auf die sie ihre Aufmerksamkeit lenken könnte. Der erste Job ihres Wahrnehmungsapparats besteht deshalb darin, jene herauszufiltern, die bei flüchtigster, ja sogar unbewusster Würdigung als etwas angesehen werden, was keine bewusste Würdigung verdient. Traurigerweise gehört mein Bruder zu dieser Kategorie von Objekten. (Zu jener Zeit, als er diesen Status erlangte, war er ebenfalls traurigerweise jünger, als ich es jetzt bin.)

Wenn etwas allerdings *doch* weitere Würdigung verdient, dann wird diese Würdigung letztlich von den Gefühlen dieser Frau widergespiegelt. Attraktiver junger Mann? Weniger attraktiver, aber freundlich aussehender junger Mann? Junger Mann, der ausgesprochen attraktiv aussieht, der aber anscheinend unerträglich narzisstisch ist? Ein Mann, der älter ist als mein Bruder, der aber – anders als dieser – ein 70 000 Dollar teures Auto fährt und eine Rolex trägt? Diese Art von Männern ruft tatsächlich spezielle Gefühle hervor. Alles, was im Licht der natürlichen

Selektion überhaupt der Aufmerksamkeit würdig ist, sollte theoretisch Regungen verursachen.

Und Gefühle statten Dinge mit Essenz aus. Zumindest ist das meine Hypothese – dass die abgeschwächte Empfindung von Essenz, die manche Meditierende fühlen, viel mit abgeschwächten Gefühlen zu tun hat. Ich habe einmal versucht, diese Theorie mit der Person zu testen, die ich zuerst über »das Formlose« hatte sprechen hören. Rodney Smith ist ein großer und schlaksiger grauhaariger Mann mit einer evangelikalen Aura, die ungewöhnlich unter Meditationslehrern ist. Würde man ihn auf die Kanzel einer Baptistenkirche in den Südstaaten stellen, so schiene er dort durchaus nicht deplatziert – solange er nicht anfinge, über »das Formlose« zu sprechen. Von seinem Naturell her hat er eine direkte, nüchterne Ausdrucksweise, die sehr viel Zeit sparen kann. Ich fragte ihn einmal, welche Beziehung es zwischen diesem formlosen Ding, von dem er ständig rede, und der Mahayana-Idee der Leere gebe. Mit einem leichten Schulterzucken und einer beiläufigen Handbewegung sagte er: »Same thing.« (»Dasselbe.«)

Während eines längeren Gesprächs einige Zeit nach diesem Wortwechsel beschloss ich, meine Theorie auszuprobieren, dass eine Abschwächung der affektiven Reaktion auf Dinge das ist, was zur Erfahrung von Leere gehört.

Rodney hatte versucht, mir zu erklären, wie die Erfahrung von Leere ist. Einerseits, so folgerte ich, gibt es einen Sinn, in dem die Dinge in seinem Wahrnehmungsfeld ihre unabhängige Identität nicht mehr so stark projizieren, wie es bei den meisten von uns der Fall ist. Aber, so betonte Rodney, man verliert nicht seine Fähigkeit, die Objekte zu identifizieren. »Du wirst natürlich in der Lage sein, nach einer Brille zu greifen und sie dir aufzusetzen, ohne zu denken, dass es sich um einen Kugelschreiber handelt«, sagte er. »Du verlierst die Gestalt und die Farbe der Gegenstände nicht. Es ist einfach so, dass der Raum zwischen ihnen sie nicht mehr voneinander trennt.«

Ich fragte: »Hast du weniger starke emotionelle Reaktionen auf Dinge, als du sie früher gehabt hättest? Stattest du sie sozusagen mit weniger emotionalem Inhalt aus?«

Er antwortete: »Das wäre doch verständlich, nicht wahr – dass deine Reaktion auf die Dinge abnimmt, wenn sie dir nicht mehr so substanziell vorkommen, wie du zuvor geglaubt hast. Genau das geschieht. Sieh mal, alle Zustände von Gleichmut ergeben sich aus der Erkenntnis, dass die Dinge nicht das sind, wofür wir sie gehalten haben.«

Ich fühlte mich bestätigt, aber nicht vollständig. In einem gewissen Sinn bekräftigte Rodney meine Theorie. Er sagte, ja, es sei so, dass die Wahrnehmung von Formlosigkeit oder Leere mit einer verminderten affektiven Reaktion auf Dinge zusammenhänge. Aber seine Interpretation dieses Zusammenhangs schien eine andere zu sein als meine. Während ich meinte, die Verminderung von Affekten führe zur Wahrnehmung von Leere, sagte er, es sei andersherum: Die Wahrnehmung von Leere verringere den Affekt. Sobald du siehst, dass das Ding, auf das du gewöhnlich sehr stark reagierst, sowieso nicht viel von einem »Ding« hat, führt dies dazu, dass du weniger stark darauf reagierst.

Wer von uns beiden hat nun recht? Vielleicht beide. Oder zumindest ist der Unterschied zwischen dem, was er sagt, und dem, was ich sage, letztlich nicht bedeutsam.

Erinnern Sie sich bitte daran, dass ich, als ich von der Dämpfung unseres Affekts, von der Verringerung unserer Gefühle gesprochen habe, nicht sagte, dies sei etwas *Schlechtes*. Ich habe versucht, zu zeigen, warum bestimmte Gefühle ein schlechter Führer zur Realität sind. Und ich habe vorgeschlagen, dass wir in einem breiter gefassten Sinn die gesamte Infrastruktur unserer Gefühle mit einer gewissen Vorsicht betrachten sollten, weil sie schließlich von der natürlichen Selektion konzipiert wurde, deren letztliches Ziel nicht ist, klare Wahrnehmungen und Gedanken zu fördern, sondern die Art von Wahrnehmungen und

Gedanken, die in der Vergangenheit zur Verbreitung von Genen geführt haben. Wenn ich Rodneys Erfahrung also als eine Verminderung von Gefühlen charakterisiere, will ich damit bestimmt nicht sagen, dass seine Sicht der Welt dadurch nicht klarer werden kann.

Lassen Sie uns eingedenk dieser Tatsache zwei der Kernbehauptungen von Rodney näher betrachten: (1) Die Wahrnehmung von Formlosigkeit oder Leere ist eine wahrere Wahrnehmung der Dinge als unsere gewöhnliche Sichtweise. (2) Und die Gefühle, die wir normalerweise als Reaktion auf diese Dinge erfahren, sind im Licht ihrer wahren Natur nicht angemessen. Diese Behauptungen sind vereinbar mit dem, was ich sage. Rodney und ich stimmen einfach im Hinblick auf die Mechanik der Einsicht nicht überein. Er sagt – und damit vertritt er die orthodoxe Haltung innerhalb des Buddhismus –, dass die Klarheit der Sicht zu einer Verminderung der Gefühle führt. Ich sage, dass die Verminderung von Gefühlen zur Klarheit der Sicht führt. Ich würde fast so weit gehen, zu behaupten, dass die Verminderung von Gefühlen die Klarheit der Sicht *ist*, so subtil sind diese mit der Wahrnehmung verwickelt – insbesondere mit der Wahrnehmung von Essenz.[95]

Gefühle und Geschichten

Es gibt noch etwas anderes, womit Essenz verwickelt zu sein scheint: Geschichten. Die Geschichten, die man uns über etwas erzählt, und die Geschichten, die wir uns selbst über etwas erzählen, haben einen Einfluss darauf, welche Gefühle wir zu diesem Etwas haben, und gestalten damit vermutlich die Essenz, die wir in ihm sehen. Wenn die Geschichte hinter einem Maßband besagt, dass es JFK gehört hat, impliziert das ein anderes Gefühl – und eine andere Essenz – als die Geschichte, dass das Maßband einem Installateur gehört. Wenn wir davon überzeugt sind, eine erfolgreiche Ehe zu führen und wundervolle, sich hervorragend entwickelnde Kinder zu haben, dann vermittelt der Anblick unseres Heims uns wahrscheinlich mehr positive Schwingungen, als wenn wir meinen, wir seien in einer erdrückenden Ehe gefangen, aus der »missratene« Kinder hervorgegangen sind. Und so weiter.

Dies ist eines der Hauptthemen von Bloom: dass die Geschichten, die wir über Dinge erzählen, und damit die Überzeugungen, die wir über ihre Geschichte und ihre Natur haben, unsere Erfahrung von ihnen gestalten und damit unsere Empfindung von ihrer Essenz. Eines seiner Lieblingsbeispiele ist eine Studie, die mit Weinkennern durchgeführt wurde. Vierzig von ihnen hielten einen Bordeaux mit einem Premium-Aufkleber (Grand Cru Classé) für eine gute Wahl, während nur zwölf von ihnen diese Ehre einem Bordeaux zukommen ließen, der als reiner Tafelwein (Vin de Table) ausgezeichnet war. Sie erraten wahrscheinlich die Pointe: Die beiden verschiedenen Flaschen enthielten den gleichen Wein.[96]

Wein ist ein besonders deutliches Beispiel dafür, wie Geschichten unseren Genuss informieren (»Das war ein sehr gutes Jahr«), aber Bloom meint, dass hinter jedem Genuss, wenn man nur genau genug hinschaut, eine folgenschwere Geschichte steht. Er sagte mir einmal: »So etwas wie einen einfachen Genuss gibt es schlichtweg nicht. Es gibt kein Ihnen Genuss bereitendes Objekt, das nicht gefärbt wäre von Ihren Überzeugungen darüber, was Ihnen den Genuss bereitet.« Er benutzte Essen als ein Beispiel: »Wenn Sie mir etwas servieren, und ich es schmecke, ist ein Teil meines Wissens, dass es mir von jemandem gegeben wurde, dem ich vertraue, und ich würde es anders schmecken, als wenn ich es auf dem Fußboden gefunden oder tausend Dollar dafür bezahlt hätte. Oder nehmen Sie Gemälde. Es ist wahr, dass Sie ein Gemälde anschauen und nicht wissen können, wer es gemalt hat … und es dann einfach weitgehend aufgrund seines Aussehens beurteilen. Aber zugleich wissen Sie, dass es ein Gemälde ist.« Mit anderen Worten, so fuhr er fort, »ist es nicht dadurch entstanden, dass durch irgendein natürliches Ereignis Farbe auf eine Leinwand gespritzt wurde ... Jemand hat es irgendwann für eine Ausstellung geschaffen, und das verfärbt die Dinge.« Genauso ist es, so sagte er, »mit den einfachsten Empfindungen: einem Orgasmus, dem Trinken von Wasser, wenn Sie durstig sind, Stretching, was auch immer. Es geschieht stets im Rahmen irgendeiner Beschreibung. Es wird immer als ein Ereignis einer ganz bestimmten Kategorie gesehen.« Es gibt also, mit anderen Worten, immer eine implizite Geschichte.

Die Tatsache, dass Genuss von unserer Empfindung von Essenz gestaltet wird und damit von den Geschichten, die wir erzählen, und den Überzeugungen, die wir haben, ist für Bloom ein Hinweis darauf, dass unsere Genüsse in einem gewissen Sinn tiefgründiger sind, als uns vielleicht klar ist. »Genuss besitzt immer eine Tiefe«, schrieb er.[97]

Man könnte diese Angelegenheit jedoch auch anders sehen. Wenn es stimmt, dass Ihre Erfahrung einer Flasche Wein dadurch beeinflusst werden kann, dass man ihr ein falsches Etikett aufgeklebt hat, dann könnten Sie auch sagen, dass an unserem Genuss tatsächlich etwas *Oberflächliches* ist und dass wir den tieferen Genuss haben würden, wenn wir einfach nur den Wein selbst schmecken könnten, unbeeinflusst von Überzeugungen darüber, die wahr sein mögen oder nicht. Dies käme der buddhistischen Sicht der Sache näher.

Der Mann ohne Geschichten

Als Beweisstück A lege ich Ihnen die Weinverkostungserfahrung von Gary Weber vor. Weber ist ein gedrungener, energiegeladener grauhaariger Mann, der über Jahrzehnte Tausende Stunden der Meditation praktiziert hat. Nach Webers Darstellung hat all diese Arbeit ihn an einen Punkt gebracht, an dem sein alltägliches Bewusstsein sich sehr von demjenigen unterscheidet, das er früher hatte, und ganz gewiss, nun sagen wir, von meinem. Nach eigener Aussage gibt es in seiner Erfahrung nur sehr wenige von der Art der ichbezüglichen Gedanken, die das Bewusstsein der meisten von uns dominieren: Warum habe ich gestern nur etwas so Dämliches gesagt? Wie kann ich diese Leute morgen vielleicht beeindrucken? Ich kann es kaum erwarten, diese Tafel Schokolade zu essen – und so weiter. Er nennt dies die »emotional aufgeladenen Ich-mich-mein-Gedanken«.

Nun, wir müssen Weber einfach glauben, wie es ist, er zu sein, aber seine Behauptung, einen besonderen Bewusstseinszustand erreicht zu haben, wird durch bestimmte Fakten bestätigt. Er hat zusammen mit einer Anzahl weit fortgeschrittener, ja sogar berühmter Meditierender an einer wegweisenden Gehirnscan-Studie an der Yale Medical School teilgenommen. Es war die Studie, auf die ich mich im vierten Kapitel bezogen habe und die herausfand, dass das Ruhezustandsnetzwerk während tiefer Meditation stiller wird. Aber in Webers Fall fand die Studie etwas anderes: Sein Ruhezustandsnetzwerk war von Anfang an sehr still – schon bevor er überhaupt zu meditieren begann.

Obwohl ich Webers Erfahrung heranziehe, um die buddhistische Idee der Leere zu illustrieren, sollte ich einräumen, dass er zu diesem Zweck in mancher Hinsicht nicht besonders gut geeignet ist. Er hat zwar sehr ausgiebig in der zenbuddhistischen Tradition praktiziert, aber er hat auch hinduistische Traditionen studiert und wurde von ihnen beeinflusst. Und es gibt Teile des Buddhismus, die er verwirft – und der für unsere Zwecke wichtigste Teil davon ist der Begriff »Leere«. Er findet, dass er bestenfalls irreführend ist. Er sagt, er habe noch nie jemanden getroffen, der große kontemplative Tiefe erreicht und berichtet habe: »Oh, es ist eine große Leere.« Seine eigene Erfahrung der Welt ist viel zu reichhaltig, als dass er sie ohne Einschränkung einfach »leer« nennen könnte. »Ich habe Begriffe wie ›leere Fülle‹ oder ›volle Leere‹ gebraucht«, sagt er.

Aber wie auch immer man Webers Erfahrung der Welt nennen möchte, sie hört sich sehr nach dem an, was Rodney Smith beschreibt: nach einer Welt, in der die Dinge keine eigene Essenz besitzen, die sie scharf voneinander trennt. Obwohl Weber genauso wie Smith natürlich den Unterschied zwischen einem Stuhl, einem Tisch und einer Lampe kennt und angemessen auf jedes dieser Objekte reagiert, projizieren diese Gegenstände nicht mehr so stark eine unabhängige Identität, wie es früher der Fall war; es gibt eine Kontinuität zwischen ihnen. »Da ist nicht diese Unterscheidung zwischen ihnen und ihrem Hintergrund«, sagt Weber. »Sie sind alle ein Stoff.« Er beschreibt diesen »Stoff«, aus dem sie gemacht scheinen, als eine Art von Energie, aber »da ist kein Unterschied in der Energie oder in dem, wie du über sie fühlst«.

Ich habe einmal versucht, Weber dazu zu bringen, etwas ausführlicher über die Natur der Freude zu berichten, die die Welt ihm macht, und wie sie sich von der Freude unterscheidet, die die Welt mir bereitet. Ich sagte: »Wie ich es verstehe, sagst du also, dass es eine Art von Freude gibt, die du durch deine Sinne beziehen kannst, die aber keine emotionale Verwicklung einer problematischen Art darstellt.«

»Das stimmt«, sagte er. Aber er beeilte sich hinzuzufügen: »Du hast deine Nervenendigungen nicht verloren … Grüner Tee schmeckt noch immer wie grüner Tee, und Rotwein schmeckt noch immer wie Rotwein. Das geht nicht verloren. Was du verlierst, ist die Weiterführung dieser Sinneswahrnehmung: Dies ist ein *fantastisches* Glas Wein – dies war ein *großartiges* Jahr.«

Doch, so entgegnete ich, manche Leute würden sagen, dass nicht viel am Leben dran ist, wenn du es nicht wenigstens als ein *gutes* Glas Wein betrachten kannst – wenn du dich nicht so weit emotional darauf einlässt, den Wein zu *genießen*.

Darauf antwortete er: »Aber es ist eine viel reinere Wahrnehmung. Wenn ich ein Glas Wein probiere und versuche, irgendwelche Restaurantkritiker zu beeindrucken oder einen Freund, der ein großer Weinkenner ist, dann erfinde ich vielleicht eine Geschichte. Ich habe womöglich eine Erwartung, wie dieser Wein sein und welchen Geschmack ich von ihm erwarten sollte, und das blockiert meine klare, einfache Wahrnehmung … Indem ich diesen Gedanken also aus dem Weg räume, diesen emotionalen Gedanken ausräume, ist es sehr viel wahrscheinlicher, dass ich unmittelbar wahrnehme, wie die Sinneswahrnehmung beschaffen ist.«

Seltsamerweise weiß ich irgendwie, was er meint. Wenn ich an Meditationsklausuren teilgenommen hatte, danach im Speisesaal saß und das Essen genoss, habe ich mich manchmal dermaßen tief in die Geschmäcker und Texturen versenkt, dass ich mir nicht wirklich dessen bewusst war, *was* ich gerade aß – welche Frucht, welches Gemüse, was auch immer. Ich kann mich nicht erinnern, dass diese Sinneswahrnehmung von irgendeiner Geschichte, selbst im allergrundlegendsten Sinn, begleitet war. Woran ich mich erinnere, ist die Empfindung, mich sehr gut zu fühlen.

Manchmal denke ich, es gibt zwei verschiedene Weisen, auf die »Essenz« einer klaren Wahrnehmung im Wege stehen kann. In einem Fall – dem »fantastischen Glas Wein« – ist die Empfindung von Essenz stark und ruft Gefühle hervor, die nicht Teil der »essenzlosen« Version der Erfahrung gewesen wäre. Doch manchmal ist das Gefühl der Essenz schwach – so schwach, dass es dazu neigt, dich von der Erfahrung wegzusteuern. Wenn ich mich in einem Retreat befinde und mich vollkommen in die Textur der Rinde eines Baums vertiefe, dann liegt das vielleicht daran, dass ich nicht mein gewöhnliches »Essenz-von-Baum«-Gefühl habe – ein Gefühl, das so wenig Kraft besitzt, dass es im Grunde sagt: »Das ist bloß noch so ein Baum, also kannst du einfach daran vorbeigehen, hin zu etwas Wichtigerem.« Durch unsere Empfindung von Essenz geben wir den Dingen Label, und eine Weise,

solche Etiketten zu benutzen, besteht darin, Objekte schnell einzuordnen, ohne dass man viel Zeit auf sie verschwenden muss.

Vielleicht tauchen Babys so tief in Formen und Texturen ein,
weil sie ihr Archivierungssystem, ihre Empfindung von Essenz,
noch nicht entwickelt haben. Sie »wissen« mit anderen Worten
noch nicht, was die »Dinge« sind, die sie umgeben; deshalb ist die
Welt für sie ein Wunderland der Erkundung. Und vielleicht hilft
dies zu erklären, warum Weber sagen kann, dass die »Leere« tatsächlich »voll« ist: Keine Essenz zu sehen lässt es manchmal zu,
dass Sie in die Reichhaltigkeit der Dinge hineingezogen werden.

Eine andere Weise, dies zu formulieren, ist zu sagen, dass die
von Essenz hervorgerufene Geschichte in manchen Fällen eine
einschränkende Geschichte ist: Das ist *einfach nur* ein Baum oder
einfach nur ein Stück Sellerie. Doch in anderen Fällen – dem fantastischen Glas Wein, dem Maßband, das JFK gehört hat – ist die
Geschichte eine verstärkende, so laut, dass sie die eigentliche
Erfahrung übertönt. Vielleicht können Essenzen Label sein, die
eine Erfahrung ganz und gar ausblenden, oder solche, die Erfahrungen ermutigen, sie aber in gewisser Hinsicht verzerren.

Dass Weber eine starke emotionale Reaktion auf etwas zu zeigen damit gleichsetzt, eine »Geschichte« darüber zu haben,
scheint mir auf jeden Fall sinnvoll, ebenso wie die Vorstellung,
dass sowohl die Geschichte als auch die Emotion über Bord zu
werfen die Dinge tendenziell mit weniger Essenz ausstattet, als
sie ansonsten projizieren würden. Aber ist dies wirklich möglich – die Geschichte fallen zu lassen, das Hintergrundwissen
hinter Ihrer Sinneserfahrung? Und wenn es möglich ist, was passiert im Gehirn, wenn das geschieht?

Geschichten und Gehirnscans

Eine mögliche Antwort auf die zweite Frage ergab sich aus einem
Experiment mit Wein und einem Gehirnscanner. Die Versuchsleiter servierten Probanden verschiedene Arten von Wein, die

mit unterschiedlichen Preisschildern ausgezeichnet waren. Doch zwei der Weine darunter, der mit 90 und der mit zehn Dollar die Flasche, waren tatsächlich der gleiche Wein.

Den Versuchspersonen schmeckte der Wein zu 90 Dollar besser. Das ist so weit nicht überraschend. Interessant war jedoch, was ihr Gehirn tat, während sie diese Urteile fällten. Wenn Sie Wein aus der 90-Dollar-Flasche tranken, gab es mehr Aktivität im medialen orbifrontalen Cortex (mOFC), als wenn sie den gleichen Wein tranken, der mit zehn Dollar die Flasche ausgezeichnet war. Der mOFC ist ein Teil des Gehirns, dessen Aktivität mit Genuss der verschiedensten Art zusammenhängt – nicht nur mit Geschmäckern, sondern auch mit Gerüchen und mit Musik. Dieses Experiment spricht dafür, dass er auch ein Teil des Gehirns ist, der von der Geschichte beeinflusst wird, die man Ihnen über den Genuss erzählt hat, den Sie verspüren, wie auch von den Vorurteilen, die diese Geschichte bei Ihnen hervorruft. Die 90-Dollar-Story aktiviert diesen Teil des Gehirns stärker als die über zehn Dollar.

Doch es gibt auch Teile des Gehirns, die eine Rolle für den Genuss spielen und die *nicht* von dem Preisschild des Weins beeinflusst wurden. »Wichtig ist«, schrieben die Forscher, »dass wir keine Hinweise auf eine Auswirkung der Preise auf … die primären Geschmacksbereiche fanden, wie etwa die Inselrinde, den Nucleus ventralis posteromedialis des Thalamus oder die Nuclei parabrachialis der Brücke.« Eine »natürliche Interpretation«, so fuhren sie fort, sei, dass der mOFC – der Teil des Gehirns, in dem es als Reaktion auf das Preisschild zu einer Veränderung kam – der Ort ist, an dem »die deszendenten (*top-down*) kognitiven Prozesse, die die Geschmackserwartungen encodieren, mit den aszendenten (*bottom-up*) sensorischen Komponenten des Weins integriert werden«. Mit anderen Worten: Der mOFC scheint der Ort zu sein, an dem die Geschichte, und damit die Erwartung, sich mit den Sinnesdaten vermischt, um so das zu verändern, was die Forscher »die hedonistische Erfahrung von Geschmack« nannten.[98]

Sie könnten fragen, ob das Weintrinken wirklich all diesen Forschungsaufwand wert ist. Was ist so wichtig daran, dass, wie Weber behauptet, der geschichtenfreie Konsum von Wein eine reinere, ja sogar genüsslichere Erfahrung ist als die übliche Weise, Wein zu trinken? Die meisten Weintrinker scheinen mit dem Geschmack ihres Weines ziemlich zufrieden zu sein, wie sehr er auch von dubiosen Geschichten überlagert sein mag. Es ist nicht so, als sei fehlerhaftes Weintrinken eine drohende globale Krise.

Aber die Implikationen von alldem gehen weit über das Thema Wein hinaus. Wir erkunden die Fähigkeit des Gehirns, Illusionen zu erzeugen. Dieses spezielle Experiment untersuchte die spezifische Illusion, dass der eigentliche Geschmack eines Getränks von der Geschichte abhängt, die damit verbunden ist. Doch dies ist nur ein Beispiel einer allgemeineren Illusion: nämlich dass die »Essenzen«, die wir in Objekten empfinden, wirklich existieren, dass sie den Dingen, die wir wahrnehmen, innewohnen, während sie tatsächlich Konstruktionen unseres Geistes sind, die nicht unbedingt der Realität entsprechen. Objekte kommen mit Geschichten, und die Geschichten, seien sie nun wahr oder falsch, gestalten, welches Gefühl wir zu ihnen haben, und gestalten damit die Dinge selbst, indem sie ihnen die Form geben, die wir wahrnehmen.

In bestimmten Zusammenhängen kann diese mentale Konstruktion von Essenz sehr viel schwerer wiegende Konsequenzen haben als die Frage, ob der Wein mit einem 90-Dollar-Etikett besser schmeckt als der mit einem von zehn Dollar. Ein solcher Zusammenhang liegt vor, wenn wir Essenz nicht Maßbändern, Häusern oder irgendeinem anderen seelenlosen Objekt zuschreiben, sondern anderen Menschen. Das ist das Thema des nächsten Kapitels.

12

Eine Welt ohne Unkraut

Einige Tage nach Beginn meiner ersten Meditationsklausur machte ich einen Spaziergang im Wald, wo ich auf einen alten Feind traf. Er heißt »Plantago major« und ist eine unter dem Namen »Breitwegerich« bekannte Pflanze. Jahre zuvor, als ich noch in Washington, D.C., lebte, war mein Rasen von diesem Unkraut befallen, und ich verbrachte viele Stunden im Kampf dagegen – die meisten, indem ich es einfach aus dem Boden riss, doch manchmal war ich so verzweifelt, dass ich ein Unkrautvernichtungsmittel anwendete. Ich bilde mir ein, dass ich nicht zu den Leuten gehöre, die gern Zeit darauf verwenden, irgendwelche Arten von Grünzeug zu hassen. Aber ich muss zugeben, dass meine Einstellung gegenüber dieser Pflanze durchaus etwas von Feindseligkeit hatte.

Und doch war ich während der Meditationsklausur – zum ersten Mal in meinem Leben – von der Schönheit jenes Unkrauts überwältigt. Vielleicht sollte ich das Wort »Unkraut« in Anführungsstriche stellen, denn es als etwas Schönes anzusehen bedeutet, infrage zu stellen, ob man es wirklich so nennen sollte. Und genau das war die Frage, die ich mir selbst stellte, als ich dastand und meinen früheren Feind betrachtete. Warum wurde dieses Gebilde mit grünen Blättern »Unkraut« genannt, wenn andere Gebilde in seinem Umfeld, die im Wesentlichen der gleichen Beschreibung entsprachen, es nicht wurden? Ich betrachtete diese Gebilde in der Nähe und dann das Unkraut, und es zeigte sich, dass ich nicht fähig war, diese Frage zu beantworten. Es schien keine objektiven visuellen Kriterien zu geben, die Unkräuter von Nichtunkräutern unterschieden.

Zurückblickend würde ich dies vielleicht »meine erste Annäherung an die Erfahrung von Leere« nennen. Vielleicht war es nicht so dramatisch – und ganz gewiss war es nicht so tief greifend und dauerhaft – wie die im vorangegangenen Kapitel beschriebenen Erfahrungen von Rodney Smith und Gary Weber. Aber es hatte etwas von der Schlüsselcharakteristik ihrer Erfahrung: Das Unkraut projizierte seine Identität weniger stark, als es das zuvor getan hatte. Obwohl ich es visuell so gut wie immer von anderen Pflanzen zu unterscheiden vermochte, war es in einem gewissen Sinne doch weniger dramatisch von der Vegetation in seinem Umfeld verschieden als zuvor. Es mangelte ihm nun an der »Essenz von Unkraut«, die es zuvor unter den anderen Pflanzen heraushob und es hässlicher aussehen ließ als diese.

Also spielt Essenz eine Rolle! In einem Moment sieht man in einem Ding eine bestimmte Essenz und möchte es am liebsten umbringen, und im nächsten Moment ist die Essenz verschwunden, und man möchte es leben lassen.

Natürlich steht hier nicht allzu viel auf dem Spiel. Soweit ich weiß, sind Unkräuter nicht mit Freude oder Schmerz begabt, und eines aus dem Boden zu reißen ist deshalb kein schwerwiegendes moralisches Vergehen. Und doch nähern wir uns mit den Kräutern – mehr als mit Lampen oder Kugelschreibern oder Brillen – dem Bereich der Moralpsychologie an, dem Bereich von Urteilen über Gut und Böse, die Konsequenzen für die Weise haben, auf die wir andere Wesen behandeln. Und wenn die Objekte, um die es geht, fühlende Wesen sind – zum Beispiel Menschen –, dann kann sehr viel auf dem Spiel stehen.

Diese moralischen Maßstäbe sind der Hauptgrund, aus dem ich so viel Zeit auf die Lehre von der Leere verwende. Die Wurzel der Art und Weise, auf die wir Menschen behandeln, so glaube ich, ist die Essenz, die wir ihnen zuschreiben. Es ist also wichtig, ob diese Wahrnehmungen von Essenz wirklich wahr sind oder ob es sich bei ihnen, wie die Lehre von der Leere es nahelegt, in einem gewissen Sinn um Illusionen handelt.

Von einem darwinistischen Standpunkt aus gesehen, sind die Gründe, aus denen wir anderen Menschen Essenz zuschreiben, dieselben Gründe, aus denen wir Dingen im Allgemeinen Essenz zuschreiben. Mitmenschen waren, nicht weniger als Nahrung, Werkzeuge, Raubtiere oder Unterschlupf, Teil der Umwelt, in der wir uns entwickelt haben. Darum hat die natürliche Selektion uns so konzipiert, dass wir auf bestimmte Weise auf sie reagieren, und sie hat diese Reaktionen organisiert, indem sie uns Gefühle ihnen gegenüber gegeben hat, und diese Gefühle gestalten die Essenz, die wir in ihnen wahrnehmen. Doch Mitmenschen sind ein viel komplizierterer Teil unserer Umwelt als, sagen wir einmal, eine Unterkunft oder Werkzeuge, und sie waren ein sehr, sehr wichtiger Teil. Deshalb liegt es nahe, dass wir spezialisierte mentale Mechanismen besitzen, mit denen wir Menschen einschätzen und ihnen dann eine Essenz zuschreiben können.

Unser »Essenz-von-Person«-Mechanismus

Jahrzehnte sozialpsychologischer Experimente haben Licht darauf geworfen, wie dieser Mechanismus arbeitet. Zuerst einmal: Er arbeitet schnell. Wir beginnen, andere in dem Moment einzuschätzen, in dem wir ihnen zum ersten Mal begegnen, und in manchen Fällen können wir auf der Grundlage weniger Indizien sehr gut dabei abschneiden. Zeigt man Versuchspersonen zum Beispiel eine kurze Videoaufnahme davon, wie jemand redet oder wie er sich in einer sozialen Interaktion verhält, und fordert man sie dann auf, die Menschen in einer bestimmten Hinsicht einzuschätzen – zum Beispiel ihre professionelle Kompetenz oder ihren Status –, dann entsprechen diese Einschätzungen ziemlich gut objektiveren Maßstäben. Das trifft auch zu, wenn die Aufzeichnung keinen Ton hat, sodass alle Indizien nonverbal sind. Und ein Urteil, das nach 30 Sekunden abgegeben wird, ist mit fast genauso großer Wahrscheinlichkeit zutreffend wie eins, das man nach fünf Minuten fällt.

Zwei Psychologen von der Harvard University haben eine Metaanalyse Dutzender dieser »Thin-Slices«-Studien[99] durchgeführt und sind zu dem Schluss gekommen, dass Urteilende schon nach sehr kurzer Beobachtung »irgendeine stabile grundlegende Essenz auffangen«.[100] Mit den »Urteilenden« meinten sie natürlich Menschen in den Experimenten, die die Beobachtungen machten, aber sie hätten genauso gut von uns allen sprechen können; zu urteilen ist etwas, wozu wir konzipiert sind.

Unsere Urteile können auf Indizien beruhen, die lächerlich oberflächlich erscheinen mögen. So werden zum Beispiel Menschen, die man attraktiv findet, mit größerer Wahrscheinlichkeit als kompetent eingeschätzt. Aber dies ist in gewisser Weise verständlich; attraktiven Menschen scheint es leichter zu fallen, sich im sozialen Umgang durchzusetzen: Und in der Lage zu sein, soziale Knöpfe zu drücken, kann einen großen Teil von Kompetenz ausmachen.

Wenn es darum geht, *moralische* Urteile zu fällen, legen wir nicht so viel Wert auf das Aussehen. Attraktive Menschen werden nicht mit größerer Wahrscheinlichkeit als integrer oder besonnener eingeschätzt als unattraktive. Auch das ist verständlich, weil es keinen Grund dafür gibt, zu denken, dass sie tatsächlich mehr Integrität und Besonnenheit aufweisen.[101] Allerdings haben die Urteile über Charakterstärke eines gemeinsam mit Urteilen über Kompetenz und Status, nämlich dass wir sie oft auf der Grundlage eines einzigen Datenpunkts treffen. Auch wenn verschiedene Experimente dies aufzeigen, ist es wenig sinnvoll, das hier breitzutreten: Denken Sie einfach an Ihr eigenes Verhalten. Wenn Sie jemanden sehen, der stehen bleibt, um einem anderen zu helfen, der verletzt auf dem Bürgersteig liegt, denken Sie dann nicht: »Oh, was für eine hilfsbereite (oder freundliche) Person!«? Wenn Sie jemanden sehen, der schnell an einem anderen vorübergeht, der verletzt auf dem Bürgersteig liegt, denken Sie dann nicht: »Oh, was für ein verantwortungsloser (oder unfreundlicher) Mensch!«?

Ich weiß schon, was Sie denken: Aber Menschen, die stehen bleiben, um Bedürftigen zu helfen, sind *wirklich* freundlich. Und Menschen, die rasch an ihnen vorbeigehen, sind *nicht* freundlich.

Da irren Sie sich aber! Eine berühmte Studie, die 1973 veröffentlicht wurde, hat das gezeigt. Die Studie wurde von zwei Psychologen von der Princeton University durchgeführt, und sie setzte zuerst einmal voraus, dass eine Gelegenheit geschaffen wurde, zu der Menschen sich als barmherzige Samariter erweisen konnten, indem sie einem hilfsbedürftigen Fremden beistanden. Die Psychologen beschrieben die Szene, die sie arrangierten, folgendermaßen: »Wenn die Versuchsperson durch die Gasse ging, saß das Opfer bewegungslos zusammengesunken in einer Türöffnung, mit herabhängendem Kopf und geschlossenen Augen. Sobald die Versuchsperson vorbeiging, hustete das Opfer zweimal und stöhnte.«[102]

Einige der Probanden blieben stehen, um zu helfen, und andere taten das nicht. Hätten Sie dies beobachtet, hätten Sie wahrscheinlich in den Ersteren »Essenz von guter Person« und in den Letzteren »Essenz von schlechter Person« gesehen. Aber es gab tatsächlich eine andere Erklärung dafür, warum manche halfen und manche nicht.

Die Probanden in diesem Experiment waren Studenten des Theologischen Seminars der Princeton University. Man hatte sie aufgefordert, in einem Gebäude in der Nähe einen kurzen improvisierten Vortrag zu halten. Einigen hatte man gesagt, dass sie für den Vortrag bereits spät dran seien, während man die anderen hatte wissen lassen, dass sie noch Zeit erübrigen könnten. Von der ersten Gruppe blieben zehn Prozent stehen, um zu helfen, und von der zweiten Gruppe 63 Prozent. In diesen 63 Prozent »Essenz von guter Person« zu sehen wäre bestenfalls irreführend; es wäre eher zutreffend, »Essenz von keine Eile haben« zu sehen.

Abgesehen vom Grad der Eile gab es nur noch eine andere Variable, die die Versuchsleiter manipulierten. Bevor die Probanden losgingen, um ihren Vortrag zu halten, sagte man der Hälfte von ihnen, Sie sollten zuerst die Bibelgeschichte vom barmherzigen Samariter lesen und dann ihren Vortrag darüber halten. Die andere Hälfte sollte eine Passage vorlesen, die nichts mit Altruismus zu tun hatte. Es zeigte sich, dass selbst das Nachdenken über den barmherzigen Samariter die Chance nicht erhöhte, wirklich ein solcher zu sein.

Dieses Experiment passt in den Rahmen einer umfangreichen psychologischen Literatur über etwas, was »der fundamentale Attributionsfehler« genannt wird. Das Wort »Attribution« bezieht sich auf die Tendenz, das Verhalten von Menschen entweder in Begriffen von »dispositionalen« Faktoren zu erklären – das heißt, was für eine Art von Personen sie sind – oder mit »situationalen« Faktoren, etwa ob Sie zu spät zu einem Vortrag kommen könnten. Das Wort »Fehler« bezieht sich auf die Tatsache, dass diese Zuschreibungen oft falsch sind, dass wir dazu neigen, die Rolle der Situation zu unterschätzen und die Rolle der Disposition zu überschätzen. Wir sind, mit anderen Worten, voreingenommen, was Essenz angeht.

Der Begriff »fundamentaler Attributionsfehler« (*fundamental attribution error*) wurde 1977 von dem Psychologen Lee D. Ross geprägt, und seine Implikationen können verwirrend sein. So ist es zum Beispiel üblich, von Kriminellen und Geistlichen anzunehmen, sie seien zwei fundamental unterschiedliche *Arten* von

Personen. Doch Ross und sein Kollege Richard Nisbett empfehlen uns, diese Intuition neu zu bedenken. Wie Sie es formulieren:

> Geistliche und Kriminelle sehen sich selten mit identischen oder gleichartigen Umständen situationaler Herausforderung konfrontiert. Sie platzieren sich vielmehr in Situationen und werden von anderen in Situationen platziert, die sich eben in der Hinsicht unterscheiden, dass sie Geistliche dazu bringen, einigermaßen durchgängig wie Geistliche auszusehen, zu handeln, zu fühlen und zu denken, und die Kriminelle dazu bringen, wie Kriminelle auszusehen, zu handeln, zu fühlen und zu denken.[103]

Nachdem der Philosoph Gilbert Harman die Literatur über den fundamentalen Attributionsfehler studiert hatte, stellte er infrage, ob es solche Charakterzüge wie Ehrlichkeit, Wohlwollen und Freundlichkeit überhaupt gibt. »Da es möglich ist, unseren gewöhnlichen Glauben an Charakterzüge als Auswüchse bestimmter Illusionen zu erklären«, so schrieb er, »müssen wir zu dem Schluss kommen, dass es keine empirische Grundlage für die Existenz von Charakterzügen gibt.«[104]

Das mag sich nach einer sehr extremen Sichtweise anhören, und viele Gelehrte interpretieren die Literatur über den Attributionsfehler sicherlich weniger dramatisch. Die meisten Psychologen, die diese Thematik studieren, werden Ihnen sagen, dass einige Persönlichkeitszüge in einer durchschnittlichen Person über die Zeit hin ziemlich stabil sind. Dennoch besteht kein Zweifel daran, dass wir dem letzlichen Beweis vorauseilen, wenn wir Menschen, die wir als nett, gemein, freundlich, unfreundlich ansehen, moralische Essenz zuschreiben. Ich habe mehr als einmal erlebt, wie sich jemand in der Öffentlichkeit so grob und rücksichtslos benommen hat, dass ich ihn augenblicklich als schlechten Menschen gesehen und *gefühlt* habe. Und ich habe mich mehr als einmal, wenn ich unter großem Stress stand, ebenso grob und rücksichtslos benommen. Und doch habe ich mich selbst nicht als schlechten Menschen betrachtet – zumindest nicht als *im Grunde* schlecht –, auch nicht bei rückblickender Überlegung.

Einer der Gründe, warum ich mich selbst vom Haken gelassen habe, ist, dass ich mein schlechtes Verhalten als vom Stress verursacht verstehe; der Übeltäter war nicht mein »wahres Ich«. Aber was andere Menschen angeht, ist es weniger wahrscheinlich, dass ich diese Möglichkeit in Betracht ziehe. Genau darin besteht der fundamentale Attributionsfehler: Ich schreibe ihr Verhalten ihrer Charakteranlage und nicht der Situation zu; ich lokalisiere die Schlechtigkeit in ihnen, nicht in Umgebungsfaktoren.

Warum sollte der menschliche Geist so konzipiert sein, dass er situationale Faktoren ignoriert oder herunterspielt, wenn er Menschen einschätzt? Nun, zuerst einmal erinnern Sie sich ein weiteres Mal daran, dass die natürliche Selektion den menschlichen Geist nicht dazu konzipiert hat, andere *zutreffend* einzuschätzen. Sie hat ihn dazu konzipiert, andere auf eine Weise einzuschätzen, die zu Interaktionen führen kann, welche zur Verbreitung der Gene des andere einschätzenden Menschen beitragen.

Sehen wir uns einmal an, was meiner Meinung nach einer der lächerlichsten Streitpunkte zwischen Menschen sein kann. Das beginnt typischerweise mit der Behauptung »Sie ist eine wirklich nette Person« oder »Er ist ein gemeiner Typ«. Doch dann wird jemand Einspruch erheben: »Nein, sie ist gar nicht so nett.« Oder: »Nein, er ist in Wirklichkeit kein gemeiner Typ.« Solch ein Streit kann sich ewig fortsetzen, ohne dass eine der Parteien sagt: »Nun, vielleicht ist sie nett zu mir, aber nicht so nett zu dir.« Oder: »Vielleicht ist er gut in dem Kontext, in dem ich ihm gewöhnlich begegne, und gemein in dem Kontext, in dem du ihm begegnest.«

Vom Standpunkt der natürlichen Selektion aus gesehen, gibt es keinen Grund dafür, dass Menschen einer solchen Möglichkeit – der Möglichkeit, dass Nettigkeit und Gutsein weitgehend situationale und nicht dispositionale Eigenschaften sind – viel Gewicht beimessen sollten. Schließlich funktioniert das Essenzmodell, also der Glaube, dass jede Person eine im Allgemeinen gute oder schlechte Disposition besitzt, ziemlich gut. Wenn jemand durchgehend nett zu Ihnen ist, wird es sinnvoll sein, eine Beziehung gegenseitiger Freundlichkeit einzugehen, mit anderen Worten: eine Freundschaft. Und der Glaube, dass die Person essenziell gut ist, trägt viel dazu bei, Sie in eine solche Freundschaft hineinzuziehen.

Dazu kommt noch, dass dieser Glaube es Ihnen leicht machen wird zu *sagen*, diese Person sei gut – was sehr dienlich ist, weil von jemandem in den höchsten Tönen zu sprechen Teil des reziproken Altruismus ist, der eine Freundschaft ausmacht. In Ihren Freunden »Essenz von Gutsein« zu sehen lässt Sie diesen Teil der Übereinkunft mühelos erfüllen. Es befreit Sie nach allem, was Sie wissen, von der quälenden Vermutung, Ihre Freunde könnten während Ihrer Abwesenheit alte Leute prellen.

Verhält sich eine Person Ihnen gegenüber jedoch durchgehend gemein, dann ist »Essenz von Gemeinheit« in ihr zu sehen etwas, was Sie zu einem optimal selbstdienlichen Verhalten veranlasst. Sie werden es nicht nur vermeiden, diesem Zeitgenossen einen Gefallen zu erweisen, was wahrscheinlich sowieso unerwidert bliebe, sondern Sie erzählen auch jedermann mit Überzeugung, der Betreffende sei ein schlechter Mensch. Und es ist sinnvoll zu sagen, dass Ihre Feinde schlechte Menschen sind, weil diese, je mehr Sie ihren Rang untergraben, desto weniger in einer Position sein werden, in der sie Sie verletzen können.

In der modernen Welt mag dies in der Regel keine besonders wirksame Strategie mehr sein. Aber in den kleinen Jäger-und-Sammler-Gesellschaften konnte es durchaus eine beträchtliche

Wirkung auf den sozialen Status von Menschen haben, wenn Sie sie durchgängig schlechtgemacht haben. Es hätte auch dazu gedient, andere zu warnen, nicht zu der für Sie schlechten Seite überzuwechseln. Kurz gesagt, gibt es eine situationale Variable, die unsere Einschätzung anderer stets verzerrt. Jedes Mal, wenn wir sie agieren sehen, agieren sie in unserer Gegenwart; und nach allem, was wir wissen, verhalten sie sich gegenüber anderen Menschen anders. Aber in einer für uns selbstdienlichen Weise ist es sinnvoll, diese Variable zu ignorieren und das Verhalten, das wir sehen, der Disposition dieser Menschen zuzuschreiben. Auf solche Weise sehen wir sie als Leute, die diejenige – gute oder schlechte – Essenz besitzen, von der zu glauben, dass sie sie haben, am ehesten in unserem Interesse liegt. Praktischerweise werden unsere Freunde und Verbündete »Essenz von gut« und unsere Rivalen und Feinde »Essenz von böse« haben.

Unser Essenzbewahrungsmechanismus

Doch was geschieht, wenn die Realität in diese bequeme Illusion eindringt? Was, wenn wir doch einmal einen Feind sehen, der etwas Gutes tut, oder davon hören? Und was ist, wenn wir sehen, wie ein Freund etwas Schlechtes tut? Droht dies die Essenz, die wir in ihnen gesehen haben, in nichts aufzulösen?

Ja, diese Gefahr besteht. Aber unser Gehirn ist sehr gut darin, Gefahren abzuwenden! Tatsächlich scheint unser Denkapparat einen Mechanismus zu besitzen, der dazu konzipiert ist, mit dieser besonderen Bedrohung umzugehen. Man könnte ihn den »Essenzbewahrungsmechanismus« nennen.

Es stellt sich heraus, dass der fundamentale Attributionsfehler – die Tendenz, die Rolle der Disposition über- und die Rolle der Situation unterzubewerten – nicht ganz so einfach funktioniert, wie die Psychologen ursprünglich gedacht haben. Manchmal spielen wir tatsächlich die Rolle der Disposition herunter und verstärken die Rolle der Situation.

Es gibt zwei Arten von Fällen, in denen wir dazu neigen: (1) Wenn ein Feind oder Rivale etwas Gutes tut, neigen wir dazu, dies den Umständen zuzuschreiben, zum Beispiel: »Er gibt dem Bettler nur deshalb Geld, um eine Frau zu beeindrucken, die gerade in der Nähe steht.« (2) Wenn ein enger Freund oder Verbündeter sich schlecht aufführt, dann scheinen die Umstände auf einmal eine große Rolle zu spielen: »Sie schreit den Bettler, der sie um Geld bittet, nur deshalb an, weil sie an ihrem Arbeitsplatz zu viel Stress gehabt hat.«

Diese Flexibilität im Hinblick auf die Interpretation gestaltet nicht nur unser persönliches Leben, sondern auch internationale Beziehungen. Der Sozialwissenschaftler Herbert C. Kelman hat darauf hingewiesen, wie sie Kontrahenten auf ihre Rolle festschreibt: »Zuschreibungsmechanismen ... fördern die Bestätigung unseres ursprünglichen Feindbilds. Feindseliges Handeln vonseiten des Widersachers wird seiner Disposition zugeschrieben und liefert damit weitere Beweise für seinen inhärent aggressiven, rücksichtslosen Charakter. Versöhnliches Handeln wird als eine Reaktion auf situationale Kräfte wegerklärt – als taktische Manöver, Reaktionen auf äußeren Druck oder zeitweilige Anpassungen an eine Position der Schwäche – und verlangt deshalb keine Korrektur des ursprünglichen Feindbilds.«[105] Dies hilft zu erklären, warum die politisch Verantwortlichen und bestimmte Medien bei einem bevorstehenden Krieg alles daransetzen, den Führer des Landes zu dämonisieren, gegen das sie zu Felde ziehen wollen. Vor einem der beiden Kriege der USA gegen den Irak platzierte die (damals) militaristische amerikanische Zeitschrift *The New Republic* ein Bild des irakischen Präsidenten Saddam Hussein mit einer kleinen »Verschönerung« auf ihrer Titelseite: Sein Schnurrbart wurde so weit retuschiert, dass er aussah wie der von Hitler. Nicht gerade subtil, aber wirkungsvoll – denn wenn jemand erst einmal dezidiert in die Schublade »Feind« eingeordnet worden ist, macht es ihm unser Zuschreibungsmechanismus sehr schwer, aus dieser Schublade wieder herauszukommen. Wenn zum Beispiel jemand wie Hussein internationale Inspektoren in sein Land einlädt, dort nach Massenvernichtungswaffen zu suchen – was er kurz vor dem Irakkrieg von 2003 getan hat –, dann muss das ein Trick sein. Er hat diese Massenvernichtungswaffen sicher irgendwo versteckt. Schließlich assoziieren wir mit Hussein ja »Essenz von schlecht«, wenn nicht gar »Essenz von böse«!

Und, es lässt sich nicht bestreiten, Hussein hatte tatsächlich Schreckliches getan. Aber das Versagen, klar über ihn zu denken, führte zu noch Schrecklicherem: dem Tod von weit über 100 000 unschuldigen Menschen im Irakkrieg und zu seinen Nachwirkungen.

Krieg ist ein anschauliches Beispiel dafür, wie sich Essenz von einer Ebene auf eine andere ausbreiten kann. Sie beginnen mit der Idee, dass der Führer einer Nation essenziell böse ist. Davon ausgehend, schreiten Sie weiter zu der Idee, dass eine ganze Nation Ihr Feind ist. Das wird dann in die Idee übersetzt, dass alle Soldaten dieses Landes – oder sogar seine gesamte Bevölkerung – essenziell böse sind. Und wenn Menschen böse sind, bedeutet dies, dass man sie ohne Gewissensbisse umbringen kann. Die USA haben im Zweiten Weltkrieg Atombomben auf zwei japanische Städte abgeworfen – Städte, nicht Militärbasen –, und es gab keinen nennenswerten Protest vonseiten des amerikanischen Volkes.

Zum Glück sind die meisten von uns nicht in eine Stammespsychologie mit solch tödlichen Folgen hineingezogen worden. Aber weniger gewichtige Fälle dieser Psychologie, die unsere Wahrnehmung und unser moralisches Kalkül verändern, sind gang und gäbe. Ein besonders aufschlussreiches Beispiel hierfür ereignete sich 1951 ganz in der Nähe des Princeton Theological Seminary, wo 1973 das Barmherzige-Samariter-Experiment durchgeführt wurde.

Die »Essenz von Gegnerschaft«

Der Ort war das Palmer Stadium, und das Ereignis war ein Footballspiel zwischen Princeton und Dartmouth. Das waren die Zeiten, in denen der Football von Eliteuniversitätsmannschaften noch als Weltklasse-Football galt. In der Woche vor dem Spiel zierte ein Foto von Dick Kazmeier, dem Tailback-Spitzensportler von der Princeton University, die Titelseite des *Time Magazine*.

Das Spiel war rau und in mancher Hinsicht sogar schmutzig. Kazmeier wurde im zweiten Viertel die Nase gebrochen, und im dritten Viertel wurde ein Spieler von Dartmouth mit gebrochenem Bein vom Spielfeld getragen. Die beiden Psychologieprofessoren Hadley Cantril von der Princeton University und Albert Hastorf von der Dartmouth University schrieben später: »Die Gemüter waren während des Spiels und danach erhitzt ... Vorwürfe gingen hin und her.« Hastorf und Cantril benutzten die Gelegenheit für eine Studie zur Stammespsychologie. Sie zeigten den Studenten von Princeton und Dartmouth Filme von dem Spiel und fanden große Unterschiede der Perspektive. Während die Princeton-Studenten zum Beispiel im Durchschnitt 9,8 Fouls vonseiten Dartmouth' sahen, erkannten die Dartmouth-Studenten im Durchschnitt 4,3 Fouls ihrer Mannschaft.[106] Diese Ergebnisse werden Sie nicht schockieren; dass Stammeszugehörigkeit die Wahrnehmung verzerren kann, ist Allgemeinwissen. Aber diese Studie nahm ein Beispiel für diese Verzerrung (Bias) aus der wirklichen Welt und übertrug sie aus dem Bereich der Anekdote in den Bereich von Daten. So wurde diese Studie zu einem Klassiker.

Weniger bekannt als die berühmte Quantifizierung des Bias ist, dass die Autoren die Frage aufwarfen, ob »Bias« wirklich der richtige Begriff sei. Wenn wir an ein kognitives Bias denken, denken wir an die Verzerrung von etwas, was ansonsten eine klare Sicht des wahrgenommenen Objekts hätte sein können.

Aber das setzt voraus, dass es da ein Objekt *gibt*, das wahrgenommen wird. Hastorf und Cantril schrieben:

> Es ist ungenau und irreführend zu sagen, dass verschiedene Menschen verschiedene »Einstellungen« gegenüber demselben »Ding« haben ... Die Daten, die wir hier vorlegen, lassen erkennen, dass es kein solches »Ding« wie ein »Spiel« gibt, das für sich genommen »da draußen« existiert und das die Leute einfach »beobachten«. Das »Spiel« »existiert« für eine Person und wird von dieser Person nur insoweit erfahren, wie gewisse Geschehnisse in Hinblick auf ihre Zwecke signifikant sind. Aus all den Geschehnissen, die in der Umgebung vor sich gehen, wählt eine Person diejenigen aus, die vom Standpunkt ihrer egozentrischen Position in der Gesamtmatrix von einer gewissen Signifikanz für sie sind.[107]

Hastorf und Cantril sprachen natürlich nicht über den Film »Matrix«. Aber wie der Film nährten sie Zweifel daran, wie real die »Realität« ist – ob es sinnvoll ist, von »Dingen« zu sprechen, die da draußen existieren, unabhängig von dem Geist, der sie auffasst. Sie schrieben: »Denn das ›Ding‹ ist für unterschiedliche Menschen einfach nicht dasselbe, ob das ›Ding‹ nun ein Footballspiel, ein Präsidentschaftskandidat, Kommunismus oder Spinat ist.«

Dies alles erinnert mich an ein Gespräch, das ich einmal mit Leda Cosmides führte, der wir bereits im siebten Kapitel begegnet sind und die viel dazu beigetragen hat, die modulare Anschauung des Geistes zu entwickeln. Mittlerweile spricht sie nicht mehr vom modularen Modell. Der Begriff »Module«, so sagt sie, ist inzwischen zu oft missverstanden worden, teilweise weil einige der Missverständnisse darüber, mit denen ich im siebten Kapitel aufzuräumen versucht habe, nicht weitgehend genug zerstreut wurden. Sie benutzt heute eine andere Terminologie wie etwa den genaueren, wenn auch bedeutend weniger eleganten Begriff »domänenspezifische psychologische Mechanismen«.

Leda und ich diskutierten die Beziehung zwischen diesen Modulen und den verschiedenen Urteilsverzerrungen, die die menschliche Wahrnehmung der Welt belasten. Früher in dem Gespräch hatte ich darüber gesprochen, wie unsere Sicht der Welt von dem Modul eingefärbt werden kann, das unser Bewusstsein in diesem Moment dominiert. Sie stellte infrage, ob es sinnvoll sei, von einem Prozess der »Einfärbung« zu sprechen – als gäbe es irgendeine nicht gefärbte Sicht, die vor der Einfärbung existiert hätte. »Es gibt immer irgendeinen psychologischen Mechanismus, der etwas unternimmt«, sagte sie. »Er erzeugt unsere Welt, er erzeugt unsere Wahrnehmung der Welt. Aus diesem Grund würde ich nicht sagen, dass domänenspezifische Mechanismen unsere Wahrnehmungen einfärben – ich würde sagen, dass sie unsere Wahrnehmungen *erzeugen*. Es gibt keine Möglichkeit, die Welt wahrzunehmen, ohne sie begrifflich in Stücke zu schneiden.«

Dies hört sich sehr nach der Anschauung des Buddhismus an: Alles, von Spinat bis zu Footballspielen, ist leer von einer inhärenten Existenz; Dinge – Formen – treten nur dann in unserem Bewusstsein in Erscheinung, nachdem wir eine bestimmte Kombination von Elementen in unserem Wahrnehmungsfeld hergenommen und ihnen eine kollektive Bedeutung zugeschrieben haben. Hastorf und Cantril schrieben: »Ein ›Ereignis‹ auf dem Football-Spielfeld oder in jeder anderen sozialen Situation wird nicht zu einem erfahrenen ›Geschehnis‹, ohne dass und solange ihm nicht eine gewisse Bedeutung gegeben wird.« Und diese Signifikanz, so sagten sie, kommt aus einer Art Datenbank von Bedeutungen, einer Datenbank, die in dem angesiedelt ist, »was wir die ›angenommene Formwelt einer Person‹ genannt haben«.

Bis diese Bedeutungen zugeschrieben werden, ist die Welt vermutlich in einem gewissen Sinn formlos. Doch wenn sie erst einmal zugeschrieben sind, so gibt es Form; da ist Essenz.

In der Tat gibt es Essenzen innerhalb von Essenzen. Da ist »Essenz von Footballspiel«, »Essenz von Footballmannschaft«, »Essenz von Footballspieler«. Und diese unterschiedlichen Essenzen können einander informieren. Die spezifische Essenz, die ein bestimmtes Footballspiel hat, wird von den Essenzen der beiden Mannschaften abhängig sein – zum Beispiel davon, welche Mannschaft wir mögen und wie sehr wir sie mögen, und von der Art und Weise, auf die wir sie mögen –, und das wird wiederum die Essenzen der Spieler informieren.

Oder vielleicht funktionieren die Dinge andersherum, und die Essenz, die wir in einem bestimmten Footballspieler sehen, wird bestimmen, welche Mannschaft wir bevorzugen, und das wird wiederum die Form gestalten, die das Spiel in unserer Erinnerung annimmt. Zweifellos hat es irgendwo im Amerika des Jahres 1951 einen Jungen gegeben, der noch nie von Princeton gehört hatte, der aber die Titelgeschichte des *Time Magazine* über Dick Kazmeier las und deshalb ein Fan von Princeton wurde, sodass alle Nachrichten über die Footballspiele von Princeton in die für ihn angemessene Form eingefaltet wurden.

Ich sage nicht – und ich glaube nicht, dass Hastorf und Cantril sagen wollten –, die Welt des Footballs sei für uns eine Welt ohne Form, falls wir keine bevorzugte Footballmannschaft haben. Wenn wir durch einen Flughafen gehen und auf einem Bildschirm ein Footballspiel sehen, nehmen wir eine Art allgemeiner »Essenz von Footballspiel« wahr, bevor wir überhaupt wissen, welche Mannschaften da spielen. Aber auch wenn wir kein bevorzugtes Team haben, mag uns bei genauem Hinsehen auffallen, dass diese »allgemeine« Empfindung von Essenz tatsächlich eine Art von Bevorzugung enthält. Auch wenn wir kein Fan einer der beiden Mannschaften sind, so sind wir vielleicht ein Footballfan und fühlen uns deshalb dazu hingezogen, uns näher mit dem Spiel zu beschäftigen – vielleicht weil wir neugierig sind, wer da spielt, oder einfach weil wir gern einige interessante Spielzüge sehen. Wenn wir andererseits kein Footballfan sind, wird die Essenz, die wir wahrnehmen, nicht fesselnd sein und mag uns vielleicht sogar abstoßen, wie geringfügig auch immer.

Dies erinnert uns daran, dass eine spezifische *Stammes*psychologie sich in mancher Hinsicht gar nicht so sehr von Psychologie im Allgemeinen unterscheidet. Im Verlauf eines jeden Tages geben wir den Phänomenen, die wir wahrnehmen, positive oder negative Label. Sich einem Stamm zugehörig zu fühlen – einer Fußballmannschaft, einer Nation, einer ethnischen Gruppe – ist ein spezielles Beispiel für diese Tendenz und manchmal ein ganz besonders intensives: Unser Stamm kann *sehr* gut sein, und seine Feinde können *sehr* böse sein.

Gleichzeitig wäre es aber irreführend, so zu tun, als sei die Stammespsychologie einfach nur gewöhnliche Psychologie von besonderer Lautstärke. Die natürliche Selektion hat Teile des menschlichen Geistes spezifisch dazu konzipiert, uns durch Konflikte zu navigieren – Konflikte zwischen Individuen und Konflikte zwischen Gruppen. Ein Teil unserer mentalen Mechanismen ist äußerst fein auf diese Funktion abgestimmt. Dazu gehört auch der Essenzbewahrungsmechanismus, der unsere Feinde bereitwilliger schlechten Verhaltens bezichtigt als unsere Verbündeten und der es leicht macht, das Leiden unserer Feinde mit Gleichgültigkeit zu betrachten.

In der Tat ist »Befriedigung« sogar wahrscheinlicher als »Gleichgültigkeit«. Ein Teil der moralischen Ausrüstung, die die natürliche Selektion unserem Gehirn eingepflanzt hat, ist ein Sinn für Gerechtigkeit – die Intuition, dass gute Taten belohnt und schlechte bestraft werden sollten. Zu sehen, dass Übeltäter leiden, kann uns also das befriedigende Gefühl geben, dass der Gerechtigkeit Genüge geleistet wurde. Und bequemerweise sind es unsere Feinde und Rivalen, für die es typisch ist, sich übler Taten schuldig zu machen. Wenn unsere Freunde und Verbündeten diese begehen, sind sie mit großer Wahrscheinlichkeit einfach Opfer der Umstände und verdienen deshalb keine so harte Bestrafung. Natürlich nur so lange, wie sie *uns* diese schlechten Dinge nicht antun; das könnte Grund genug sein, sie allmählich aus unserer Kategorie »Freunde und Verbündete« zu entlassen.

Mein kurzer Flirt mit der Feindesliebe

Dies alles bringt uns zurück zum Breitwegerich. Im Verlauf meiner langen Geschichte der Gegnerschaft, ja geradezu Feindschaft gegenüber diesem »Unkraut« war dieses doch von einer Art moralischer Aura umgeben. Ich brachte auch nicht annähernd all die moralischen Waffen, die einzusetzen ich fähig bin, gegen den Breitwegerich zum Einsatz. Die wirklich schweren Waffen sind für menschliche Wesen reserviert. Und doch ist die Grenze, jenseits deren sie eingesetzt werden – die Grenze zwischen »guten« und »schlechten« Menschen –, wie gesagt oft nicht weniger willkürlich als die Grenze, die Unkräuter von anderen Pflanzen trennt.

Es gibt eine meditative Technik, die speziell dazu konzipiert ist, diese Trennlinie zu verwischen. Man nennt sie die »Liebende-Güte-« oder, um den alten Pali-Begriff für »liebende Güte« zu verwenden, »Metta-Meditation«. Typischerweise beginnt diese Meditation damit, dass Sie es sich zuerst einmal zur Aufgabe machen, sich selbst gegenüber freundliche Gefühle zu hegen. Dann stellen Sie sich jemanden vor, den Sie lieben, und Sie senden liebende Güte zu ihm oder ihr aus. Als Nächstes stellen Sie sich jemanden vor, den Sie mögen, und senden diesem Menschen liebende Güte. Dann denken Sie an jemanden, dem gegenüber Sie weder in der einen noch in der anderen Richtung besonders starke Gefühle hegen. Und so gehen Sie weiter, bis

Sie zu einem tatsächlichen Feind gelangen. Wenn alles nach Plan verläuft, dann bringen Sie es fertig, selbst für diesen Feind liebende Güte zu empfinden.[108]

Es erscheint mir nur angemessen, einige freundliche Worte zur Liebende-Güte-Meditation zu sagen; also, hier sind sie: Sie funktioniert für manche Menschen. Aber sie funktioniert nicht für mich. Ich denke, das Problem fängt schon gleich zu Beginn mit der Aufforderung an, liebende Güte für mich selbst zu empfinden. Wie auch immer, ich kann glücklicherweise sagen, dass eine Nicht-Metta-Meditation – ganz einfache Achtsamkeitsmeditation – in mancher Hinsicht genau dieselbe Wirkung hat, die Metta-Meditation haben soll: Sie dämpft meine Böswilligkeit und kann mein Einfühlungsvermögen verstärken.

Tatsächlich habe ich einmal während einer Meditationsklausur nach fast einer Woche ausgiebiger Achtsamkeitsmeditation an die Person gedacht, die zu meinen zwei oder drei erbittertsten Feinden auf der Welt gehören – an einen früheren Kollegen (nennen wir ihn Larry), den ich, gelinde gesagt, nie besonders kollegial fand. Normalerweise empfinde ich eine Art Aura schlechter Schwingungen, wenn ich Larry sehe oder nur an ihn denke – man könnte sie »Essenz von Larry« nennen. Aber während dieses Retreats begann ich, an ihn ohne diese Aura zu denken. Ich sah sein unausstehlichstes Verhalten (oder zumindest das Verhalten, das ich besonders unausstehlich finde) als eine Manifestation von Unsicherheit. Ich stellte ihn mir lebhaft als den schlaksigen, unsportlichen Jugendlichen vor, der er wahrscheinlich gewesen war, stellte ihn mir vor, wie man ihm keinerlei Respekt auf dem Spielplatz erwies und wie er sich auf der Suche nach seiner Identität letztlich auf eine Identität festgelegt hat, die mir zufällig gegen den Strich geht. Und einen Moment lang fühlte ich eine Art Mitgefühl für ihn. Was ich nicht fühlte, war Essenz. Zumindest nahm ich nicht die »Essenz von Larry« wahr, die ich zuvor immer wahrgenommen hatte. Und ich glaube, dies war der Schlüssel: Die alte »Essenz von Larry« abzubauen gestattete mir, eine neue Version von ihm zu sehen, die der Wahrheit näher kam.

Rumi, ein Sufi-Mystiker aus dem 13. Jahrhundert, soll gesagt haben: »Deine Aufgabe ist es nicht, nach Liebe zu suchen, sondern einfach nur all die Barrieren zu suchen und zu finden, die du in dir selbst gegen sie aufgerichtet hast.« Es scheint fraglich zu sein, ob dieser Rat von Rumi stammt,[109] aber wenn doch, dann war er, wie ich denke, auf einer heißen Spur. Es wäre allerdings wohl übertrieben zu sagen, dass die Barriere umzustoßen, mit der ich mich konfrontiert sah – nämlich die »Essenz von Larry«, die mein Geist im Lauf der Jahre in mühevoller Kleinarbeit aufgebaut hatte –, mich dazu gebracht hätte, Larry zu *lieben*. Dennoch fühlte ich für einen Moment ein gewisses Maß an jenem freundlichen Mitgefühl, das ein Elternteil fühlen mag, wenn es sieht, wie ein junger Sohn oder eine junge Tochter versucht, sich sozial anzupassen, und ihm oder ihr dies misslingt. Natürlich ging dieses Gefühl vorüber. Dennoch, so glaube ich, hatte es eine anhaltende Wirkung: Als ich Larry das nächste Mal begegnete, schüttelte ich ihm die Hand und tauschte Grüße mit ihm aus, und zum ersten Mal nach langer Zeit fühlte sich das so an, als täuschte ich nicht nur etwas vor. Zumindest hatte ich nicht das Gefühl, dass ich zu 100 Prozent etwas vortäuschte; es war irgendwo im Bereich zwischen 40 und 50 Prozent.

Während derselben Meditationsklausur, die mich dazu brachte, ein Unkraut zu sehen, dem die »Essenz von Unkraut« fehlte, hatte ich auch eine interessante Begegnung mit einem Reptil. Als ich durch den Wald ging und auf den Weg vor mir hinabschaute, sah ich eine Eidechse, die erstarrt in ihrer Bewegung innehielt, wahrscheinlich bei meinem Anblick. Während ich sie beobachtete, wie sie sich nervös umschaute und ihre nächste Bewegung kalkulierte, war mein erster Gedanke, dass das Verhalten der Eidechse von einem relativ einfachen Algorithmus diktiert wurde: Kreatur sehen, erstarren; wenn Kreatur sich nähert, weglaufen. Doch dann wurde mir klar, dass meine eigenen Verhaltensalgorithmen zwar sehr viel komplizierter sind als die einer Eidechse, dass es aber durchaus ein Wesen geben könnte, welches derart intelligent ist, dass ich für dieses Wesen ebenso einfältig aussehe, wie die Eidechse für mich zu sein scheint. Je mehr ich darüber nachdachte, desto mehr schienen die Eidechse und ich gemein zu haben. Wir waren beide in eine Welt geworfen worden, die wir uns nicht ausgesucht hatten, standen unter dem Regime von Verhaltensalgorithmen, die wir nicht gewählt hatten, und wir versuchten beide, das Beste aus der Situation zu machen. Ich fühlte eine Art der Verwandtschaft mit der Eidechse, die ich nie zuvor im Zusammenhang mit einem solchen Tier empfunden hatte.

Wie mein Ausbruch von Mitgefühl mit Larry setzte mein Empfinden der Verwandtschaft mit dieser Eidechse keine Meditation liebender Güte voraus. Die Achtsamkeitsmeditation an sich hat, wenn man sie sorgfältig praktiziert, die Tendenz, unser Verständnis anderer Organismen auszuweiten. Und ich meine »Verständnis« nicht einfach in dem rührseligen Sinn von Friede, Liebe und Verstehen, sondern auch – und in der Tat hauptsächlich – in dem Sinne, dass man ein klareres Bild des Organismus gewinnt. Ich betrachtete die Eidechse auf eine Weise, auf die ein Besucher vom Mars sie vielleicht inspirieren würde: mit Interesse und Neugier und weniger verzerrenden Vorurteilen, als ich sie normalerweise solchen Objekten entgegenbringe. Mir scheint, der Grund, aus dem ich die Eidechse mit so wenig sich einmischenden Vorurteilen betrachten konnte, war der, dass ich keine »Essenz von Eidechse« sah – oder zumindest weniger als gewöhnlich.

Tatsächlich könnte man sagen, dass keine Essenz zu sehen und keine Vorurteile zu haben ein und dasselbe sind, weil die Essenz, die wir in Dingen sehen, ein Vorurteil über sie *ist*, das dem

Gehirn einprogrammiert wurde. Diese Vorurteile lassen uns wie gesagt gewöhnlich in einer Weise reagieren, die in mancher Hinsicht nützlich ist, die aber nicht unbedingt ein wahres Verständnis von ihnen impliziert.

Nützlichkeit hat natürlich ihre Vorteile. Es kann sinnvoll sein, auf eine gute Weise zu erkennen, dass Ihre Ehefrau Ihre Ehefrau ist. Deshalb würde ich nicht empfehlen, Ihr Empfinden von Essenz so gründlich zu verlieren wie Fred, das Opfer der im vorigen Kapitel erwähnten Capgras-Illusion. Aber darum müssen Sie sich ohnehin keine Sorgen machen. Ich weiß von keinem Meditierenden, der es *so weit* getrieben hätte – nicht einmal diejenigen, die offenbar irgendwo in die Nähe der Erleuchtung gelangt sind. Fred war nützlich, um die Verbindung zwischen Essenz und Affekt zu illustrieren, aber er ist keine brauchbare Illustration des Zustands, zu dem der Dharma führt.

Dennoch stellt sich hier eine interessante Frage dazu, wohin der Dharma Sie bringen kann. Selbst wenn er Sie nicht zu dem Zustand führen wird, in dem Fred sich befand – an einen Punkt, an dem Sie so wenig Essenz sehen, dass Sie nicht mehr zu erkennen vermögen, wer wer ist –, kann er Sie möglicherweise zu weit führen? Nehmen wir zum Beispiel an, dass Sie Ihren Gatten beziehungsweise Ihre Ehefrau zwar immer noch zutreffend als solche(n) identifizieren können, dass Sie aber weniger »Essenz von Ehemann beziehungsweise Ehefrau« sehen als früher und dass sich Ihre Gefühle entsprechend verändern. Wird das bedeuten, dass Sie ihn/sie jetzt weniger tief lieben? Oder, um ein anderes Beispiel zu nehmen, werden Eltern, die intensiv meditieren, ihre Sprösslinge in der Folge weniger stark lieben? Fördert nicht in der Tat die ganze buddhistische Idee, dass Sie Ihr Anhaften loslassen sollten, in mancher Hinsicht, dass Sie weniger elterliche Liebe empfinden als diejenige, die wir immer als solche gekannt haben?

Stellt man dem durchschnittlichen Meditationslehrer eine derartige Frage, wird man eine Antwort erhalten, die darauf hinausläuft, dass die Meditationspraxis Ihre Liebe nicht negieren oder gar unterdrücken wird, dass sie aber deren Natur verändern kann. So mag die elterliche Liebe zum Beispiel weniger besitzergreifend werden. Und, wer weiß, vielleicht wird das zu glücklicheren Eltern und glücklicheren Kindern führen, als die ängstlichere, stärker kontrollierende Art der Liebe sie herbeiführt.

Für praktische Zwecke ist das eine angemessene Antwort. Soweit ich es beurteilen kann, sind verbesserte persönliche Beziehungen – mit Verwandten und Nichtverwandten – ein wahrscheinlicheres Resultat der meditativen Praxis als das Gegenteil.

Aber nehmen wir an, irgendein Meditationslehrer würde als Antwort auf diese Frage über die Aussicht auf verminderte Liebe eine weniger beruhigende Antwort geben: »Ja, wenn Sie sehr, sehr viel meditieren, besteht die Chance, dass das tatsächliche Ausmaß Ihrer Liebe für Ihren Nachwuchs ein wenig nachlassen wird.« Wäre ein solches Szenario wirklich so schrecklich?

Stellen Sie sich eine Welt vor, in der reiche Menschen ihre Kinder mit etwas weniger Ergebenheit und Überfürsorge überschütteten. Und stellen Sie sich vor, sie würden die dadurch eingesparte Zeit darauf verwenden, an Kinder zu denken, die keine Eltern mehr haben, und fragen, wie sie denen helfen können. Wäre das so schlimm? Es ist wunderbar, dass die natürliche Selektion uns mit dem Vermögen zu Liebe, Mitgefühl und Altruismus ausgestattet hat, aber das bedeutet nicht, dass wir die Richtlinien der natürlichen Selektion in Bezug auf unsere Zuteilung dieser kostbaren Ressourcen akzeptieren müssen.

Ich möchte betonen, wie hypothetisch dieser Gedankengang ist, dieser hypothetische Konflikt zwischen der Fürsorge für Verwandtschaft und Nichtverwandtschaft. Letzten Endes ist die übliche, beruhigendere Antwort auf die Frage nach verringerter Liebe im Allgemeinen wahr: Machen Sie sich keine Sorgen, Ihre familiären Beziehungen werden unter dem Strich bereichert, wenn Sie dem Dharma folgen, selbst wenn – oder gerade weil – Sie ihm sehr weit folgen. Dennoch möchte ich diesen wesentlichen Punkt nicht einfach übergehen: Von einem *moralischen* Standpunkt aus betrachtet, ist die Auswirkung Ihrer Meditationspraxis auf die Menschen, die Sie bereits lieben, nicht unbedingt die einzige oder sogar die zentrale Frage.

Hier lauert allerdings eine zweite moralische Frage: Was wäre, wenn die Meditation Sie nicht dazu brächte, Ihr Mitgefühl anders und vielleicht gerechter zu verteilen, sondern wenn sie Sie irgendwie gänzlich von Mitgefühl distanzierte, sodass Ihnen das Wohlergehen der Menschen im Allgemeinen gleichgültig wäre? Wenn die Meditation Regungen wie Hass und Abscheu ihrer motivierenden Kraft berauben kann, warum sollte sie dann nicht symmetrisch auch eine abschwächende Wirkung auf der anderen Seite des Kassenbuchs haben können?

Das könnte sie, und die Tatsache, dass dies tendenziell nicht geschieht, ist in mancher Hinsicht rätselhaft. Aber dass etwas »tendenziell nicht geschieht«, bedeutet nicht, dass es »niemals geschieht«, und es lohnt sich, dies noch etwas genauer zu betrachten. Wenn Sie die Dinge einiger ihrer Essenz berauben, so macht Sie das wahrscheinlich zu einem besseren Menschen, aber es gibt keine *Garantie*, dass dieser Effekt eintritt. Wie der meditative Pfad im Allgemeinen kann es zu einer Sichtweise führen, die teilweise losgelöster ist und die die Selbstkontrolle damit leichter macht – aber die Welt ist voller schrecklicher Menschen, die Losgelöstheit und Selbstkontrolle heraufbeschwören können. Und tatsächlich haben Losgelöstheit und Selbstkontrolle manchen von ihnen geholfen, noch schrecklicher zu werden. Es hat Meditationslehrer mit großen kontemplativen Fähigkeiten gegeben, die psychisch verletzliche Schüler sexuell missbrauchten – unter anderen einen Lehrer in Manhattan, der als der »Zen-Wilderer von der Upper East Side« traurige Berühmtheit erlangte.[110] Es könnte sogar sein, dass einige von ihnen den inneren Widerstand gegen ihr Fehlverhalten verringerten, indem sie auftauchende Gewissensbisse »achtsam« beobachteten.

Diese zweischneidige Natur meditativer Meisterschaft unterstreicht, wie wertvoll es ist, die buddhistische Meditation durch moralische Unterweisung zu ergänzen. Das ist, genau genommen, keine besonders originelle Einsicht meinerseits. Als der Buddha den Pfad zur Befreiung dargelegt hat – den Edlen Achtfachen Pfad, der in der letzten der Vier Edlen Wahrheiten aufgezeigt wird –, nahmen moralische Regeln einen großen Platz darin ein. Damit wurde keineswegs nahegelegt, dass intensive Meditation allein zur Erleuchtung in all ihren Dimensionen führen könne.

Dennoch ist Meditation ein wesentlicher Teil des Programms. Ein Grund dafür ist, dass, wie wir ausführlicher im fünfzehnten Kapitel erkunden werden, die Einsichten in die Natur des Daseins, die sie fördert – einschließlich der Wahrnehmung von Leere –, dazu tendieren, moralische Einsicht mit sich zu bringen, selbst wenn Meditation nicht *automatisch* zur Schaffung eines besseren Menschen führt. Ein anderer Grund ist, dass Meditation dazu verwendet werden kann, Tugenden zu kultivieren, die unseren weniger lobenswerten Eigenschaften entgegenwirken. Obwohl ich ja bereits zugegeben habe, dass mir das Vermögen zur Meditation der liebenden Güte nicht in die Wiege gelegt wurde, habe ich diese nicht verworfen, und ich möchte jedermann dazu ermutigen, sie auszuprobieren.

Party-Time

Genug der Moralpredigten. Lassen Sie uns etwas Spaß haben! Oder ist das nicht möglich? Eine häufig geäußerte Sorge im Hinblick auf den Dharma ist, dass er das Leben seiner Freude berauben könnte. Diese Frage wurde in einem Gespräch aufgeworfen, das ich mit dem amerikanischen buddhistischen Mönch Bhikkhu Bodhi führte, der in Gelehrtenkreisen dafür bekannt ist, zahlreiche buddhistische Schriften ins Englische übersetzt zu haben. Er ist ein außerordentlich freundlicher Mann mit einem rasierten Schädel, einem der breitesten Lächeln, die ich jemals gesehen habe, und einer ausgeprägten Neigung, es zu benutzen, oft begleitet von Gelächter. Nachdem sie ein Video meines Interviews mit ihm gesehen hatte, sagte eine meiner Töchter: »Ich wünsche mir, dass er mein Onkel ist.«

Während dieses Interviews versuchte ich, aus erster Hand eine Bestätigung meiner Lieblingstheorie zu erhalten, dass das Sehen von Leere – mit anderen Worten das Nichtsehen von Essenz – weitgehend darin besteht, weniger intensive Gefühle für die Dinge zu haben. Also sagte ich zuerst einmal: »Wenn wir ... eine Sache interpretieren und ihr damit Essenz zuschreiben, dann impliziert ein Teil dieser Interpretation unser Gefühl zu dieser Sache. Also ist mein Feind ein schlechter Mensch, mein Heim ist ein gemütlicher Ort. Ein Teil der Essenz, die ich Dingen zuschreibe, ergibt sich also aus meinen Gefühlen, nicht wahr?«

Er sagte: »Genau, genau.«

Dann ließ ich mich ein Weilchen darüber aus, dass für jemanden, der ernsthaft auf Befreiung aus sei und versuche, sich von den Begierden und Aversionen zu lösen, die die meisten von uns haben, die natürlichen Dinge in der Welt »weniger von starken Emotionen besetzt sein sollten und dass dies Teil der Wahrnehmung sein könnte, dass es ihnen an Essenz mangelt«.

Diesmal stimmte er nicht so bereitwillig zu. Nach einer langen Pause sagte er: »Wenn man dies zu wörtlich nimmt, könnte man auf die Idee kommen, das letzte Ziel des Buddhismus bestehe darin, völlig regungslos und emotional flach zu werden, ein Automat ohne jedes Gefühl.« An dieser Stelle leuchtete sein breites Lächeln auf. Er begann zu lachen und sagte dann: »Wie meine Mutter zu sagen pflegte, soweit es mich anginge, gebe es zwischen einem erleuchteten Buddhisten und einem Gemüse keinen Unterschied.« Er warf den Kopf zurück und lachte ganze fünf Sekunden lang schallend, bevor er seine Mutter weiter zitierte: »Bist du etwa zu einem buddhistischen Mönch geworden, um ein Gemüse zu werden?«

Dann wurde er wieder ernst. »Aber ich würde sagen, dass meiner Meinung, meiner Erfahrung nach das emotionale Leben bereichert wird, wenn jemand beharrlich dem buddhistischen Pfad folgt, da er dann emotional sensibler, glücklicher und freudvoller wird. Und ich würde sagen, dass er auf die Dinge in der Welt auf eine freiere, glücklichere und befriedigendere Weise zu reagieren vermag.«

Das hört sich für mich vernünftig an. Schließlich ist einer der Vorteile der Achtsamkeitsmeditation, dass Sie Ihre Gefühle mit Umsicht und Klarheit erfahren können, statt ihnen automatisch und unkritisch zu folgen, und dass Sie deshalb wählen können, welchen Sie folgen wollen – wie etwa Freude, Entzücken und Liebe. Und dieser selektive Umgang mit Gefühlen, diese verringerte Abhängigkeit von ihnen, kann im Prinzip die Gefühle umfassen, die die Essenz gestalten, welche wir in Dingen und Menschen sehen.

Ich quetschte Bhikkhu Bodhi noch etwas weiter zu dem Zusammenhang von Affekt und Essenz aus. Ich sagte: »Entsteht ein Teil der Freiheit nicht aus der Tatsache, dass man den Dingen nicht diese beurteilenden affektiven Vorstellungen zuschreibt? Dann könnte es, mit anderen Worten, eine Quelle von Freiheit sein, den Dingen nicht so stark eine Essenz zuzuschreiben.«

Mit einem eindringlichen Kopfnicken sagte er: »Definitiv.«

13

Als ob, wow,
alles eins ist (bestenfalls)

Von Erfahrungen zu erzählen, die Sie in der Meditation gemacht haben, ist eine delikate Angelegenheit. Sie sind besonders berichtenswert, wenn sie ungewöhnlich sind – aber wenn sie *zu* außergewöhnlich sind, sehen die Leute Sie an, als hätten Sie nicht mehr alle Tassen im Schrank. Ich habe einmal eine Erfahrung gemacht, die, wie ich hoffe, den Optimalpunkt trifft: seltsam genug, um die Neugier anderer zu wecken, nicht so seltsam, dass sie den psychiatrischen Notdienst rufen.

Es war am vierten oder fünften Tag eines Meditationsretreats. Ich saß auf meinem Kissen, die Beine verschränkt, die Augen geschlossen, wie gewöhnlich. Ich bemühte mich nicht, mich auf irgendeine Sache zu sammeln, nicht speziell auf Geräusche, nicht speziell auf Gefühle, nicht speziell auf physische Empfindungen. Das Feld meiner Bewusstheit schien weit geöffnet zu sein, meine Aufmerksamkeit bewegte sich ungezwungen von einem Teil dieses Feldes zum anderen, wobei sie ganz leicht bei jedem Ast verweilte, auf dem sie sich niederließ, während eine Empfindung des Ganzen erhalten blieb.

An einem Punkt fühlte ich ein Kribbeln in meinem Fuß, und etwa zur gleichen Zeit hörte ich draußen einen Vogel singen.

Und hier ist das Seltsame: Ich hatte das Gefühl, dass das Kribbeln in meinem Fuß nicht *mehr* ein Teil von mir war als der Gesang des Vogels.

Sie mögen fragen: Hatte ich das Gefühl, dass der Gesang des Vogels tatsächlich ein Teil von mir war? Oder hatte ich das Gefühl, dass das Kribbeln in meinem Fuß nicht ein Teil von mir war? Um es etwas weniger spezifisch zu formulieren: Hatte ich das Gefühl, eins mit der Welt zu sein, oder war ich näher daran, zu fühlen, als sei ich nichts? Wenn Sie tatsächlich diese Fragen stellen, dann sprechen Sie ein faszinierendes philosophisches Thema an, das einen Kontrast zwischen unterschiedlichen Zweigen des buddhistischen Denkens unterstreicht und das, noch grundlegender, die Hauptströmung der buddhistischen Philosophie von der Hauptströmung der hinduistischen Philosophie unterscheidet. Aber wahrscheinlich stellen Sie diese Fragen gar nicht. Es ist wohl eher so, dass Sie fragen, ob ich noch ganz richtig im Kopf bin. Also werde ich zuerst darauf eingehen und später zu den tiefen philosophischen Fragen kommen.

Lassen Sie mich zunächst einmal betonen, dass ich mich, auch wenn diese Erfahrung mich verrückt erscheinen lässt, in guter Gesellschaft befinde. Ich hatte etliche Gelegenheiten, sie wirklich fortgeschrittenen Meditierenden zu beschreiben – manche von ihnen Mönche, manche von ihnen berühmte Meditationslehrer –, und sie haben diese Art der hier beschriebenen Erfahrung durch die Bank als eine erkannt, die auch sie gemacht hatten.

Darüber hinaus ist es eine Art von Erfahrung, von der sie im Allgemeinen annehmen, sie sei sehr wichtig. Ich könnte in der Tat sogar so weit gehen, zu sagen, dass dies die zentrale Erfahrung des Buddhismus ist. Nicht zentral in dem Sinne, dass sie die tiefgründigste oder wichtigste Erfahrung ist, sondern zentral im Sinne des Platzes, den Sie in der Landschaft der buddhistischen Philosophie einnimmt, des Ortes, an dem zwei fundamentale, sich verrückt anhörende, aber wahrscheinlich gültige Konzepte – Nicht-Ich und Leere – zusammenkommen. Es ist eine Art von großer vereinheitlichender meditativer Erfahrung.

Bevor ich erkläre, was ich damit meine, sollte ich versuchen, die Erfahrung selbst ein wenig ausführlicher zu beschreiben.

Zuerst einmal will ich betonen, dass es bei jenem Gefühl von Kontinuität zwischen mir selbst und dem singenden Vogel, das ich empfand, nicht wirklich um den Vogel im Besonderen ging. Es war nicht wie das Gefühl, das ich für die im vorigen Kapitel beschriebene Eidechse empfand, als mir aufging, dass sie und ich mehr gemein hatten, als mir zuvor bewusst gewesen war. Es war weniger kognitiv als diese Einsicht und stärker reine Wahrnehmung. Es war eine Art der Auflösung der vermeintlichen Grenze zwischen mir und dem Rest der Welt im Allgemeinen. Mit anderen Worten, es war ein unmittelbares Begreifen, keine Schlussfolgerung. Es war nicht so, als wäre ich durch irgendein logisches Argument davon überzeugt worden, dass der Gesang eines Vogels nicht weniger ein Teil von mir ist als ein Kribbeln in meinem Fuß.

Dennoch begann ich, nachdem ich diese Erfahrung gemacht hatte, zu denken, dass man hierüber *tatsächlich* ein Streitgespräch führen könnte. Es würde etwa so beginnen: Wie viel Unterschied gibt es wirklich zwischen dem Gefühl eines Kribbelns in meinem Fuß und dem Hören eines Vogelgesangs? In beiden Fällen scheint die Wahrnehmung irgendwo in meinem Kopf registriert zu werden, in irgendeiner Art von Bewusstseinszentrum – was in beiden Fällen bedeutet, dass die Wahrnehmung die Übermittlung von Information von einem entfernten Ort zu meinem Kopf voraussetzt. Mein Fuß übermittelt Informationen über ein Kribbeln; der Vogel übermittelt Informationen über einen Gesang. Worin besteht der Unterschied?

Die offensichtliche Erwiderung ist: »Aber das Kribbeln entsteht innerhalb deiner Haut; es ist ein Teil von dir!« Nun ja, es ist innerhalb meiner Haut. Aber die Frage, die ich hier aufwerfe, ist, ob meine Haut wirklich eine so bedeutsame Grenze ist, wie wir instinktiv annehmen – ob es wirklich sinnvoll ist, alles, was sich innerhalb davon befindet, als »Ich« zu empfinden, und alles, was außerhalb davon ist, als »das andere«. Sie können also nicht einfach diese instinktive Annahme wiederholen und meinen, meine Frage sei damit erledigt. Würden wir diese Taktik als gültig betrachten, dann ließe sich keine Annahme jemals widerlegen.

Eine andere mögliche Erwiderung wäre die folgende: »Aber Kribbeln und andere körperliche Empfindungen gehen tendenziell mit ihnen innewohnenden affektiven Eigenschaften einher.« Ein Schmerz in Ihrem Fuß, zum Beispiel, ist von Natur aus schmerzlich. Ein Vogelgesang ist dagegen eine Frage des Geschmacks – für manche Menschen angenehm, für andere störend. Das Problem mit dieser Erwiderung ist, dass Schmerz *nicht* von Natur aus schmerzlich ist. Ich habe bereits davon berichtet, wie ich einmal einen qualvollen Knoten der Angst durch Meditation in ein bloßes Objekt des Interesses verwandelt habe, und ebenso davon, wie Meditation das Aufwallen starker Zahnschmerzen zu etwas Schönem gemacht hat. Und es gab andere Gelegenheiten, zu denen ich meine Wahrnehmung von moderaten Rückenschmerzen in eine leicht angenehme Empfindung verwandeln konnte. Zugegeben, diese Transformation von Zitronen in Limonade ist keine Routineangelegenheit. Es ist etwas, was sich leichter in einer Meditationsklausur vollbringen lässt, während ich in den meditativen Lebensstil versunken bin, als wenn ich zurück in der »wirklichen Welt« bin und Sätze sage wie: »Es ist eine solche Qual, dass mein Rücken mir Schmerzen bereitet.« Und um noch weiter zu gehen: Die Rekonzeptualisierung von Schmerz – also das Erlangen des Bewusstseinszustands jenes vietnamesischen buddhistischen Mönchs, der sich selbst ohne jede Regung von Flammen verzehren ließ – würde eine noch tiefere Versenkung verlangen.

Aber die Sache ist die, dass solche Versenkung möglich ist, und das unterminiert die einfache Behauptung, dass im »Inneren« entstehende Empfindungen eine feststehende Bedeutung haben, während das bei aus dem »Äußeren« Kommendem nicht der Fall ist. Und wenn das Schlüsselkriterium dafür, ob etwas Teil meiner selbst ist, darin besteht, wie »automatisch« meine Interpretation des Signals ist, das es aussendet, wie steht es dann mit dem Fall der eigenen Kinder? Meine Töchter wohnen nicht innerhalb meiner Haut, doch wenn ich eine von ihnen unter Schmerzen leiden sehe, verursacht mir das ebenso zuverlässig Qualen wie mein eigener Schmerz.

Der große amerikanische Psychologe William James schrieb: »Zwischen dem, was ein Mensch ›ich‹ nennt, und dem, was er einfach ›mein‹ nennt, ist die Trennlinie nur schwer zu ziehen.« In diesem Sinne beobachtete er: »Unsere unmittelbare Familie ist ein Teil von uns selbst. Unser Vater und unsere Mutter, unsere Ehefrau und unsere Kinder sind unser eigen Fleisch und Blut. Wenn sie sterben, so ist ein Teil unseres eigenen Ich verloren.«[111]

Evolution und die Grenzen des Ich

Falls Sie nun fragen, warum Verwandtschaft diese Eigenschaft besitzt, beinahe unser Ich zu sein, so ist die Antwort, dass wir durch einen ganz bestimmten Prozess hervorgebracht wurden, der bestimmte Werte verkörpert. Wie gesagt, scheint er vor allem einen Wert zu verkörpern: die erfolgreiche Weitergabe genetischen Materials durch die Generationen. Da wir mit nahen Verwandten viele unserer Gene gemeinsam haben, ist es aus der Sicht der natürlichen Selektion sinnvoll, uns um sie zu sorgen. So konnten die Gene für familiäres Einfühlungsvermögen und familiäre Liebe – und für ein ganzes Bündel damit verbundener Gefühle wie etwa familiäre Schuld – blühen und gedeihen. Unsere instinktive Definition dessen, was »wir« sind und was »unser« ist, wird ein Produkt der spezifischen Regeln sein, nach denen jener besondere schöpferische Prozess funktioniert, der »natürliche Selektion« genannt wird.

Es ist im Übrigen nicht unmöglich, dass unsere Spezies einen evolutionären Pfad eingeschlagen hat, der Gefühle für einige Vögel in uns hinterließ, die an die Gefühle für unsere nahen Verwandten erinnern. Wenn zwei Spezies eine Form der symbiotischen Beziehung haben, die »Mutualismus« genannt wird – das heißt, dass sie einander helfen –, dann können Sie warme Gefühle füreinander hegen, die diese Beziehung aufrechterhalten. Hunde scheinen sich mit menschlichen Wesen zusammen entwickelt zu haben, und das hilft vielleicht zu erklären, warum meine Kinder mir vorgeworfen haben, unsere Hunde ebenso zu lieben, wie ich meine Kinder liebe. Ich leugne diesen Vorwurf energisch, aber es ist wahr, dass ich dann, wenn meine Hunde Schmerzen leiden, diesen Schmerz in mancher Hinsicht ebenfalls fühle.

Symbiose kann auch eine andere Art von Beziehung begünstigen, die die Grenzen unseres Ich infrage stellt. Wir haben eine symbiotische Beziehung zu verschiedenen Arten von Bakterien, die in uns leben und die auf unterschiedliche Weise unsere Stimmungen und Gedanken beeinflussen. Wissenschaftler haben herausgefunden, dass sie aus scheuen Mäusen gesellige Tierchen machen konnten, indem sie die Darmbakterien scheuer Mäuse durch die Darmbakterien deren geselliger Artgenossen ersetzt hatten. Aus ethischen Gründen werden solche Experimente nicht mit Menschen durchgeführt, aber andere Indizien machen deutlich, dass auch in unserer Spezies Mikroben den Geist beeinflussen, zum Teil durch ihren Einfluss auf Neurotransmitter.[112] Es ist vielleicht in der Tat nicht allzu weit hergeholt, zu sagen, dass die Bakterien so ähnlich wie jener Vogel in der Meditationsklausur Signale an mein Gehirn senden, selbst wenn die Bakterien ihre Signale auf subtilere Weise von sich geben.

Wenn ich also gewohnheitsmäßig Signale, die sich letztlich auf Bakterien zurückverfolgen lassen, als Teil von mir betrachten kann, warum kann ich dann nicht Signale, die von einem Vogel kommen, als Teil von mir ansehen? Insbesondere da, hätte die Evolution einen unterschiedlichen Pfad eingeschlagen, auf dem mutualistische Symbiose zwischen Menschen und dieser Spezies von Vögeln eine Rolle spielt, solche Signale gewohnheitsmäßig mehr als ein Teil von mir erscheinen könnten?[113]

Das allgemeine Argument, das ich hier anzubringen versuche, ist Folgendes: Sehr viel Information wirkt auf mein Gehirn ein, und mein Gehirn entscheidet, welche Informationen es als Teil meiner selbst betrachten wird, welche Information es nicht als Teil meiner selbst betrachten wird und welche Information – sagen wir: der Schrei eines Sprösslings – irgendwo in der Mitte davon angesiedelt ist. Und ich halte es für selbstverständlich, dass diese Entscheidungen übereinstimmen mit irgendeiner tiefen metaphysischen Wahrheit über das, was »ich« bin und was »der« oder »das andere« ist. Aber tatsächlich hätte mein Gehirn auch auf eine andere Weise verdrahtet werden können, sodass es diese Information unterschiedlich interpretiert hätte, was mir eine völlig andere Empfindung der Trennung zwischen dem »Ich« und dem »anderen« beschert hätte.

So empfinden zum Beispiel Menschen, bei denen ein »Mirror-Touch-Synästhesie« genanntes Phänomen auftritt, geradezu wortwörtlich spiegelbildlich die Gefühle von Menschen in ihrer Umgebung mit. Wenn sie sehen, wie jemand berührt wird, dann *fühlen* sie die Berührung, und Gehirnscans bei ihnen zeigen eine weitgehend gleichartige neuronale Aktivität, wie sie aufträte, wenn sie tatsächlich selbst berührt würden. Man könnte sich einen Prozess der Hervorbringung organischer Wesen – entweder die natürliche Selektion, die unter ungewöhnlichen Umständen abläuft, oder irgendeinen Prozess, der sich von der natürlichen Selektion unterscheidet – vorstellen, der Mirror-

Touch-Synästhesie zur Norm statt zu einer Anomalie machen würde. In diesem Fall würde die vorherrschende Vorstellung von dem, was »ich« bedeutet, völlig anders ausfallen.

Aber wir eilen der Geschichte voraus. Die Frage, wie anders unsere Sicht der Welt hätte sein können, wenn der Prozess, der uns hervorgebracht hat, hier und dort eine andere Wendung genommen hätte oder wenn er ein völlig andersartiger Prozess gewesen wäre, werde ich im fünfzehnten Kapitel eingehender erkunden. Für den Moment ist das Argument ausreichend, dass die Frage, mit welchen Dingen und wie eng wir uns mit ihnen identifizieren – mit solchen innerhalb wie solchen außerhalb unserer Haut –, zu keinem geringen Ausmaß das Resultat des Pfades ist, den die menschliche Evolution tatsächlich eingeschlagen hat. Unsere intuitive Vorstellung von unserem Ich und seinen Grenzen ist in diesem Sinne willkürlich.

Ich vermute, ich könnte noch weiter versuchen, die Gültigkeit der Erfahrung zu verteidigen, die ich während jenes Retreats gemacht habe. Aber es bringt nicht viel, darauf zu beharren. Denn ich glaube nicht etwa, ein Totschlagargument zu besitzen, welches Sie davon überzeugen könnte, dass ein Vogelgesang ein Teil von mir ist. Tatsächlich ist es nicht so, als liefe ich in dem Glauben herum, Vogelgesänge seien ein Teil von mir. Ich versuche eigentlich, Sie hauptsächlich davon zu überzeugen, dass die Wahrnehmung, die ich hatte, nicht so verrückt ist, wie sie sich anhören mag. Und das ist so gut wie alles, was ich tun kann. Versuche, die Erfahrung wirklich mit Ihnen zu teilen, werden letztlich vergeblich sein. Wie es mit aller mystischen Erfahrung ist – man muss sie selbst machen.

Was immer Sie auch von meinem kleinen Vogelgesangmoment halten: Etwas, was ich daraus mitgenommen habe, ist die Erkenntnis, dass die »Nicht-Ich-Erfahrung«, wie ich sie nenne, tatsächlich zwei Seiten hat. Früher in diesem Buch habe ich über etwas gesprochen, was wir die »innere Version der Erfahrung« nennen könnten. Diese besteht darin, »nach innen« zu schauen – auf Ihre Gedanken, Ihre Gefühle – und zu fragen: »Moment mal, in welchem Sinne sind diese Dinge wirklich ein inhärenter Teil von mir?« Dies ist die grundlegende Frage, die der Buddha in seiner berühmten Darlegung über das Nicht-Ich gestellt hat.

Aber es gibt auch etwas, was wir »die äußere Nicht-Ich-Erfahrung« nennen könnten. Diese besteht darin, dass Sie die »äußere« Welt anschauen – die Objekte jenseits Ihrer Haut – und fragen: »In welchem Sinne sind diese Dinge *nicht* ein Teil von mir?« Mit anderen Worten: Statt zu fragen, ob die angenommenen Inhalte des Ich wirklich Inhalte des Ich sind, fragen Sie, ob die angenommenen Grenzen des Ich wirklich Grenzen des Ich sind. In dem einen Fall stellen Sie Ihre Intuition infrage, dass Sie sich mit so gut wie allem »in« Ihnen identifizieren sollten – wie etwa mit Gefühlen völlig sinnloser Angst –, und im anderen Fall stellen Sie Ihre Intuition infrage, dass Sie sich mit so gut wie nichts von dem identifizieren sollten, was sich »außerhalb« von Ihnen befindet.

Meiner Erfahrung nach kann die erste Frage zu der zweiten führen. Ein Grund dafür, dass es schwierig war, eine klare Trennlinie zwischen dem Kribbeln in meinem Fuß und dem Gesang des Vogels zu ziehen, bestand darin, dass ich mich von vornherein nicht sehr eng mit dem Kribbeln identifizierte. Die Auflösung meines »Ich« ließ seine Inhalte mit größerer Wahrscheinlichkeit wie die Inhalte der Welt jenseits von mir aussehen; die Diffusität meines »Ich« ließ seine Grenzen verschwimmen.

In diesem Sinne gibt es so etwas wie eine logische Weiterführung, die die innere und die äußere Version der Nicht-Ich-Erfahrung miteinander verbindet. Doch wenn es hier eine Art von Logik gibt, gibt es auch eine Art von Paradox. Es würde schließlich desto weniger sinnvoll sein, über »Ihre« Kontinuität mit der Außenwelt zu sprechen, je weniger sinnvoll es ist, über ein »Sie«

innerhalb Ihrer Haut zu reden. Und wenn Sie die orthodoxe buddhistische Position beziehen, dass es letztlich überhaupt nicht sinnvoll ist, über ein »Sie« innerhalb Ihrer Haut zu sprechen, dann wäre die Vorstellung »Ihrer« Kontinuität mit der Außenwelt anscheinend auch völlig sinnlos.

Hier kommen wir auf die Frage zurück, die ich zu Beginn dieses Kapitels umschifft habe: Als die Grenze zwischen Fuß und Vogel, zwischen innerem Kribbeln und äußerem Gesang, verschwamm, hatte ich da das Gefühl, eins mit der Welt zu sein, oder hatte ich das Gefühl, nichts zu sein – so als gäbe es nichts »hier drinnen«, was eins mit dem Stoff »da draußen« sein könnte?

Es gibt mindestens zwei Gründe, warum es mir widerstrebt, diese Frage zu beantworten. Zum einen bin ich mir, ehrlich gesagt, nicht sicher, dass die Erfahrung, die ich hatte, genau zu einer der beiden Möglichkeiten passt. Der andere Grund für mein Widerstreben ist, dass man durch die Art und Weise, auf die man diese Frage beantwortet, mitten in einem Streit zwischen buddhistischen und hinduistischen Denkern landet – und was das angeht, auch in einem großen Streit zwischen einer Art buddhistischer Denker und einer anderen Art buddhistischer Denker.

Meine unbeabsichtigte Onlinekontroverse

Dies wurde mir, kurz nachdem ich einen Onlinekurs mit dem Titel »Buddhismus und moderne Psychologie« ins Leben gerufen hatte, sehr deutlich vor Augen geführt. (Der Kurs war die umgearbeitete Fassung einer Vorlesung, die ich an der Princeton University gehalten hatte.) Eine Herausforderung der Anpassung dieser Vorlesungsreihe bestand darin, dass ich an der Universität auf Gastredner von Neurowissenschaftlern bis zu erfahrenen Meditierenden hatte zurückgreifen können. Ich beschloss, meinen Onlinestudenten mit digitalen Videos eine ähnliche Erfahrung zu bieten. Auf meiner Website mit dem Namen »Bloggingheads.tv« hatte ich Dialoge mit Neurowissenschaftlern und erfahrenen Meditierenden gesammelt, und ich wob Auszüge aus diesen Videos in meine Onlinevorlesungen ein. Einer dieser Auszüge setzte eine Kontroverse in dem Diskussionsforum des Kurses in Gang.

Mein Gesprächspartner in diesem Auszug war Gary Weber, dem wir schon im elften Kapitel begegnet sind. Er war die Versuchsperson in der Gehirnscan-Studie an der Yale University, deren Ruhezustandsnetzwerk, wie sich herausstellte, außergewöhnlich still war, selbst wenn sie nicht meditierte. In meinem Gespräch mit Weber auf Bloggingheads.tv hatte ich ihn zu einer seiner Aussagen befragt, die gelesen zu haben ich mich erinnerte. Sie lautete etwa folgendermaßen: Die schlechte Nachricht ist, dass Sie nicht existieren; die gute Nachricht ist, dass Sie alles sind. Zur Erläuterung dieser Aussage antwortete mir Weber: »Wenn Sie nichts sind, wenn Sie verschwinden, dann können Sie alles sein. Aber Sie können nicht alles sein, ohne dass Sie nichts sind. Das eine folgt einfach logisch aus dem anderen.«

Nun, ich bin mir nicht sicher, ob dies eine *logische* Folge ist, aber offenbar ist das für jemanden, der sich in einem Bewusstseinszustand wie dem von Weber befindet, eine unausweichliche Schlussfolgerung. Er fuhr fort: »Wenn Sie nichts sind, statt einfach nur zu verschwinden und zu einer Leere zu werden, dann stellt sich heraus, dass alles auf irgendeine seltsame Weise eins ist – Sie sehen dies tatsächlich, Sie nehmen es auf diese Weise wahr. Dies ist als mystische Aussage ein Klischee, aber es ist wirklich wahrnehmbar: Sie können zutiefst empfinden, dass alles eins ist. Und merkwürdigerweise befindet es sich irgendwie innerhalb von Ihnen.«

Es dauerte nicht lange, bis es eine Gegenreaktion im Diskussionsforum gab. Ein Teil der Gegenreaktion sah so aus wie zu erwarten war: Manche Teilnehmer fanden, das Paradox im Kern von Webers Erfahrung sei unbegreiflich, wenn nicht gar Schlimmeres. Einer der Studenten schrieb: »›Ich bin nichts bedeutet, dass ich alles bin‹ ist prätentiöses Geschwätz, das im Grunde besagt: ›Ich befinde mich auf einer so hohen spirituellen Ebene, dass Sie mich unmöglich verstehen können.‹«

Andere Studenten hatten keine Einwände gegen das Paradox selbst, sondern gegen seinen zweiten Teil, den »Ich-bin-alles«-Part. Eine Studentin, selbst eine Meditationslehrerin, schrieb: »Die buddhistische Philosophie verficht nicht die Einheit.« Und sie hatte im Grunde recht. Auch wenn man zweifellos angesehene buddhistische Denker finden kann, die die Dinge etwa so darstellen wie Weber, werden Sie diese Idee der Einheit von allem nicht in der Hauptströmung der Philosophie des Mahayana-Buddhismus finden, jener Philosophie, die die Idee der Leere so stark betont. Schließlich ist es so, dass die Dinge, die wir in der Welt da draußen sehen, in einem gewissen Sinn nicht existieren, wenn sie leer von Essenz sind – zumindest nicht als Dinge an sich. Und natürlich existiert das Ich nach Ansicht der buddhistischen Philosophie nicht. Wie kann also alles, ein Haufen von Dingen »da draußen«, die streng genommen nicht wirklich existieren, und ein Ich »hier drinnen«, das streng genommen nicht wirklich existiert, eins sein? Nichts plus nichts addiert sich zu nichts, nicht zu eins, oder?

Dies ist eine vereinfachte, beinahe karikaturistische Version der tatsächlichen buddhistischen Argumentation. Aber sie bekommt den Geist der Argumentation zu fassen und hilft zu erklären, warum orthodoxe Buddhisten lockeres Gerede von »All-Einheit« zu zügeln versuchen. Geht man andererseits einmal über die bloße Karikatur hinweg, und betrachtet man die Argumentation der Hauptströmung ein wenig eingehender, dann beginnt man sich zu fragen, ob diese Zügelung wirklich rechtens ist. Als ich weiter über die Reaktion der Studenten auf Weber nachdachte, begann ich tatsächlich, zu glauben, dass die Trennlinie zwischen der Vorstellung von der Leere und von der Einheit ziemlich verschwommen ist.

Leere, Einheit: Was ist der Unterschied?

Betrachten Sie die Logik, die die buddhistischen Philosophen zur Verteidigung der Lehre von der Leere ins Feld führen, so werden Sie sehen, dass sie sehr viel mit einer buddhistischen Vorstellung zu tun hat, die oft als »bedingtes Entstehen« beziehungsweise »Entstehen in Abhängigkeit« oder »bedingtes Zusammen-Entstehen« übersetzt wird. Dies bedeutet im Grunde, dass Dinge, die unabhängig von anderen zu existieren scheinen, in Wirklichkeit für ihre Existenz und ihren Charakter von anderem abhängig sind. Bäume brauchen Sonnenlicht und Wasser und werden tatsächlich ständig durch diese und weitere Phänomene verändert, mit denen sie in Kontakt kommen. Flüsse, Seen und Ozeane brauchen Regen, und der Regen braucht die Flüsse, Seen und Ozeane. Die Menschen brauchen Luft, und die Luft ringsumher würde nicht die Zusammensetzung aufweisen, die sie hat, wenn die Menschen sie nicht ein- und ausatmeten.

Mit anderen Worten: Nichts besitzt inhärente, also ihm innewohnende Existenz; nichts enthält sämtliche Bestandteile einer fortdauernden Existenz in sich selbst; nichts ist eigenständig oder unabhängig. Daher rührt die Vorstellung von der Leere: Alle Dinge sind leer von inhärenter, unabhängiger Existenz.

Dies ist nach der buddhistischen Philosophie die Wirklichkeit der Realität, die Sie intuitiv wahrnehmen, wenn Sie durch ausgiebige Meditation dahin gelangen, zu fühlen, dass es den Dingen an Essenz mangelt. Und wenn Sie gleichzeitig fühlen, wie die Grenzen ihres Ich sich auflösen, dann erfahren Sie einfach eine weitere Ausdehnung der Leere, einer Leere, die alles durchdringt, nicht nur sämtliche vermeintlichen Objekte außerhalb Ihrer selbst, sondern auch das vermeintliche Ich hier drinnen. (Dies hilft zu erklären, warum – besonders im Mahayana-Buddhismus – die Nicht-Ich-Lehre manchmal einfach als ein Sonderfall der breiteren Lehre von der Leere behandelt wird.) Um zu unterstreichen, wie alldurchdringend diese Leere ist, wenden die buddhistischen Philosophen den Begriff Nicht-Ich ja manchmal genauso auf Dinge »da draußen« wie auf solche »hier drinnen« an. So wie Sie kein Ich oder Selbst haben, so haben auch Bäume und Felsen kein Ich oder Selbst.[114] Oder, wenn Sie die Terminologie umkehren wollen: »Genauso wie Bäume und Felsen keine Essenz besitzen, besitzen auch Sie keine Essenz. So oder so ist, wohin Sie auch sehen, überall Leere.«

So zumindest lautet das Argument.

Doch mir scheint, man könnte dieses buddhistische Argument umkehren, um dafür zu plädieren, dass die Vorstellungen von alldurchdringender Leere und von Einheit nicht wirklich so verschieden sind, wie sie sich anhören. Der Angelpunkt für die Umkehrung ist der Begriff im Zentrum des Arguments: »bedingtes Zusammen-Entstehen« oder »Entstehen in Abhängigkeit«.

Interdependenz oder wechselseitige Abhängigkeit ist heute ein viel gebrauchter Begriff. Sie könnten zum Beispiel die Entwicklungen des Aktienmarktes in verschiedenen Ländern verfolgen und bemerken, dass diese miteinander korrelieren, und deshalb sagen: »Wow! Es gibt mehr Interdependenz zwischen diesen Volkswirtschaften, als mir bewusst war.« Und hier wäre auch der zweite Teil des buddhistischen Begriffs »Zusammen-Entstehen« angemessen. Schließlich wäre keine dieser Volkswirtschaften zu dem geworden, was sie ist, wenn sie nicht in Wechselwirkung mit anderen Volkswirtschaften gestanden hätte.

Sofern Sie, nachdem Ihnen diese wechselseitige Abhängigkeit aufgefallen ist, hinzufügten: »Es gibt mehr Einheit unter diesen Volkswirtschaften, als mir bewusst war«, dann würden die meisten Menschen dies für eine vernünftige Aussage halten: Ein »Haufen« stark interdependenter Systeme ist der Einheit näher als ein Haufen nicht interdependenter Systeme. Tatsächlich ist ja ein Grund dafür, dass man einen Organismus als eine Einheit betrachtet, dass es so viel Interdependenz zwischen seinen Teilen gibt: Nieren, Lunge und so weiter.

So erscheint es mir seltsam, Einspruch gegen die Beschreibung der Wahrnehmung von Einheit zu erheben, indem man sagt: »Nein, nein, da liegen Sie völlig falsch. Es handelt sich in Wirklichkeit um Interdependenz und wechselseitige Verbundenheit, nicht um Einheit.« Weisen Interdependenz und wechselseitige Verbundenheit nicht auf Einheit hin? Na gut, sie sind nicht genau dasselbe, aber ist es nicht fair, zu sagen, dass man der Einheit umso näher kommt, je mehr Interdependenz und wechselseitige Verbundenheit existieren?

Man könnte sich geradezu verwundert die Frage stellen, warum manche Menschen aufgebracht sind, wenn jemand wie Weber von Einheit spricht statt von alles durchdringender Leere. Weshalb sollte man sich darüber echauffieren, wenn jemand eine durchaus vertretbare Position zu einer einigermaßen obskuren semantischen Frage bezieht? Aber aus philosophischer Sicht steht hier mehr auf dem Spiel, als Sie vielleicht annehmen. Und jetzt kommen wir zu dem zuvor bereits erwähnten Zusammenprall von buddhistischer und hinduistischer Philosophie.

Im hinduistischen Denken, insbesondere im Rahmen einer Schule des Denkens, die »Advaita Vedanta« genannt wird, gibt es die Vorstellung, dass das individuelle Selbst oder die Seele in Wirklichkeit nur ein Teil von etwas ist, was man eine »universale Seele« nennen könnte. Um diese Behauptung in hinduistischer Terminologie zu formulieren: *Atman* (das Selbst oder die Seele) ist *brahman* (die universale Seele). Um nun sagen zu können, dass *atman* irgendetwas ist – *brahman* oder was auch immer –, muss man erst einmal voraussetzen, dass *atman* existiert. Und die eigentliche Geburt des Buddhismus, seine eigenständige Entstehung innerhalb eines ansonsten hinduistischen Milieus, beruht, wie angenommen wird, vor allem darauf, dass er die Existenz von *atman* leugnet!

Jetzt sehen Sie, warum ich in Schwierigkeiten geraten könnte, wenn ich Gary Weber im Rahmen eines Kurses über den

Buddhismus zitiere. Zu sagen, dass »alles eins ist«, impliziert aus philosophischer Sicht, zu sagen, dass das Selbst existiert, was wiederum nahelegt, dass der Buddhismus unter den östlichen Philosophien nichts so Besonderes ist.

Der Witz ist Folgendes: Weber hat tatsächlich geleugnet, dass das Selbst oder Ich existiert. Er hat seine Wahrnehmung »Du bist alles« ausdrücklich an seine Wahrnehmung »Du bist nichts« gekoppelt. Tatsächlich hat ein späterer Teil des Videogesprächs diese Verbindung noch verstärkt. Dort sagte ich zu Weber: »Ich habe eine meditative Erfahrung gemacht, in der die Grenzen meines Ich in einem gewissen Sinn plötzlich durchlässiger erschienen – etwa an dem Punkt, wo es zu dem Vogelgesang, der in meine Sinneswahrnehmung eintrat, keine so genaue Trennlinie mehr gab.«

»Exakt«, erwiderte er.

Ich fuhr fort: »Aber das war mehr eine einmalige, kurze Erfahrung ... Sie sagen, dass Sie sich im Laufe Ihres Alltagslebens gewissermaßen mit allen anderen ebenso identifizieren, wie Sie sich mit sich selbst identifizieren?«

»Nun ja, ich würde sagen, es ist ein wenig anders, aber nicht sehr viel anders. Ich identifiziere mich nicht mit irgendetwas. Ich meine, es gibt hier niemanden, der sich mit mir oder mit irgendjemand anderem identifizieren könnte. Da ist einfach eine leere, stille Gegenwart hier [innerhalb meines Körpers], die dort ist [jenseits meines Körpers].«

Ich sagte: »Das Problematische an der Aussage, dass Sie sich mit allem identifizieren, ist in erster Linie das Wort *Sie*.«

»Genau, weil es da kein Sie gibt, das sich identifizieren könnte.«

Wie kann er nur auf diese Weise reden – so paradox und in einer Sprache, die weder richtig buddhistisch noch richtig hinduistisch ist? Nun, was das Paradoxe angeht, so habe ich ja bereits zu Anfang dieses Buches gesagt, dass die östliche Philosophie (ebenso wie die Quantenphysik) vielleicht nichts für Sie ist, wenn Sie keine Widersprüche mögen. Was Webers Weigerung angeht, wie ein doktrinärer Buddhist oder ein doktrinärer Hindu zu sprechen, nachdem er die Vedanta-Überlieferung ebenso viele Jahre lang studiert hat wie die buddhistischen Überlieferungen, so ist dies darauf zurückzuführen, dass er sich keiner speziellen Philosophie verbunden fühlt. Wenn er also eine meditative Erfahrung macht, ist er durch keine solche Bindung gezwungen, sie auf die eine oder andere Weise zu interpretieren. Er berichtet Ihnen einfach, wie sie sich anfühlt.

Und wie sie sich anfühlt, platziert ihn genau auf der Grenze zwischen der buddhistischen und der hinduistischen Philosophie. Er sagt etwas, was zur buddhistischen Seite neigt, und etwas, was zur hinduistischen Seite neigt. Das erscheint durchaus sinnvoll, wenn die Behauptung stimmt, die ich weiter oben aufgestellt habe – wenn es wirklich keinen so großen Unterschied gibt zwischen der Aussage, dass die Dinge dermaßen wechselseitig miteinander verbunden und interdependent sind, dass sie keine individuelle Identität besitzen, und der Aussage, dass die Dinge so wechselseitig miteinander verbunden und interdependent sind, dass sie *ein* einziges Ding sind.

Dies legt eine interessante Möglichkeit nahe: Vielleicht sind die tiefsten meditativen Erfahrungen, die Buddhisten gemacht haben, und die tiefsten meditativen Erfahrungen, die Hindus in der Advaita-Vedanta-Tradition gemacht haben, im Grunde dieselben. Da gibt es ein Gefühl der Auflösung der Grenzen des Ich und ein sich daraus ergebendes Gefühl der Kontinuität mit der Außenwelt. Wenn Sie ein Buddhist sind (zumindest einer, der sich der Hauptströmung zugehörig fühlt), dann werden Sie ermutigt, das für eine Kontinuität der Leere zu halten; und wenn Sie ein Hindu sind, werden Sie ermutigt, das für eine Kontinuität der Seele oder des Geistes zu halten. Was das angeht, so hatten vielleicht einige abrahamitische Mystiker – Christen, Juden und Muslime –, die während ihrer kontemplativen Praxis eine Vereinigung mit dem Göttlichen gefühlt haben, eine ziemlich ähnliche Erfahrung wie die Hindus und Buddhisten, und sie haben sie auf eine Weise interpretiert, die der hinduistischen Perspektive näher kam als der buddhistischen. Die Kernerfahrungen bleiben dieselben, aber die doktrinären Formulierungen unterscheiden sich.

Und vielleicht sind die Formulierungen ja in Wirklichkeit gar nicht so unterschiedlich, wie sie erscheinen. Sowohl die Hindus als auch die Buddhisten – und in einem gewissen Sinn selbst die abrahamitischen Mystiker – sagen, dass unsere gewöhnliche Vorstellung vom Ich als diesem eigenständigen, unabhängigen Ding in gewisser Hinsicht eine Illusion ist: Wir fühlen eine Grenze, die letztlich nicht so real ist, wie wir glauben, und eine Annäherung an die letzte Wahrheit verlangt die Auflösung dieser Grenze.

Auf jeden Fall ist meine grundsätzliche Sicht religiöser Überzeugungen die, dass es letzten Endes nicht um ihren spezifischen Inhalt geht, sondern vielmehr darum, zu welcher Art Mensch diese Überzeugungen Sie machen. Zu welchem Verhalten inspirieren sie Sie? Es gibt triftige Gründe dafür anzunehmen, dass diese grundlegende buddhistisch-hinduistische Vorstellung – dass die Grenzen des Ich keine wirklichen Grenzen sind – zu gutem Verhalten führen kann.

Ich fragte Judson Brewer, den Leiter der Yale-Studie, an der Weber teilgenommen hatte, und der selbst ein sehr engagierter Meditierender ist, ob es noch Kriege geben könne, wenn alle Menschen in der Welt intensiv meditierten. Er antwortete mit einer Gegenfrage: »Warum sollte jemand sich selbst verletzen wollen? In diesem Sinne glaube ich nicht, dass es sie geben würde, denn das wäre so, als wolle sich jemand selbst seine rechte Hand abschneiden.« Weber formulierte die Antwort folgendermaßen: »Wenn alles eins ist, warum sollte ich dann etwas tun – falls es überhaupt ein Ich gäbe, das etwas tun könnte –, um diese Einheit zu stören? Warum sollte ich Ihnen etwas Schlechtes antun?«

Da stimme ich Weber zu: Er sollte mir nichts Schlechtes antun. Tatsächlich bin ich der Meinung, dass auch ich, im Prinzip, weder ihm noch anderen Menschen etwas Schlechtes antun sollte. Das Problem ist, dass diese Einheit – für mich – nur ein abstrakter Glaube ist, keine durch eigene unmittelbare Erfahrung begründete Intuition in dem Sinne, wie sie es vermutlich für ihn ist. Das mag helfen, zu erklären, warum ich mich nicht immer daran halte. Und offenbar müsste ich, wenn ich diese Intuition ebenso stark fühlen wollte, wie er oder wie Brewer sie fühlt, noch weitere, sagen wir, 10.000 Stunden der Meditation investieren. Und das Leben ist kurz!

Glücklicherweise gibt es, auch ohne dass ich zehn Jahre lang drei Stunden am Tag meditieren müsste, eine Möglichkeit für mich, eine Ahnung davon zu bekommen, zu was für einer Art von Person mich das machen würde. Einer der großen Vorteile von Meditationsklausuren ist, dass sie Ihnen vermittels totaler, wenn auch vorübergehender Versenkung einen flüchtigen Ausblick darauf verschaffen können, wie es wäre, so zu leben wie ein wirklich ernsthaft Meditierender. Und ich habe während solcher Retreats eine gewisse Ahnung von der Verbindung zwischen der Nicht-Ich-Erfahrung und dem Ein-besserer-Mensch-Sein bekommen.

Wie ich es unterließ, einen schnarchenden Mann umzubringen

Sehen Sie sich nun einmal an, welche Gefühle ich bei einem Meditationsretreat im Dezember 2013 gegenüber einem anderen Teilnehmer hatte. Er saß wenige Reihen vor mir und schlief ständig ein, während ich dasaß und meditierte. Sie mögen fragen: Wenn ich meine Augen geschlossen hatte, woher wusste ich dann, dass er einschlief? Weil er schnarchte!

Wenn Sie zu meditieren versuchen, dann kann Ihnen Schnarchen auf die Nerven gehen – besonders wenn Sie nicht selbst derjenige sind, der schnarcht. Tatsächlich bemerkte ich in meinem Unterbauch ein Gefühl der Wut diesem Mann gegenüber. Genauer gesagt habe ich es zuerst nicht wirklich *bemerkt*. Ich fühlte die Wut einfach und reagierte automatisch darauf, indem ich die Art von Gedanken dachte, die solche Gefühle uns üblicherweise denken lassen, etwa: »Was ist denn das für ein Penner?« Ich fühlte einen starken Drang, meine Augen zu öffnen, um den Missetäter zu identifizieren – vermutlich, um ihn irgendwann später zur Rechenschaft ziehen zu können. Aber schließlich tat ich, was man während der Achtsamkeitsmeditation tun sollte: beobachten, welche Gefühle man hat. An diesem Punkt bemerkte ich die Wut dann *tatsächlich*. Ich schaute sie mir genau an. Und nach nur wenigen Sekunden der klaren Beobachtung löste sie sich völlig auf. Es war, als sei meine Aufmerksamkeit ein Killer-Laserstrahl und dieses Gefühl der Wut ein feindliches Raumschiff. Zack! – Und weg war es.

Doch was genau hat meine Erfahrung des Abschießens der Wut mit der Nicht-Ich-Erfahrung zu tun? Sogar zweierlei – eins davon ist ziemlich offensichtlich und hängt mit der »inneren« Version der Nicht-Ich-Erfahrung zusammen. Das andere ist subtiler und hat mit der »äußeren« Version zu tun.

Hier ist der offensichtliche, innere Teil: Als ich meine Wut achtsam beobachtete, hörte ich auf, mich damit zu identifizieren; ich machte sie mir nicht mehr zu eigen. Ein Gefühl, das scheinbar ein Teil von mir gewesen war, welcher mir so in Fleisch und Blut übergegangen war, dass ich ihm ohne Bewusstheit folgte, erschien mir jetzt wie etwas anderes, wie ein Objekt, das beobachtbar war. Sobald ich meine Aufmerksamkeit darauf richtete – und selbst bevor es sich im Lichte dieser Aufmerksamkeit auflöste –, hörte es in wirkungsvoller Weise auf, ein Teil von mir zu sein.

Zugegeben, das war keine sehr tief gehende Version der inneren Nicht-Ich-Erfahrung. Ich hatte mich nur bei einer einzigen Gelegenheit von einem einzigen Gefühl distanziert, was den Umfang meines Ich nur geringfügig hatte schrumpfen lassen. Und doch war es etwas. Und es machte mich kurzfristig zu einem besseren Menschen, einem, der nicht länger daran dachte, jemanden umzubringen.

Was den subtileren Sinn angeht, in dem dies eine Nicht-Ich-Erfahrung war – der Sinn, in dem es eine äußere Nicht-Ich-Erfahrung war –, sollte ich die Sache etwas näher erklären. Dazu muss ich insbesondere auf die Arbeit von Miri Albahari eingehen. Albahari ist eine australische Philosophin, deren Arbeit über buddhistische Philosophie zum Teil durch die Praxis von Meditation gestützt ist. Aber gemäß ihrer geradezu unwiderstehlichen Demut betont sie, sie sei »nicht sehr bewandert in Meditation«. Wie sie sagt, vermag sie während einer langen Meditationsklausur zu einem Punkt zu gelangen, an dem sie »weniger Ich« empfindet, jedoch nicht bis zu dem, wo sie »Nicht-Ich« empfindet. Und sie schafft es auch nicht immer, zwischen den Retreats eine tägliche Praxis aufrechtzuerhalten, auch wenn ihr Leben, wie sie sagt, »deutlich besser verläuft«, wenn sie es schafft.

In ihrem Buch *Analytical Buddhism* argumentiert sie auf eine Art, die uns zu Buddhas erster Unterweisung nach seiner Erleuchtung zurückführt, zu seiner berühmten »Unterweisung im Wildpark«. Darin legt der Buddha die Vier Edlen Wahrheiten dar, die die Ursache von *dukkha* sind, von Leiden oder Unbefriedigtsein, sowie das Heilmittel dagegen. Er sagt, die grundlegende Ursache von *dukkha* sei *tanha*, ein Begriff, der gewöhnlich als »Durst« oder »Gier« und manchmal als »Begehren« übersetzt wird. Um es etwas genauer zu sagen, das Problem ist die Unlöschbarkeit von *tanha*, die Tatsache, dass wir immer unbefriedigt bleiben, wenn wir erlangen, was wir begehren, und dass es uns nach mehr von demselben oder nach etwas Neuem dürstet.

Albahari sagt, *tanha* sei unauflöslich mit der Empfindung eines Ich verbunden und die Überwindung von *tanha* setze deshalb die Erfahrung des Nicht-Ich voraus. Sie spricht nicht nur von der *inneren* Version der Nicht-Ich-Erfahrung – sie sagt also nicht nur, dass Sie sich ein bestimmtes Begehren nicht mehr zu eigen machen, wenn Sie es losgelassen haben, sodass dieser Teil Ihres Ich verschwindet. Sie sagt, dass *tanha* zutiefst an Ihrer Empfindung beteiligt ist, dass Ihr Ich *begrenzt* ist; *tanha hält unser Gefühl der Begrenztheit, das sich während der äußeren Nicht-Ich-Erfahrung abschwächt, aufrecht und verstärkt es.*

Wenn Sie nach etwas dürsten – nehmen wir einmal heiße Schokolade –, so sagt sie, ist es schließlich so, dass Sie sich des Abstands zwischen Ihnen selbst und dieser Schokolade schmerzlich bewusst sind, und das bedeutet, dass Sie eine Vorstellung von den Grenzen Ihres Ich haben. Wenn ich hier so sitze und daran denke, wie dieser spezielle Durst gelöscht werden könnte, ist es tatsächlich so, dass ich mir einige dieser Grenzen vorstelle – ich stelle mir vor, dass die Oberfläche meiner Hand Kontakt mit dem Becher voller Schokolade aufnimmt und dass die Oberfläche meiner Zunge Kontakt mit der Schokolade selbst herstellt.

Um die volle Breite der Argumentation von Albahari zu begreifen, müssen Sie verstehen, dass sie wie viele Gelehrte der Ansicht ist, dass *tanha* nicht nur den Durst nach Dingen umfasst, die Sie angenehm finden – Sex, Schokolade, ein neues Auto, ein neueres Auto. Es umfasst auch das Begehren, frei von Dingen zu sein, die Sie unangenehm finden. Mit anderen Worten: *Tanha* nährt nicht nur das Hingezogensein zu verlockenden Objekten, sondern auch die Abneigung gegen Abstoßendes. Nach dieser Anschauung war mein Ärger über das Schnarchen in der Meditationshalle *tanha*. Er war ein Begehren, von dem Schnarchgeräusch frei zu sein.

Damit sagt Albahari also: Wenn Sie begehren, von etwas *frei* zu sein, dann haben Sie das Ziel im Kopf, mehr Abstand zwischen sich selbst und diesem Objekt herzustellen (vorausgesetzt, Sie entscheiden sich nicht für den schnörkelloseren Ansatz, ein Meditationskissen nach der Person zu werfen, die dieses Etwas erzeugt). Und wenn Sie mehr Abstand zwischen sich selbst und irgendetwas herstellen wollen, so bedeutet dies, dass Sie eine Vorstellung von dem Punkt haben, an dem Ihr Ich aufhört. Wenn Sie versuchen, dem Zustoßen einer Klapperschlange auszuweichen, dann haben Sie eine sehr präzise Vorstellung von dem Raum, den die Klapperschlange nicht erreichen soll: den Raum, der durch Ihre Haut definiert wird.

So oder so – ob *tanha* nun Anziehung oder Abneigung antreibt, sie bedingt auf jeden Fall eine Definition des Bereichs Ihres Ich. Wie Albahari geschrieben hat, scheinen Emotionen, die *tanha* implizieren, »als Teil ihres Inhalts auf eine unausgesprochene Grenze zwischen dem hinzuweisen, was als Ich identifiziert wird, einerseits und dem begehrten oder nicht begehrten Szenario, wie es von dem erfahrenden Subjekt wahrgenommen oder vorgestellt wird, andererseits«. Deshalb wird *tanha* »nicht nur auf die Empfindung der Begrenztheit von Ich und anderem *hinweisen*, sondern auch helfen, diese Empfindung zu *erzeugen* und zu *verstärken*«.[115] Und andersherum: Je klarer und tiefer Sie diese Begrenztheit fühlen, desto mehr *tanha* zu haben werden Sie geneigt sein. »Denn wie könnte ich sonderlich daran interessiert sein, ob ›mein‹ Begehren erfüllt wird, solange ich nicht vollständig als ein Ich identifiziert bin?«

Jetzt mögen Sie fragen, welche Relevanz dies alles für das Abschießen meiner Wut gegenüber dem schnarchenden Mann hat. Ich hätte wahrscheinlich dieselbe Frage gestellt, hätte ich mir nicht noch einmal die Notizen angesehen, die ich mir kurz nach dem Abschießen gemacht hatte. Es stellte sich nämlich heraus, dass die Version der Episode, die ich gerade erzählt habe, unvollständig ist. Es ist die Version, die ich aus dem Gedächtnis nieschrieb, bevor ich noch einmal diese Notizen hervorgeholt und gelesen hatte. Sie lässt einige wichtige Details aus.

Zuerst einmal: Gerade vor dieser morgendlichen Meditationssitzung hatte Narayan, die zu den beiden Leitern des Retreats gehörte, eine kurze Darlegung gegeben. Ihr Thema war »Akzeptanz« – wie man lernt, Umstände zu akzeptieren, die man als unangenehm zu empfinden geneigt ist. Nachdem ich also etwas Zeit darauf verschwendet hatte, das Schnarchen als unangenehm zu empfinden, war ich entschlossen, das zu praktizieren, worüber Narayan gesprochen hatte, und zu versuchen, meine Abneigung gegen das Schnarchen zu überwinden. Das bedeutete natürlich, die Aversion achtsam zu beobachten. Wie ich es in meinen Notizen später am Tag niederschrieb, versuchte ich, »meine Aversion und meinen Zorn (die ich deutlich fühlen und lokalisieren konnte) auf neutrale Weise zu fühlen«. Dann »verschwand das Gefühl im Grunde einfach«, da ich das Schnarchen akzeptierte.

Da gab es also in Wirklichkeit zwei ineinander verwickelte Gefühle, die ich achtsam beobachtete: die Wut gegenüber dem Schnarchenden und die Abneigung gegen sein Schnarchen. Und wenn Sie Aversion überwinden, dann nähern Sie sich nach der Logik von Albahari der äußeren Version der Nicht-Ich-Erfahrung vollständiger und direkter an, als wenn Sie einfach nur Wut überwinden.[116] Sie verringern *tanha*, welche die Grenzen des Ich verstärkt.

Diese Dynamik wird in der abschließenden Passage meiner Notizen deutlich: Als ich meine Abneigung und meine Wut beobachtete und diese Gefühle ihre Macht verloren, »da gab es einen Moment, in dem ich mir dieses Bauchgefühl und dieses Schnarchen als eine Art einheitliches System oder einen einzigen Organismus vorstellte, der durch Kommunikation vereint wurde«. Mit anderen Worten: Ich sammelte meine Aufmerksamkeit auf den kontinuierlichen Strom von Schallwellen, die von seiner Nase ausgingen, in mein Gehirn vordrangen und die Abneigung und die Wut hervorriefen. Für einen Moment waren der Störenfried und der Gestörte nicht streng voneinander getrennt – ein *Er* und ein *Ich*. Meine Grenzen wurden durchlässiger, als die Macht der *tanha* – meiner Abneigung gegen das Schnarchen – abnahm.

So hat also Miri Albaharis Sicht des Ich und der Verbindung des Ich mit *tanha* eine sehr willkommene Konsequenz: Sie lässt es mehr, als man sonst annehmen würde, so aussehen, als sei ich ein beeindruckender Meditierender. Mein Abschießen der Wut implizierte nicht nur ein wenig der inneren Nicht-Ich-Erfahrung in dem Sinne, dass ich mir die Wut nicht zu eigen machte, als ich sie abschoss. Indem ich die *tanha* überwand, die die Wut genährt hatte, hatte ich auch ein wenig von der schwerer zu erlangenden äußeren Version der Nicht-Ich-Erfahrung verwirklicht. Und dieser äußere Teil der Erfahrung scheint mich, genauso wie der innere Teil, für kurze Zeit zu einem besseren Menschen gemacht zu haben.

Zwei Unterweisungen und Drei Gifte

Miri Albaharis Sicht hat einen weiteren Vorteil: Sie hilft, ein Rätsel zu lösen, das uns die frühen buddhistischen Schriften aufgeben. In der ersten Darlegung Buddhas nach seiner Erleuchtung, der Unterweisung im Wildpark, sagt er, der Schlüssel zur Befreiung von *dukkha* sei die Überwindung von *tanha*. Aber in seiner zweiten Unterweisung, der Darlegung über das Nicht-Ich, scheint die Befreiung darin zu bestehen, dass man die Nichtexistenz des Ich erkennt; alle Mönche, die diese Unterweisung hören, sind augenblicklich befreit. Was ist also der Schlüssel? Kommt es zum Nirwana durch die Überwindung von *tanha* oder dadurch, dass man das Ich als eine Illusion erkennt?

Nun, vielleicht sind die beiden ein und dasselbe. Wir haben das möglicherweise schon vermutet, selbst bevor wir von Albaharis Sicht erfahren haben. Schließlich bedeutet die innere Version der Nicht-Ich-Erfahrung auch, dass wir uns Gefühle und mit Gefühlen aufgeladene Gedanken nicht zu eigen machen. Und Gefühle kommen tendenziell in den beiden grundlegenden Geschmacksrichtungen positiv und negativ, indem sie entweder ein Element der Anziehung oder der Abneigung enthalten – mit anderen Worten *tanha*.[117] Zu der inneren Nicht-Ich-Erfahrung gehört also das Loslassen einer gewissen Portion von *tanha*. (In der Tat sagte der Buddha ja etwas Dementsprechendes, als er betonte, zu der Nicht-Ich-Erfahrung gehöre, dass man aufhört, an Gedanken, Emotionen und dergleichen festzuhalten oder Lust danach zu verspüren.) Doch Albahari *fügt dem Argument, zwischen den beiden ersten Unterweisungen Buddhas bestehe eine Art von Äquivalenz, eine neue Dimension hinzu, indem sie die* äußere Nicht-Ich-Erfahrung mit dem Aufgeben von *tanha* in Verbindung bringt.

Wenn Sie die Sache bedenken, ist es sinnvoll anzunehmen, dass *tanha* nicht weniger mit unseren äußeren Grenzen verbunden ist als mit unserem Kern. Aus einer darwinistischen Perspektive gesehen, wurde uns *tanha* eingebaut, damit wir uns um uns selbst kümmern – was bedeutet, damit jeder von uns für das Vehikel sorgt, das unsere Gene enthält. Und dieses Vehikel endet mit der Haut an der Grenze des Körpers. Es ist also nur natürlich, dass *tanha* ein Gefühl für die Wichtigkeit dieser Grenze verstärkt, der Grenze, die die Zone definiert, um die sich zu kümmern die natürliche Selektion uns konzipiert hat.

Die Verbindung zwischen *tanha* und unserer Ich-Empfindung gibt einen guten Rahmen für einen Refrain ab, der in buddhistischen Texten immer wieder auftaucht. Der Refrain warnt die Menschen, sie sollten die »Drei Geistesgifte« *raga*, *dvesha* und *moha* meiden. Diese drei Begriffe werden typischerweise als »Gier«, »Hass« und »Verblendung« übersetzt, eine Formel, die vielen Meditierenden vertraut sein wird, da sie sie im Verlauf von Dharma-Unterweisungen und Klausuren aus dem Munde von Meditationslehrern gehört haben. Aber diese Übersetzung ist in mancher Hinsicht irreführend. Das mit »Gier« übersetzte Wort meint nicht nur Gier im Sinne eines Dürstens nach materiellen Besitztümern, sondern einen Durst in einem allgemeineren Sinn: dem nach Dingen greifenden Hingezogensein. Und mit dem Wort für »Hass« sind nicht nur negative Gefühle gegenüber Menschen gemeint, sondern Aversionen gegenüber allem Möglichen.

Die ersten beiden Geistesgifte sind also, mit anderen Worten, die beiden Seiten von *tanha*: das Verlangen nach Angenehmem und die Abneigung gegen Unangenehmes. Wenn *tanha* tatsächlich eng mit der Ich-Empfindung verbunden ist, dann ist es sinnvoll, eine Verbindung dieser beiden Gifte mit dem dritten Gift, der Verblendung, zu sehen. Schließlich ist die berühmteste Verblendung im gesamten Buddhismus die Illusion des Ich. Man könnte also sagen, dass die ersten beiden Gifte die Bestandteile des dritten sind. *Raga* plus *dvesha* gleich *moha*.[118]

Diese Gleichung erscheint sogar noch sinnvoller, wenn man auch noch die andere berühmte Verblendung – die Illusion von Essenz und die ihr entsprechende große Einsicht, die Leere – mit ins Spiel bringt. Unsere Intuition, dass Dinge Essenz besitzen, so habe ich im vorangegangenen Kapitel argumentiert, wird von den Gefühlen gestaltet, die in unsere Wahrnehmung dieser Dinge einsickern. Bei näherem Hinsehen besteht die Tendenz, dass diese Gefühle entweder positiv oder negativ sind, dass sie also das Hingezogensein zu Dingen, eine Art von Begehren nach ihnen, enthalten oder eine Abneigung gegen sie. Diese Gefühle implizieren also, anders gesagt, tendenziell zumindest in einem gewissen Maße *raga* oder *dvesha*. So läuft in diesem Fall – dem Fall der fälschlichen Wahrnehmung von Essenz – das dritte Gift, die Verblendung, anscheinend wieder auf die anderen beiden Gifte hinaus.

In diesem Licht betrachtet, ist es nur logisch, dass die Befreiung nach manchen alten Texten die Auslöschung der Drei Geistesgifte verlangt. Schließlich wäre diese Auslöschung gleichbedeutend mit der Beendigung von *tanha*, der großen Ursache des Leidens, wie sie in Buddhas erster Unterweisung identifiziert wird, sowie dem Ende der Illusion des Ich, des großen Hindernisses für die Befreiung, wie es in Buddhas zweiter Unterweisung dargelegt wird – ganz zu schweigen von dem Ende der Illusion von Essenz, jener Illusion, die besonders in der Mahayana-Tradition ebenfalls als Hindernis für die Befreiung betrachtet wird.

In dem Versuch, seinen Bewusstseinszustand zu beschreiben – einen Zustand, in dem es offenbar wenig oder gar keine Ich-Empfindung oder Empfindung von Essenz gibt –, sagte Gary Weber mir einmal: »Es ist ein Raum, in dem man sich nichts zu seiner Verbesserung Hinzufügbares vorstellen kann oder der zu verbessern wäre, wenn man etwas aus ihm entfernte.« Er beschrieb damit im Grunde das Gegenteil von *tanha*. Die Prämisse von *tanha* ist schließlich, dass man alle Dinge besser machen kann, indem man etwas von ihnen entfernt oder etwas hinzufügt. Ein Teil der Funktionsbeschreibung von *tanha* ist, es niemals zu voller Zufriedenheit kommen zu lassen.

Weber bezeichnet seinen Bewusstseinszustand weder als Nirwana noch nennt er sich selbst erleuchtet. Aber die Art und Weise, auf die er über sein Ich spricht – oder über dessen Nichtvorhandensein –, hört sich so an, als sei er nicht weit davon entfernt, dem von Buddha in seiner zweiten Unterweisung (der Darlegung über das Nicht-Ich) dargelegten Kriterium für die Erleuchtung zu entsprechen. Auf jeden Fall ist Weber ihm sehr viel näher, als ich es bin.

Und doch erhaschte ich in dem Moment, in dem der Vogelgesang nicht weniger und nicht mehr ein Teil von mir zu sein schien als das Kribbeln in meinem Fuß, eine Ahnung davon, wie es sein könnte, auf dem meditativen Pfad sehr viel weiter fortge-schritten zu sein als ich. Das fühlte sich sehr, sehr gut an. Und was das angeht: Dadurch, dass ich die *tanha* aufgab, die meine zunehmende Abneigung gegen den schnarchenden Meditieren-den nährte, fühlte ich mich ebenfalls sehr viel besser als zuvor. Dass es mich wenigstens für eine kleine Weile zu einem besseren Menschen machte, war eine nette Zugabe.

14

Nirwana in einer Nussschale

Die Rockgruppe Nirvana, die in den frühen Neunzigerjahren weltberühmt wurde, war nicht immer unter diesem Namen bekannt. In ihren frühen Jahren trug sie eine Reihe anderer. Einer davon war »Bliss« (»Glückseligkeit«).

Mancher mag fragen: Was ist denn der Unterschied? Sind Nirwana und Glückseligkeit nicht dasselbe? Wie wir gesehen haben, ist die Antwort Nein. Nirwana enthält Glückseligkeit, aber es impliziert noch eine Menge mehr – vor allem natürlich Erleuchtung.

Bhikkhu Bodhi, der eine große Zahl von buddhistischen Texten übersetzt hat, darunter viele, die das Nirwana charakterisieren, beschreibt es als »einen Zustand vollkommenen Glücks, vollständigen Friedens, völliger innerer Freiheit und vollen Erwachens und Verstehens«.[119]

Ein anderer Unterschied zwischen Glückseligkeit und Nirwana besteht darin, wie leicht sie zu erlangen sind. Wenn Sie einfach nur Glückseligkeit suchen und nichts anderes, dann können Sie Drogen nehmen, die Glückseligkeit hervorrufen, ein Ansatz, der für einen gewissen Zeitraum garantiert wirksam sein mag, auch wenn er sehr wahrscheinlich nicht auf lange Sicht funktioniert. Kurt Cobain, Sänger und Gitarrist von Nirvana, wurde heroinsüchtig und beging Selbstmord.

Sollten Sie Nirwana statt »bloßer« Glückseligkeit suchen, dann ist die Herangehensweise weniger direkt und viel beschwerlicher. Und selbst wenn Sie dabei sehr sorgfältig vorgehen, dann ist es, so kann man wohl mit Sicherheit behaupten, weniger wahrscheinlich, dass Sie Nirwana erlangen, als dass Cobain – wenn auch nur vorübergehend – Glückseligkeit hatte erlangen können. Andererseits wird bei dieser Vorgehensweise jegliches Maß an Zufriedenheit, das Sie erreichen werden, mit großer Gewissheit dauerhafter und stabiler sein als die Glückseligkeit Cobains.

Das Konzept des Nirwana nimmt eine einzigartige Stellung im buddhistischen Denken ein – nicht nur, weil es den Höhepunkt des buddhistischen Pfades darstellt, und nicht nur, weil es den wunderbarsten »Ort« repräsentiert, an dem man sich befinden kann, sondern auch, weil es die beiden Seiten des Buddhismus überspannt. Da ist einerseits die Seite des Buddhismus, von der dieses Buch handelt: die »naturalistische« Seite, welche Vorstellungen enthält, die gut in eine Einführungsvorlesung über Psychologie oder Philosophie passen würden. Andererseits gibt es da noch die Seite des Buddhismus mit übernatürlichen und exotischen Ideen, die man eher in der theologischen Fakultät ansiedeln würde. Nirwana hat gewiss seinen exotischen Aspekt: Buddhisten, die an Reinkarnation glauben, sehen Nirwana als den Faktor, der sie aus einem ansonsten endlosen Kreislauf von Wiedergeburten befreien kann. Aber auch diese Story über Nirwana – die Geschichte darüber, wie genau man die Ausstiegsluke aus endloser Wiedergeburt findet – führt nahtlos zu einer naturalistischeren Geschichte über das Nirwana, einer Behauptung über den Mechanismus von Leiden und von Zufriedenheit. Und wenn Sie einer dieser Geschichten zu der anderen folgen, dann können Sie in diesem Prozess die Achtsamkeitsmeditation in einem neuen Licht sehen, einem Licht, das hervorhebt, was für ein radikales Unternehmen sie sein kann.

In alten Texten wird Nirwana oft mit einem Wort beschrieben, das im Allgemeinen als »das Bedingungslose« oder »das Unbedingte« übersetzt wird. Jahrelang habe ich diesen sich seltsam anhörenden Begriff gehört und mich gefragt, was er wohl bedeute, aber ich dachte mir, dass es wahrscheinlich hoffnungslos sei, ihn verstehen zu wollen, ohne tatsächlich das Nirwana zu erreichen, und dass er für meine Zwecke sowieso nicht so wichtig sei. Aber wie sich herausstellte, lag ich in beiden Hinsichten daneben. Auf die Frage »Was ist das Unbedingte?« gibt es eine ziemlich klare Antwort – und dazu noch eine sehr wichtige, eine Antwort, die eine Art von Überschneidung zwischen dem auf exotische Weise metaphysischen und dem naturalistischen Buddhismus darstellt.

Ein offensichtlicher Ansatz zur Entschlüsselung von »das Unbedingte« ist, das »Un-« fallen zu lassen und zu fragen, was das »Bedingte« bedeutet. In der buddhistischen Terminologie ist »das Bedingte« so gut wie synonym mit »das Verursachte«.[120] Das mag durchaus sinnvoll sein. Schließlich ist es so: Wenn wir von den Bedingungen sprechen, die etwas hervorbringen – den Bedingungen, die Wasser zum Kochen bringen, Regen fallen oder die Verbrechensrate ansteigen lassen –, dann sagen wir damit im Grunde, dass diese Bedingungen Teil der Kausalkette sind, die zu einem Ergebnis geführt hat. Was im buddhistischen Sinne bedingt ist, unterliegt Ursachen. Wenn also Nirwana »das Unbedingte« ist, dann, so könnte man denken, muss es etwas sein, was der »Verursachung« entgeht. Und damit würden Sie recht haben! Aber was hat *das* zu bedeuten?

Die Antwort auf diese Frage involviert einen der wichtigsten Begriffe im Buddhismus: *paticca-samuppada*. Dies ist ein Begriff, der zahlreiche Anwendungen hat und für den es viele Übersetzungen gibt.[121] Im vorliegenden Zusammenhang – wenn wir ihn verwenden, um die Logik des Nirwana zu erhellen – ist »bedingte Entstehung« eine gute Übersetzung.

In ihrem umfassendsten Sinn bezieht sich die bedingte Entstehung auf das grundlegende Konzept der Kausalität: Aus bestimmten Bedingungen heraus entstehen manche Phänomene; aus anderen Bedingungen heraus entstehen andere. Der Begriff wird jedoch auch zur Bezeichnung einer spezifischen Abfolge in einer Kausalkette verwendet – einer Kette von zwölf Bedingungen, deren jede eine nächste hervorbringt –, von der es heißt, dass sie den Menschen im Kreislauf endloser Wiedergeburt gefangen hält.[122] Es heißt, dass das Nirwana diese Kausalkette aufbricht.

Ich werde hier nicht die exakte Abfolge der zwölf Bedingungen durchgehen, unter anderem weil einige davon für meinen Geschmack ein wenig unklar sind. Aber der Teil der Abfolge, der uns an dieser Stelle interessiert, weil er uns das Nirwana in seinem exotischen und in seinem naturalistischen Sinn des Wortes genauer verstehen lässt, ist ziemlich klar. Dieser Teil beginnt, nachdem die Sinnesfähigkeiten einer Person – Augen, Ohren, Zunge und so weiter – Form angenommen haben. Es sind diese Fähigkeiten, durch die das Bewusstsein der Person Kontakt mit der materiellen Welt herstellt. Oder, wie es in den alten Texten, die die zwölf Glieder der Kausalkette aufzählen, formeller ausgedrückt wird: Durch die Bedingung der Sinnesfähigkeiten entsteht Kontakt. Und dann kommt das nächste Glied: Durch die Bedingung des Kontakts entstehen Gefühle – was sinnvoll ist, denn wie Sie sich erinnern werden, gehen die Gegebenheiten, die wir durch unsere Sinnesorgane wahrnehmen, nach buddhistischer Anschauung (und der Anschauung vieler moderner Psychologen) tendenziell mit Gefühlen einher, wie subtil diese auch immer sein mögen.

Dann, als nächstes Glied der Kausalkette, bringen Gefühle *tanha* (»Gier«) hervor: Wir lechzen nach angenehmen Gefühlen und trachten, den unangenehmen Gefühlen zu entgehen. Lassen Sie uns hier auf Standbild gehen, denn es ist der Punkt, wo die Musik spielt. Bhikkhu Bodhi formulierte dies in einer Reihe von Vorträgen, die er 1981 hielt, folgendermaßen:

> Es ist hier in diesem Raum zwischen Gefühlen und Begehren, wo die Schlacht geschlagen wird, die darüber entscheidet, ob die Gefangenschaft sich endlos in die Zukunft fortsetzen wird oder ob sie von Erleuchtung und Befreiung abgelöst wird. Denn wenn eine Person die Natur von Gefühlen mit Achtsamkeit und Bewusstheit kontempliert und diese Gefühle als das erkennt, was sie sind, statt der Gier, dem Durst nach Genuss nachzugeben, dann kann diese Person die Kristallisierung und Verfestigung des Begehrens verhindern.[123]

Genau hier beginnen wir, vom Exotischen zum Naturalistischen überzugehen. Die Befreiung, von der Bhikkhu Bodhi spricht, ist in erster Linie eine Befreiung von endloser Wiedergeburt, eine Befreiung, die am Ende dieses Lebenszyklus einsetzen wird. Aber sie ist auch eine Befreiung im Hier und Jetzt, eine Befreiung von dem Leiden, das *tanha* mit sich bringt – die Befreiung von der Gier, angenehme Gefühle zu ernten und unangenehmen zu entgehen, die Befreiung von dem hartnäckigen Begehren, die Dinge möchten anders sein, als sie sind.

Diese beiden Bedeutungen von Befreiung werden von der buddhistischen Idee widergespiegelt, dass es zwei Arten von Nirwana gibt.[124] Sobald Sie im Hier und Jetzt befreit sind, treten Sie in ein Nirwana ein, dessen Sie sich für den Rest Ihres Lebens erfreuen können. Dann, nach dem Tod – der jetzt, wo Sie vom Kreislauf der Wiedergeburt befreit sind, Ihr endgültiger Tod sein wird –, muss man von einer zweiten Art von Nirwana sprechen.

Es tut mir leid, dass ich die erste Art von Nirwana nicht aus persönlicher Erfahrung beschreiben kann, und ich weiß nicht so recht, ob ich in der Lage bin, die zweite Art zu beschreiben. Der

Punkt, auf den es ankommt, ist jedoch, dass – ganz gleich, auf welche Art von Nirwana Sie aus sind – Achtsamkeitsmeditation wesentlich zu der dorthin führenden Vorgehensweise gehört: das Kultivieren einer Bewusstheit Ihrer Gefühle, die Ihre Beziehung zu ihnen fundamental verändert. Unabhängig davon, wie exotisch oder praktisch Ihre Bestrebungen sind – ob Sie nun an einen Kreislauf der Wiedergeburt glauben und ihm entgehen wollen, ob Sie bloß vollkommene Befreiung im Hier und Jetzt erreichen möchten oder ob Sie einfach nur hoffen, *teilweise* Befreiung im Hier und Jetzt zu erlangen –: Das wesentliche Hilfsmittel für die Befreiung ist dasselbe.

Und dementsprechend ist auch ein Teil der grundlegenden Terminologie dieselbe. Selbst wenn Sie nicht versuchen, einer ewigen Wiederholung von zwölf aufeinanderfolgenden Bedingungen zu entfliehen, wenn Sie einfach nur wollen, dass Ihr einmaliges Leben besser wird, so suchen Sie immer noch Befreiung von *Bedingungen*, von Kausalketten, die Sie anderenfalls gefangen halten. Die Gegebenheiten in Ihrer Umgebung (die Anblicke, die Geräusche, die Gerüche, die Menschen, die Nachrichten, die Videos) drücken Ihre Knöpfe und aktivieren damit Gefühle, die, wie subtil auch immer sie sein mögen, Gedankengänge und Reaktionen in Gang setzen, die Ihr Verhalten beherrschen, manchmal auf eine Weise, die unvorteilhaft ist. Und sie werden das auch weiterhin tun, solange Sie nicht anfangen, auf das zu achten, was vor sich geht.

Dies ist der Punkt, um den sich ein großer Teil dieses Buches gedreht hat. Das menschliche Gehirn ist eine »Maschine«, die von der natürlichen Selektion dazu konzipiert wurde, auf ziemlich automatische Weise auf die Sinneseindrücke zu reagieren, die auf es einwirken. Es ist in einem gewissen Sinn dazu konzipiert, von diesen Eindrücken kontrolliert zu werden. Und das Rädchen im Getriebe der Kontrolle sind die Gefühle, die in Reaktion auf diese Eindrücke entstehen. Wenn Sie vermittels *tanha* mit diesen Gefühlen interagieren – vermittels des natürlichen reflexartigen Durstes nach den angenehmen Gefühlen und der natürlichen reflexartigen Aversion gegen unangenehme Gefühle –, dann werden Sie weiterhin von der Welt ringsumher kontrolliert werden. Doch wenn Sie diese Gefühle achtsam beobachten, statt einfach nur auf sie zu reagieren, dann können Sie dieser Kontrolle zu einem gewissen Maß entfliehen; Sie können den Ursachen, die gewöhnlich Ihr Verhalten bestimmen, die Stirn bieten und dem Unbedingten näher kommen.

Wie bizarr ist das Unbedingte?

Innerhalb des Buddhismus gibt es Debatten darüber, wie dramatisch man sich das Nirwana und das Unbedingte vorzustellen hat. Gibt es so etwas wie einen transzendenten metaphysischen »Raum«, in dem Sie in irgendeinem Sinne wohnen, sobald Sie vollkommen befreit sind? Oder ist die ganze Geschichte ein wenig alltäglicher – bedeutet sie einfach die Freiheit von dem unbewussten Reagieren auf Ursachen, auf Bedingungen, die anderenfalls die Kontrolle über Sie hätten? Menschen, die einem naturalistischen Buddhismus anhängen und nicht an die Wiedergeburt glauben, neigen der weniger dramatischen Interpretation zu. Tatsächlich mögen einige von ihnen den Begriff »das Unbedingte« gar nicht, weil er sich so dramatisch *anhört*. Stephen Batchelor, der schon seit Langem einen »säkularen Buddhismus« vertritt und der Autor des Buchs *Buddhismus für Ungläubige* ist, hat geschrieben, so etwas wie das Unbedingte gebe es nicht, es gebe nur die Möglichkeit, nicht *von* irgendetwas bedingt zu sein.[125]

Ich persönlich würde selbst »säkularen« Buddhisten nicht davon abraten, den Begriff »das Unbedingte« zu verwenden. Es könnte durchaus nützlich sein, sich die vollständige Befreiung im Hier und Jetzt als eine Art von Zone vorzustellen – eine metaphorische, wenn nicht gar eine metaphysische Zone. Und es könnte auch unabhängig davon sinnvoll sein, ob Sie denken, es sei realistisch, diese Zone zu erreichen, oder ob Sie sich diese nur als etwas vorstellen, dem man immer näher zu kommen vermag.

Ich kann bezeugen, dass es möglich ist, in etwas einzutreten, was sich wie eine Zone *anfühlt.* Als ich meine Frau nach meiner ersten Meditationsklausur anrief, sagte sie, ich hörte mich wie eine völlig andere Person an – noch bevor ich irgendetwas über das Retreat oder sonst irgendetwas Substanzielles gesagt hatte. Der ganze »Tenor« meiner Stimme klinge anders, meinte sie. Und er gefiel ihr sehr.

Ich will Ihnen gern zugestehen, dass dies wohl mehr ein Kommentar zu dem alten Tenor als zu dem neuen war. Als sie einige Jahre zuvor versucht hatte, zu artikulieren, was sie an meinem Bruder mochte, schaute sie mich an und sagte: »Er ist wie eine nette Version von dir.« (Sie lachte, als sie dies aussprach, was ich für ein gutes Zeichen halte.) Wie auch immer, der springende Punkt ist, dass es zu einer wirklichen Veränderung des Tenors gekommen war.

Ganz gewiss besaß die Welt, wie ich sie jetzt sah, einen neuen Tenor. Ich hatte so viel von meiner gewöhnlichen Selbstbezogenheit abgelegt, dass ich mein Umfeld mit einer neuen Art von Freude betrachten konnte. Ich war offener als zuvor, plötzlich geneigt, ein Gespräch mit Fremden zu beginnen. Die Welt erschien auf neue Weise lebendig und volltönend.

Es ist etwas Paradoxes an der Zone, in der ich mich befand. Von der Wissenschaft, die eine Verdrängung traditioneller religiöser Weltanschauungen mit sich gebracht hat, heißt es manchmal, sie habe zu einer »Entzauberung« der Welt geführt, sie habe diese ihrer Magie beraubt. Und man sollte meinen, dass eine meditative Disziplin, die in mancher Hinsicht anstrebt, den Einfluss von Gefühlen auf die Wahrnehmung zu unterdrücken, um damit eine Sichtweise von nüchterner Klarheit zu begünstigen, diese Tendenz nur fördern würde. Aber Batchelor sagt, die meditative Praxis könne zu einer »Wiederverzauberung« der Welt führen, und ich weiß, was er damit meint. Nach jener ersten Klausur hatte ich das Gefühl, in einer Zone der Verzauberung zu leben, an einem Ort der Wunder und übernatürlichen Schönheit.

Nein, das ist nicht dasselbe wie das Eintreten in eine Zone, die auf magische Weise immun gegen Verursachungen ist. Ich reagierte immer noch – zumindest einigermaßen – automatisch auf die Ursachen, die auf mich eindrangen. Dennoch bestand eine Quelle der Verzauberung, so denke ich, darin, dass ich weniger Zeit darauf verschwendete, zu reagieren, weniger Zeit, meine Knöpfe drücken zu lassen, und stattdessen mehr beobachtete – was, als eine Zugabe, eine bedachtere Reaktion auf die Reize ermöglichte. Im Unbedingten zu leben wäre, wie ich annehme, fantastisch; aber im weniger Bedingten zu leben kann bereits ziemlich großartig sein.

Sie könnten viele der buddhistischen Vorstellungen, die wir in diesem Buch behandelt haben, nehmen und sie in Begriffen von Bedingtheit, von Konditionierung neu formulieren. Tatsächlich könnte man sagen, dass die buddhistische Philosophie weitgehend darin besteht, die Idee der Kausalität wirklich ernst zu nehmen.

Zum Beispiel die Idee des Nicht-Ich: Das, was wir das »Ich« nennen, befindet sich in solch unablässiger kausaler Interaktion mit seiner Umwelt, ist so tief greifend von der Außenwelt beeinflusst, dass man die Festigkeit der Grenzen des Ich infrage stellen kann. Ja, nicht nur der Grenzen des Ich, sondern auch seines eigentlichen Kerns. Erinnern Sie sich daran, wie der Buddha in der ursprünglichen Darlegung über das Nicht-Ich betonte, dass wir die verschiedenen Dinge, die wir für Teile unseres Ich halten, tatsächlich nicht unter Kontrolle haben? Der Grund dafür ist, dass sie zumindest, bis wir befreit sind, unter der Kontrolle äußerer Kräfte stehen: Sie sind bedingt. Und erinnern Sie sich, dass der Buddha die Vergänglichkeit der Dinge betont hat, die wir für Teile unseres Ich halten? Auch dies (das unablässige Entstehen und Vergehen von Gedanken, Emotionen, Einstellungen) ist eine Konsequenz der sich ständig verändernden Kräfte, die auf uns einwirken, Kräfte, die Kettenreaktionen in uns in Gang setzen. Die Gegebenheiten in unserem Inneren unterliegen Ursachen, Bedingungen – und es ist das Schicksal aller bedingten Erscheinungen, sich zu verändern, wenn die Voraussetzungen sich verändern. Und diese verändern sich beständig ziemlich stark.

Man könnte sagen, dass der Pfad des meditativen Fortschritts weitgehend darin besteht, sich der Ursachen bewusst zu werden, die auf uns wirken, der Dinge, die uns manipulieren – und dessen, dass ein Schlüsselglied dieser Manipulation in dem Raum liegt, in dem Gefühle *tanha* hervorbringen können, eine Gier nach angenehmen Gefühlen und eine Aversion gegen unangenehme Gefühle. Dies ist der Raum, in dem Achtsamkeit entscheidend eingreifen kann.

Vielleicht hätte ich eine Anmerkung zu dem Wort »bewusst« im vorigen Absatz formulieren sollen. Ich rede hier nicht von einem abstrakten Verständnis, einer *akademischen* Bewusstheit dieser Kausalkette. Ich spreche über ein sorgfältig kultiviertes *empirisches* Verständnis, eine achtsame Bewusstheit, die die Kraft mit sich bringt, diese Ketten zu durchbrechen oder zumindest zu lockern.

Gleichwohl gibt es zur Untermauerung dieses empirischen Verständnisses und oft als Begleiterscheinung davon das abstraktere Verständnis, das Teil der buddhistischen Philosophie ist. Wenn Sie wirklichen Fortschritt in der Achtsamkeitsmeditation machen, so bedeutet das fast zwangsläufig, dass Sie sich der Mechanismen bewusster werden, durch die Ihre Gefühle, wenn sie sich selbst überlassen bleiben, Ihre Wahrnehmungen, Gedanken und Ihr Verhalten bestimmen – und dass Sie sich der Objekte in

Ihrer Umgebung stärker bewusst werden, die zuerst einmal Ihre Gefühle aktivieren. Man könnte sagen, dass Erleuchtung im buddhistischen Sinn etwas mit der Aufklärung im westlichen wissenschaftlichen Sinn gemeinsam hat: Sie involviert eine stärkere Bewusstheit dessen, was wodurch verursacht wird.

All dies widerspricht völlig einem verbreiteten Klischee. Achtsamkeitsmeditation wird oft für kuschelig und verschwommen und auf gewisse Weise antirational gehalten. Es heißt, es gehe dabei darum, »in Berührung mit den eigenen Gefühlen zu kommen« und »keine Urteile zu fällen«. Und es stimmt, dies alles gehört auch dazu. Die Meditation vermag, Sie Ihre Gefühle wie Zorn, Liebe, Trauer oder Freude mit einer neuen Sensibilität erfahren zu lassen, sie zu sehen, ja sogar ihre Konsistenz zu fühlen wie nie zuvor. Und der Grund für diese Möglichkeit ist, dass Sie in gewissem Sinne keine Urteile fällen. Das bedeutet, dass Sie Ihre Gefühle nicht unbewusst als schlecht oder gut etikettieren, nicht vor ihnen flüchten oder sich beeilen, sie sich zu eigen zu machen. So können Sie ihnen nahe bleiben, aber sich nicht in sie verlieren; Sie können darauf achten, wie sie sich tatsächlich anfühlen.

Allerdings tun Sie dies nicht, um Ihre rationalen Fähigkeiten aufzugeben, sondern vielmehr, um sie zu benutzen: Sie können Ihre Gefühle jetzt einer Art von vernünftiger Analyse unterziehen, die es Ihnen erlaubt, umsichtig zu entscheiden, welche davon gute Richtlinien sind. »Keine Urteile fällen« meint damit letztlich, dass Sie Ihre Gefühle nicht Urteile *für Sie* fällen lassen. Und was »in Berührung mit Ihren Gefühlen kommen« letztlich bedeutet, ist, ihnen gegenüber nicht so blind zu sein, dass Sie von ihnen herumgestoßen werden. Und all dies zusammen bedeutet, dass Sie Ihre Reaktionen auf die Welt auf der klarstmöglichen Sicht der Welt basieren.

All diesem zugrunde liegt eine höchst mechanistische Vorstellung davon, wie der Geist arbeitet. Es geht dabei darum, das

Funktionieren dieses Mechanismus sehr fein zu erspüren und dieses Verständnis dazu zu benutzen, ihn neu zu verdrahten, seine Programmierung zu unterlaufen, seine Reaktion auf die Ursachen, die Bedingungen, die auf ihn einwirken, radikal zu verändern. Wenn Sie dies tun, lässt Sie das nicht in »das Unbedingte« im strengen Sinn eintreten; es lässt Sie nicht im wörtlichen Sinne dem Bereich von Ursache und Wirkung entfliehen. Aber Flugzeuge entziehen sich auch nicht dem Gesetz der Schwerkraft – und sie fliegen doch.

Ich möchte die Parallelen zwischen buddhistischen und westlichen Vorstellungen von Erleuchtung/Aufklärung nicht überbetonen. Die buddhistische Philosophie und die moderne Wissenschaft haben unterschiedliche Modi der Erforschung, unterschiedliche Standards von Beweisführung. Aber in letzter Zeit haben die beiden Traditionen begonnen, auf fruchtbare Weise miteinander zu interagieren. Es gibt Gehirnscans von Meditierenden, Studien über die physiologischen und psychologischen Wirkungen von Meditation und so weiter.

Doch die bedeutsamste Interaktion, so denke ich, begann Mitte des 19. Jahrhunderts mit der Theorie der natürlichen Selektion. Seit mehr als zwei Jahrtausenden hatte der Buddhismus bereits studiert, wie der menschliche Geist für die Reaktion auf seine Umgebung programmiert wird, wie genau die »Konditionierung« funktioniert. Mit der Darwin'schen Theorie verstanden wir jetzt, was die Programmierung durchgeführt hat. Und im Lauf der folgenden eineinhalb Jahrhunderte, in denen die Darwin'sche Theorie ausreifte und sich die Beweise dafür ansammelten, bekamen wir eine immer klarere Vorstellung von den Details dieser Programmierung. Ich glaube, dass uns dies alles in die Lage versetzt, die Vorstellung des Nirwana aus einer völlig anderen Perspektive anzugehen, eine völlig neue Argumentation zur Verteidigung der grundlegenden Gültigkeit der buddhistischen Erleuchtung aufzustellen. Dies ist das Thema des folgenden Kapitels.

15

Ist die Erleuchtung erleuchtend?

Im Laufe der Jahrhunderte hat die Gleichung von Erleuchtung und Befreiung viele verschiedene Formen angenommen und viele verschiedene Zielgruppen angesprochen. Das ursprüngliche Hauptquartier der CIA hatte die von Jesus formulierte Version der Gleichung in seine Wand eingemeißelt: »Und ihr werdet die Wahrheit erkennen, und die Wahrheit wird euch frei machen.« Wie Sie zu Anfang dieses Buches gesehen haben, bietet uns auch der Film »Matrix« eine Verbindung von Wahrheit und Freiheit an, die ein Echo der buddhistischen Philosophie darstellt: Das Leben, wie es gewöhnlich gelebt wird, ist eine Art von Illusion, und du kannst nicht wirklich frei sein, bis du die Illusion durchschaust und in das Herz der Dinge siehst. Bis er es selbst erkenne, so sagt Morpheus zu Neo, werde Neo ein Sklave bleiben.

Aber es gibt wichtige Unterschiede zwischen dem Szenario der »Matrix« und dem des Buddhismus. Zuerst einmal ist die Wahrheit in »Matrix« leichter zu beschreiben. Natürlich sagt Morpheus über die Matrix: »Jeder muss sie selbst erleben«, aber die Tatsache bleibt bestehen, dass er Neo ein ziemlich klares verbales Bild seiner Situation hätte geben können: Die Maschinen haben Menschen in klebrige Kapseln eingesperrt und sind dabei, Träume in ihr Gehirn zu pumpen! Bitte sehr – wie kompliziert war das? Es ist eine Behauptung, die sicherlich leichter zu verstehen ist als etwa die Aussage, dass das Ich nicht existiert und alles leer ist.

Die Maschinen verleihen Neos misslicher Lage noch in einem anderen Sinne eine verlockende Einfachheit. Sie geben ihm nämlich etwas, wogegen er rebellieren kann. Und Rebellionen verleihen Energie! Ein unterdrückender Feind fokussiert den Geist und stählt Sie für den vor Ihnen liegenden Kampf. So etwas würde sich auch für die Meditation als nützlich erweisen, denn sie kann *wirklich* ein Kampf sein – sich jeden Tag auf das Meditationskissen zu setzen, selbst wenn man keine Lust dazu hat, und dann zu versuchen, die Achtsamkeit ins Alltagsleben zu übertragen. Wirklich schade, dass im Buddhismus kein übler Verursacher der Verblendung existiert, gegen den man kämpfen kann!

Im *traditionellen* Buddhismus gibt es tatsächlich so einen: ein dem Satan ähnliches übernatürliches Wesen namens Mara, das erfolglos probierte, den Buddha während jener epischen Meditationssitzung zu versuchen, die zu seinem großen Erwachen führte. Mara hat jedoch keinen Platz im westlichen, stärker säkularen Buddhismus, welcher der Hintergrund für dieses Buch ist. Wirklich schade.

Doch es gibt gute Nachrichten auch an dieser Front. Wenn Sie die Meditationspraxis gern als eine Rebellion gegen einen unterdrückenden Oberherrn ansähen, dann könnten wir das arrangieren: Denken Sie einfach, dass Sie gegen Ihren Schöpfer kämpfen: die natürliche Selektion. Schließlich hat diese, ebenso wie die Maschinen im Film »Matrix«, die Verblendungen entwickelt, die uns kontrollieren; sie hat sie in unser Gehirn eingebaut. Wenn Sie bereit sind, die natürliche Selektion zu personifizieren, dann können Sie in dem Vergleich mit den Maschinen noch einen Schritt weiter gehen: Die natürliche Selektion hat die Verblendung dazu benutzt, uns zu Sklaven ihrer Absicht zu machen.

Die Absicht besteht – wie Sie wissen – ja darin, Gene in die nächste Generation weiterzugeben. Dies ist der Kern des Wertesystems der natürlichen Selektion, das Kriterium, das Leitlinie für die Gestaltung unseres Gehirns war. Und wir haben, genauso wie Neo, alles Recht dazu, uns dafür zu entscheiden, dass unsere Werte sich von denen der Macht, die uns kontrolliert, unterscheiden und wir uns davon befreien wollen. Das bedeutet zuerst und vor allem, uns der Verblendungen zu entledigen, vermittels derer diese Kontrolle ausgeübt wird. (Diese Unabhängigkeitserklärung wird natürlich keineswegs von dem Paradox unterminiert, dass diese Verblendungen in einer modernen Umgebung sowieso ungeeignet sind, der Absicht der Verbreitung unserer Gene zu dienen.)

Es hat einen zweiten Vorteil, sich den buddhistischen Pfad als eine Rebellion gegen die natürliche Selektion vorzustellen. Wenn wir die Dinge auf diese Weise betrachten, hilft uns das, genauer zu definieren, was wir mit Befreiung und Erleuchtung meinen. Und es hilft uns, die große Frage zu beantworten: Ist die Erleuchtung wirklich erleuchtend? Nun ja, offensichtlich ist die Erleuchtung erleuchtend: Deshalb wird sie ja so genannt. Aber ist die *buddhistische* Version der Erleuchtung – der Endzustand, die »ultimative« Erleuchtung – erleuchtend? Ist sie eine radikal wahrere Sicht der Dinge als unsere gewöhnliche Erfahrung? Ist sie die *letzte* Wahrheit? Ich habe in diesem Buch argumentiert, dass Sie, wenn Sie meditieren, die Dinge in vieler Hinsicht ein wenig klarer sehen mögen als zuvor und dass diese Klarheit Schritt für Schritt zunehmen kann. Doch was ist mit der Summe all dieser Schritte? Was ist, wenn Sie das Ende des Pfades erreichen? Wäre die Erleuchtung eine reine, unverfälschte Sicht der »absoluten« Wahrheit?

Dies mag nach einer müßigen Frage aussehen, da die meisten von uns wenig realistische Hoffnung darauf haben, die volle Erleuchtung zu erlangen. Und doch, zu sagen, dass man etwas niemals erreichen wird, ist nicht dasselbe wie zu sagen, dass man sich ihm nicht annähern kann. Selbst wenn die Erleuchtung ein idealisierter, hypothetischer Zustand ist, den wir niemals erfahren werden, selbst wenn sie ein idealisierter, hypothetischer Zustand ist, den *niemand* jemals erfahren wird und niemand *jemals* erfahren *hat*, ist es dies, worauf der meditative Pfad in der Theorie abzielt. Wenn wir also wissen wollen, ob wir uns auf die Wahrheit zubewegen und ob wir uns immer noch auf die Wahrheit zubewegen werden, ganz gleich, wie weit wir gegangen sind, würde es uns helfen zu wissen, ob dieser Zustand die Wahrheit selbst ist.

Eine Erleuchtungscheckliste

Wir sollten mit einer grundlegenden Frage beginnen: Was *ist* Erleuchtung? Wie würde die Welt für Sie aussehen, wenn Sie im buddhistischen Sinn des Wortes erleuchtet wären? Nun, sehr allgemein gesagt, die Antwort ist, dass Sie die Wahrheit der zentralen Ideen der buddhistischen Philosophie sehen würden. Und wenn ich »die Wahrheit sehen« sage, dann meine ich, die Wahrheit wirklich zu *sehen* – sie tatsächlich unmittelbar zu erfahren. Man kann zwar intellektuell zu der Schlussfolgerung geführt werden, dass, sagen wir einmal, das Ich nicht existiert. Wie wir gesehen haben, gibt es Psychologen und Philosophen, die durch irgendeine Kombination von Daten, Logik und Introspektion zu einer solchen Vermutung gelangt sind. Doch die meisten von ihnen haben nie die Art von machtvoller Erfahrung des Nicht-Ich gemacht, die ihnen die tiefe Überzeugung hätte vermitteln können, welche in ihrer Kraft, das Leben zu verändern, über eine intellektuelle Meinung hinausgeht.

Dasselbe trifft auf die Idee der Leere oder Formlosigkeit zu. Es gibt philosophische Argumente für diese Vorstellungen, und manche Menschen finden Sie überzeugend. Aber Erleuchtung zu erlangen würde implizieren, diese unmittelbar zu erfahren, und nicht nur intellektuell überzeugt zu sein: die Leere sozusagen zu *sehen*.

Na gut, Nicht-Ich und Leere – was müssten Sie noch sehen können, um als erleuchtet zu gelten? Nun, es gibt keine einzige offizielle Definition der Erleuchtung, die von Buddhisten jeglicher Couleur vertreten würde. Es gibt keine Liste von Voraussetzungen für ein Erleuchtungszertifikat, die man abhaken könnte. Doch wenn es so etwas wie eine Erleuchtungscheckliste gäbe, dann würde sie sich nach Ansicht der Hauptströmung des Buddhismus nicht auf diese beiden Erfahrungen beschränken, so grundlegend sie auch sein mögen.

Wir haben bereits einige zusätzliche Aufzählungspunkte dieser Liste gesehen, von denen manche so etwas wie Einsichten sind (wie etwa die Vergänglichkeit von allem zu sehen) und von denen andere eher Errungenschaften sind (wie etwa *tanha* oder Gier zu überwinden).[126] Wie sich herausstellt, gibt es verschiedene andere mit der Erleuchtung verbundene Errungenschaften, die in dem einen oder anderen buddhistischen Text angeführt werden. Da ist die Überwindung spezifischer »Fesseln« wie etwa Lust, Eigendünkel und Böswilligkeit. Und da ist die Befolgung der Regeln, die im Achtfachen Pfad angeführt werden: Du sollst nicht stehlen, keine anderen Wesen verletzen, nicht in boshaftem Klatsch schwelgen und so weiter.

Die Erleuchtung in ihrem umfassendsten und besonders traditionellen buddhistischen Sinne beschränkt sich also nicht auf die metaphysische Dimension, um die es in diesem Buch vor allem geht: die Idee, dass die Wirklichkeit sowohl innerhalb als auch außerhalb von uns selbst ganz anders ist, als sie erscheint. Es gibt auch explizit moralische Dimensionen.

Andererseits sind im buddhistischen Denken, wie wir gesehen haben, Metaphysik und Moral miteinander verbunden. Die zentralen metaphysischen Behauptungen des Buddhismus meditativ zu erfahren soll die psychologischen Wurzeln schlechten

Verhaltens ausrotten. Tatsächlich ist das Loslassen von Regungen wie Lust, Eigendünkel und Böswilligkeit ein wesentlicher Teil des metaphysischen Begreifens, das »Nicht-Ich« genannt wird.

Es ist diese Verkettung von Metaphysik und Moral – die Tatsache, dass bestimmte moralische Werte integrale Bestandteile der metaphysischen Erleuchtung sind –, was die klare Wahrnehmung der Wirklichkeit gleichbedeutend mit einer Rebellion gegen die natürliche Selektion macht. Die speziellen Werte, die implizit zu dieser Klarheit gehören, die Werte, die Sie vollkommen verkörpern würden, wenn Sie die vollkommene Erleuchtung erreicht hätten, stehen in vieler Hinsicht in direktem Widerspruch zu den Werten, die von unserer gewöhnlichen Anschauung der Realität impliziert werden, den Werten, die die natürliche Selektion in dieser Anschauung implementiert hat.

Was denn, sind wir etwa nichts Besonderes?

Betrachten Sie zuerst einmal, was so mancher als »die Kernerfahrung der Erleuchtung« bezeichnen würde: die Nicht-Ich-Erfahrung. Und noch spezieller: Betrachten Sie deren Unterabteilung, die ich die »äußere Nicht-Ich-Erfahrung« genannt habe. Inwiefern impliziert diese Erfahrung eine Ablehnung von Werten der natürlichen Selektion?

Wie wir gesehen haben, enthält diese Erfahrung ein vermindertes Gefühl der Trennung zwischen »Ihnen« und den anderen Menschen und Objekten in der Welt. Tatsächlich gibt es darin eine derart starke Empfindung der Kontinuität zwischen Ihrem »Inneren« und der Welt »da draußen«, dass Sie beginnen mögen, eine Verletzung anderer als gleichbedeutend mit einer Verletzung Ihrer selbst zu empfinden. In der voll ausgeprägten Version dieser Erfahrung beginnen Sie, daran zu zweifeln, dass es einen wirklichen Unterschied zwischen den Interessen anderer und Ihren eigenen gibt.

Vom Standpunkt der natürlichen Selektion aus gesehen, wäre dies eine Ketzerei. Wenn es eine Vorstellung gibt, die die natürliche Selektion mir eingebaut hat, so ist es die, dass ich spezielle Interessen habe und mich auf diese konzentrieren sollte. Falls sich bei manchen Gelegenheiten einige meiner Interessen mit den Interessen anderer überschneiden, dann ist es in Ordnung, wenn wir miteinander ins Geschäft kommen. Aber wo es keine solche Überschneidung gibt, haben meine Interessen die Priorität.

Dieses Prinzip ergibt sich aus der Logik der natürlichen Selektion. Wenn es in meinem Inneren Gene gibt, die selektiert wurden, weil sie gut darin waren, Kopien von sich selbst in die nächste Generation weiterzugeben, dann wird es die erste Aufgabe dieser Gene sein, sich um das Vehikel zu kümmern, das sie zu übertragen vermag – und das ist mein Körper. Dies bedeutet, dass diese Gene die Idee in meinem Gehirn implementieren werden, die Sorge für diesen Körper sei wesentlich wichtiger als die Sorge für den Körper anderer (mit einer Ausnahme vielleicht, dass diese anderen Körper nahen Verwandten gehören). Mit anderen Worten, ich bin etwas Besonderes. Meine Besonderheit ist etwas, was dem Kern des Wertesystems der natürlichen Selektion sehr nahe kommt.

Diese Prämisse ist allem tierischen Leben eingearbeitet, und Sie können sie in vielen verschiedenen Exempeln erkennen. So bringen Tiere zum Beispiel einander um. Das schließt menschliche Tiere mit ein, auch wenn diese ihre Besonderheit oft auf subtilere Weise behaupten, indem sie etwa ihre Rivalen auf »friedliche« Weise unterminieren. Tatsächlich informiert die Prämisse unserer Besonderheit unser allergewöhnlichstes Verhalten. Wenn Sie versuchen, ein Taxi anzuhalten, und Sie bemerken, dass jemand neben Ihnen das ebenfalls versucht, dann strecken Sie ganz natürlich Ihren Arm höher in die Luft, sodass Sie das Taxi bekommen und nicht die andere Person, selbst wenn Ihr Rivale nach allem, was Sie wissen, ein Arzt ist – auf dem Weg, jemandem das Leben zu retten.

Dies ist also ein Element der Erleuchtung: die äußere Version der Nicht-Ich-Erfahrung mit ihrer Auflösung der Grenzen zwischen Ihnen selbst und der Welt, woraus sich eine andauernde Kontinuität Ihrer eigenen Interessen und der Interessen allen anderen Lebens ergibt. Was mit einschließt, dass Sie eines der grundlegenden Prinzipien aufgeben, die uns von der natürlichen Selektion eingebaut wurden: dass ich aufgrund der bloßen Tatsache, ich zu sein, etwas Besonderes bin. Das ist nun *wirklich* eine Rebellion.

Aber ist dies die Wahrheit? Sind die Werte der natürlichen Selektion, die infolge der Erleuchtung abgelehnt werden, tatsächlich falsch? Ja, in mancher Hinsicht. Bedenken Sie die Absurdität der gegenwärtigen Situation: Dieser Planet ist voll von Menschen, die von der Prämisse ausgehen, dass ihre eigenen Interessen die Interessen von so gut wie jedem anderen übertrumpfen. Doch es kann nicht richtig sein, dass jedermann wichtiger ist als jeder andere. Damit erweist sich einer der zentralen Grundsätze des Wertesystems der natürlichen Selektion als innerer Widerspruch. Ihn abzulehnen würde deshalb sehr wohl bedeuten, der Wahrheit näherzukommen. Im Fall der äußeren Nicht-Ich-Erfahrung scheint die Rebellion gegen die Werte eines Oberherrschers gleichbedeutend mit einem gewissen Maß an Erleuchtung im alltäglichen Sinn der Welt zu sein: Sie scheint uns einer wahren Sicht der Welt näherzubringen.

Und was ist mit der anderen Seite der Medaille, der inneren Version der Nicht-Ich-Erfahrung? Diese Version, in der Sie aufhören, sich Ihre Gedanken und Gefühle »zu eigen zu machen«, impliziert ebenfalls eine Ablehnung der Werte der natürlichen Selektion. Schließlich war die Art der Gedanken und Gefühle, zu denen unser Gehirn neigt, ursprünglich von der natürlichen Selektion dazu konzipiert, uns zu helfen, uns um dieses Vehikel zu kümmern, das unsere Gene enthält. Deshalb ist die Identifikation mit diesen Gedanken und Gefühlen – dass wir sie in Besitz nehmen und es ihnen damit erlauben, uns in Besitz zu nehmen – oft einfach nur eine andere Weise, unsere eigene Besonderheit zu behaupten.

Wenn ich jenes Taxi anhalten möchte und dabei versuche, die (vermeintlich weniger wertvolle!) Person neben mir daran zu hindern, es zu bekommen, dann mache ich mir mein Begehren »zu eigen«, so schnell wie möglich ein Taxi zu haben und die nächste Station meines einzigartig wichtigen Vorankommens zu erreichen. Lasse ich dieses Gefühl los und höre auf, mich damit zu identifizieren – mache ich, mit anderen Worten, einen Schritt auf die innere Version der Nicht-Ich-Erfahrung zu –, dann lehne ich das Drängen der natürlichen Selektion ab, mich selbst als etwas Besonderes zu betrachten. Nimm das, natürliche Selektion!

So war es auch mit dem Fall des schnarchenden Yogi im vorangegangenen Kapitel. So lange, wie ich mich mit meinem Ärger über ihn identifizierte, gehorchte ich den Anweisungen der natürlichen Selektion, mich selbst als etwas Besonderes zu betrachten (ganz bestimmt »besonderer« als ein Typ, der etwas Schlaf nachholen will, während ich zu meditieren versuche!). In dem Maße, in dem ich mich von diesen Gefühlen distanzierte, erfuhr ich ein wenig Nicht-Ich und verstieß damit gegen die Werte der natürlichen Selektion.

Ich weiß nicht, wie es wäre, die vollständige Nicht-Ich-Erfahrung zu machen, aber ich habe das Gefühl, dass meine Empfindung von Besonderheit, davon, einzigartig privilegiert zu sein, so gut wie ganz verschwinden würde. Und wenn dieses Gefühl der Besonderheit tatsächlich falsch ist – eine Illusion, die uns von der natürlichen Selektion eingepflanzt wurde –, dann würde ich mich genau in dem Maße, in dem es *tatsächlich* verschwinden würde, der Wahrheit annähern.

Leere als Wahrheit

Abgesehen vom Nicht-Ich ist die berühmteste unserer Intuition widersprechende metaphysische Wahrheit, die vom Buddhismus behauptet wird, bekanntlich die Leere. Genauso wie das Nicht-Ich ist sie sowohl eine philosophische Lehrmeinung als auch eine meditative Erfahrung. Wenn Sie buddhistische Philosophen fragen, die Idee der Leere zu verteidigen, werden diese davon sprechen, dass alle Dinge viel zu sehr wechselseitig mit anderen verbunden sind, um eine unabhängige, eigenständige Existenz besitzen zu können. Würden Sie *mich* fragen, die Idee der Leere zu verteidigen, dann schlüge ich einen anderen Kurs ein: Ich würde die Erfahrung der Leere betonen, nicht die philosophische Lehrmeinung, und argumentieren, dass diese Erfahrung in einem gewissen Sinn gültiger und wahrhaftiger sei als unsere gewöhnliche Erfahrung der Welt.

Das Argument für die Wahrheit der Leere ist im Grunde genommen dasselbe wie das Argument, das ich gerade für die Wahrheit des Nicht-Ich vorgebracht habe. Die Erfahrung der Leere trotzt ebenso wie die Erfahrung des Nicht-Ich der unsinnigen Behauptung der natürlichen Selektion, dass ein jeder von uns wichtiger wäre als der Rest der Menschheit, und leugnet diese. Doch die Logik dieses Arguments ist weniger offensichtlich als im Falle des Nicht-Ich. Also wollen wir sie uns etwas genauer ansehen.

Wie Sie sich sicher erinnern werden, ist Leere, grob gesagt, die Einsicht, dass Dinge keine Essenz besitzen. Und die Wahrnehmung von Essenz scheint, wie subtil auch immer, mit Gefühlen zu tun zu haben. Die »Essenz von irgendetwas« wird geprägt von den Gefühlen, die es hervorruft. Wir sehen Phänomene oder Objekte als »leer« oder »formlos«, wenn diese kaum Gefühle hervorrufen – wenn unsere normale affektive Reaktion auf diese Dinge gebändigt ist. Das ist zumindest meine Sichtweise, eine Sicht, die wie gesagt von der Psychologie und von den Aussagen einiger sehr fortgeschrittener Meditierender gestützt wird.

Wenn Sie also wissen wollen, ob Leere der Wahrheit näher kommt als unsere gewöhnliche Wahrnehmung der Welt, dann mögen Sie sich vielleicht Fragen stellen zu den Gefühlen, die uns jene gewöhnlichen Wahrnehmungen vermitteln, den Gefühlen, die die Empfindung von Essenz erzeugen. Sollten wir den Gefühlen, die natürlich in uns auftauchen, als Leitlinien zur Wahrheit vertrauen?

Niemand, der das Buch bis hierhin gelesen hat, wird jetzt voller Spannung eine Antwort auf diese Frage erwarten. Wir sind darauf an verschiedenen Stellen eingegangen, dieses Kapitel eingeschlossen, und die Antwort war durchgängig, dass unsere Gefühle auf die eine oder andere Weise fragwürdige Führer zur Wirklichkeit sind. Damit haben wir gewissermaßen bereits Folgendes festgestellt: Wenn unsere Intuition, dass Dinge Essenz besitzen, in der Tat von subtilen Gefühlen bestimmt wird, die wir ihnen gegenüber haben, dann sollte uns die Tatsache allein an dieser Intuition zweifeln lassen.

Aber es gibt einen Sinn, in dem unsere Gefühle sogar noch mehr Misstrauen verdienen, als ich bisher vorgeschlagen habe. Dies ist ein ziemlich kosmischer Sinn, und ihn zu erklären wird es nötig machen, noch einmal zurückzuschauen und uns erneut die Frage anzusehen, wozu Gefühle ursprünglich da sind. Doch wenn wir nicht kosmisch werden können, wenn wir über die Bedeutung von Erleuchtung nachdenken, wann können wir *dann* kosmisch werden? Also lassen Sie uns zurückgehen und uns die Angelegenheit noch einmal ansehen.

Gefühle im kosmischen Kontext

In der Morgenröte organischer Empfindungsfähigkeit, als Gefühle zum ersten Mal in der Welt des Lebenden auftauchten, war es ihre Aufgabe, sich um den Organismus zu kümmern, genau genommen, ihn dazu zu bringen, sich Dingen anzunähern, die gut für ihn waren (wie Nahrung), und solche zu meiden, die schlecht für ihn waren (wie Gifte). Als die Lebewesen komplexer wurden, gestalteten sich auch die Verhaltensweisen, die Gefühle hervorriefen, komplexer als bloße Annäherung oder Vermeidung – wie zum Beispiel Menschen anzuschreien, die etwas tun, was schlecht für uns ist, und solchen zu schmeicheln, die etwas tun könnten, was gut für uns ist.

Eine andere Weise, dies zu formulieren, ist, dass Gefühle im Kontext ihres evolutionären Zwecks implizite Urteile über Gegebenheiten in unserem Umfeld sind, darüber, ob sie gut oder schlecht für den Organismus sind, und darüber, welches Verhalten (Annäherung, Vermeidung, Anschreien, Schmeicheln) angesichts dieser Urteile für den Organismus nützlich ist.

Dies legt, wie wir im dritten Kapitel gesehen haben, einen Sinn nahe, in dem man Gefühle »wahr« oder »falsch« nennen könnte, nämlich ob diese Urteile zutreffend oder unzutreffend sind. Manchmal ist Letzteres der Fall, besonders in der modernen Welt. Denken Sie an die wütend-aggressive Fahrweise, in der Gesellschaft grassierende Ängste und viele andere Arten von Gefühlen, die den Interessen des typischen Menschen im 21. Jahrhundert nicht dienlich sind.

Aber achten Sie auf die Formulierung »den Interessen dienlich«. Wenn wir die Interessen eines bestimmten Organismus als das Kriterium dafür akzeptieren, ob Urteile zutreffend sind, dann bedeutet diese Bewertung, dass wir den grundlegenden Bezugsrahmen der natürlichen Selektion akzeptieren: dass Sie, also dieser spezielle Organismus, besonders sind. Ihre Interessen sind die wichtigsten Interessen, und deshalb ist Ihre spezielle Perspektive – der Blickwinkel, der alles hinsichtlich dieser Interessen beurteilt – die angemessene Perspektive zur Bewertung der Güte oder Schlechtigkeit von Dingen in der Welt. Ist das die Weise, auf die Gefühle sowie die Wahrnehmungen, die diese fördern, bewertet werden sollten – aus Ihrer speziellen Perspektive oder, was das angeht, aus der speziellen Perspektive jedes anderen Menschen?

Bevor wir fortfahren, möchte ich Ihnen versichern, dass ich keineswegs empfehlen will, Sie sollten all Ihre selbstdienlichen Gefühle zu ignorieren beginnen. Es ist sinnvoll, dass ein jeder von uns ein gewisses Maß an Zeit darauf verwendet, sich um sich selbst und auch um die von uns geliebten Menschen zu kümmern. Ich empfehle nicht, dass Sie alles aufgeben, was Sie traditionellerweise aufgrund der unausgesprochenen Prämisse tun, dass Sie und die Ihren etwas Besonderes sind. Sie sollten zum Beispiel weiterhin essen. Und sich die Zähne putzen. (Stellen Sie sich vor, wie schwierig es wäre, wenn jeder Mensch anderen Menschen die Zähne putzen sollte!) Und natürlich sollten Sie nahe Verwandte, die krank sind, ins Krankenhaus fahren. Auch wenn diese nahen Verwandten tatsächlich nicht wichtiger sind als die nahen Verwandten Ihres Nachbarn, gibt es doch eine gewisse soziale Effizienz, die daraus resultiert, dass Menschen sich um andere Menschen kümmern, die praktischerweise in Ihrem Haus wohnen. Es sind Gefühle, die Sie dazu motivieren, solche Dinge zu tun, und in diesen Fällen ist es, wie ich meine, völlig in Ordnung, auf Ihre Gefühle zu vertrauen.

Dies wird natürlich auch Gefühle einschließen, die die Empfindung von Essenz informieren. Auch wenn es genau genommen ein selbstdienliches Gefühl ist, das Ihr Heim scheinbar eine »Essenz von Heim« besitzen lässt, sehe ich keinen Grund dafür, gegen dieses Gefühl anzukämpfen. Es ist ganz in Ordnung, dass Sie sich zu Ihrem Heim hingezogen fühlen, und es wird zu weniger unangenehmen Begegnungen führen, als wenn Sie sich zu zufällig ausgewählten Heimen hingezogen fühlten. Und sobald Sie nach Hause gekommen sind, fühlen Sie ruhig »Essenz von Hund« – oder Katze, Sohn, Tochter oder Partner (wenn nicht gerade Spannungen in Ihrer Familie eine dieser Essenzen von etwas Warmem und Kuscheligem in etwas Kaltes und Schroffes verwandelt haben). Die Welt aus Ihrer speziellen Perspektive zu sehen hat bis zu diesem Punkt seine Vorteile aus Sicht der sozialen Effizienz und sogar der sozialen Harmonie sowie, jawohl, schlichter Freude – und dies ist eine durchaus vertretbare Weise, mit dem Großteil Ihrer täglichen Geschäfte umzugehen.

Doch wie sieht die Sache aus, wenn Sie nicht Ihren täglichen Geschäften nachgehen, sondern vielmehr grundlegende metaphysische Fragen stellen? Was ist, wenn Sie herauszufinden versuchen, ob Gefühle, die Ihre Empfindung von Essenz informieren, Wahrnehmungen fördern, die in irgendeinem objektiven Sinn *wahr* sind? Sollten wir *diese* Art von Fragen aus Ihrer speziellen Perspektive stellen oder aus der Sicht irgendeiner anderen besonderen Person?

Einstein und die Erleuchtung

Albert Einstein wurde berühmt dafür, dass er eine ähnliche Frage im Bereich der Physik gestellt hat. Er erkannte an, dass unsere Intuition über die physikalische Welt – zum Beispiel darüber, wie schnell Objekte sich bewegen – gut funktioniert zu dem Zweck, uns durch diese Welt zu navigieren. Was spielt es aus praktischen Gründen schließlich für eine Rolle, wie schnell sie sich *in Relation zu uns* bewegen? Doch, so sagte er, wenn Sie ein tieferes Verständnis der Physik gewinnen wollen, müssen Sie sich von Ihrer speziellen Perspektive loslösen – von jeder speziellen Perspektive – und fragen: Angenommen, ich nehme keinen Standpunkt ein; da ich dann nicht fragen könnte, wie schnell Dinge sich relativ zu mir bewegen, was genau würde es dann bedeuten zu fragen, wie schnell Dinge sich bewegen? Fragen wie diese führten ihn zur Relativitätstheorie und der Formel $E = mc^2$.

Nun, jede Richtung der Fragestellung, die gut genug für Einstein war, ist gut genug für mich! Eine Art von Frage, welche die Menschheit dazu führt, die Beziehung zwischen Materie und Energie so gut zu verstehen wie nie zuvor, schneidet im Hinblick auf die Erleuchtung respektive Aufklärung ziemlich gut ab. Lassen Sie uns also eine Frage über Essenz stellen, die analog zu der Frage ist, die Einstein gestellt hat: Was geschieht mit Essenz, wenn wir unsere spezielle Perspektive loslassen – die Perspektive, dass Gefühle, welche die wahrgenommene Essenz von Dingen gestaltet haben, dazu konzipiert waren, uns dienlich zu sein?

Ich meine, die Antwort ist, dass Essenz verschwindet. Gäbe es keine Perspektive, für die sie dienlich sind, dann gäbe es von vornherein keine Gefühle. Wie der bereits zitierte Robert Zajonc erklärte: »Affektive Urteile betreffen immer das Ich. Sie identifizieren den Zustand des Urteilenden in Relation zu dem Objekt der Beurteilung.«[127] In Abwesenheit eines speziellen Blickwinkels – des Ihren oder des Blickwinkels von jemand anderem – ist die ganze Idee eines affektiven Urteils, eines Gefühls, nicht sinnvoll. Wenn Sie wirklich und vollständig den Blickwinkel von Einstein einnehmen – wenn Sie also die Perspektive des Ich, irgendeines Ich, transzendieren und die Dinge von nirgendwo im Besonderen betrachten –, verschwindet Essenz zusammen mit den Gefühlen, die diese erst hervorgebracht haben.

Wenn wir dies tun, wenn wir die Perspektive des Ich transzendieren, dann transzendieren wir in einem gewissen Sinn die Perspektive unserer ganzen Spezies. Schließlich sind die grundlegenden Gedanken und Gefühle, die uns durchs Leben leiten – diejenigen, die dazu konzipiert sind, Sorge für uns zu tragen –, vereinfacht gesagt charakteristisch für unsere Spezies. Auch wenn das Gefühl der »Heimeligkeit«, die mein Zuhause ausstrahlt, auf einer recht subtilen Ebene vielleicht besonders ist, ist es doch in einem gröberen Sinn dasselbe Gefühl, das viele Menschen zu ihrem Heim haben.

Doch andere Spezies haben natürlich ihre eigene Sicht der Dinge. Und wenn wir voll und ganz dem Beispiel Einsteins folgen wollen und annehmen, dass *keine einzelne* Perspektive speziellen Zugang zur Wahrheit hat, dann müssen wir nicht nur den Blickwinkel einzelner Menschen, sondern auch die Perspektive unserer ganzen Spezies transzendieren. Wir müssen die Annahme fallen lassen, dass die Weise, auf die wir die Gegebenheiten ansehen, von vornherein gültiger ist als die Weise, auf die andere Tiere sie betrachten.

Zum Beispiel: Die Furcht, die eine Schlange bei einem Menschen auslöst, läuft auf das Urteil hinaus, dass die Schlange schlecht ist – etwas, was man meiden sollte. Aber die Lust, die ebendiese Schlange in einem Mitglied ihrer eigenen Spezies auslöst, bedeutet, dass die Schlange gut ist – etwas, was man begatten sollte. Verfaulendes Fleisch erfüllt uns mit Abscheu, weil uns die Annäherung daran in Kontakt mit winzigen Mikroorganismen bringen würde; aber von deren Standpunkt aus gesehen ist verfaulendes Fleisch das ideale kulinarische Milieu. Und so weiter: Stagnierende, übel riechende Sümpfe sind abstoßend, wenn Sie nicht gerade ein Moskito oder ein Alligator sind, in welchem Fall sie etwas Wunderbares wären. Für junge Pandas ist der Dung ihrer Mutter eine köstliche Mahlzeit; ich müsste hier passen, nein danke.

Diese Relativität des Urteils ist ein Teil dessen, was die Buddhisten meinen, wenn sie von der illusorischen Natur alltäglicher Wahrnehmungen sprechen. Chandrakirti, ein indischer buddhistischer Gelehrter des 7. Jahrhunderts, sagte, dass das, was ein Mensch als Wasser ansehen würde, für eine bestimmte Art von Gottheit wie Nektar erscheinen könnte und für einen Hungrigen Geist wie Eiter oder Blut – und dass es entsprechend schmecken würde. (Ein Hungriger Geist ist eine Daseinsform, die ich hier gar nicht erst beschreiben will, außer zu sagen, dass Sie sich ganz sicherlich nicht wünschen würden, als ein solcher reinkarniert zu werden.)

Hätte Chandrakirti nach Darwin geschrieben, dann hätte er diesen Punkt womöglich folgendermaßen formuliert: Unsere ganze Vorstellung von Gut und Schlecht, unsere gesamte Landschaft von Gefühlen – Furcht, Lust, Liebe und die vielen anderen Gefühle, die hervorstechenden und die subtilen, die unsere alltäglichen Gedanken und Wahrnehmungen informieren – sind Produkte der speziellen evolutionären Geschichte unserer Spezies. Wäre Sex mit Gürteltieren zu haben die einzige Weise gewesen, auf die unsere Vorfahren ihre Gene an die nächste Generation hätten weitergeben können, dann würden Sie und ich Gürteltiere für attraktiv halten – nicht einfach nur süß in einem ausgefallenen Sinne, sondern zutiefst verführerisch. Es könnte Ihnen schwerfallen, den Drang zu kontrollieren, sie zu liebkosen. Wachsame Autofahrer auf Landstraßen in Texas könnten immer wieder einmal plötzlich auf die Bremse treten, um kurz entschlossen eine Liaison mit einem Gürteltier einzugehen. Und selbstverständlich gäbe es kein größeres moralisches Vergehen, als ein unschuldiges Gürteltier zu töten.

Es ist verlockend, solche hypothetischen evolutionären Fälle als sinnlos zu bezeichnen. Gewiss, wenn Früchte giftig für unsere Spezies wären und Kot voller Kohlenhydrate, dann hätte niemand eine Vorliebe für Süßes, und die große Herausforderung einer jeden Diät wäre, die eigene Vorliebe für Kot zu kontrollieren. Na und? Wir haben doch schon immer gewusst, dass einige Dinge – was gut schmeckt und was als sexy gilt – »subjektiv« sind. Deshalb geht es also bei der Frage, welche Nahrungsmittel und welche Sexualpartner attraktiv sind, nicht wirklich darum, ob wir meinen, etwas sei wahr, was in Wirklichkeit nicht wahr ist. Niemand glaubt, Coca-Cola sei im gleichen Sinne besser als Pepsi Cola in dem Sinne, in dem vier größer als drei ist.

Tatsächlich bin ich mir dessen gar nicht so sicher. Ich habe erlebt, wie Menschen darüber stritten, was ein großartiger Wein oder was große Kunst ist, so als seien sie fest davon überzeugt, wirklich im Recht und die andere Person im Unrecht zu sein. So ist es nun einmal mit Gefühlen, und das trifft ganz besonders zu, wenn wir über ihre Rolle bei der Gestaltung von Essenz sprechen: Sie können auf so subtile Weise Urteile sein, dass wir uns nicht dessen bewusst werden, dass sie ein Urteil darstellen. Wir glauben, das Urteil sei objektiv.

Wenn ich einen Ferrari sehe und »Essenz von exotischem, teurem Sportwagen« fühle, dann denke ich nicht: »Aber dies ist nur die Meinung eines einzigen Mitglieds einer bestimmten Spezies« – weil die Wahrnehmung zu subtil ist, um überhaupt als ausgewachsene Meinung zur Kenntnis genommen zu werden. Wenn ich in dem Fahrer »Essenz von reichem Angeber« sehe, dann werde ich folgerichtig auch dieses Urteil nicht anzweifeln – weil ich wiederum wahrscheinlich nicht nachdenklich genug bin, um zu erkennen, dass dies ein Urteil ist. Es fühlt sich mehr wie eine simple Tatsache an. Das ist die Art und Weise, auf die die Wahrnehmung von Essenz funktioniert: Sie schmuggelt Urteile in unseren Geist ein, indem sie sie mit Gefühlen verkleidet, die selbst so subtil oder zumindest so gewohnheitsmäßig sind, dass sie sich oft bewusster Erkennung entziehen. Und diese Gefühle, die elementaren Bestandteile wahrgenommener Essenz, sind von Natur aus an eine spezielle Perspektive gebunden – den Blickwinkel einer Spezies oder (wie in dem Fall des Ferrari) eines Individuums innerhalb dieser Spezies. Aus der Perspektive, die Einstein für die zutreffendste hielt – dem Blickwinkel von keinem bestimmten Punkt aus –, existieren Gefühle nicht einmal, und genauso ist es mit Essenz.

Wiederum möchte ich Sie nicht ermutigen, das ganze Repertoire von Gefühlen und Gedanken loszulassen, welches das Erbe unserer Evolutionslinie ist. Ihr Bias dazu, Schlangen aus dem Weg zu gehen, ist verständlich, wenn am Leben zu bleiben hoch auf Ihrer Liste von Prioritäten steht, wie es meiner Meinung nach der Fall sein sollte. Und dennoch, nehmen Sie einmal – nur als ein Gedankenexperiment – an, dass es nicht Ihr Ziel ist, so lange wie möglich zu leben, sondern vielmehr die klarstmögliche Sichtweise zu erlangen. Nehmen wir an, Sie wollten das Leben auf diesem Planeten und die Wirklichkeit im Allgemeinen aus einer weniger beschränkten Perspektive sehen, als die Perspektive irgendeiner speziellen Spezies es ist.

Wenn Sie also das Leben aus einer objektiveren, transzendenteren, eher universal »wahren« Perspektive sehen wollen, dann wäre Ihnen daran gelegen, eine Schlange ohne die emotionalen Vorurteile irgendeiner Spezies zu sehen – ohne die Furcht und Abneigung und Antipathie, die ganz natürlich in einem Menschen auftauchen, und ohne die Lust, die ganz natürlich bei dem oder der Geliebten einer Schlange auftaucht. Sie würden einen Sumpf weder vom Standpunkt eines Menschen noch von dem eines Moskitos betrachten wollen. Ihnen wäre daran gelegen, die Realität mit keinem der Gefühle anzusehen, die sich in unserer oder in irgendeiner anderen Spezies entwickelt haben, um Gene in die nächste Generation zu übertragen. Sie würden sich, wie Einstein, eine Sicht von keinem bestimmten Blickwinkel aus wünschen.

Der Blickwinkel des Universums

Die Formulierung »der Blick von nirgendwo« wird bekanntlich mit dem Philosophen Thomas Nagel in Verbindung gebracht, der sie zum Titel eines Buchs gemacht hat. Es ist kein Buch über den Buddhismus, es geht darin vielmehr um die gesamte Natur des Wissens und um die Mission der Philosophie. Und das umfasst die Moralphilosophie. Es stellt zum Beispiel die Frage, ob es so etwas wie eine Objektivität gibt, die so vollständig ist, dass Sie moralische Probleme, die eine Auswirkung auf Ihre eigenen Interessen haben, ohne jedes Vorurteil ansprechen können?

Dieser Grad moralischer Objektivität wäre eine wichtige – mancher würde sogar sagen: die wichtigste – Konsequenz des Erlangens von Erleuchtung. Und es könnte sein, dass angesichts der Natur des menschlichen Geistes der einzige Weg, diese moralische Dimension buddhistischer Erleuchtung voll zu realisieren, darin bestünde, die anderen, die metaphysischen Dimensionen zu verwirklichen – also aus eigener Erfahrung die Wahrheit vor allem von Nicht-Ich und Leere zu begreifen. Um den moralischen Blick von nirgendwo zu erreichen, müssten Sie womöglich den *vollständigen* Blick von nirgendwo verwirklichen.

Auf jeden Fall könnte »der Blick von nirgendwo« die prägnanteste Beschreibung dessen sein, wie die buddhistische Erleuchtung aussehen würde: ein Blick, der von keinerlei egoistischen Vorstellungen meinerseits oder Ihrerseits belastet ist und der in einem gewissen Sinn nicht einmal eine speziell menschliche Perspektive oder die irgendeiner anderen Spezies darstellt. Dies wäre dann wahrlich eine Sichtweise, die der Autorität der natürlichen Selektion trotzen würde, weil es bei der natürlichen Selektion ganz und gar um spezifische Perspektiven geht. Es geht darum, Unmengen an unterschiedlichen Blickwinkeln zu erzeugen, von denen ein jeder grundsätzlich von dem Prinzip gestaltet wird, dass er wahrer ist als konkurrierende Blickwinkel, und von denen keiner von Natur aus von der Bewusstheit dieser Tatsache, geschweige denn von deren Absurdität erfüllt ist. Bei der buddhistischen Erleuchtung geht es darum, alle diese Perspektiven zu transzendieren.

»Der Blick von nirgendwo«, die Sichtweise der Unvoreingenommenheit, sollte nicht mit einer Sichtweise der Gleichgültigkeit verwechselt werden. Der Blick von nirgendwo kann – und ich würde behaupten: sollte – die Sorge für das Wohlergehen aller Menschen und (wenn wir den buddhistischen Lehren und einer ziemlich geradlinigen moralischen Logik gerecht werden wollen) die Sorge um alle fühlenden Wesen umfassen.[128] Der springende Punkt ist, dass die Fürsorge dann gleichmäßig verteilt wäre; niemandes Wohlergehen ist wichtiger als das Wohlergehen von irgendjemand anderem.

Wenn der »Blick von nirgendwo« sich nach einer allzu negativen Weise der Beschreibung dieser Art von wohlwollender Transzendenz anhört, könnten Sie sich vielleicht mit der Formulierung anfreunden, die der Moralphilosoph Henry Sidgwick im 19. Jahrhundert verwendete, als er von dem »selbstevidenten Prinzip« sprach, »dass das Wohl irgendeines Individuums aus der Sichtweise (wenn ich das so sagen darf) des Universums nicht von größerer Wichtigkeit ist als das Wohl irgendeines anderen«.[129]

Ganz gleich, welche Terminologie Sie bevorzugen – den Blick von nirgendwo oder die Sichtweise des Universums –, das Ende vom Lied ist dasselbe: Unsere gewöhnliche Sichtweise, mit der wir von der Natur ausgestattet sind, ist gravierend irreführend.

Also können wir die natürliche Selektion durchaus mit jenen künstlichen Intelligenzen in »Matrix« vergleichen, die eine durchgängige und unterdrückende Illusion erzeugt haben, um eine Zielsetzung verfolgen zu können, die zurückzuweisen wir jedes Recht haben. Wenn die Dinge auf diese Weise zu sehen Ihnen hilft, die Entschlossenheit aufzubringen, die es braucht, um eine ernsthafte Meditationspraxis aufrechtzuerhalten, dann schauen Sie die Dinge ruhig auf diese Weise an.

Gleichzeitig ist es jedoch im Geist des Buddhismus, der Dämonisierung von irgendjemandem oder irgendetwas skeptisch gegenüberzustehen; darum lassen Sie mich einige freundliche Worte über die natürliche Selektion verlieren: Sie hat das fühlende Leben geschaffen, und fühlendes Leben kann etwas Wundervolles sein. Tatsächlich wäre die Glückseligkeit, die Teil von wahrer Erleuchtung sein soll, ohne Empfindungsvermögen nicht möglich. Genauso wäre es mit dem bescheideneren Wachstum von Glück, das durch einen bescheideneren Fortschritt auf dem meditativen Pfad zu erlangen ist. Man könnte sogar sagen, dass Empfindungsvermögen das ist, was dem Leben Sinn gibt und es zu einer Angelegenheit von moralischer Fürsorge macht. Ganz gewiss wäre die moralische Betonung des Respekts vor allen fühlenden Wesen im Buddhismus nicht sinnvoll, wenn es keine fühlenden Wesen gäbe.

In diesem Sinne würden der Buddhismus und die natürliche Selektion offenbar übereinstimmen: Fühlendes Leben ist eine gute Sache. Aber wenn die natürliche Selektion wirklich eine solche Hochachtung für fühlendes Leben hat, dann hat sie eine merkwürdige Weise, diese zu zeigen! Schließlich hat zur Schöpfung komplexen Lebens der vorzeitige Tod einer Menge von Lebewesen gehört – von solchen, die von der natürlichen Selektion als genetisch minderwertig betrachtet wurden –, ganz zu schweigen von Unmengen an Gewalt und Leiden. Aus diesem Grund ist die Besonderheit des Ich eine solch starke Intuition. Für unsere Vorfahren ging es oft darum, ob sie selbst überleben würden oder der andere Typ, und Gene, die sie ermutigt hätten zu denken, der andere Typ sei ebenso wichtig wie sie selbst, hätten sie nicht weit gebracht. Also waren die Empfindung von Besonderheit und die dazugehörende Last eines »Ich«, was immer Sie von ihnen halten möchten, unvermeidliche Züge fühlenden Lebens, solange das Leben von der natürlichen Selektion geschaffen wurde.

Und seien Sie ehrlich: Wenn Sie die Wahl hätten zwischen einem Planeten voller Lebewesen, die sich selbst für besonders halten, und einem Planeten, der so wüst ist wie der Mars, dann würden Sie wohl Ersteren wählen, nicht wahr? Das würde ich jedenfalls tun. Ja, Wüste kann etwas Schönes haben, doch wenn es keine fühlenden Wesen gibt, bleibt die Schönheit ungewürdigt und in einem gewissen Sinn sogar unverwirklicht.

Doch hier ist das unselige Paradox: Wir sind an einem Punkt in der menschlichen Geschichte angelangt, an dem das Gefühl der Besonderheit tatsächlich das weitere Gedeihen fühlenden Lebens bedrohen könnte. Ich sagte im zweiten Kapitel, dass ich Ihnen meine Predigt über die Rettung des Planeten in voller Länge und Lautstärke ersparen möchte – darüber, wie die Psychologie des Stammesdenkens die Menschheit entlang religiöser, nationaler, ethnischer und ideologischer Bruchlinien auseinanderbrechen zu lassen droht. Und ich bin jemand, der sein Wort hält. Dennoch ist es die Sache wert, einige Abschnitte der Darstellung des kosmischen Kontextes dieser Aussicht zu widmen, uns anzusehen, an welchem Scheideweg wir vor dem Hintergrund der gesamten Geschichte des Lebens stehen.

Eine kurze Geschichte des Lebens

Seit etwa vier Milliarden Jahren ist das Leben auf diesem Planeten zu immer höheren Ebenen der Organisation fortgeschritten. Zuerst gab es einfach nur nackte, sich selbst replizierende Stränge von Information; dann umhüllten diese sich mit Zellen; einige dieser Zellen schlossen sich zusammen und bildeten vielzellige Organismen; manche dieser Organismen entwickelten komplexe Gehirne, und einige Spezies intelligenter Organismen wurden höchst sozial. Eine Spezies sozialer und intelligenter Organismen war dermaßen sozial und intelligent, dass sie eine zweite Art der Evolution in Gang setzte: eine kulturelle Evolution, die Evolution von Ideen, Bräuchen und Technologien. Und diese zweite Art der Evolution trug diese Spezies auf immer höhere Ebenen der sozialen Organisationen – von den Gruppen der Jäger und Sammler über den alten Stadtstaat zum Großreich und so weiter, bis wir uns heute an der Schwelle zur Etablierung einer zusammenhängenden globalen Gesellschaft wiederfinden. Wie um zu unterstreichen, was für eine natürliche Folge der biologischen und kulturellen Evolution dies ist, gibt es sogar eine Art von entstehendem globalem Gehirn – das Internet, das von menschlichen Gehirnen belebt wird, die seine Neuronen darstellen.

Wenn Sie all dies aus dem Weltraum und mit Zeitraffer sähen, sodass Milliarden von Jahren zu Minuten komprimiert würden, dann könnte dies so aussehen, als beobachteten Sie das Wachstum und die Reifung eines einzigen planetarischen Organismus. Tatsächlich könnte es so scheinen, als werde dieses Wachstum von einer derart machtvollen Entwicklungslogik angetrieben, dass die fortgesetzte Herausbildung dieses Organismus – das heißt die Entstehung einer friedlichen und geordneten globalen Zivilisation – unvermeidlich ist.

Sie könnten sich täuschen, was den unvermeidlichen Teil angeht – das ist das ganze Problem –, aber es ist wahr, dass die Logik hinter diesem Prozess machtvoll war. Zuerst einmal war die natürliche Selektion so immens erfindungsreich, dass die Ankunft einer Spezies, die intelligent genug ist, um eine kulturelle Evolution in Gang zu setzen, von Anfang an ziemlich wahrscheinlich war. Die darauf folgende Expansion der sozialen Organisation unserer Spezies von Jägern und Sammlern den ganzen Weg bis hin zur Globalisierung war ebenfalls wahrscheinlich, weil hinter der kulturellen Evolution, ähnlich wie bei der biologischen, ein machtvoller Antrieb steht.

Das ist zumindest die Argumentation, die ich in einem Buch mit dem Titel *Nonzero* ausgearbeitet habe. Ich argumentierte, dass die Ausweitung der menschlichen sozialen Organisation seit der Steinzeit von einem technologisch angetriebenen Wachstum der Interdependenz angetrieben wurde. Im Lauf der Zeit sind die Menschen über immer weitere Entfernungen miteinander in Kontakt gekommen und haben in vielen Fällen begonnen, Handel miteinander zu treiben oder auf andere Weise miteinander zu kooperieren. Heute sind wir mehr denn je von Völkern um den halben Globus herum für Güter und Dienstleistungen abhängig, die uns versorgen, so wie diese Völker von uns abhängig sind. Die Schicksale der Völker auf der ganzen Welt wurden immer stärker miteinander korreliert.

Und seltsamerweise wird diese Korrelation tatsächlich von solch globalen Problemen wie dem Klimawandel verstärkt, von Problemen, die für Menschen in verschiedenen Teilen der Welt bedrohlich sind und deren Lösung deshalb für Völker in unterschiedlichen Teilen der Welt gut wäre. In vieler Hinsicht sitzen die Menschen auf unterschiedlichen Kontinenten miteinander im selben Boot. Es ist unser gemeinsames Interesse zusammenzuarbeiten. Was könnte daran schiefgehen?

Nun, wenn Sie die ganze Angelegenheit aus der Nähe betrachten, werden Ihnen spontan viele Antworten in den Sinn kommen. Hier ist die Antwort, die mir in den Sinn kommt: Gruppen von Menschen, die gegeneinander kämpfen. Die Frontlinien mögen ethnischer, religiöser, nationaler oder ideologischer Natur sein, aber die Feindschaft scheint innerhalb vieler dieser Frontlinien in den letzten Jahren gewachsen zu sein. Außerdem scheint es einige gefährliche positive Rückkopplungsschleifen zu geben: Feindseligkeit auf der einen Seite erzeugt mehr Aggression auf der anderen, was wiederum mehr Feindseligkeit auf der ersten Seite erzeugt – und so weiter. Diese Art von Dynamik kann Treibstoff für eine lange Abwärtsspirale sein, was besorgniserregend sein könnte, selbst wenn wir uns nicht in einem Zeitalter der Atomwaffen und zunehmend tödlicher und zugänglicher biologischer Waffen befänden. Aber wir *leben* in einem solchen Zeitalter.

Hinzu kommt, dass wir in einer Ära leben, in der Informationstechnologien es einer relativ kleinen Zahl von Menschen, die sich durch einen gemeinsamen Feind verbunden fühlen, leicht macht, einander zu finden, ganz gleich, wo auf der Erde sie sich aufhalten, und dann Gewalttaten zu koordinieren und auszuüben. Hass, selbst wenn er diffus und weit verstreut ist, hat so ein zunehmend tödliches Potenzial.

Was verursacht all den Hass? Auf einer bestimmten Ebene ist es immer dasselbe: Menschen, die unter dem Einfluss eines menschlichen Gehirns stehen, das dazu konzipiert ist, von ihrer eigenen Besonderheit auszugehen. Das heißt Menschen, die unter dem Einfluss von die Realität verzerrenden Feldern agieren, die uns in vielfältiger und subtiler Weise kontrollieren und uns davon überzeugen, dass wir und die Unseren im Recht sind, dass wir von Natur aus gut sind und dass es kein Ausdruck des »wahren Wir« ist, wenn wir gelegentlich etwas Schlechtes tun – während die anderen und die Ihren nicht im Recht und nicht von Natur aus gut sind und es kein Ausdruck ihres »wahren Sie« ist, wenn sie gelegentlich etwas Gutes tun. Und es ist auch nicht gerade hilfreich, dass diese die Realität verzerrenden Felder die Bedrohung, die von »ihnen und den Ihren« ausgeht, oft übertreiben oder sogar ganz und gar erfinden.

Es ist also wichtig, dass wir den Kernwert der Evolution, die Besonderheit des Ich, zurückweisen können. Es hat vielleicht noch nie eine Zeit in der menschlichen Geschichte gegeben, in der diese Zurückweisung lebenswichtiger war. Aber wir wollen nicht etwas zurückweisen, was in gewisser Weise auch ein Wert der natürlichen Selektion ist, nämlich dass die Erschaffung und die Erhaltung fühlenden Lebens gut ist. Glücklicherweise eignet sich die Achtsamkeitsmeditation sehr gut dazu, gegen jenen ersten Wert anzukämpfen und gleichzeitig dem zweiten Wert zu dienen. Als eine Zugabe bringt sie uns der Wahrheit näher.

Man könnte die Achtsamkeitsmeditation selbst sogar in mancher Hinsicht als Teil der natürlichen Entfaltung des Lebens betrachten, einen Teil des fortschreitenden koevolutionären Prozesses. Vielleicht war es angesichts der Zwangsläufigkeit, unter der dieses Universum funktioniert, die einzige Möglichkeit für die Entstehung von komplexem Bewusstsein auf diesem Planeten, dass es im Laufe dieses Prozesses verzerrt wurde, entstellt durch die Überhöhung des Ich. Und vielleicht ist der einzige Weg dazu, dass komplexes Bewusstsein zu einer Zeit, da es sich der globalen Ebene annähert, gedeihen – oder sogar überleben – kann, dass es jetzt endlich entzerrt oder zumindest teilweise entzerrt wird.

Wir können dem Buddhismus dafür danken, dass er einen Pfad zu dieser Entzerrung dargelegt hat. Es ist nicht allein der Buddhismus, der Dank verdient. Denker in vielen religiösen und philosophischen Traditionen haben seit dem Altertum das Problem in mancher Hinsicht gesehen und Wege vorgeschlagen, damit umzugehen – was gut ist, weil es bedeutet, dass viele Traditionen Ressourcen besitzen, deren wir uns angesichts dieser kollektiven Herausforderung bedienen können. Aber der Buddhismus verdient Anerkennung dafür, dass er dieses Problem so früh, so differenziert und so systematisch diagnostiziert und ein solch umfassendes Rezept dagegen angeboten hat. Und heute, endlich, hat die Wissenschaft diese Diagnose bestätigt und deren Wurzeln offengelegt: Das Problem wurde uns von unserem Schöpfer, der natürlichen Selektion, eingebaut. Zum Glück hat die natürliche Selektion uns auch mit den Werkzeugen zum Umgang mit dem Problem ausgestattet – mit rationalen und selbstreflexiven Fähigkeiten, die im Prinzip die Umstände ihrer Geburt transzendieren können. Und wer weiß, vielleicht werden sie das auch tun.

16

Meditation
und die unsichtbare Ordnung

Es geschah viel Wunderbares bei jener ersten Meditations-klausur, an der ich damals im Sommer des Jahres 2003 teil-nahm. Allerdings gab es da etwas, was nicht so wunderbar war: Ein Song geisterte mir ständig im Kopf herum. Wenn Sie in ei-nem Retreat schweigender Meditation sind, kann Ihnen solch ein Ohrwurm ziemlich lange zusetzen, weil es kaum Input gibt, um ihn zu verdrängen. Und dieser Song war einer, den ich nicht besonders mochte.

Er stammt von Foreigner, einer britisch-amerikanischen Rock-band, die gerade besondere Bekanntheit genoss, als ich auf dem College war, und er nennt sich »Feels Like the First Time«. Der Refrain beginnt: »And it feels like the first time, like it never did before. / Feels like the first time, like we've opened up the door.« [130] (»Und es fühlt sich an wie das erste Mal, wie es niemals war zuvor. / Fühlt sich an wie das erste Mal, als hätten wir aufgesperrt das Tor.«)

Der Song verfolgte mich seit einem frühen Stadium des Re-treats, und er erwies sich als seltsam prophetisch. Am Ende der Klausur hatte ich wirklich das Gefühl, ein Tor sei zum ersten Mal geöffnet worden.

Es gab tatsächlich einen ganz bestimmten Moment, in dem ich im wahrsten Sinn des Wortes das Gefühl hatte, ein Tor sei geöffnet worden und ich sei in einen fremdartigen neuen Raum eingetreten. Es geschah während der überwältigend glückseligen Erfahrung, bei der ich nachts auf die lauten Insektenrufe meditierte. Obwohl ich die Augen geschlossen hatte, war die Erfahrung sehr visuell, und ich erinnere mich an einen bestimmten Moment, in dem ich das Gefühl hatte, eine Schwelle übertreten zu haben und in eine Art undeutlich abgegrenzten, höhlenartigen Raum eingetreten zu sein, der aus orangefarbenem und purpurnem Licht bestand.

Bevor ich erkläre, was ich in jenem Raum sah, muss ich näher auf etwas eingehen, was ich bereits erwähnt habe: die Tatsache, dass ich während dieser Klausur hart mit mir ins Gericht ging, weil ich kein guter Meditierender war. Dies war tatsächlich Teil eines mir seit Langem bekannten Musters. Ich bin immer gut darin gewesen, mich selbst davon zu überzeugen, einen Fehler gemacht zu haben, mich selbst dafür zu schelten und mich dafür im wahrsten Sinn des Wortes zu hassen. Seit Jahrzehnten hatten Leute mir gesagt, ich solle das bleiben lassen, und sie sagten Sätze wie: »Jetzt quäl dich doch nicht so damit herum.« Das hat mich stets geärgert. Mein Gefühl war, dass es einen quälen *sollte*, wenn man etwas falsch gemacht hat. Wenn nicht, dann könne man es wieder tun! Und seien wir mal ehrlich, ist es nicht eines der großen Probleme dieser Welt, dass viele Menschen Schlimmes tun und dann keinerlei Notwendigkeit für Selbstvorwürfe sehen?

Es gab eine Eigenschaft von Meditationslehrern, die mich von Anfang an störte: ihr häufiges Insistieren darauf, nicht zu streng mit uns selbst zu sein. Dies ist ein so verbreiteter Refrain, dass ich Leute getroffen habe, die glaubten, »Sei nicht zu streng mit dir selbst« sei eine Kernlehre des Buddhismus, die sich überall in den alten Schriften fände. Das trifft nicht zu. Hier ist eine Passage aus einer der Darlegungen Buddhas:

Wer falsche Erkenntnis hat, dem entstehen falsche Gesinnung, falsche Rede, falsches Handeln, falscher Lebensunterhalt, falsche Anstrengung, falsche Achtsamkeit, falsche Einigung.

Wissen, ihr Mönche, geht dem Auftreten heilsamer Dinge voran, und gleich folgen Scham und Scheu. Wer dem Wissen nachgeht, ihr Mönche, dem Einsichtigen, entsteht rechte Erkenntnis.[131]

Ich hätte lange suchen müssen, um einen Lehrer der Achtsamkeitsmeditation im modernen Amerika zu finden, der seine Schüler ermutigt, sich zu schämen.

Doch ich schweife ab.

Die Erfahrung, die ich in jener Nacht gemacht habe, war keine ausgewachsene Halluzination. Während ich in diesen seltsamen visuellen Raum eintrat, verlor ich nicht den Kontakt mit der realen Welt. Ich war mir dessen bewusst, dass ich in einer Meditationshalle saß und dass intensive Sammlung meinen Geist an einen Ort geführt hatte, an dem er noch nie zuvor gewesen war. Doch wo befand sich dieser Ort? Erst nachdem ich mich ein wenig umgesehen hatte, wurde mir klar, dass der Raum, in den mein Geist eingetreten war, mein eigener Geist war – oder zumindest die Repräsentation meines Geistes durch meinen Geist.

Der springende Punkt war, dass ich einen bestimmten Gedanken »sah« – und ich glaube, auch »hörte« –, den ich schon viele Male gedacht hatte, nachdem ich etwas unter Umständen Dummes, Unangemessenes oder Falsches getan hatte. Der Gedanke war: »Du hast Mist gebaut.« Tatsächlich ist »Mist gebaut« eine gereinigte Version des Satzes, den ich zu gebrauchen pflege, und des Satzes, den zu denken ich in jener Nacht beobachtete. Wie auch immer, der wichtige Punkt ist, dass ich den Gedanken eine Form annehmen sah, wie ich sie noch nie zuvor gesehen hatte.

Wenn ich es recht bedenke, hatte ich diesen Gedanken noch nie irgendeine Form annehmen *sehen*. Aber nun sah er *buchstäblich* so aus, als ob ein Teil meines Geistes ihn zu einem anderen Teil sagte. Es gab sogar so etwas wie eine Linie, die dem Pfad der Botschaft folgte, wie ein Pfeil in einem Diagramm, der die Richtung der Kommunikation anzeigt. Ich beobachtete diese Konversation in meinem Gehirn, sah, wie die Botschaft vom Sender zum Empfänger wanderte, als sei ich eine Art außenstehender Beobachter, obwohl ich den Empfänger in einem gewissen Sinne für mich hielt.

Es ist fast unmöglich, die Kraft dieser Erfahrung und ihre Aura der Bedeutsamkeit in Worten zu vermitteln. Ich hatte das Gefühl, in das innere Heiligtum hineingeführt worden zu sein, wo tiefe Wahrheiten offenbart werden. Ich weiß nicht, wie viel dieser Empfindung von Offenbarung auf der Glückseligkeit von narkotischem Kaliber basierte, die mich mit zunehmender Wärme einhüllte, während die Erfahrung sich entfaltete. Aber ich nehme an, dass Glückseligkeit ein machtvoller Verstärker von Offenbarung sein kann. Welche Neurochemikalien auch immer unseren Wahrnehmungen die Gewissheit vermitteln, dass wir die Wahrheit sehen, sie müssen in jener Nacht auf jeden Fall reichlich vorhanden gewesen sein.

Und was war die Wahrheit, die ich da sah? Was mich in dem Moment überwältigte, war, dass dieser mir altbekannte Gedanke – »Du hast Mist gebaut« – zum ersten Mal überhaupt nicht von mir zu kommen schien. Es war einfach irgendein Typ in meinem Kopf, der da redete. Und es war klar, dass er nicht der Beachtung wert war. Wer zum Teufel glaubte er denn zu sein?

Heute, anderthalb Jahrzehnte später, nachdem ich mehr über diese Themen nachgedacht und dieses Buch geschrieben habe, könnte ich womöglich antworten: »Er war ein Modul in meinem Geist.« Doch zu jener Zeit dachte ich weniger akademisch, und die Lektion aus dieser Erfahrung schien zu sein, dass ich meinen inneren Kritiker in Zukunft mit etwas kritischer Distanz, wenn nicht gar mit totaler Missachtung behandeln könnte. Sosehr ich mich auch gegen die Mahnungen gewehrt hatte, nicht zu streng mit mir selbst zu sein, und sosehr ich heruntergespielt hatte, welchen Tribut ich dieser Einstellung zu zollen hatte, auf einmal erschien mir die Aussicht überaus anziehend, ohne diese Selbstquälerei leben zu können. Ich habe nicht nah am Wasser gebaut, aber in dem Moment begann ich, zu weinen. Ich versuchte, dabei möglichst leise zu bleiben, doch ich weinte aus vollem Herzen.

Es dauerte nicht lange, bis die Glückseligkeit einer freudigen Erregung wich. Ich erinnere mich noch, wie frustrierend es war, dass ich am Ende der Sitzung, als die Teilnehmer still die Meditationshalle verließen, meine epischen Nachrichten nicht mit irgendjemandem teilen konnte. Es ging dabei nicht nur um die Überwindung von Selbsthass. Ich hatte das Gefühl, dass viele Dinge, die ich bisher nur mit Schmerz und Kampf erreicht hatte, mir in Zukunft leichter fallen würden. Ich hatte eine höhere spirituelle Ebene erreicht und eine Technik gefunden – die Meditation –, die mich immer wieder auf diese Ebene bringen konnte. Es ist schwierig, die Erfahrung zu rekonstruieren, aber ich glaube, diese Empfindung einer glückverheißenden spirituellen Errungenschaft kam in meinen Tränen zum Ausdruck. Was ich mit Sicherheit weiß, ist, dass die Tränen zum Teil Tränen der Dankbarkeit waren und dass die Empfindung einer Befreiung ganz massiv war.

Und dann lebte ich vergnügt bis an mein seliges Ende?

Leider nicht. Eine weitere Zeile in jenem Song von Foreigner nach »… fühlt sich an wie das allererste Mal« lautet: »… wie es nie wieder sein wird«. Und tatsächlich habe ich seither nicht wieder eine dermaßen markerschütternde meditative Erfahrung gemacht. Mein Glaube, dass ich in der Lage sein würde, diese Ebene immer wieder erreichen und sie benutzen zu können, meine eigene persönliche spirituelle Wiedergeburt zu orchestrieren, war naiv. Genauso naiv wie der Glaube, dass ich aufhören würde, mich mit Selbstvorwürfen zu quälen, obwohl die Häufigkeit und die Strenge dieser Selbstvorwürfe anscheinend ein wenig abgenommen haben.

Ich will damit nicht sagen, dass ich nie wieder Zustände intensiver Glückseligkeit bei der Meditation erlebt hätte. Es hat Zeiten in Klausuren gegeben, zu denen ich das Einströmen von Glückseligkeit in mein Sein genau zu kontrollieren vermochte, indem ich den Hahn aufdrehte oder, wenn ich die Notwendigkeit empfand, meine Gangart zu zügeln, ihn für ein oder zwei Minuten zuzudrehen, bevor ich ihn wieder öffnete.

Und ich will gewiss nicht sagen, dass meine Erfahrung in jener Sommernacht in Barre, Massachusetts, mein Leben in keiner Hinsicht verändert hätte. Ich sage nur, dass diesem Buch ein für Bücher dieser Art üblicher Aspekt fehlt: die Behauptung des Autors, eine einzige dramatische Erfahrung von nachhaltig transformierender Kraft gemacht zu haben.

Klarheit beginnt zu Hause

Da mag man sich die Frage stellen: Warum meditiere ich immer noch? Warum widme ich so zwischen 30 und 50 Minuten täglich einer Praxis, die mich offenbar nicht in absehbarer Zeit der Erleuchtung nahebringen wird? Dafür gibt es mehrere Gründe. Ich beginne mit den kleineren.

1. *Momente der Wahrheit.* Stellen Sie sich einen Kühlschrank vor, der dieses typische brummende Geräusch macht. Hört sich monoton an, nicht wahr? Tatsächlich ist es das nicht. Wenn ich am Morgen meditiere, der Tischkühlschrank in meinem Arbeitszimmer zu brummen beginnt und mein Geist klar genug ist, wirklich auf das Geräusch zu achten, dann finde ich heraus, dass das Brummen aus mindestens drei unter-

schiedlichen Geräuschen besteht, von denen jedes im Lauf der Zeit in Intensität und Konsistenz variiert. Dies ist eine Wahrheit über die Welt, die mir gewöhnlich verborgen bleibt, die aber durch die elementare Übung von Achtsamkeit offenbar wird. Und es ist eine objektive Wahrheit. Sie könnten ohne Zweifel einen Apparat zur Schallanalyse aufstellen, der die drei Geräusche als unterschiedliche Linien auf einem Kurvenblatt darstellen würde.

Das mag sich nach einer trivialen Wahrheit anhören. Es *ist* tatsächlich eine triviale Wahrheit. Und ich muss zugeben, dass es genau genommen nicht einfach nur die Wahrheit in dieser Erfahrung ist, die mich täglich auf das Sitzkissen zurückkehren lässt. Die Erfahrung hat auch etwas Freudiges. Wenn mein Geist klar genug ist, um die Nuancen des Kühlschrankbrummens wahrzunehmen, dann ist er frei genug von alltäglichen Sorgen, um diese kleine Sinfonie von drei Instrumenten, dieses unendlich vielfältige Muster, das sich entfaltet, als etwas Schönes anzusehen. Und es als etwas Schönes zu *fühlen* – manchmal von einer wirklich beeindruckenden Schönheit.

Aber bei allem Respekt vor Schönheit will ich hier nicht den Aspekt der Wahrheit herunterspielen – die schiere klare Wahrnehmung des Brummens eines Kühlschranks. Denn es ist wichtig, zu erkennen, dass uns Teile der Erleuchtung verfügbar sind, selbst wenn die vollständige, vollkommene Erleuchtung für die meisten von uns in weiter Ferne bleiben wird. Selbst wenn wir die Wahrheit über die gesamte Realität nicht begreifen und dieses Begreifen in unserem Leben durchgängig aufrechterhalten können, vermögen wir doch, die Wahrheit über kleine Ecken der Realität zu begreifen und dieses Begreifen für eine kleine Weile aufrechtzuerhalten. Und das ist der wesentliche Punkt: Diese kleinen, beinahe trivialen Wahrheiten regelmäßig und auf eine disziplinierte

Weise zu sehen kann uns helfen, größere und weniger triviale Wahrheiten zu sehen.

Das bringt uns zu dem zweiten Grund, aus dem ich weiterhin meditiere.

2. *Momente bedeutsamerer Wahrheit.* Wenn ich Angst, Furcht oder Hass empfinde und durch die Meditation an einen Punkt gelange, an dem ich das Gefühl einfach nur beobachte, statt mich darauf einzulassen, dann ist dies ein Moment der Wahrheit. Zur Beobachtung des Gefühls gehört schließlich, dass ich bemerke, wo es in meinem Körper angesiedelt ist und welche Form es dort annimmt. Und diese Lokalisierung und diese Form – etwa so wie die drei getrennten Geräusche, aus denen das Brummen eines Kühlschranks besteht – sind eine objektive Wahrheit. Wahrscheinlich wird es eines Tages Körperscanner geben, die eine 3-D-Darstellung der körperlichen Manifestation unterschiedlicher Arten von Gefühlen liefern können. Ich bin mir ziemlich sicher, dass die resultierenden Kurven in etwa die Struktur dessen haben werden, was ich empfinde, wenn ich ein gegebenes Gefühl beobachte.

Das Faszinierende ist, welch große Variationsbreite es in der subjektiven Erfahrung geben kann, die die objektive Tatsache dieses Gefühls begleitet. Je mehr Sie sich auf die objektive Tatsache konzentrieren – auf das Gefühl selbst und seine Manifestation in Ihrem Körper –, desto weniger unwohl dürften Sie sich fühlen. Dies ist keine triviale und leicht zu erlangende Errungenschaft, aber es ist machbar, und das spricht für Buddhas Behauptung, dass *dukkha* in gewisser Hinsicht optional ist und dass die Methode, es zu reduzieren, wenn nicht gar ganz zu beseitigen, darin besteht, die Realität klar zu sehen, objektive Tatsachen als das zu sehen, was sie sind, und nicht als *mehr* als das, was sie sind.

3. *Die Weisheit der Klarheit.* Wenn ich mich während meiner Morgenmeditation auf die drei Komponenten des Brummens

meines Kühlschranks einstimme oder wenn ich einfach nur meinen Atem oder irgendein Gefühl mit größerer Klarheit beobachte, bedeutet dies, dass mein Geist ruhig ist – nicht nur weil ich die Dinge nicht so klar sehen könnte, wenn mein Geist nicht ruhig wäre, sondern auch weil es mir hilft, meinen Geist zu beruhigen, wenn ich mich von der Klarheit absorbieren lasse. Und hier kommen wir zu einer interessanten Eigenschaft eines ruhigen Geistes: Wenn irgendein Problem in meinem Leben an die Oberfläche kommt, dann fasse ich es wahrscheinlich mit einer für mich sonst nicht charakteristischen Weisheit auf. Plötzlich sehe ich, dass eine E-Mail in meinen Entwürfen nicht unbedingt den subtilen, aber durchaus erkennbaren Unterton der Verärgerung enthalten muss, den anklingen zu lassen ich beabsichtigt hatte – weil die E-Mail, auf die ich antworten wollte, selbst ärgerlich war. Daraus würde nichts Gutes entstehen, und es könnte sogar etwas Schlechtes daraus resultieren.

4. *Momente der moralischen Wahrheit.* Ein Teil der revidierten Meinung zum Absenden dieser E-Mail mag eine revidierte Sicht der Person sein, der ich sie senden will. In der Tat mag der Schlüssel zu dieser Meinungsänderung sein, dass ich diese Person jetzt ohne die Feindseligkeit sehe, die in einem weniger ruhigen Geisteszustand jeden Gedanken an sie begleitet hatte. Plötzlich bin ich bereit, die Hypothese in Betracht zu ziehen, dass die ärgerliche E-Mail, die ich von ihr erhalten habe, nicht unbedingt als Beweis dafür dient, dass sie ein Trottel ist. Möglicherweise waren ja irgendwelche äußeren Umstände der Grund dafür, dass sie ihrer Mail diesen ärgerlichen Ton gegeben hat. Vielleicht kann ich den Grund erraten, vielleicht kann ich es nicht; aber wie auch immer, wer von uns hat noch keine Umstände erlebt, die ihn dazu gebracht haben, etwas Ärgerliches zu tun? Tatsächlich war ich selbst ja gerade nahe daran, eine ärgerliche E-Mail zu versenden.

5. *Rechtzeitiges Eingreifen.* Wenn ich mich um fünf oder sechs Uhr morgens unruhig, ärgerlich, aufgebracht oder niedergeschlagen fühle oder etwas anderes empfinde, was ich lieber nicht fühlen würde, dann kann ich mich auf das Meditationskissen setzen, dieses Gefühl beobachten und die Situation damit ziemlich verlässlich verbessern. Wenn ich in der Nacht mit Angst aufwache, kann ich daliegen, auf die Angst meditieren und die Dinge etwas weniger verlässlich, aber doch ziemlich oft besser machen. Und manchmal vollbringe ich sogar ein Kunststück, von dem ich zuvor gedacht habe, dass es (wenigstens von mir) nicht zu vollbringen sei: Wenn ich am Computer sitzend etwas anstarre, was ich gerade schreibe, und plötzlich den schmerzlich starken Drang fühle, irgendetwas anderes zu tun, als zu schreiben, dann schließe ich die Augen, beobachte den Drang, bis er schwächer wird, und mache mich dann wieder ans Schreiben. Der Grund, aus dem ich all diese Dinge tun kann – und übrigens auch der Grund, aus dem ich mich erst einmal daran erinnere, dass es mir möglich ist, sie zu tun –, ist, dass ich jeden Morgen einige Zeit auf dem Sitzkissen verbringe. Dasselbe gilt für meine Neigung, mich selbst niederzumachen: Je mehr Zeit ich auf dem Kissen verbringe, desto weniger Ausbrüche von Selbstgeißelung kommen vor.

Der glitschige Bergpfad zur Erleuchtung

Da haben Sie fünf der Gründe, die mich weiterhin meditieren lassen, auch wenn ich keine ernsthafte Hoffnung hege, dass dieser Pfad mich den ganzen Weg bis zur Erleuchtung führen wird. Dies ist zumindest eine Weise, die Sachlage zu formulieren. Eine andere Weise, sie zu formulieren, wäre, dass ich *tatsächlich* nach Erleuchtung strebe – nur dass ich Erleuchtung weniger als einen Zustand denn als einen Prozess betrachte. Und genauso denke ich von der Befreiung – der Befreiung von *dukkha.* Bei diesem

Spiel geht es nicht darum, eines fernen Tages die »ultimative« Befreiung und Erleuchtung zu erreichen, sondern darum, eines nicht so fernen Tages ein bisschen freier und ein bisschen erleuchteter zu werden. Wie etwa heute oder, wenn das nicht funktioniert, morgen. Oder am nächsten Tag. Oder wann auch immer. Die Hauptsache ist, im Lauf der Zeit Fortschritte zu machen, ungeachtet unvermeidlicher Rückschritte.

Erleuchtung und Befreiung auf diese Weise zu betrachten hilft, uns deutlich zu machen, wie subtil die Beziehung zwischen Wahrheit und Freiheit sein kann. Eine übliche und nicht so subtile Vorstellung von dieser Beziehung ist, dass man die Wahrheit in einem Aufblitzen von Einsicht sieht und dann befreit ist. Hört sich toll an! Und was für eine Zeitersparnis! Aber glauben Sie nicht, es geschehe sehr oft, dass die Wahrheit Sie frei macht. Manchmal ist es andersherum: Freiheit lässt Sie die Wahrheit sehen. Erinnern Sie sich daran, dass ein Teil dessen, was mich die Wahrheit über das Brummen des Kühlschranks und auch über den E-Mail-Schreiber sehen ließ, darin bestand, dass mein Geist ruhig war – unbelastet von Angst, Wut oder irgendeiner anderen Quelle von *dukkha*.

Die beste Weise, es auszudrücken, ist vielleicht, dass Erleuchtung und Befreiung sich gegenseitig verstärken: Je mehr Sie tun, was Befreiung vom Leiden bringt, desto klarer sehen Sie; und je klarer Sie sehen, desto leichter ist es, die Dinge zu tun, die Befreiung vom Leiden bringen. Was dann wiederum größere Klarheit der Sicht zulässt. Und so weiter.

Nehmen wir zum Beispiel an, dass Sie mit einer bescheidenen meditativen Praxis beginnen, bei der es mehr um Selbsthilfe als um spirituelle Verwirklichung geht: 20 Minuten der achtsamkeitsbasierten Stressreduktion täglich. Nehmen wir zudem an, dass dies wirklich wie angekündigt Stress reduziert. Von Stress frei – oder zumindest freier – zu sein ist per definitionem befreiend, auch wenn Sie das nicht so sehen. Es ist auch erleuchtend.

Wenn Sie nicht total gestresst sind, dann sind Sie wahrscheinlich weniger geneigt, jemanden einen Trottel zu nennen, nur weil er beim Check-out aus dem Hotel lange nach seiner Kreditkarte kramt und Sie hinter ihm stehen und es eilig haben. Das kleine bisschen Fortschritt – etwas weniger »Essenz von Trottel« in jemandem zu sehen, dem etwas passiert, was Ihnen selbst schon passiert ist – bedeutet bereits ein kleines bisschen Erleuchtung.

Hinzu kommt, dass dieses kleine bisschen Erleuchtung zu weiteren bisschen von Befreiung führen kann, was dann zu weiteren bisschen von Erleuchtung zu führen vermag. Wenn Sie weniger »Essenz von Trottel« in Leuten sehen und deshalb weniger Zeit darauf verschwenden, sinnlos vor Wut zu schäumen, reduziert das die Menge von Stress in Ihrem Leben noch weiter, und vielleicht ist diese Wirkung so erfreulich, so befreiend, dass Sie dadurch ermutigt werden, täglich 25 statt 20 Minuten zu meditieren. Und das führt zu weiterer Befreiung von Stress, was Ihre Sicht anderer Menschen weiterhin klärt. Jetzt sind Sie nachsichtiger nicht nur gegenüber Leuten, die nach ihrer Kreditkarte kramen, sondern auch gegenüber solchen, die danach kramen und sie dann noch auf den Boden fallen lassen. Gratuliere!

Ihre Meditationssitzungen müssen nicht allzu lang sein, bevor Ihnen klar wird, dass Stressreduktion interessanter sein kann, als sie sich anhört. Es ist nicht nur so, dass Sie sich am Ende einer Meditationssitzung ein wenig entspannter fühlen. Vielmehr werden Sie Ihre Angst, Ihre Furcht, Ihren Hass oder was auch immer sehr achtsam betrachten und für einen Moment wahrnehmen, dass sie kein Teil von Ihnen sind.

Beachten Sie, wie tief greifend – oder zumindest schrittweise tief greifend – diese Erfahrungen sind. Weniger »Essenz von Trottel« in einem Menschen zu sehen, der nach seiner Kreditkarte kramt, bedeutet, ein klein wenig Leere zu erfahren. Und zu sehen, dass Ihre Angst oder Ihre Furcht kein Teil von Ihnen ist, bedeutet, ein klein wenig Nicht-Ich zu erfahren. Und hier sind Sie, der Sie jeden Tag mit dem Ziel der Stressreduktion meditieren, dabei, die zwei grundlegendsten Ideen der buddhistischen Philosophie zumindest in einem gewissen Maße wahrzunehmen.

Ich will nicht so tun, als sei dies leicht zu erreichen. Auch wenn schrittweise Erleuchtung und sukzessive Befreiung durch gegenseitige Verstärkung an Kraft gewinnen können, ist es nicht so, dass sie sich automatisch selbst aufrechterhalten. Es gibt Hindernisse, und die können frustrierend sein und die Meditation mühselig machen. Die gute Nachricht ist, dass die Mühseligkeit zu einem Gewinn führen kann, wenn Sie nicht aufgeben, wenn Sie nicht vor Angst oder Traurigkeit zurückweichen, sondern diese stattdessen achtsam beobachten, wenn Sie Ihr morgendliches Sitzen nicht angesichts von ruheloser Langeweile aufgeben, sondern diese achtsam beobachten – was seltsamerweise schwieriger sein kann, als Angst oder Traurigkeit achtsam zu beobachten. Ich werde nie vergessen, was Narayan während meiner ersten Meditationsklausur einmal sagte: »Langeweile kann sehr interessant sein.« Das ist wahr, aber diese Wahrheit zu sehen wird zuerst bedeuten, dass Sie etwas Zeit darauf verwenden, eine andere Wahrheit zu absorbieren, nämlich dass Langeweile ziemlich langweilig sein kann, und dass Sie trotzdem weitermachen.

Das größte Hindernis dafür, dass Sie weiterhin Fortschritte in der Meditation machen, ist womöglich die unglückselige Begrenztheit der Zeit. Wenn Sie viele verschiedene Verantwortungen haben – einen Beruf auszuüben, Kinder aufzuziehen, eine Schule zu besuchen, was auch immer –, dann können Sie nicht jeden Tag längere Zeitspannen der Meditation widmen. Und nach meiner eigenen Erfahrung ist der Unterschied zwischen 30 Minuten am Tag und 50 Minuten am Tag groß. Nach der Erfahrung von anderen Menschen, mit denen ich gesprochen habe, ist der Unterschied zwischen 30 Minuten am Tag und 90 Minuten riesig. Doch selbst wenn Sie sich eher nahe dem 20-Minuten-Ende des Spektrums bewegen, kann Ihre Praxis Tiefe haben, und das trifft besonders dann zu, wenn Sie sich des grundlegenden Merksatzes der meditativen Philosophie des Buddhismus bewusst bleiben: Diese kleinen Momente der Wahrheit, die Ihnen jeden Tag – oder zumindest an einem guten Tag – geschenkt werden, sind Kostproben einer größeren Wahrheit, einer Wahrheit über die Natur der Realität und über die Verzerrungen, ja sogar Verblendungen, die uns durch unsere vorgeprägte Wahrnehmung der Realität aufgezwungen werden. Natürlich wäre es großartig, wenn Sie Erleuchtung erlangen und Ihr ganzes Leben lang diese große Wahrheit *fühlen* könnten. Doch selbst wenn Ihnen das nicht gelingt – wenn Sie dafür arbeiten müssen, dass diese Wahrheit Ihnen zumindest zeitweilig bewusst wird –, kann es eine Sie führende Wahrheit sein.

Die Welt durch Klarheit retten

Das ist also ein großer Teil der Argumentation, die ich vorbrächte, wenn nicht meditierende Menschen mich fragten, warum sie meditieren sollten. Ich würde über viele kleine Momente der Wahrheit sprechen und darüber, wie das Kultivieren dieser Momente jemanden zu einer glücklicheren, besseren Person machen kann. Doch dies trifft nicht wirklich den Kern des Grundes, aus dem ich hoffe, dass mehr Menschen meditieren werden. Was mich motiviert hat, dieses Buch zu schreiben, ist nicht nur die Aussicht, kleine Momente der Wahrheit in das Leben empfänglicher Leser einzustreuen oder sogar die größere »Leitwahrheit« zu vermitteln, auf die diese Momente hinweisen. Was mich motiviert hat, dieses Buch zu schreiben, ist die Idee eines *Moments der Wahrheit* – im Singular.

Das *Merriam-Webster's Collegiate Dictionary* definiert einen Moment der Wahrheit als »einen kritischen Moment, von des-

sen Ausgang viel oder alles abhängt«. Ich denke, das ist keine zu
starke Charakterisierung der planetarischen Herausforderung,
die ich im vorangegangenen Kapitel beschrieben habe – des Problems von ethnischen, religiösen, nationalen und ideologischen
Konflikten, die sich selbst verstärken und eine Spirale zunehmenden Hasses erzeugen können, der zu einer wahren Katastro-
phe führt.

Vorzuschlagen, dass Meditation helfen kann, die Welt zu retten, ist ein guter Weg dazu, als hoffnungslos naiv abgeschrieben
zu werden. Darum lassen Sie mich betonen, dass es mir hier
nicht darum geht, eine weltweite Welle liebender Güte zu erzeugen. Ohne Frage wäre das etwas Großartiges, aber ich glaube
nicht, dass so etwas in absehbarer Zeit geschehen wird, und ich
glaube auch nicht, dass die Rettung der Welt so etwas voraussetzt.

Ich glaube, dass die Rettung der Welt durch die Kultivierung
eines ruhigen, klaren Geistes sowie der Weisheit, die dieser zu-
lässt, von einer zunehmenden Zahl von Menschen bewerkstelligt werden kann. Ein solcher Geist kann uns zum einen davor
bewahren, auf Bedrohungen überzureagieren, und damit davor,
den Teufelskreis zu verstärken, der Konflikte intensiviert. Ein
ruhiger, klarer Geist kann uns auch helfen, nüchtern einzuschätzen, was hinter diesen Bedrohungen steht – um so zum Beispiel
herauszufinden, was Menschen dazu ermutigt, sich Gewaltmaß-
nahmen anzuschließen oder diese zu unterstützen, und was sie
davon abhalten könnte, das zu tun. Wir müssen unsere Feinde
nicht lieben, aber es ist ganz wesentlich, sie klar zu sehen. Und
eine Lehre sowohl der buddhistischen Philosophie als auch der
modernen Psychologie ist, dass unsere Feinde klarer zu sehen
bedeutet, die Furcht vor ihnen und den Hass gegen sie abzubau-
en – ja noch mehr als das, es impliziert, viele der subtileren Verzerrungen der Wahrnehmung und des Denkens zu transzendieren, Verzerrungen, die oft in subtileren Gefühlen gründen.

Diese Klarheit der Sicht muss nicht plötzlich die ganze Welt erfassen. Selbst isolierte Nester des Gleichmuts und der Weisheit können einen Unterschied ausmachen und den Boden für Ihre eigene Ausweitung bereiten. Wie beim individuellen Fortschritt in Richtung auf Erleuchtung kann auch der globale Fortschritt in Richtung auf Erleuchtung schrittweise vor sich gehen und doch durch Engagement eine eigene Stoßkraft entwickeln.

Gleichwohl glaube ich, dass es eine ganze Menge von kleinen Schritten wird geben müssen. Tatsächlich meine ich, dass es auf lange Sicht einer Revolution im menschlichen Bewusstsein bedarf. Ich weiß nicht, wie man diese Revolution nennen soll – vielleicht die »metakognitive Revolution«, weil sie verlangen wird, dass wir einen Schritt zurück machen und uns dessen bewusster werden, wie unser Geist funktioniert. Aber ich glaube, es wird etwas so Dramatisches sein müssen, dass zukünftige Historiker einen zutreffenden Namen für diese Transformation finden werden. Vorausgesetzt, dass es zukünftige Historiker geben wird – und wenn es sie nicht geben wird, hat das wahrscheinlich zu bedeuten, dass es sowieso keine erfolgreiche Transformation zu benennen gab!

Zu Beginn dieses Buches habe ich mich selbst als eine Laborratte bezeichnet. Ich sagte, wenn ich selbst Gewinn aus der Meditation ziehen könne, dann würde das so gut wie jedem gelingen, weil ich besonders ungeeignet für Ruhigstellung und Sammlung bin. Nun, die Resultate liegen vor – also kann so gut wie jedermann von der Meditation profitieren.

Aber dies sind nicht alle Resultate. Die Frage, die ich ursprünglich gestellt habe, war nicht nur, ob ich genug Gewinn aus der Meditation ziehen könnte, um weiterhin jeden Tag aufs Meditationskissen zurückzukehren, oder sogar ob ich meine alltägliche moralische Sichtweise zu einem gewissen Maße würde klären können. Ich habe auch gefragt, ob ich die spezielle moralische Herausforderung würde bestehen können, die das Schreiben dieses Buches wesentlich motiviert hat: die Psychologie des Stammesdenkens zu überwinden oder zumindest zu untergraben. Wie ich angemerkt habe, bin ich, was diese Dimension angeht, ein besonders geeignetes Versuchstier, weil ich (mit aller gebotenen Demut) ein so treffendes Beispiel für dieses Problem bin. In mancher Hinsicht ist es seltsam, dass ich so ausgeprägt tribalistisch sein sollte. Bei mir liegt keine starke Version der auf berüchtigte Weise gefährlichen Stammesloyalitäten ethnischer, religiöser oder nationaler Natur vor. Vielleicht ist das der Grund, warum ich so viel emotionale Energie auf Stammesgrenzen konzentriere, die von Überzeugungen definiert werden – warum ich mich so stark mit Menschen identifiziere, die mit mir übereinstimmen, und warum ich in der Lage bin, wenig Schmeichelhaftes über solche zu denken, die anderer Meinung sind als ich. Die Intensität verdoppelt oder verdreifacht sich dann noch, wenn es ein Dissens über Ideologien ist, über eine bestimmte Politik, die verfolgt werden sollte oder nicht.

Und hierin liegt eine peinliche Ironie: Niemand erregt so starke tribalistische Gegnerschaft in mir wie Menschen, die eine Politik unterstützen, welche meiner Meinung nach dazu neigt, tribalistische Gegnerschaft zu erzeugen. Um nur ein Beispiel zu nennen: Ich bin der Meinung, dass die meisten amerikanischen militärischen Interventionen der vergangenen Jahrzehnte Fehler gewesen sind – Beispiele für eine Überreaktion auf Bedrohungen, die dadurch nur noch verschlimmert wurden. Die Menschen, die diese Interventionen besonders stark unterstützt haben, bringen mich auf die Palme. Und ich möchte, dass sie mich auch weiterhin auf die Palme bringen. Ich würde mir nicht wünschen, den Pfad in Richtung Nirwana so weit zu gehen, dass ich keinen Kampfesgeist mehr haben würde. Wenn die volle Erleuchtung bedeuten soll, dass man aufhört, irgendwelche Werturteile zu fällen, und nicht mehr auf einen Wandel hinarbeitet, dann ohne mich![132]

Aber glauben Sie mir, wenn ich Ihnen sage, dass diesen Punkt auf dem Pfad zu erreichen wenigstens für mich keine drohende Gefahr darstellt. Die Frage ist vielmehr, ob ich den Pfad weit genug zu beschreiten vermag, um mein ideologisches Gefecht mit besagten Menschen weise und ehrlich führen zu können, was wiederum bedeutet, dass ich sie objektiver und in mancher Hinsicht wohlwollender betrachte, als ich es von Natur aus zu tun geneigt bin. Die Antwort ist: Ich glaube, dass die Meditation mir geholfen hat, diesem Ziel zumindest näherzukommen. Aber es ist ein ständiger Kampf. Wenn ich andere Menschen dazu anhalte, die metakognitive Revolution voranzutreiben, indem sie die kognitiven Vorurteile überwinden, die das Stammesdenken aufrechterhalten, dann kann ich mich selbst nicht als ein sonderlich überzeugendes Rollenmodell präsentieren.

Was ich zudem nicht für mich in Anspruch nehme, ist, dass ich einen Schritt-für-Schritt-Plan für diese Revolution habe. Mein Hauptthema ist abstrakterer Natur: Es wäre gelinde gesagt tragisch, wenn wir es nach Milliarden von Jahren mühseliger Anstrengungen organischen Lebens und nachdem all diese Bemühungen uns an die Schwelle einer globalen Gemeinschaft der Geister gebracht haben, den natürlichen Verzerrungen in diesen Geistern erlauben würden, die ganze Chose explodieren zu lassen. Es wäre umso tragischer angesichts der Tatsache, dass diese Verzerrungen heute eine wissenschaftlich bestätigte Tatsache sind und dass wir über Methoden verfügen, sie zu korrigieren, Methoden wie unter anderem die meditative Praxis.

Alles, was ich wirklich sagen will, ist Folgendes: Die Mittel zur Rettung des Planeten stehen uns zur Verfügung.

Apropos Rettung

Wo wir gerade von Rettung sprechen: Als ich Vermutungen darüber anstellte, warum ich bei jener Meditationsklausur weinte, habe ich einen möglicherweise relevanten Umstand außer Acht gelassen. Ich wurde religiös erzogen als ein Southern Baptist. Als Teenager begann ich mich von der Kirche zu entfernen, nachdem ich die Theorie der natürlichen Selektion als Bericht über die Entstehung des Menschen mit der Genesis verglichen hatte. Ich verspürte nie eine tiefe Sehnsucht nach etwas, was meinen christlichen Glauben hätte ersetzen können, aber vermutlich hinterließ der Verlust dieses Glaubens irgendwo in meinem Inneren eine Leerstelle, und das mag erklären, warum ich mich auch weiterhin für spirituelle Fragen interessierte. In jener Sommernacht in Barre hatte ich vielleicht nicht nur das Gefühl, den Gipfel des Berges erreicht zu haben – ich hatte vielleicht das Gefühl, mich bereits seit meiner Zeit als Teenager im Aufstieg auf diesen Berg befunden zu haben, nachdem ich meinen ursprünglichen spirituellen Stamm verlassen hatte. Auf jeden Fall halte ich es nicht für übertrieben zu sagen, dass ich in jener Nacht ein Gefühl der Erlösung empfand – ein Gefühl, das womöglich so machtvoll war wie das Gefühl, das mich im Alter von neun oder zehn Jahren dazu antrieb, auf Einladung des Priesters vor den Altar zu treten und Jesus als meinen Erlöser zu akzeptieren.

Mein Abschied vom Christentum war nicht bitter, wie es manche dieser Abschiede sind. Ich hatte nie das Gefühl, vom christlichen Glauben beschädigt worden zu sein. Wenn ich heute darüber nachdenke, dann vermute ich, dass meine Jugend unter Beobachtung eines stets wachsamen und ziemlich strengen Gottes helfen könnte zu erklären, warum ich meine eigenen Unzulänglichkeiten so intensiv und manchmal schmerzlich betrachte. Womöglich war es sogar ein übrig gebliebenes Empfinden der Sündhaftigkeit, das mich dazu angetrieben hat, mich zur Erkundung der buddhistischen Meditation aufzumachen, und vielleicht ist dies der Grund, aus dem die Empfindung von Erlösung in dieser Sommernacht greifbar war. Das wäre einleuchtend, denn sowohl der Buddhismus als auch das Christentum sagen, dass wir mit unserer Geburt eine Art von moralischer Verwirrung geerbt haben, deren Auflösung der Zweck des ganzen Spiels ist.

Auf jeden Fall hatte ich niemals das Gefühl, dass ich in meinen Jahren als Christ einer Art brutaler autoritärer Gehirnwäsche unterworfen war. Ich liebe die Kirchenlieder der Baptisten noch immer, insbesondere das »Just as I Am« (»Gerade so, wie ich bin«), ein Lied, das oft sanft am Ende des Gottesdienstes gesungen wird. Die Botschaft dieses Liedes ist im Grunde, dass du der Erlösung würdig bist, auch wenn du bei Weitem nicht vollkommen sein solltest.

Meine lebhafteste Erinnerung an die Sonntagsschule ist eine gute – daran, dass wir gesungen haben: »Jesus loves the little children, all the children of the world; red and yellow, black and white, they are precious in his sight, Jesus loves the little children of the world.« (»Jesus liebt die kleinen Kinder, alle Kinder dieser Welt; rot und gelb, schwarz und weiß, sind in seinem Auge kostbar, Jesus liebt die kleinen Kinder dieser Welt.«) Womöglich erinnere ich mich ja selektiv an die eher erleuchteten Teile der christlichen Ethik, aber der Übergang von Jesus zu Buddha erscheint mir in mancher Hinsicht ein natürlicher zu sein.

Die Insight Meditation Society, der Ort, wo sich mein Geist vor meinen eigenen Augen in jener Sommernacht geöffnet hat, bestätigt interessanterweise diese Kontinuität. Bevor es von Goldstein, Salzberg und Kornfield aufgekauft wurde, war das rote Backsteingebäude, in dem die Society untergebracht ist, ein Noviziat, in dem katholische Priester ausgebildet wurden. Geht man von der Garderobe zur Meditationshalle, sieht man auf beiden Seiten bunte Glasfenster mit Darstellungen von Jesus, eine von ihm beim letzten Abendmahl und eine, die ihn ins Gebet vertieft zeigt, vermutlich kurz vor der Kreuzigung. Jedes Mal, wenn ich zur Meditationshalle gehe – und ich habe das inzwischen Hunderte Male getan –, betrachte ich die Abbildungen von Jesus. Sie spornen mich ziemlich verlässlich an. Das ist durchaus passend, weil Jesus gesagt hat, unsere Wahrnehmung der Welt sei verzerrt, und wir sollten daran arbeiten, unsere blinden Flecken zu korrigieren, statt uns über die blinden Flecken anderer zu beklagen: »Du Heuchler, zieh zuerst den Balken aus deinem Auge; danach sieh zu, wie du den Splitter aus deines Bruders Auge ziehst.« Da kann man nur Amen sagen.

Ich nenne mich selbst nicht einen Buddhisten, da der traditionelle Buddhismus so viele Dimensionen – des Glaubens, des Rituals – hat, die ich nicht angenommen habe. Ich glaube nicht an Reinkarnation oder die damit verbundenen Vorstellungen von Karma, und ich verbeuge mich nicht vor der Buddha-Statue, wenn ich in die Meditationshalle eintrete, und erst recht bete ich nicht zu ihm oder irgendwelchen buddhistischen Gottheiten. Mich selbst einen Buddhisten zu nennen erschiene mir geradezu respektlos gegenüber den vielen Buddhisten in Asien und anderswo, die eine reichhaltige und wundervolle religiöse Tradition geerbt haben und aufrechterhalten.

Dennoch mag man angesichts meiner persönlichen Geschichte fragen, ob meine Meditationspraxis zusammen mit der Philosophie, auf der sie aufbaut, nicht so etwas wie eine Religion darstellt. Leistet sie die Art von Diensten, die das Christentum für meine Eltern geleistet hat, obwohl ich die übernatürlichen Teile des Buddhismus über Bord geworfen und, in der Tat, auf etwas selektive Weise die naturalistischen Teile beibehalten habe?

Ist der »säkulare« Buddhismus eine Religion?

Wollte man die Ansicht vertreten, dass auch der »säkulare« Buddhismus eine Religion ist, dann könnte man als eine mögliche Autorität William James zitieren, der vor mehr als einem Jahrhundert in seinem Buch *Die Vielfalt religiöser Erfahrung* versucht hat, einen Rahmen zu finden, der alle Erfahrungen umfasst, östliche wie westliche, die wir »religiös« nennen. James sagte: »Würde man gebeten, das Leben der Religion in den denkbar weitesten und allgemeinsten Begriffen zu charakterisieren, so könnte man sagen, es bestehe in der Überzeugung, dass es eine unsichtbare Ordnung gibt und dass unser höchstes Gut in einer harmonischen Anpassung an diese liegt.«[133]

Selbst der naturalistische, »säkulare« Buddhismus, so würde ich argumentieren, postuliert eine Art von »unsichtbarer Ordnung«. Wenn die Erleuchtung aufzudämmern beginnt, zeigt sich, dass die Realität, die vorher total aufgesplittert erschien, eine zugrunde liegende Kontinuität besitzt, eine Art Infrastruktur der wechselseitigen Verbundenheit. Manche Menschen nennen dies »Leere«, andere nennen es »Einheit«, aber alle stimmen darin überein, dass die Realität weniger stark fragmentiert erscheint, als sie aussah, bevor sie den Durchblick erlangt hatten.

Und was James unser »höchstes Gut« nannte, liegt tatsächlich darin, dass wir uns dieser normalerweise unsichtbaren Ordnung harmonisch anpassen, ganz gleich, ob man sich dieses höchste Gut als unser tiefstes Glück oder unsere höchste Tugend vorstellt. Natürlich besteht ein Teil dieser Anpassung für uns darin, uns selbst für weniger substanziell oder zumindest für weniger ausgeprägt substanziell zu halten, als wir zuvor gedacht haben. In der Tat sind diese Diffusität des Ich und diese Durchlässigkeit der Grenzen des Ich ein Teil der »unsichtbaren Ordnung« – eine neu wahrgenommene Kontinuität zwischen dem, was sich innerhalb, und dem, und was sich außerhalb von uns befindet.

Es gibt auch noch eine zweite Art von unsichtbarer Ordnung, die die buddhistischen Lehren postulieren. Erinnern Sie sich daran, dass eine der grundlegenden Prämissen des Buddhismus besagt, dass das Sehen der metaphysischen Wahrheit – zu sehen, wie die Dinge wirklich sind, sowohl im Inneren als auch im Äußeren, und damit die Kontinuität zwischen diesen beiden Zonen zu sehen – in einem gewissen Sinne darauf hinausläuft, die moralische Wahrheit zu sehen, die moralische Gleichwertigkeit des eigenen Wohlergehens und des Wohlergehens anderer. Es gibt, mit anderen Worten, eine Art der strukturellen Übereinstimmung zwischen der metaphysischen Wahrheit und der moralischen Wahrheit. Das ist eine Art von Ordnung, eine Ordnung, die unsichtbar bleiben kann, wenn wir nicht die Disziplinen praktizieren, die sie manifest machen.

Diese unsichtbare Ordnung ist nichts, was wir für selbstverständlich halten sollten. Sie können sich ein Universum vorstellen, in dem es keine solche Übereinstimmung gibt – ein Universum, in dem das Sehen der metaphysischen Wahrheit keine Auswirkung auf Ihr Verhalten gegenüber anderen Wesen hat oder Sie sogar geneigt macht, andere Wesen unfreundlicher zu behandeln. Aber nach der Lehre des Buddhismus – selbst des westlichen Buddhismus, der säkulareren Version des Buddhismus, die manchmal als unzureichend religiös gilt – leben wir in einem Universum, in dem das Sehen der metaphysischen Wahrheit Ihnen hilft, die moralische Wahrheit zu sehen. Es gibt eine natürliche Einheit der Erleuchtung.

Dann ist da noch das dritte Standbein dieser Übereinstimmung: unser Wohlergehen. Glück – die Auslöschung oder zumindest Linderung von Leiden, des Unbefriedigtseins, von *dukkha* – geht tendenziell mit dem Sehen der metaphysischen Wahrheit und dem Handeln nach der sie begleitenden moralischen Wahrheit einher. Auch dies ist eine Art der Übereinstimmung, die ein Universum vermutlich nicht unbedingt haben *muss*.

Es ist doch erstaunlich, wenn Sie bedenken, dass die Welt auf diese Weise eingerichtet ist: Der Pfad, den zu gehen Sie sich aufmachen, um sich vom Leiden zu befreien, führt Sie, wenn Sie ihn gewissenhaft gehen, nicht nur dazu, eine glücklichere Person zu werden, sondern auch eine Person mit einer klareren Sicht sowohl der metaphysischen als auch der moralischen Realität. Aber genau dies ist die Behauptung des Buddhismus, und es gibt gewichtige Belege, die dafür sprechen.

Diese dreiteilige Übereinstimmung, die Übereinstimmung von metaphysischer Wahrheit, moralischer Wahrheit und Glück – wird von dem sehr vieldeutigen Begriff im Herzen des Buddhismus verkörpert, dem Dharma. Dieser uralte Begriff steht im Allgemeinen für »die Lehre Buddhas«. Das ist einerseits ganz richtig, aber er bezieht sich andererseits auch auf die Kernwahrheiten, die von den buddhistischen Lehren *vermittelt* werden. Der Begriff »Dharma« bezeichnet damit die Wirklichkeit, die jenseits unserer Verblendungen liegt, und so auch die wahre Erkenntnis der Weise, auf die diese Verblendungen Leiden hervorbringen; und er bezeichnet die Implikationen von all diesem für unser Verhalten. Mit anderen Worten: Der Dharma ist zugleich die Wahrheit über die Art und Weise, wie die Dinge sind, und die Wahrheit darüber, inwiefern es sinnvoll ist, sich im Lichte der Art und Weise, wie die Dinge wirklich sind, zu verhalten. Der Begriff ist sowohl eine Beschreibung als auch eine Verschreibung. Er ist die Wahrheit und der Weg.

Und weil die Verschreibung Buddhas nicht nur ein Rezept für die Befreiung vom Leiden ist, sondern auch für das rechte Verhalten, hat das Wort »Dharma« ebenso eine spezifisch moralische Bedeutung. In der Tat kann man sich den Dharma als ein natürliches Gesetz vorstellen, sowohl im Sinne des Gesetzes, dem das physische Universum gehorcht, als auch des moralischen Gesetzes, dem zu gehorchen wir uns bemühen. Der Gebrauch eines einzigen Wortes, um all dies zu bezeichnen, ist an sich ein Beleg für die Ordnung, die nach der Lehre des Buddhismus normalerweise verborgen ist, die aber evidenter werden kann, während wir, wie James sagen würde, gewissenhaft versuchen, uns ihr anzupassen.

Für den Fall, dass sich all dies zu abstrakt philosophisch anhört, lassen Sie mich versuchen, es in praktischerer Form auszudrücken, als die Antwort auf die oft gestellte Frage: Wird die Meditation mich glücklicher machen? Und wenn ja, um wie viel glücklicher?

Nun, in meinem Fall – und Sie werden sich erinnern, dass ich ein besonders schwieriger Fall bin – ist die Antwort: »Ja, sie hat mich ein wenig glücklicher gemacht.« Das ist gut, denn ich bevorzuge Glücklichsein, ganz besonders mein eigenes. Gleichzeitig würde ich Menschen gegenüber, die mich fragen, warum sie meditieren sollten, argumentieren, dass es weniger um die Quantität als um die Qualität des Glücks geht. Zu dem Glücksgefühl, das ich jetzt habe, gehört unterm Strich eine wahrere Sicht der Welt als zu dem Glücksgefühl, das ich vorher hatte. Und eine Zunahme von Glück, die auf der Wahrheit beruht, so würde ich argumentieren, ist besser als eine Zunahme von Glück, bei der das nicht der Fall ist – nicht nur weil Dinge, die auf der Wahrheit beruhen, einen festeren Bestand haben als solche, für die das nicht zutrifft, sondern auch weil in Übereinstimmung mit dieser Wahrheit zu handeln glücklicherweise ebenso bedeutet, sich besser gegenüber seinen Mitgeschöpfen zu verhalten.

Aus diesem Grund kann ich sagen, dass jede kleine Zunahme von Glück, die die Einsichtsmeditation in Ihr Leben bringen mag, der Mühe besonders wert ist: weil dies eine Zunahme von *gültigem* Glück ist. Es ist ein Glück, das auf einer facettenreichen Klarheit beruht – auf einer wahreren Sicht der Welt, einer wahreren Sicht anderer Menschen, einer wahreren Sicht Ihrer selbst und, so glaube ich, einer größeren Annäherung an die moralische Wahrheit. Es ist dieses glückliche Zusammentreffen von Glück, Wahrheit und Tugend, das in dem Wort »Dharma« enthalten ist und das, wie ich denke, selbst einen naturalistischen Buddhismus mit William James' Auffassung von Religion übereinstimmen lässt.

Und wenn sich herausstellt, dass dieses Zusammentreffen ein weiteres Element hat – wenn die weltweit zunehmende Beachtung des Dharma den Planeten retten könnte –, nun, dann wäre das eine nette Zugabe.

Wahrheit und Schönheit

Spät an einem Tag Mitte Dezember 2012 befand ich mich in einer Meditationsklausur und war gerade draußen, um etwas Meditation im Gehen zu üben. In einem Moment blickte ich zum Horizont auf und sah, dass die Sonne untergegangen war. Nur ein rosa- und purpurroter Streifen war zurückgeblieben, karg eingerahmt von nackten Winterbäumen. Ich befand mich bereits in einem leicht missmutigen Zustand, da ich über einige persönliche Probleme nachgedacht hatte, und jetzt spürte ich eine deutliche Welle der Melancholie, wie sie mich manchmal beim Anblick einer winterlichen Abenddämmerung ergreift. Da ich mich in einem Retreat befand und dort einen großen Teil jedes Tages damit verbracht hatte, meine Gefühle zu beobachten, begann ich fast augenblicklich, beinah automatisch, die Melancholie zu untersuchen. Und sofort verlor das Gefühl an Kraft. Es verschwand nicht gleich, aber es schien nun nicht mehr zu sein als physische Wellen, weder gute noch schlechte, die langsam durch meinen Körper liefen.

Als die Melancholie derart neutralisiert war, bot der Horizont einen völlig anderen Anblick: Er war überwältigend schön. Er hatte sich von einer Widerspiegelung von Traurigkeit in eine Quelle des Entzückens, ja der Ehrfurcht verwandelt.

Diese Schönheit – und all die andere Schönheit, die ich als Resultat der meditativen Praxis zu würdigen wusste – ist etwas, was ich nicht wirklich verstehe. Ich meine, wenn die Meditation uns eine Art von Distanz von unseren Gefühlen gibt und deren Zugriff auf uns verringert, sollte sie das nicht im Prinzip gleichermaßen mit guten wie mit schlechten Gefühlen tun? Sollte dies nicht darauf hinauslaufen, dass wir uns mehr oder weniger neutral fühlen – was bedeuten würde, dass wir mehr oder weniger nichts fühlen? Und doch scheint die Sache so zu funktionieren, dass einige Gefühle tatsächlich verstärkt werden – zuerst und vor allem die Empfindung von Schönheit.

Ich denke manchmal, dass dieser verstärkte Sinn für Schönheit etwas ist, was der Leere eine paradoxe moralische Kraft verleiht. Wenn Sie erst einmal weniger Essenz in Menschen sehen – sobald Ihre Wahrnehmung von diesen weniger von Urteilen über ihr Schlechtsein oder ihr Gutsein durchtränkt ist –, dann gibt es, so möchte man denken, sehr viel weniger Grund, irgendetwas für sie zu empfinden, einschließlich Mitgefühl. Doch wenn wir von Natur aus geneigt sind zu denken, dass Dinge, einschließlich Menschen, schön sind, dann könnte sich diese Neigung in eine Sorge um ihr Wohlergehen verwandeln. Das ist zumindest eine Theorie darüber, warum die Meditation uns mitfühlender machen kann.

Wie auch immer, das, was eine natürliche Tendenz der kontemplativen Praxis zur Verstärkung des Sinnes von Schönheit zu sein scheint, bleibt mir ein Rätsel. Eine Erklärung dafür ist, so nehme ich an, dass man die Achtsamkeit, ohne wirklich darüber nachzudenken, als einen Filter für die eigenen Gefühle benutzt – man arbeitet härter daran, eine kritische Distanz zu unangenehmen Gefühlen zu gewinnen als zu angenehmen Gefühlen wie etwa ästhetischem Entzücken. Wenn Sie mich fragen, es *fühlt* sich nicht so an. Die Empfindung von Schönheit fühlt sich mehr wie etwas an, in das hinein der Geist sich ganz natürlich entspannt, wenn das Ich zurückweicht.

Das verleitet mich dazu, die berühmte Gedichtzeile von John Keats zu zitieren: »Schönheit ist Wahrheit, Wahrheit ist Schönheit.« Wenn man die Welt klarer, mehr wahrheitsgemäß sieht, dann erfreut man sich vielleicht nicht nur eines Maßes an Freiheit, sondern auch einer unmittelbareren und durchgängigeren Wahrnehmung der tatsächlichen Schönheit der Welt. Andererseits scheint die Vorstellung, dass die Welt eine tatsächliche

Schönheit besitzt, eine ihr *inhärente* Schönheit, im Gegensatz zu der buddhistischen Betonung unserer Tendenz zu stehen, Bedeutung und Sinn auf die Welt zu projizieren. Es widerspricht ganz gewiss der Anschauung der evolutionären Psychologie, die behauptet, dass unsere Zuschreibung von Gefühlen zu Wahrnehmungen tatsächlich Folgendes ist: eine Zuschreibung, die von Gehirnen vorgenommen wird, welche dazu konzipiert sind, gewisse Gefühle zu gewissen Objekten zu haben, und zwar allein aufgrund der Beziehung, die diese Objekten zu den darwinistischen Interessen des Organismus haben.

Eine andere Möglichkeit ist, dass eine gewisse Affinität zum Universum eine Art Grundzustand des Bewusstseins darstellt, einen Zustand, zu dem es zurückkehrt, wenn es nicht in das notwendigerweise verzerrende Unterfangen verstrickt ist, ein Ich in Betrieb zu halten. Aber hier wagen wir uns über die Psychologie hinaus in den Bereich der philosophischen Frage, was Bewusstsein ist. Und meine Antwort auf diese Frage lautet: »Keine Ahnung.«

Es gibt vieles, was man an der Welt, in die wir geboren wurden, nicht mögen mag. Es ist eine Welt, in der uns, wie der Buddha festgestellt hat, unsere natürliche Weise, zu sehen und zu sein, dazu führt, zu leiden und anderen Leid zuzufügen. Und es ist eine Welt, die, wie wir heute wissen, so werden musste, wenn das Leben auf diesem Planeten durch natürliche Selektion entstanden ist. Dennoch mag dies auch eine Welt sein, in der metaphysische Wahrheit, moralische Wahrheit und Glück zusammenlaufen können, sowie eine Welt, die umso schöner erscheint, je mehr wir dieses Zusammenlaufen realisieren. Wenn das so ist, dann ist diese verborgene Ordnung – eine Ordnung, die auf einer tieferen Ebene zu herrschen scheint als die natürliche Selektion selbst – etwas, worüber man nur staunen kann. Und es ist etwas, wofür ich zunehmend dankbar bin.

Anhang

Eine Liste buddhistischer Wahrheiten

Als ich dieses Buch schrieb, hatte ich den (Original-)Titel *Why Buddhism Is True* (»Warum der Buddhismus wahr ist«) noch nicht im Sinn. Doch nachdem ich mit dem Schreiben fertig war, wurde mir klar, dass das Buch so etwas wie ein Argument für die Gültigkeit dessen ist, was ich als die Kernvorstellungen des Buddhismus betrachte – oder zumindest die Kernvorstellungen seiner »naturalistischen« Seite, um die es im westlichen Buddhismus hauptsächlich geht. Also war ich mit diesem Titel einverstanden, wenn auch – aus Gründen, die wohl offensichtlich sind – nicht ohne ein gewisses Zögern.

Um mich zu versichern, dass der Titel tatsächlich berechtigt ist, begann ich, die einzelnen buddhistischen Vorstellungen aufzulisten, die das Buch verteidigt. Und ich beschloss, dass eine solche Liste für die Leser nützlich sein könnte. Deshalb biete ich sie hiermit an; sie ist so etwas wie eine skelettartige Zusammenfassung der Argumentation, die ich im Lauf des Buches vorgebracht habe, zusammen mit Hinweisen auf die relevanten Kapitel.

Nicht alle »Wahrheiten«, die ich im Folgenden aufliste, sind buddhistische *Glaubenslehren*. Einige sind mehr so etwas wie *Schlussfolgerungen*, deutliche Implikationen des buddhistischen Denkens. Aber sie alle, so argumentiere ich, werden von der modernen Wissenschaft, einschließlich Neurowissenschaft und Psychologie, erhärtet, wobei die Evolutionspsychologie hier besonders betont ist, das heißt die Erforschung der Art und Weise, auf welche die natürliche Selektion den menschlichen Geist gestaltet hat.

Und was die Erhärtung durch die moderne Wissenschaft angeht: Es ist wichtig, zu verstehen, dass dies genau genommen alles ist, was sie jemals anbieten kann. Es gibt keine wissenschaftliche Theorie, für deren Wahrheit es *Beweise* in dem Sinne gibt, in dem mathematische Theoreme sich beweisen lassen. Natürlich sind manche Theorien heute so vertrauenswürdig, dass wir zu praktischen Zwecken annehmen können, ihre Wahrheit sei bewiesen. Meiner Meinung nach stehen zum Beispiel die Chancen dafür, dass die Theorie der natürlichen Selektion wahr ist, deutlich höher als 99,99 Prozent – was gut genug für mich ist. Aber manche Theorien, die sehr viel weniger Vertrauen verdienen, sind heute nichtsdestoweniger die führenden Theorien in ihrem Bereich.

Der springende Punkt ist: Wenn wir locker davon sprechen, eine wissenschaftliche Theorie sei »wahr«, dann meinen wir genau genommen, dass es eine große Anzahl signifikanter Belege gibt, die ihre Gültigkeit erhärten, und noch keine substanziellen Hinweise, die damit unvereinbar wären. Das ist es, was ich meine, wenn ich in diesem Buch sage, bestimmte Kernideen des Buddhismus seien »wahr«. Diese Vorstellungen werden – in manchen Fällen auf überwältigende, in anderen Fällen auf nicht so überwältigende, aber doch überzeugende Weise – von den vorliegenden Beweisen erhärtet. Ich habe in diesem Buch aufzuzeigen versucht, wie viel Vertrauen unterschiedliche buddhistische Vorstellungen meiner Meinung nach verdienen. Aber mir ist bewusst, dass die Grundeinschätzung der menschlichen Befindlichkeit durch den Buddhismus – seine grundlegende Anschauung der Gründe, aus denen Menschen leiden und warum sie anderen Menschen Leid zufügen, sowie in einem breiteren Sinne seine Vorstellungen von gewissen grundlegenden Aspekten davon, wie der menschliche Geist funktioniert und wie wir dieses Funktionieren verändern können – derart verlässlich sind, dass wir sie »wahr« nennen können.

Also dann, ohne weiteres Drumherumgerede, hier sind einige buddhistische »Wahrheiten«:

1. Menschen gelingt es oft nicht, die Welt klar zu sehen, und dies kann sie dazu bringen, zu leiden und anderen Menschen Leid zuzufügen. Diese kostspielige Fehlwahrnehmung der Welt kann verschiedene Formen annehmen, die auf unterschiedliche Weise in unterschiedlichen buddhistischen Texten beschrieben werden. Zum Beispiel:

2. Menschen neigen dazu, mehr andauernde Befriedigung durch das Erreichen von Zielen zu erwarten, als sich tatsächlich einstellen wird. Diese Illusion sowie die daraus resultierende Geistesverfassung eines unablässigen Strebens ist als Produkt der natürlichen Selektion sinnvoll (siehe Kapitel 1), aber sie ist nicht unbedingt ein Rezept für lebenslanges Glücklichsein.

3. *Dukkha* ist ein gnadenlos wiederkehrender Teil des Lebens, wie es im Allgemeinen gelebt wird. Diese Tatsache ist weniger offensichtlich, wenn man *dukkha* so übersetzt, wie es üblicherweise übersetzt wird – schlicht und einfach als »Leiden« –, als wenn man es als etwas übersetzt, was eine große Komponente von »Unbefriedigtsein« enthält. Organismen, einschließlich der Menschenwesen, sind von der natürlichen Selektion so konzipiert, dass sie in einer Weise auf ihre Umgebung reagieren, die die Dinge »besser« (im Sinne der natürlichen Selektion) machen soll. Das bedeutet, dass sie fast immer auf irgendeiner Ebene den Horizont nach Objekten absuchen, über die man unglücklich, die man für unangenehm halten und mit denen man unzufrieden sein kann. Und da Unzufriedenheit per definitionem zumindest *ein wenig* Leiden einschließt, läuft die Vorstellung, dass *dukkha*

Unbefriedigtsein mit sich bringt, darauf hinaus, der Vorstellung Glaubwürdigkeit zu verleihen, dass *dukkha* im Sinne von Leiden ein durchgängiger Teil des Lebens ist (siehe Kapitel 1 und 3).

4. Die in den Vier Edlen Wahrheiten identifizierte Quelle von *dukkha* – nämlich *tanha*, das als »Durst«, »Gier« oder »Begehren« übersetzt wird – ist vor dem Hintergrund der Evolution sinnvoll. *Tanha*, so könnte man sagen, ist etwas, was die natürliche Selektion Tieren eingebaut hat, damit sie nicht längere Zeit mit irgendetwas zufrieden sind (siehe Kapitel 1). *Tanha* als die Quelle von Leiden anzusehen ist sogar noch sinnvoller, wenn man es in einem breiteren Sinn nicht nur als das Begehren versteht, an angenehmen Dingen festzuhalten, sondern auch als das Begehren, Unangenehmem zu entgehen (siehe Kapitel 13). Entfernte man das mit Gefühlen der Aversion verbundene Leiden aus dem Bild, dann würde das eine Menge Leiden aus dem Bild nehmen.

5. Die beiden grundlegenden Gefühle, die *dukkha* fördern – die beiden Seiten von *tanha*, ein festhalten wollendes Hingezogensein zu Dingen und eine Aversion gegen sie –, müssen uns nicht versklaven, wie sie das im Allgemeinen tun. Meditative Disziplinen wie die Achtsamkeitsmeditation können den Zugriff abschwächen, den sie auf uns haben. Es gibt Meinungsverschiedenheiten darüber, ob vollständige und dauerhafte Befreiung – Nirwana im klassischen Sinn des Wortes – erreichbar ist, aber es steht außer Zweifel, dass menschliche Leben durch die meditative Praxis transformiert wurden. Es ist wichtig, zu betonen, dass weniger von Gier und Aversion versklavt zu sein nicht bedeutet, für Gefühle unempfindsam zu werden. Es kann bedeuten, dass man eine unterschiedliche Beziehung zu ihnen entwickelt und stärker auszuwählen vermag, auf welche Gefühle man sich ganz einlassen will. In der Tat kann diese revidierte Beziehung sogar die Hervorhebung

gewisser Gefühle enthalten, darunter Staunen, Mitgefühl und das Empfinden von Schönheit (siehe Kapitel 2, 5, 8, 10, 13 und 16).

6. Unsere intuitive Vorstellung von einem »Ich« ist im besten Falle irreführend. Wir neigen dazu, uns unkritisch alle möglichen Gedanken und Gefühle als »unsere« zu eigen zu machen, obwohl diese Identifikation optional ist. Zu erkennen, dass die Identifikation optional ist, und durch Meditation zu lernen, wie man die Identifikation weniger automatisch machen kann, vermag, Leiden zu reduzieren. Gewinnen wir ein Verständnis davon, warum die natürliche Selektion gewisse Gefühle in den menschlichen Geist eingebaut hat (siehe Kapitel 3), so hilft das, die Idee zu bestätigen, dass wir die Leitung durch unsere Gefühle nicht unkritisch akzeptieren sollten und es uns helfen kann auszuwählen, von welchen Gefühlen wir Leitung annehmen wollen. Diese Unterscheidung vorzunehmen bedeutet, die berühmteste Idee des Buddhismus, die vom »Nicht-Ich«, auf strikt pragmatische Weise zu verstehen – ein Verständnis, das eine plausible Interpretation des Textes über das Nicht-Ich darstellt, die zweite Unterweisung des Buddha nach seiner Erleuchtung (siehe Kapitel 5).

7. Eine umfassendere und allgemeiner akzeptierte Interpretation der zweiten Unterweisung des Buddha – als Behauptung, dass das »Ich« einfach nicht existiert – ist auf unterschiedliche Weise in unterschiedlichen buddhistischen Texten zu finden. Eine übliche Auffassung – nämlich dass es kein Geschäftsführer-Ich gibt, kein Ich, dass der »Täter von Taten« und der »Denker von Gedanken« ist – wird substanziell von der modernen Psychologie bestätigt, die gezeigt hat, dass das bewusste Ich in unserem Verhalten sehr viel weniger die Zügel in der Hand hat, als es scheint. Eine Reihe von Psychologen, insbesondere Vertreter der evolutionären Psycholo-

gie, hängen einem »modularen« Modell des Geistes an, das weitgehend mit der Anschauung übereinstimmt, dass es kein Geschäftsführer-Ich gibt. Dieses Modell vermag eine verbreitete Wahrnehmung fortgeschrittener Meditierender zu erklären, nämlich dass »Gedanken sich selbst denken«. Unterm Strich wird das, was ich die »›innere‹ Version der Nicht-Ich-Erfahrung« nenne – eine Erfahrung, die Ihre »Eigentümerschaft« Ihrer Gedanken und Gefühle sowie die Existenz eines »Sie«, von dem Sie normalerweise glauben, es sei der Eigentümer dieser Dinge, infrage stellt – von der experimentellen Psychologie und von den vorherrschenden Vorstellungen davon, wie die natürliche Selektion den Geist gestaltet hat, bestätigt (siehe Kapitel 6, 7 und 8).

8. Was ich die »›äußere‹ Version der Nicht-Ich-Erfahrung« nenne – eine Empfindung, dass die das Ich umschließenden Grenzen sich aufgelöst haben und dass diese von Anfang an in einem gewissen Sinne illusorisch waren –, wird nicht in demselben Sinne empirisch und theoretisch bestätigt, wie ich es von der »inneren« Version der Nicht-Ich-Erfahrung behauptet habe. Ich würde in der Tat sagen, dass die äußere Version im Prinzip nicht auf dieselbe Weise bestätigt werden *kann* wie die innere Version, weil sie auf eine Behauptung hinausläuft, bei der es weniger um Psychologie als um Metaphysik geht (im Sinne des Wortes »Metaphysik«, wie es in der Hauptströmung der Philosophie und nicht in einem irgendwie exotischeren Sinne gebraucht wird). Zugleich legen aber Erwägungen aus der evolutionären Biologie auf eindeutige Weise nahe, dass man die Grenzen des Ich als willkürlich ansehen kann, was wiederum nahelegt, dass man die Empfindung einer Auflösung der Grenzen des Ich für nicht weniger zutreffend halten kann als unsere gewöhnliche Empfindung der Grenzen des Ich (siehe Kapitel 13 und 15).

9. Lassen wir einmal die *metaphysische* Gültigkeit unserer gewöhnlichen Ich-Empfindung und von Alternativen zu dieser gewöhnlichen Ich-Empfindung beiseite, so stellt sich noch die Frage nach der *moralischen* Gültigkeit. Insbesondere ob es mich der moralischen Wahrheit näherbringt, wenn eine Empfindung der Auflösung der Grenzen des Ich (womöglich einhergehend mit der »inneren« Version der Nicht-Ich-Erfahrung in Form einer reduzierten Identifikation mit eigensüchtigen Impulsen) zu einer weniger ausgeprägten Bevorzugung »meiner« Interessen gegenüber den Interessen anderer führt. Ich argumentiere, dass Erwägungen vonseiten der evolutionären Biologie eine Bejahung dieser Frage unterstützen (siehe Kapitel 15).

10. Die Intuition, dass Objekte und Lebewesen eine »Essenz« besitzen, ist nach der buddhistischen Lehre von der Leere eine Illusion. Genau genommen ist es eine Illusion, die von der natürlichen Selektion zur Identifikation der Bedeutung von Dingen im Hinblick auf die darwinistischen Interessen von Organismen, die die Wahrnehmung haben, bewerkstelligt wurde (siehe Kapitel 10 und 11). (Diese darwinistische Verteidigung des Konzepts der Leere unterscheidet sich stark von der traditionellen buddhistischen Verteidigung dieser Idee, ist aber dennoch damit vereinbar.) Eine Essenz in Dingen zu sehen führt nicht immer dazu, dass wir leiden oder anderen Leiden zufügen, aber es kann dies verursachen. Insbesondere eine »essenzialistische« Sicht anderer Menschen und anderer Gruppen von Menschen kann uns dazu bringen, ihr Leiden gutzuheißen oder es bewusst herbeizuführen (siehe Kapitel 12). So kann die Bewusstheit davon, dass Essenz ein Konstrukt der Wahrnehmung und nicht Realität ist, wertvoll sein, besonders wenn sie gepaart ist mit einer meditativen Praxis, die die Empfindung von Essenz dämpft oder es uns ermöglicht, sie selektiv zuzulassen. Fortgeschrittene

Meditierende, die berichten, dass sie ziemlich weitgehend eine Empfindung von Essenz verloren haben – das heißt, dass sie Leere oder Formlosigkeit ziemlich durchgängig wahrnehmen –, scheinen sehr glückliche und, nach meiner (begrenzten) Erfahrung, wohlwollende Menschen zu sein (siehe Kapitel 13).

11. Die vorangegangene Argumentation über Essenz und Essenzialismus ist eine Illustration der breiteren Behauptung, dass die Welt nicht klar zu sehen nicht nur zu unserem eigenen Leiden führen kann, sondern auch zu schlechtem Verhalten in dem Sinne, dass man anderen Menschen unnötig Leiden zufügt. Oder um dem Ganzen einen positiveren Dreh zu geben: Die Welt klarer zu sehen kann Sie nicht nur glücklicher, sondern auch moralischer machen. Dies ist allerdings kein *garantiertes* Ergebnis. Es hat sehr gut meditierende Leute gegeben, die (anscheinend) sehr glückliche und (offensichtlich) sehr schlechte Menschen waren. Dennoch gibt es eine genügend enge Verbindung zwischen der psychologischen Dynamik, die uns leiden lässt, und der psychologischen Dynamik, die uns dazu bringt, uns schlecht gegenüber anderen Menschen zu verhalten, sodass das buddhistische Rezept zur Verringerung oder Beendigung des Leidens uns tendenziell nicht nur zu glücklicheren, sondern auch zu besseren Menschen macht. Dass dieser moralische Fortschritt nicht garantiert werden kann, ist ein Grund dafür, dass die Meditationsunterweisungen typischerweise mit der Art von ethischen Unterweisungen verbunden werden, die im Buddhismus eine so wichtige Rolle spielen (siehe Kapitel 16).

12. Viele buddhistische Lehren, einschließlich einiger der hier aufgelisteten, ließen sich unter der Rubrik »Bewusstheit der Konditionierung« zusammenfassen, wobei »Konditionierung« grob gesagt »Ursachen« bedeutet. Zur Achtsamkeits-

meditation gehört eine verstärkte Aufmerksamkeit auf die Dinge, die unser Verhalten verursachen – Aufmerksamkeit darauf, wie Wahrnehmungen unsere inneren Zustände beeinflussen und wie bestimmte innere Zustände zu anderen inneren Zuständen sowie Verhaltensweisen führen. Diese Aufmerksamkeit schließt eine Bewusstheit der kritischen Rolle ein, die Gefühle in dieser Kette von Einflüssen zu spielen scheinen: eine Rolle, die die natürliche Selektion gestaltet hat, welche Gefühle darauf geeicht hat, eine Rolle bei der Programmierung unseres Gehirns zu spielen. Ein wichtiger Aspekt ist, dass die meditativen Praktiken, die uns diese Ketten der Beeinflussung bewusst machen, uns auch dazu ermächtigen, einzuschreiten und diese Muster der Beeinflussung zu verändern. Zu einem großen Ausmaß ist es das, was die buddhistische Befreiung darstellt: eine ziemlich wörtliche Befreiung von den Ketten an Einflüssen, die uns zuvor gebunden hatten und für dir wir zuvor blind gewesen sind (siehe Kapitel 14).

Dies sind also einige der hauptsächlichen Überlegungen, die, wie ich hoffe, die Aussage rechtfertigen, dass Buddhismus wahr ist und warum er wirkt. Wenn Sie jedoch die kürzeste Version meiner Antwort darauf hören wollen, warum der Buddhismus wahr ist, so ist dies Folgendes: Weil wir Tiere sind, die von der natürlichen Selektion geschaffen wurden – die natürliche Selektion hat Neigungen in unser Gehirn eingebaut, die von den frühen buddhistischen Denkern erstaunlich gut eingeschätzt wurden, wenn man bedenkt, welch magere wissenschaftliche Ressourcen ihnen zur Verfügung standen. Heute, im Licht des modernen Verständnisses der natürlichen Selektion und des Verständnisses des menschlichen Gehirns, das die natürliche Selektion hervorgebracht hat, können wir eine neue Art von Verteidigung dieser Einschätzung liefern.

Eine Anmerkung zur Terminologie

Wenn man ein Buch über den Buddhismus schreibt, sieht man sich mit einer Anzahl von Entscheidungen im Hinblick auf die Terminologie konfrontiert. Zuerst einmal ist da die Frage von Sanskrit versus Pali. In der westlichen Literatur werden buddhistische Termini gewöhnlich in einer dieser beiden alten Sprachen wiedergegeben (obwohl es auch alte buddhistische Texte in anderen asiatischen Sprachen gibt). Einige Autoren von Büchern über den Buddhismus wählen die eine oder die andere Sprache und bleiben dabei. Das ist nicht der Weg, den ich gewählt habe, und ich denke, ich sollte erklären, warum.

Das erste große buddhistische Konzept, das dieses Buch ausführlich behandelt, »Nicht-Ich«, wird stärker im Theravada-Buddhismus betont als in der anderen Hauptströmung, dem Mahayana-Buddhismus. Der Theravada-Kanon ist in Pali geschrieben, deshalb fühlt es sich natürlich an, Nicht-Ich als *anatta* wiederzugeben und nicht mit dem Sanskrit-Begriff *anatman*. Doch das zweite große buddhistische Konzept, mit dem das Buch sich auseinandersetzt, »Leere«, wird stärker in der Mahayana-Tradition betont, und deshalb wird der Begriff in Sanskrit wiedergegeben als *shunyata* (statt Pali *sunnata*). Und einige Schlüsseltermini, die in beiden Traditionen eine große Rolle spielen, sind im Westen hauptsächlich in ihrer Sanskrit-Form bekannt geworden, insbesondere »Nirwana« und »Dharma« beziehungsweise *dharma* (statt Pali *nibbana* und *dhamma*). Also habe ich hier die Sanskrit-Form gewählt.

Nachdem ich mich entschlossen hatte, sowohl Sanskrit als auch Pali zu verwenden, sah ich mich mit Grenzfällen konfrontiert, in denen es kein besonders starkes Argument für eine der beiden Sprachen gab. Ich werde Sie nicht damit langweilen, die Gründe für jede Entscheidung hier anzuführen. In manchen Fällen habe ich mehr oder weniger eine Münze geworfen.

Was *sutra* (Sanskrit) versus *sutta* (Pali) angeht, habe ich beide Möglichkeiten gewählt, abhängig davon, ob der fragliche Text stärker mit der Mahayana- oder der Theravada-Tradition verbunden wird. Doch dieses Problem stellt sich stärker in den Anmerkungen und der Bibliografie als im Text des Buches selbst, weil ich im Text tendenziell das Wort »Unterweisung« oder »Darlegung« verwendet habe statt *sutra* (oder *sutta*). Ein Grund hierfür ist, dass, wie ich denke, das Wort *sutra* in manchen Kreisen die Bedeutung einer Art von Gedicht oder einer Reflexion angenommen hat statt die einer Argumentation. Und im Großen und Ganzen bringen die buddhistischen Texte, auf die ich mich konzentriert habe, Argumente vor. Es sind vielleicht keine Argumente im modernen Sinn des Wortes – wobei alle Termini definiert sind und jeder Schritt in der Argumentation klar umrissen ist –, aber sie vertreten Thesen über Psychologie und Philosophie und geben Gründe für sie an. Und mit diesen Thesen beschäftigt sich dieses Buch vor allem.

Schließlich benutze ich das Wort »Erleuchtung« sehr oft. Und eigentlich wäre »Erwachen« eine wörtlich genauere Übersetzung des alten Begriffs, der im Allgemeinen als »Erleuchtung« übersetzt wird. Dieser Begriff ist sowohl die Wurzel von »der Buddha« (»der Erwachte«) sowie des Namens des Baumes, »des Bodhi-Baums«, unter dem der Buddha sein großes Erwachen erlebt haben soll. »Erwachen« hat sicherlich seinen Reiz als eine Übersetzung, wenn man bedenkt, dass wir nach buddhistischer Vorstellung gewöhnlich in einer Form von Verblendung leben, die einer Art von Traumwelt gleichkommt – und angesichts der Tatsache, dass ich das Buch damit beginne, mir diese Idee zu eigen zu machen. Gleichzeitig jedoch impliziert das buddhistische Erwachen trotz der metaphorischen Angemessenheit des

Begriffs mehr als ein bloßes Aufwachen; es muss tatsächliche Erleuchtung geben in dem Sinn des oft mühsamen Begreifens einiger schwer fassbarer Wahrheiten über die Welt. Nicht umsonst hat der englische Begriff *enlightenment* für »Erleuchtung« noch eine andere relevante Dimension, er bezeichnet das Zeitalter der »Aufklärung«, in dem der Westen eine entscheidende Kehrtwendung hin zur rationalen Analyse gemacht hat.

Dank

Der Meditationslehrer Daniel Ingram hat ein Buch mit dem Titel *Mastering the Core Teachings of the Buddha* geschrieben; gleich darunter steht auf der Titelseite »Von dem Interdependenten Universum«. Nachdem die Urheberschaft derart zugeschrieben wurde, findet sich darunter dann eine konventionellere Zuschreibung – Ingrams Name. Das ist ein Insiderwitz, eine Anerkennung der Tatsache, dass man sich nach der buddhistischen Philosophie die Früchte der eigenen Arbeit am besten nicht als die Früchte der eigenen Arbeit zuschreibt. Sie sind am besten als das Produkt aller möglichen Einflüsse beschrieben, denen man im Lauf der Jahre ausgesetzt war – so vieler Einflüsse, dass es keine praktische Hoffnung gibt, sie tatsächlich alle zu identifizieren.

Ich werde dennoch mein Bestes tun.

Zuerst einmal bin ich der Princeton University Dank schuldig. Kurz nachdem ich begonnen hatte, dieses Buch zu schreiben, begann ich, an dieser Universität ein Seminar für Studienanfänger mit dem Titel »Wissenschaft und Buddhismus« zu geben. Für zwei aufeinanderfolgende Jahre hatte ich das Glück, einen Raum voller neugieriger und herausfordernder Studenten zu haben, die mir nicht nur halfen, mein Denken über dieses Thema zu klären und zu organisieren, sondern die mich auch optimistischer in die Zukunft blicken ließen. Princeton unterstützte mich außerdem bei der Entwicklung einer Onlineversion des Seminars mit dem Titel »Buddhismus und moderne Psychologie«, die gratis auf der Coursera-Plattform angeboten wurde, was es mir erlaubte, Zehntausende von zusätzlichen Studenten zu erreichen, deren Energie und Neugier, die selbst auf die Entfernung spürbar waren, einen Segen darstellten. All dies war nur durch die andauernde

Unterstützung von Clayton Mars und die anfängliche Ermutigung von Shirley Tilghman möglich. In dieser Zeit erhielt ich wesentliche Hilfe von anderen in Princeton, einschließlich Jeff Himpele, Laura Shaddock, Lisa Jackson, Jim Grassi, Mona Fixdal und Shakuntala Sanyal. Rachel Connor und David Nowakowski, damals gerade Studenten jeweils in Psychologie und Philosophie, erwiesen sich als exzellente Forschungsassistenten bei der Vorbereitung des Onlinekurses, und in dieser Rolle gaben sie mir Feedback zu Teilen einer noch unausgereiften Fassung dieses Buches.

Nach meiner Zeit als Dozent an der Princeton University wurde ich Gastprofessor für Wissenschaft und Religion am Union Theological Seminary in New York, wo ich durch ein großzügiges Stipendium von der John Templeton Foundation unterstützt wurde. Am Union Theological Seminary – einer der wichtigsten zutiefst überkonfessionellen Hochschulen in der spirituellen Geschichte Amerikas und einem der freundlichsten Orte auf dem Planeten – fand ich die Unterstützung von Kollegen, die mein Interesse an östlicher Philosophie teilten, insbesondere John Thatamanil, Greg Snyder, Chung Hyuh Kyung und Paul Knitter. Ich profitierte auch von Diskussionen mit Studenten des Seminars, denen ich es auferlegt hatte, die Entwürfe mehrerer Kapitel dieses Buches durchzuarbeiten: Andre Daughtry, Guthrie Graves-Fitzsimmons, Kate Newell, Duke Kwadwo Yeboah, Isabel Mares, Julio Torres und Carole Wilkins. Und all dies geschah mit der kontinuierlichen Unterstützung des Präsidenten der Universität, Serene Jones (der, unter anderen Errungenschaften, gerade einen Studiengang in Buddhismus an der Union eingeführt hat), und des Vizepräsidenten Fred Davie.

Eine Reihe von Menschen mit relevanter Expertise erklärte sich großzügig bereit, das ganze Manuskript oder Teile davon zu lesen und mir Feedback zu geben. Äußerst dankbar bin ich Miri Albahari, Stephen Asma, Paul Bloom, Bhikkhu Bodhi, Susan

Gelman, Joseph Goldstein und Scott Barry Kaufman. Besonders umfassendes Feedback erhielt ich von drei Menschen: Josh Summers, dem ich bei meiner ersten Meditationsklausur begegnet war, Jonathan Gold, dessen ausgezeichnetes Buch über den buddhistischen Philosophen Vasubandhu mit dem Titel *Paving the Great Way* ebenfalls hilfreich war, und Philip Menchaca, der mir auch sehr bei verschiedenen anderen Projekten am Union Theological Seminary geholfen hat. (Bhikkhu Bodhi verdient eine zweite Erwähnung, da er mich per Skype und E-Mail geduldig und fröhlich durch Probleme der Übersetzung und Interpretation geführt hat, die von einigen der alten Texte aufgeworfen wurden, auf die dieses Buch sich bezieht.) Reid Hoffman und Ben Casnocha waren liebenswürdige Gastgeber für einige Zusammenkünfte, die wertvolles Feedback zu den Ideen in diesem Buch lieferten.

Viele Gelehrte, Meditationslehrer und Mönche führten hilfreiche Gespräche mit mir. Ich werde mich nicht mehr bemühen, denen zu danken, die in diesem Buch bereits erwähnt werden. Aber zusätzlich zu diesen waren Shinzen Young, Jay Michaelson, Sharon Street, Kenneth Folk, Daniel Ingram, Buzzy Teiser, Erik Braun, Vincent Horn, Annabella Pitkin, Dale Wright, David Yaden und Miguel Farias eine große Hilfe. Die meisten dieser Gespräche fanden auf meaningoflife.tv statt, einer Plattform, die durch die Arbeit von Aryeh Cohen-Wade, Brian Degenhart, Nikita Petrov, Brenda Talbot und dem zuvor bereits erwähnten Philip Menchaca aufgebaut und aufrechterhalten wurde.

Ich habe insgesamt sieben Wochen in Retreats für schweigende Meditation bei der Insight Meditation Society verbracht, deren Belegschaft immer so hilfreich und unterstützend ist, dass sie eine lebende Reklame für den Buddhismus darstellt. Ich wäre gern in der Lage, sie alle beim Namen zu nennen, aber es ist typisch für ein Retreat in schweigender Meditation, dass man nicht viele persönliche Details über die Menschen erfährt, die man dort sieht. Natürlich kenne ich die Namen von Joseph Goldstein und Sharon Salzberg – beide Mitbegründer der IMS –, und ich bin beiden sehr dankbar für erhellende Gespräche, die fast 15 Jahre zurückreichen.

Bei dem Verlag Simon & Schuster erhielt ich frühe und unerschütterliche Anleitung durch meine Lektorin Priscilla Painton. Sie war immer verfügbar, wenn ich sie brauchte, und ich brauchte sie oft. Priscillas Assistentin Megan Hogan handhabte verschiedene Schwierigkeiten mit großem Geschick und, wo nötig, viel Diplomatie. Judith Hoover, der das Korrekturlesen des Textes oblag, studierte diesen sehr genau und tat den Lesern den Gefallen, die Häufigkeit einiger meiner leidigen literarischen Tics zu reduzieren. Als das Buch in das Stadium der Produktion kam, lag die Last meiner Vorliebe, immer weiter zu fiedeln, größtenteils auf den Schultern von Alex Su, der sie mit einer Fröhlichkeit trug, die stets hilfreicher war, als ihm bewusst wurde. Bei Simon & Schuster verdienen es außerdem Cary Goldstein, Nicole McArdle, Richard Rhorer, Alison Forner, Erin Reback und last, but not least Jon Karp, genannt zu werden. Mein Agent Rafe Sagalyn hat mir wieder einmal gute Führung auf dem ganzen Weg vom Entwurf des Buches bis zur Veröffentlichung gegeben.

Aus meinem näheren Umkreis möchte ich meinen Hunden Frazier und Milo dafür danken, dass sie in den »Bürostunden«-Videos, die ich als Teil des zuvor erwähnten Onlinekurses drehte, auftraten, und auch dafür, dass sie mich trösteten, wenn ich es nötig hatte. Meine beiden Radfahrkameraden John McPhee und Steve Kruse sagten manchmal hilfreiche Dinge über das Buch, wenn sie mir nicht gerade halfen, indem sie mich auf andere Gedanken brachten. Meine beiden Töchter Margaret und Eleanor waren während meiner gesamten Karriere als Schriftsteller tolerant und sind, während sie aufwuchsen, zu zuverlässigen Quellen von Feedback aller Art zu mit den Büchern verbundenen – aber auch zu nicht mit den Büchern verbundenen – Problemen gewesen. Zudem sind sie einfach großartig. (Wenn erleuchtet zu sein bedeuten müsste, keine »Essenz von wundervoller Tochter« zu sehen, wenn ich sie anschaue, dann bin ich froh, keine Erleuchtung erlangt zu haben!) Zuletzt und vor allem möchte ich meiner Frau Lisa danken, die jedes Wort dieses Buches mehr als einmal gelesen hat und die deshalb verantwortlich für alle Irrtümer und Auslassungen ist. Scherz beiseite. Tatsächlich ist sie verantwortlich dafür, dass dieses Buch an vielen Stellen viel klarer und besser ist, als es ohne Ihr Feedback gewesen wäre. Während der vergangenen drei Jahrzehnte habe ich nichts mit einer dankbareren Empfindung von Erleichterung erfahren, als wenn Lisa etwas las, was ich geschrieben hatte, und mir dann sagte, es verlange keine weitere Arbeit – auch wenn ich tief in meinem Inneren weiß, dass sie charakteristischerweise viel zu nachsichtig mit mir ist.

Literatur

Albahari, Miri. 2006. *Analytical Buddhism. The Two-tiered Illusion of Self*. Palgrave Macmillan.

Alicke, Mark, M. L. Klotz, David Breitenbecher, Tricia Yurak und Debbie Vrendenburg.1995. »Personal Contact, Individuation, and the Better-Than-Average Effect.« *Journal of Personality and Social Psychology* 68 (5): S. 804–825.

Allison, Scott, David Messick, und George Goethals. 1989. »On Being Better but not Smarter Than Others.« *Social Cognition* 7 (3): S. 275–296.

Amaro Bhikkhu. 2002. *Small Boat, Great Mountain*. Abhayagiri Monastery.

Ambady, Nalini, und Robert Rosenthal. 1992. »Thin Slices of Expressive Behavior as Predictors of Interpersonal Consequences. A Meta-analysis.« *Psychological Bulletin* 111 (2): S. 256–274.

Andrews-Hanna, Jessica, Jay Reidler, Jorge Sepulcre, Renee Poulin und Randy Buckner. 2010. »Functional-Anatomic Fractionation of the Brain's Default Network.« *Neuron* 65: S. 550–562.

Asma, Stephen. 2014. »Monsters on the Brain: An Evolutionary Epistemology of Horror.« *Social Research* 81 (4): S. 941–968.

Barash, David. 2013. *Buddhist Biology*. W. W. Norton.

Bargh, John. 2011. »Unconscious Thought Theory and Its Discontents: A Critique of the Critiques.« *Social Cognition* 29 (6): S. 629–647.

Barkow, Jerome. 1989. *Darwin, Sex, and Status*. University of Toronto Press.

Batchelor, Stephen. 1998. *Buddhism Without Beliefs. A Contemporary Guide to Awakening*. Riverhead Books. (Dt. *Buddhismus für Ungläubige*.)

–, 2015. *After Buddhism. Rethinking the Dharma for a Secular Age*. Yale University Press. (Dt. *Jenseits des Buddhismus*.)

Beck, Aaron, und Gary Emery. 1985. *Anxiety Disorders and Phobias. A Cognitive Perspective*. Basic Books.

Bloom, Paul. 2010. *How Pleasure Works: The New Science of Why We Like What We Like*. W. W. Norton. (Dt.: *Sex, Kunst und Schokolade. Warum wir mögen, was wir mögen.*)

Bodhi, Bhikkhu. 1981. »The Buddha's Teaching as It Is.« Zehnteilige Vortragsreihe. http://www.buddhanet.net/audio-lectures.htm.

–, Übers. 2000. *The Connected Discourses of the Buddha. A Translation of the Samyutta Nikaya*. Wisdom Publications.

–, 2015. »Anatta as Strategy and Ontology.« *Investigating the Dhamma. A Collection of Papers by Bhikkhu Bodhi*. Buddhist Publication Society.

Brewer, Judson, Jake Davis und Joseph Goldstein. 2013. »Why Is It So Hard to Pay Attention, or Is It? Mindfulness, the Factors of Awakening and Reward-Based Learning.« *Mindfulness* 4 (1): S. 75–80.

Brewer, Judson, Sarah Mallik, Theresa Babuscio, Charla Nich, Hayley Johnson, Cameron Deleone, Candace Minnix-Cotton et al. 2011. »Mindfulness Training for Smoking Cessation: Results from a Randomized Controlled Trial.« *Drug and Alcohol Dependence* 119 (1/2): S. 72–80.

Brewer, Judson, Patrick Worhunsky, Jeremy Gray, Yi-Yuan Tang, Jochen Weber und Hedy Kober. 2011. »Meditation Experience Is Associated with Differences in Default Mode Network Activity and Connectivity.« *Proceedings of the National Academy of Sciences* 108 (50): S. 20254–20259.

Buddhaghosa, Bhadantacariya. 2010. *The Path of Purification*. Übers. v. Bhikkhu Nanamoli. Buddhist Publication Society.

Burtt, E. A., Hrsg. 1982. *The Teachings of the Compassionate Buddha*. New American Library.

Buss, David, und Lisa Dedden. 1990. »Derogation of Competitors.« *Journal of Social and Personal Relationships* 7: S. 395–422.

Conze, Edward. 1959. *Buddhism. Its Essence and Development*. Harper Torchbook. (Dt. *Der Buddhismus. Wesen und Entwicklung.*)

Conze, Edward, Übers. 1959. *Buddhist Scriptures*. Penguin.

Cosmides, Leda, und John Tooby. 2000. »Evolutionary Psychology and the Emotions.« In Michael Lewis und Jeannette M. Haviland-Jones, Hrsg. *Handbook of Emotions*. 2. Aufl. Guilford Press.

–, 2002. »Unraveling the Enigma of Human Intelligence. Evolutionary Psychology and the Multimodular Mind.« In Robert Sternberg und

James Kaufman, Hrsg. *The Evolution of Intelligence*. Lawrence Erlbaum Associates.

Danquah, Adam N., Martin Farrell und Donald O'Boyle. 2008. »Biases in the Subjective Timing of Perceptual Events: Libet et al. (1983) Revisited.« *Consciousness and Cognition* 17 (3): S. 616–627.

D'Argembeau, Arnaud, und Martial Van der Linden. 2008. »Remembering Pride and Shame: Self-Enhancement and the Phenomenology of Autobiographical Memory.« *Memory* 16 (5): S. 538–547.

Darley, John M., und C. Daniel Batson. 1973. »From Jerusalem to Jericho: A Study of Situational and Dispositional Factors in Helping Behavior.« *Journal of Personality and Social Psychology* 27 (1): S. 100–108.

Davidson, Richard J., und William Irwin. 1999. »The Functional Neuroanatomy of Emotion and Affective Style.« *Trends in Cognitive Sciences* 3 (1): S. 11–22.

de Silva, Padmasiri. 2000. *An Introduction to Buddhist Psychology*. 4. Auflage. Palgrave Macmillan.

Eagly, Alice, Richard Ashmore, Mona Makhijani und Laura Longo. 1991. »What Is Beautiful Is Good, But … A Meta-analytic Review of Research on the Physical Attractiveness Stereotype.« *Psychological Bulletin* 110 (1): S. 109–128.

Eckel, Malcolm David. 2001. »Buddhism.« *The Great Courses*. Audio-Vortrag.

Ekman, Paul, Richard Davidson, Matthieu Ricard und B. Alan Wallace. 2005. »Buddhist and Psychological Perspectives on Emotions and Well-Being.« *Current Directions in Psychological Science* 14 (2): S. 59–63.

Farb, Norman, Zindel Segal, Helen Mayberg, Jim Bean, Deborah McKeon, Zainab Fatima und Adam Anderson. 2007. »Attending to the Present. Mindfulness Meditation Reveals Distinct Neural Modes of Self-Reference.« *Scan* 2: S. 313–322.

Farias, Miguel, und Catherine Wikholm. 2015. *The Buddha Pill: Can Meditation Change You?* Watkins.

Feldman Barrett, Lisa. 1997. »The Relationships among Momentary Emotion Experiences, Personality Descriptions, and Retrospective Ratings of Emotion.« *Personality & Social Psychology Bulletin* 23 (10): S. 1100–1110.

Ferguson, M. J. 2007. »The Automaticity of Evaluation.« In J. Bargh,

Hrsg. *Social Psychology and the Unconscious. The Automaticity of Higher Mental Processes*. Psychology Press.

Freeman, Jonathan, Ryan Stolier, Zachary Ingbretsen und Eric Hehman. 2014. »Amygdala Responsivity to High-Level Social Information.« *Journal of Neuroscience* 34 (32): S. 10573–10581.

Gazzaniga, Michael. 2011. *Who's in Charge? Free Will and the Science of the Brain*. Ecco. (Dt.: *Die Ich-Illusion. Wie Bewusstsein und freier Wille entstehen*.)

Gelman, Susan. 2003. *The Essential Child: Origins of Essentialism in Everyday Thought*. Oxford University Press.

Gethin, Rupert. 1998. *The Foundations of Buddhism*. Oxford University Press.

Giner-Sorolla, Roger, Magda T. Garcia und John A. Bargh. 1999. »The Automatic Evaluation of Pictures.« *Social Cognition* 17 (1): S. 76–96.

Gold, Jonathan. 2014. *Paving the Great Way. Vasubandhu's Unifying Buddhist Philosophy*. Columbia University Press.

Goldstein, Joseph. 1987. *The Experience of Insight. A Simple and Direct Guide to Buddhist Meditation*. Shambhala Dragon Editions. (Dt.: *Vipassana-Meditation. Die Entfaltung der Bewusstseinsklarheit*.)

–, 2002. *One Dharma: The Emerging Western Buddhism*. Harper San Francisco. (Dt.: *Ein Dharma. Buddhismus im Alltag*.)

–, 2016. *Mindfulness. A Practical Guide to Awakening*. Sounds True. (Dt.: *Achtsamkeit. Eine praktische Anleitung zum Erwachen*.)

Goleman, Daniel. 1998. *The Meditative Mind. The Varieties of Meditative Experience*. G. P. Putnam's Sons. (Dt.: *Meditation. Wege nach innen*.)

Gopnik, Allison. 2009. »Could David Hume Have Known about Buddhism? Charles Francois Dolu, the Royal College of La Flèche, and the Global Jesuit Intellectual Network.« *Hume Studies* 35 (1/2): S. 5–28.

Greene, Joshua. 2013. *Moral Tribes: Emotion, Reason, and the Gap between Us and Them*. Penguin Press.

Greenwald, Anthony. 1980. »The Totalitarian Ego: Fabrication and Revision of Personal History.« *American Psychologist* 357: S. 603–618.

Griskevicius, Vladas, Noah Goldstein, Chad Mortensen, Jill Sundie, Robert Cialdini und Douglas Kenrick. 2009. »Fear and Loving in

Las Vegas. Evolution, Emotion, and Persuasion.« *Journal of Marketing Research* 46 (3): S. 384–395.

Gunaratan, Henepola. 1991. *Mindfulness in Plain English*. Wisdom.

Hanson, Rick, und Richard Mendius. 2009. *Buddha's Brain: The Practical Neuroscience of Happiness, Love, and Wisdom*. New Harbinger Publications.

Harman, Gilbert. 1999. »Moral Philosophy Meets Social Psychology: Virtue Ethics and the Fundamental Attribution Error.« *Proceedings of the Aristotelian Society* 99: S. 315–331, neue Serie.

Harris, Dan. 2014. *10 % Happier: How I Tamed the Voice in My Head, Reduced Stress without Losing My Edge, and Found Self-Help That Actually Works – A True Story*. Dey Street Books.

Harris, Sam. 2014. *Waking Up. A Guide to Spirituality Without Religion*. Simon & Schuster.

Harvey, Peter. 1995. *The Selfless Mind. Personality, Consciousness and Nirvana in Early Buddhism*. Routledge.

–, 2013. *An Introduction to Buddhism. Teachings, History and Practices*. 2. Auflage. Cambridge University Press.

Hastorf, Albert H., und Hadley Cantril. 1954. »They Saw a Game. A Case Study.« *Journal of Abnormal and Social Psychology* 49 (1): S. 129–134.

Holzel, Britta, Sara Lazar, Tim Gard, Zev Schuman-Olivier, David Vago und Ulrich Ott. 2011. »How Does Mindfulness Meditation Work? Proposing Mechanisms of Action from a Conceptual and Neural Perspective.« *Perspectives on Psychological Science* 6 (6): S. 537 ff.

Hume, David. 1984. *A Treatise of Human Nature*. Penguin. (Dt.: *Traktat über die menschliche Natur*.)

Ikemoto, Satoshi, und Jaak Panksepp. 1999. »The Role of Nucleus Accumbens Dopamine in Motivated Behavior. A Unifying Interpretation with Special Reference to Reward-Seeking.« *Brain Research Reviews* 31: S. 6–41.

Immerwahr, John. 1992. »Hume on Tranquilizing the Passions.« *Hume Studies* 18 (2): S. 293–314.

Ingram, Daniel. 2008. *Mastering the Core Teachings of the Buddha. An Unusually Hardcore Dharma Book*. Aeon Books. (Dt.: *Die Meisterung des Kerns der Lehre Buddhas. Ein ungewöhnliches hardcore Dharma-Buch*; Teilübersetzung.)

James, William. 1982. *The Varieties of Religious Experience*. Penguin. (Dt. *Die Vielfalt religiöser Erfahrung. Eine Studie über die menschliche Natur.*)

–, 2007. *The Principles of Psychology*, Bd. I. Cosimo Books.

Jarrett, Christian. 2016. »Neuroscience and Free Will Are Rethinking Their Divorce.« *New York Magazine*, 3. Februar.

Jarudi, Izzat, Tamar Kreps und Paul Bloom. 2008. »Is a Refrigerator Good or Evil? The Moral Evaluation of Everyday Objects.« *Social Justice Research* 21 (4): S. 457–469.

Jones, Edward, und Richard Nisbett. 1971. »The Actor and the Observer. Divergent Perceptions of the Causes of Behavior.« In Edward Jones, David Kanhouse, Harold Kelley, Richard Nisbett, Stuart Valins und Bernard Weiner, Hrsg. *Attribution. Perceiving the Causes of Behavior*. General Learning Press.

Kasulis, Thomas P. 1987. »Nirvana.« In Mircea Eliade, Hrsg. *The Encyclopedia of Religion*, Bd. 10. MacMillan.

Kelman, Herbert C. 2007. »Social-Psychological Dimensions of International Conflict.« In William Zartman, Hrsg. *Peacemaking in International Conflict*. US Institute of Peace.

Killingsworth, Matthew, und Daniel Gilbert. 2010. »A Wandering Mind Is an Unhappy Mind.« *Science* 330: S. 932.

Kim, B. Kyu, und Gal Zauberman. 2013. »Can Victoria's Secret Change the Future? A Subjective Time Perception Account of Sexual-Cue Effects on Impatience.« *Journal of Experimental Psychology. General* 142 (2): S. 328–335.

Knitter, Paul. 2009. *Without Buddha I Could Not Be a Christian*. Oneworld.

Knutson, Brian, Scott Rick, G. Elliott Wimmer, Drazen Prelac und George Loewenstein. 2007. »Neural Predictors of Purchases.« *Neuron* 53: S. 147–156.

Kornfield, Jack. 1993. *A Path with Heart: A Guide through the Perils and Promises of Spiritual Life*. Bantam Books. (Dt.: *Frag den Buddha und geh den Weg des Herzens. Was uns bei der spirituellen Suche unterstützt.*)

–, und Paul Breiter, Hrsg. 1985. *A Still Forest Pool. The Insight Meditation of Achaan Chah*. Quest Books. (Dt.: *Ein stiller Waldteich. Die Erkenntnismeditation.*)

Kuhn, Simone, und Marcel Brass. 2009. »Retrospective Construction

of the Judgement of Free Choice.« *Consciousness and Cognition* 18:
S. 12–21.

Kurzban, Robert. 2010. *Why Everyone (Else) Is a Hypocrite: Evolution
and the Modular Mind.* Princeton University Press.

Libet, Benjamin. 1985. »Unconscious Cerebral Initiative and the
Role of Conscious Will in Voluntary Action.« *Behavioral and Brain
Sciences* 8: S. 529–539.

Lieberman, Matthew. 2013. *Social. Why Our Brains Are Wired to Con-
nect.* Crown.

Litman, Jordan A. 2005. »Curiosity and the Pleasures of Learning.
Wanting and Liking New Information.« *Cognition and Emotion* 19
(6): S. 793–814.

Lucchelli, F., und H. Spinnler. 2007. »The Case of Lost Wilma. A
Clinical Report of Capgras Delusion.« *Neurological Science* 28:
S. 188–195.

Lutz, Antoine, John Dunne und Richard Davidson. 2007. »Meditation and the Neuroscience of Consciousness.« In Philip Zelazo,
Morris Moscovitch und Evan Thompson, Hrsg. *Cambridge Handbook of Consciousness.* Cambridge University Press.

Lutz, Antoine, Heleen Slagter, John Dunne und Richard Davidson.
2008. »Attention Regulation and Monitoring in Meditation.«
Trends in Cognitive Sciences 12 (4): S. 163–169.

Maner, Jon, Douglas Kenrick, D. Vaughn Becker, Theresa Robertson,
Brian Hofer, Steven Neuberg, Andrew Delton, Jonathan Butner
und Mark Schaller. 2005. »Functional Projection: How Fundamental Social Motives Can Bias Interpersonal Perception.« *Journal of
Personality and Social Psychology* 88 (1): S. 63–78.

Mars, Roger B., Franz-Xaver Neubert, Mary Ann P. Noonan, Jerome
Sallet, Ivan Toni und Matthew F. S. Rushworth. 2012. »On the
Relationship between the ›Default Mode Network‹ and the ›Social
Brain‹.« *Frontiers in Human Neuroscience* 6: S. 189.

McDonald, Michele. 2015. »R.A.I.N. D.R.O.P.« *Dharma Seed.* Lec-
ture, True North Insight, 28. August. http://dharmaseed.org/
teacher/126/talk/29234.

Mendis, N. K. G., Übers. 2010. »Anatta-Lakkhana Sutta. The Discourse on the Not-Self Characteristic.« (Samyutta Nikaya 22:59.)
Access to Insight. Readings in Theravada Buddhism. http://www.access
toinsight.org/tipitaka/sn/sn22/sn22.059.mend.html.

Mezulis, Amy H., Lyn Abramson, Janet Hyde und Benjamin Hankin. 2004. »Is There a Universal Positivity Bias in Attributions? A Meta-analytic Review of Individual, Developmental, and Cultural Differences in the Self-Serving Attributional Bias.« *Psychological Bulletin* 130 (5): S. 711–747.

Michaelson, Jay. 2013. *Evolving Dharma. Meditation, Buddhism and the Next Generation of Enlightenment.* Evolver Editions.

Miller, Timothy. 1994. *How to Want What You Have.* Henry Holt & Co.

Nanamoli, Bhikkhu, und Bhikkhu Bodhi, Übers. 1995. *The Middle Length Discourses of the Buddha. A Translation of the Majjhima Nikaya.* Wisdom Publications.

Nisker, Wes. 1998. *Buddha's Nature. A Practical Guide to Enlightenment through Evolution.* Bantam Books.

Oppenheimer, Mark. 2013. *The Zen Predator of the Upper East Side.* Atlantic Books.

Parfit, Derek. 1984. *Reasons and Persons.* Oxford University Press.

Pessiglione, Mathias, Liane Schmidt, Bogan Draganski, Raffael Kalisch, Hakwan Lau, Ray Dolan und Chris Frith. 2007. »How the Brain Translates Money into Force. A Neuroimaging Study of Subliminal Motivation.« *Science* 316: S. 904 ff.

Pessoa, Luiz. 2013. *The Cognitive-Emotional Brain. From Interactions to Integration.* MIT Press.

Pinker, Steven. 1997. *How the Mind Works.* W. W. Norton. (Dt.: *Wie das Denken im Kopf entsteht.*)

Plassmann, Hilke, John O'Doherty, Baba Shiv und Antonio Rangel. 2008. »Marketing Actions Can Modulate Neural Representations of Experienced Pleasantness.« *Proceedings of the National Academy of Sciences* 105 (3): S. 1050–1054.

Preston, Carolyn, und Stanley Harris. 1965. »Psychology of Drivers in Traffic Accidents.« *Journal of Applied Psychology* 49 (4): S. 264–268.

Pronin, Emily, Thomas Gilovich und Lee Ross. 2004. »Objectivity in the Eye of the Beholder: Divergent Perceptions of Bias in Self versus Others.« *Psychological Review* 111 (3): S. 781–799.

Pronin, Emily, Daniel Y. Lin und Lee Ross. 2002. »The Bias Blind Spot: Perceptions of Bias in Self versus Others.« *Personality and Social Psychology Bulletin* 28 (3): S. 369–381.

Rahula, Walpola. (1959) 1974. *What the Buddha Taught.* Grove Press. (Dt.: *Was der Buddha lehrt.*)

Romanes, George John. 1884. *Mental Evolution in Animals.* D. Appleton and Co.

Roney, James R. 2003. »Effects of Visual Exposure to the Opposite Sex. Cognitive Aspects of Mate Attraction in Human Males.« *Personality and Social Psychology Bulletin* 29: S. 393–404.

Sabini, John, Michael Siepmann und Julia Stein. 2001. »The Really Fundamental Attribution Error in Social Psychological Research.« *Psychological Inquiry* 12 (1): S. 1–15.

Salzberg, Sharon. 2002. *Lovingkindness. The Revolutionary Art of Happiness.* Shambhala Classics. (Dt. *Metta-Meditation. Buddhas revolutionärer Weg zum Glück.*)

–, 2003. *Faith. Trusting Your Own Deepest Experience.* Riverhead Books. (Dt.: *Vertrauen heißt, den nächsten Schritt zu tun. Mein spiritueller Weg.*)

Salzberg, Sharon, und Robert Thurman. 2013. *Love Your Enemies. How to Break the Anger Habit and Be a Whole Lot Happier.* Hay House. (Dt.: *Umarme deinen Feind. Buddhistische Techniken zur Befreiung von inneren und äußeren Widersachern.*)

Sample, Ian. 2014. »Curiosity Improves Memory by Tapping into the Brain's Reward System.« *Guardian,* 2. Oktober. http://www.theguardian.com/science/2014/oct/02/curiosity-memory-brain-reward-system-dopamine.

Sapolsky, Robert. 2005. »Biology and Human Behavior. The Neurological Origins of Individuality.« Audio-Vortrag. *The Great Courses.* 2. Ausgabe.

Sayadaw, Mahasi. 1965. *The Progress of Insight.* Übers. v. Nyānaponika Thera. Buddhist Publication Society.

Schultz, Wolfram. 2001. »Reward Signaling by Dopamine Neurons.« *Neuroscientist* 7 (4): S. 293–302.

–, Paul Apicella, Eugenio Scarnati und Tomas Ljungberg. 1992. »Neuronal Activity in Monkey Ventral Striatum Related to the Expectation of Reward.« *Journal of Neuroscience* 12 (12): S. 4595–4610.

Sedikides, Constantine, und Mark D. Alicke. 2012. »Self-Enhancement and Self-Protection Motives.« In Richard M. Ryan, Hrsg. *The Oxford Handbook of Human Motivation.* Oxford University Press.

Sedikides, Constantine, Lowell Gaertner und Jack L. Vevea. 2005. »Pancultural Self-Enhancement Reloaded: A Meta-analytic Reply to Heine.« *Journal of Personality and Social Psychology* 89 (4): S. 539–551.

Seligman, Martin. 2002. *Authentic Happiness. Using the New Positive Psychology to Realize Your Potential for Lasting Fulfillment*. Free Press. (Dt.: *Der Glücks-Faktor. Warum Optimisten länger leben.*)

Siderits, Mark, Evan Thompson und Dan Zahavi, Hrsg. 2001. *Self, No Self? Perspectives from Analytical, Phenomenological, and Indian Traditions*. Oxford University Press.

Sidgwick, Henry. 1884. *The Methods of Ethics*. MacMillan and Co. (Dt. *Die Methoden der Ethik.*)

Smith, Rodney. 2014. *Awakening: A Paradigm Shift of the Heart*. Shambhala.

Stein, Rob. 2013. »Gut Bacteria Might Guide the Workings of Our Minds.« NPR. 18. November. http://www.npr.org/blogs/health/2013/11/18/244526773/gut-bacteria-might-guide-the-workings-of-our-minds.

Thanissaro Bhikkhu, Übers. 1997. »Bahuna Sutta. To Bahuna« (Anguttara Nikaya 10:81). *Access to Insight. Readings in Theravāda Buddhism*. http://www.accesstoinsight.org/tipitaka/an/an10/an10.081.than.html.

–, Übers. 2012. »Cula-Saccaka Sutta: The Shorter Discourse to Saccaka« (Majjhima Nikaya 35). *Access to Insight. Readings in Theravāda Buddhism*. http://www.accesstoinsight.org/tipitaka/mn/mn.035.than.html.

–, 2013. »The Not-Self Strategy.« *Access to Insight. Readings in Theravāda Buddhism*. http://www.accesstoinsight.org/lib/authors/thanissaro/notselfstrategy.pdf.

Thera, Nyānaponika, Übers. 2007. »Freed of Fivefold Fear« (Anguttara Nikaya 9:5). *Access to Insight. Readings in Theravāda Buddhism*. http://www.accesstoinsight.org/lib/authors/nyanaponika/wheel238.html.

Thera, Soma, Übers. 2013. »The Way of Mindfulness. The Satipatthana Sutta and Its Commentary.« *Access to Insight. Readings in Theravāda Buddhism*. http://www.accesstoinsight.org/lib/authors/soma/wayof.html.

Wall, R., J. F. Cryan, R. P. Ross, G. F. Fitzgerald, T. G. Dinan und C.

Stanton. 2014. »Bacterial Neuroactive Compounds Produced by Psychobiotics.« *Advances in Experimental Medicine and Biology* 817: S. 221–239.

Weber, Gary. 2007. *Happiness Beyond Thought. A Practical Guide to Awakening.* iUniverse.

Wilson, Margo, und Martin Daly. 2004. »Do Pretty Women Inspire Men to Discount the Future?« *Proceedings of the Royal Society of London B (Suppl.)* 271: S. 177 ff.

Wright, Dale S. 2016. *What Is Buddhist Enlightenment?* Oxford University Press.

Wright, Robert. 1994. *The Moral Animal. Evolutionary Psychology and Everyday Life.* Pantheon. (Dt.: *Diesseits von Gut und Böse. The moral animal. Die biologischen Grundlagen unserer Ethik.*)

–, 2000. *Nonzero. The Logic of Human Destiny.* Pantheon.

Yongey Mingyur, Rinpoche, und Eric Swanson. 2007. *The Joy of Living.* Three Rivers Press. (Dt.: *Buddha und die Wissenschaft vom Glück. Ein tibetischer Meister zeigt, wie Meditation den Körper und das Bewusstsein verändert.*)

Zajonc, R. B. 1980. »Feeling and Thinking: Preferences Need No Inferences.« *American Psychologist* 35 (2): S. 151–175.

Anmerkungen

1 Wright 1994.

2 Zur Affen-Dopamin-Studie siehe Schultz 2001 und Schultz et al. 1992.

3 Auch wenn eine Erhöhung des Dopaminspiegels oft den Genuss begleitet, glauben viele Forscher heute, dass Dopamin den Genuss nicht *verursacht*, sondern ihn vielmehr aus anderen Gründen begleitet und dass es unmittelbarer mit der Erwartung von und dem Verlangen nach Genuss zu tun hat als mit der Erfahrung von Genuss *per se*. Für uns ist an dieser Stelle die Hauptsache, dass, aus welchem Grund auch immer, die Abnahme des Dopamins vermutlich eine Abnahme des Genusses widerspiegelt, während die Affen sich an den süßen Saft gewöhnen (eine Vermutung, die mit der allgemeinen menschlichen Erfahrung übereinstimmt, dass der Genuss nachlässt, wenn angenehme Reize wiederholt werden). Und die von dem Licht ausgelöste Zunahme von Dopamin reflektiert vermutlich eine erhöhte Erwartung von Genuss. Tatsächlich kann nach dem gegenwärtigen Stand der Forschung das Dopamin kausal mit dem subjektiven Phänomen verbunden sein und nicht nur als Begleiterscheinung auftreten.

4 Yongey Mingyur und Swanson 2007, S. 250.

5 In verschiedenen buddhistischen Schulen ist vom »reaktiven« und vom »schöpferischen« Geist die Rede. Wir lassen uns entweder von Impulsen und Neigungen leiten (wir reagieren) oder entscheiden uns bewusst (wir agieren). Der reaktive Geist ist das gewöhnliche, alltägliche Bewusstsein. Er ist von äußeren Reizen abhängig und unfrei, er reagiert meist unbewusst in mechanischer Weise und in ständigen Wiederholungen (siehe zum Beispiel www.triratna-buddhismus.de/fileadmin/user_upload/Texte/Sangharakshita_schoepferische_und_reaktiver_Geist.pdf).

6 Aus Gründen, auf die ich im 13. Kapitel zurückkommen werde, schließt der Begriff »Leere« im Mahayana-Buddhismus das

Konzept des Nicht-Ich mit ein. Doch im Theravada-Buddhismus wird das Nicht-Ich typischerweise getrennt von einer umfassenderen Vorstellung von Leere behandelt (einer Vorstellung, die im Denken des Theravada ohnehin nicht besonders wichtig ist). In diesem Buch verwende ich die Begriffe »Nicht-Ich« und »Leere« so, als würden sie sich nicht überschneiden. »Leere« wird in einem engeren Sinne verwendet als in der Mahayana-Tradition und bezieht sich nur auf die Welt »da draußen«.

7   Romanes 1884, S. 108.

8   Siehe Wright 1994, Kapitel 7. Was eine Einführung in die Logik der Evolutionspsychologie im Allgemeinen angeht, siehe Wright 1994 und Pinker 1997.

9   Einige Philosophen vertreten die Ansicht, dass Gefühle Organismen tatsächlich niemals dazu bringen, etwas zu tun. Dem liegt die »Epiphänomenalismus« genannte Idee zugrunde, dass die subjektive Erfahrung vom physischen Funktionieren des Organismus beeinflusst wird, sie aber nie dieses Funktionieren beeinflusst. Wenn die epiphänomenalistische Anschauung zutreffend ist, dann kann die Art und Weise, auf die ich die primäre Funktion von Gefühlen beschrieben habe – den Organismus dazu zu bringen, sich dem anzunähern, was gut für ihn ist, und das zu meiden, was schlecht für ihn ist –, streng genommen nicht richtig sein. (In der Tat ist die Existenz von Gefühlen aus epiphänomenalistischer Sicht so etwas wie ein Rätsel, weil sie keine offensichtliche Funktion haben.) Doch selbst wenn das so ist, kann man wohl sagen, dass zum Beispiel unangenehme Gefühle Verhaltensweisen *begleiten*, die den Organismus dazu bringen, Dinge zu meiden, die schlecht für ihn sind, und somit *anzeigen*, dass Aversion aus der »Sicht« der natürlichen Selektion angemessen ist. In diesem Sinne ist die *Bedeutung* von Gefühlen in der epiphänomenalistischen Anschauung im Wesentlichen dieselbe wie in anderen Sichtweisen des Bewusstseins. Und nebenbei gesagt: Sollte die epiphänomenalistische Anschauung richtig sein, dann müsste viel von dem, was Verhaltenswissenschaftler über Gefühle sagen – wenn sie behaupten oder implizieren, dass Gefühle eine Funktion haben –, genau genommen falsch sein. Demnach müsste die Literatur der Verhaltenswissenschaften eigentlich mit

Gegenerklärungen wie dieser hier gespickt sein. Doch um es nochmals zu sagen: Solche Gegenerklärungen unterminieren die begleitende Analyse nicht grundlegend.

10 Gazzaniga 2011.

11 Gazzaniga 2007.

12 Beck und Emery 1985, S. 4.

13 Studien zum Default Mode Network siehe: Brewer, Worhunsky et al. 2011, Andrews-Hanna et al. 2010, Farb et al. 2007, Holzel et al. 2011, Lutz et al. 2008 sowie Davidson und Irwin 1999.

14 Brewer, Worhunsky et al. 2011.

15 Der entsprechende Pali-Begriff *samâdhi* wird nicht nur als »Sammlung« oder »Versenkung« übersetzt, sondern häufig (und auch im englischen Original) als »Konzentration« (*concentration*). Da der Begriff »Konzentration« (zumindest im Deutschen) leicht den irrtümlichen Eindruck erweckt, es handle sich hierbei um eine Art besonderer mentaler »Anstrengung«, werden in dieser Übersetzung *überwiegend* die zutreffenderen Begriffe »Sammlung« oder »Versenkung« verwendet (Anm. d. Übers.).

16 Es gibt einen Begriff, der als »in dieser Welt« oder »in ebendiesem Leben« zu übersetzen wäre und der gelegentlich als »hier und jetzt« übertragen wird, aber im Kontext bezieht er sich auf die Zeit, zu der sich die Wohltaten eines bestimmten Maßes an meditativer Verwirklichung einstellen werden – das heißt im Verlauf dieses Lebens und nicht erst nach dem Tod –, und er ist nicht Teil der Unterweisungen zur Verwirklichung von Achtsamkeit.

17 In der buddhistischen Literatur finden sich unterschiedliche Darstellungen dessen, was es bedeuten würde, erleuchtet zu sein (oder »erwacht« zu sein, was eine wörtlichere Übersetzung des Begriffs ist, der gewöhnlich als »erleuchtet« übersetzt wird; sehen Sie dazu »Eine Anmerkung zur Terminologie« weiter oben im Anhang dieses Buches). Doch zu den am häufigsten angeführten Elementen der Erleuchtung gehört die Auflösung dieser beiden Illusionen. Wie wir im 13. Kapitel sehen werden, ist ein weiteres häufig zitiertes Element der Erleuchtung – die Überwindung von *tanha* oder Gier – so eng mit der Auflösung dieser beiden Illusionen verknüpft, dass es mehr oder weniger gleichbedeutend damit ist.

18 Je nach Kontext und zitierter Übersetzung wird der Pali-Begriff

anatta als »Nicht-Ich« oder »Nicht-Selbst« übersetzt. Die beiden Übertragungen sind praktisch gleichbedeutend, und der Übersetzer dieses Buches hat sich in den meisten Fällen für »Nicht-Ich« entschieden.

19 In einem alten Kommentar zu einem buddhistischen Text findet sich die folgende Beobachtung: »Vergänglichkeit ist offensichtlich wie (zum Beispiel) bei einem Teller, der hinfällt und zerbricht ... Leid ist offensichtlich, wie (zum Beispiel) bei einem Furunkel, das auf dem Körper erscheint ... die Eigenschaft des Nicht-Selbst ist nicht offensichtlich.« Siehe Buddhaghosa 2010, S. 667.

20 Kornfield und Breiter, Hrsg. 1985, S. 173.

21 Übersetzung von Rev. Dhammankara. Siehe https://www.unter-dem-bodhibaum.org/wp-content/uploads/2016/07/was_der_buddha_lehrt.pdf.

22 Übersetzung von Ven. Nyanatiloka, bearbeitet von Ven. Nyanaponika; die folgenden Zitate aus diesem Text stammen aus dieser Übersetzung. Siehe http://www.dbhv.de/DhammaKreis/S22.59_Anattalakkhana_25.09.16_Kom.CL.pdf.

23 Wenn der Buddha über unsere Unfähigkeit spricht, »Gefühle« zu kontrollieren, dann spricht er nicht von unseren Emotionen. In der buddhistischen Psychologie bezieht sich »Gefühl« auf die Gefühlsfärbung – positiv, negativ oder neutral. Allerdings kann diese Gefühlsfärbung Emotionen *begleiten* (so wie sie Wahrnehmungen und andere mentale Phänomene begleiten kann) und ihnen damit die Eigenschaft verleihen, angenehm oder unangenehm oder neutral zu sein. Wenn wir also unfähig sind, zum Beispiel Angst aufzulösen, dann illustriert das, was der Buddha hier zum Ausdruck bringen will: Ist es uns nicht möglich, die Angst zu vertreiben, dann gelingt es uns nicht, das vorherrschend unangenehme Gefühl aufzulösen, das die Angst begleitet. Rein technisch gesehen würde die Angst zu der Daseinsgruppe der »Geistformationen« und nicht der Gefühle gehören. Unsere Unfähigkeit, Angst zu vertreiben, illustriert somit auch, was der Buddha betont, wenn er sagt, dass die Geistformationen sich unserer Kontrolle entziehen.

24 Am Ende der Darlegung, nachdem der Buddha die Daseinsgruppen eine nach der anderen durchgegangen ist, hat er infrage

gestellt, ob unser gesamtes System unter Kontrolle ist. Und wenn unser System nicht unter Kontrolle ist, so könnte man argumentieren, wie könnte es dann ein Geschäftsführer-Ich geben? Man könnte auch argumentieren, dass die beiden Anschauungen, die ich hier als widersprüchlich bezeichnet habe – das Ich als etwas, das wie ein Geschäftsführer die Kontrolle *besitzt*, und das Ich als etwas, das *unter* Kontrolle ist –, sich gar nicht so sehr voneinander unterscheiden, denn alles, was die Kontrolle *besitzt*, könnte wahrscheinlich auch *unter* Kontrolle sein. Wie dem auch sei: Wie die Anekdote zu Anfang des sechsten Kapitels deutlich macht, gebraucht der Buddha in anderen Texten die Metapher eines »Königs«, die an eine Art Geschäftsführer-Ich erinnert.

25 Siehe zum Beispiel Harvey 1995, der in dem folgenden Text zitiert wird, und Thanissaro 2013. Zu einer Antwort auf Thanissaro siehe Bodhi 2015.

26 Bodhi 2000, S. 890f. (*Samyutta Nikaya* 22:53.)

27 Der Einfachheit der Darstellung halber habe ich ein wichtiges Problemchen übergangen, das die Beziehung zwischen der »Gier« und der »Verwicklung« betrifft. Das allgemeine Verständnis dieser Beziehung wäre, dass das Bewusstsein nach den anderen Gruppen giert – denn schließlich ist das Produkt dieser Gier die Verwicklung des Bewusstseins mit den anderen Gruppen. Doch nach der buddhistischen Psychologie würde die Gier nach allen Gruppen ihren Ursprung in der Daseinsgruppe der »Geistesformationen« haben (Bhikkhu Bodhi, persönliche Kommunikation). Dazu gehört die Gier nach Bewusstsein und nach spezifischen Inhalten der Gruppe der Geistesformationen selbst. Aber die umfassendere Argumentation hat weiter Bestand: Es ist die Gier nach den Inhalten aller Daseinsgruppen, die die Verwicklung des Bewusstseins mit den anderen Gruppen aufrechterhält.

28 Zu den Problemen, dieses »einfache Szenario« aus der Darlegung über die Verwicklung abzuleiten, gehört die Frage, wie man das Wort »befreit« interpretieren soll. Ein alter Kommentar zu den buddhistischen Texten sagt, dass das Bewusstsein nach dieser Darlegung in dem Sinne »befreit« ist, dass es keine Wiedergeburt hervorruft, nachdem die befreite Person gestor-

ben ist (siehe Bodhi 2000, S. 1060, Anm. 72). Die Bedeutsamkeit dieser Interpretation wird leichter zu verstehen sein, nachdem Sie das 14. Kapitel gelesen haben, aber für den Moment können wir sagen, dass diese Interpretation den Versuch schwieriger macht, die Befreiung des Bewusstseins, von der hier die Rede ist, mit der Befreiung der Person gleichzusetzen. (Diese Interpretation, so könnten Sie sagen, legt nahe, dass die Person zwar im Hier und Jetzt befreit wird, aber dass das, was mit dem Bewusstsein in diesem Moment der Befreiung geschieht, darin besteht, dass es Eigenschaften annimmt, die eine etwas andere Art der Befreiung beim Tod der Person garantiert.) Gleichwohl sollte betont werden, dass diese Interpretation nur eine Interpretation ist. Die Pali-Version der Darlegung sagt *nicht*, dass dieser Gebrauch von »befreit« sich nur auf die Frage der Wiedergeburt bezieht; die Wiedergeburt wird in diesem Zusammenhang überhaupt nicht erwähnt. Zudem war es ein Ziel von alten Kommentaren dieser Art, scheinbare Widersprüchlichkeiten zwischen den Darlegungen auszuräumen. Es wäre also nicht überraschend, wenn dieser Kommentar eine Interpretation anböte, die die scheinbare Widersprüchlichkeit zwischen den Darlegungen, die ich hier anführe, geringfügig erscheinen lässt. Bhikkhu Bodhi sagt, die Interpretation in diesem Kommentar sei plausibel, jedoch nicht unanfechtbar, und würde in jedem Fall nicht ausschließen, dass man »befreit« gleichzeitig in einem umfassenderen Sinn verstehen könne (persönliche Kommunikation). Vielleicht noch wichtiger sei, so merkte er an, dass es unabhängig davon, wie diese Darlegung interpretiert werde, verschiedene Darlegungen gebe, in denen es heißt, der »Geist« werde durch die Erleuchtung befreit, und dass in einigen Darlegungen das als »Geist« übersetzte Wort mit dem als »Bewusstsein« übersetzten gleichbedeutend sei. (Tatsächlich meint Bodhi selbst, dass die so augenfällig verwirrende Zeile in der Darlegung über das Nicht-Ich, auf die ich mich in diesem Kapitel konzentriert habe – die Zeile, in der es heißt, »er« werde befreit –, so verstanden werden könne, als besage sie, der Geist werde befreit. Das Subjekt des Verbs wird [wie das im Pali manchmal der Fall ist] im Text tatsächlich nicht genannt, und deshalb verstehen die meisten Übersetzer es aufgrund des Kontextes als »er«; aber Bodhi argumentiert, dass, wenn man die Sache abwägt, »der Geist« eine plausiblere Lesart sei.)

Alles in allem ist es – angesichts nicht nur des Bezugs auf ein befreites Bewusstsein in der Darlegung über die Verwicklung, sondern auch im Hinblick auf explizite Beschreibungen in anderen Darlegungen über den befreiten »Geist« – keineswegs Nonsens, dass der Buddha das Bewusstsein als das betrachtete, was durch die Erleuchtung befreit wird. Dennoch steht jeder Versuch zu argumentieren, dass es die Daseinsgruppe des Bewusstseins ist, in der wir das »Sie« finden, das befreit wird, im Widerstreit mit vielen anderen Darlegungen, in denen es – wie in der ersten Darlegung über das Nicht-Ich – heißt, zur Befreiung gehöre die Abkehr von allen Fünf Daseinsgruppen, einschließlich des Bewusstseins. Tatsächlich schließt selbst der Diskurs über die Verwicklung, dort, wo er die Abwendung von der »Gier« nach den Gruppen empfiehlt, die fünfte Daseinsgruppe, das Bewusstsein, mit ein und bleibt so in Übereinstimmung mit jenem Aspekt der Darlegung über das Nicht-Ich. Dennoch ist es faszinierend, wie die Darlegung über die Verwicklung irgendeine Form der Identifikation der Bewusstseinsgruppe mit der Person nahelegt – nicht nur in der Passage, die ich zitiert habe, sondern auch zu Beginn des Textes, wo der Buddha erklärt: »Wer verwickelt ist, der ist nicht befreit; wer nicht verwickelt ist, der ist befreit«, und wo er dann fortfährt, über Verwicklung und Nichtverwicklung als eine Beziehung zwischen dem Bewusstsein und den anderen Daseinsgruppen zu sprechen.

29 Was einen solchen »dualen Modus« des Bewusstseins angeht, siehe Albahari 2006. Ich will nicht behaupten, dass alles, was ich oben über ein solches Modell gesagt habe, in das Modell von Albahari passen würde. Allerdings benutzt sie den Begriff »Zeugenbewusstsein« und legt tatsächlich nahe, dass es dieses Zeugenbewusstsein ist, welches der Buddha beschreibt, wenn er im *Bahuna Sutta* (siehe Thanissaro 1997) sagt, dass der Mönch, nachdem er alle Fünf Daseinsgruppen losgelassen hat, »mit uneingeschränkter Bewusstheit verweilt«.

30 Conze 1959, S. 18.

31 Harvey 1995, S. 45.

32 Ebenda. Wie Harvey schreibt, gibt es in »den frühen vom The-
    ravada benutzten Texten über das Fehlen einer expliziten
    Leugnung der Existenz eines Ich in der Darlegung über das
    Nicht-Ich hinaus« nirgendwo eine solch explizite Leugnung
    (S. 7).

33 Siehe insbesondere Thanissaro 2013; Thanissaro hat viele bud-
    dhistische Texte ins Englische übersetzt, einschließlich der Dar-
    legung über das Nicht-Ich.

34 Nach der Übersetzung ins Englische von Thanissaro 2012.

35 Kurzban 2010, S. 61.

36 Gazzaniga 2011, S. 82 f.

37 Pessiglione et al. 2007.

38 Natürlich war die Kraft, mit der der Handgriff gedrückt wurde,
    tendenziell größer, wenn das Bild des Pfunds bewusst wahrge-
    nommen und nicht unterschwellig präsentiert wurde. Aber das
    könnte einfach darauf zurückzuführen sein, wie lange das Ge-
    hirn dem Bild ausgesetzt wurde, und nicht auf die bewusste
    Wahrnehmung an sich. Mit anderen Worten: Vielleicht hätte
    die 100-Millisekunden-Präsentation (die zu einer bewussten
    Wahrnehmung führte) zu einer größeren Kraft des Drückens ge-
    führt, selbst wenn sie keine bewusste Wahrnehmung ausgelöst
    hätte. In der Tat gibt es Hinweise darauf, dass diese Korrelation
    zwischen der Präsentationszeit und der Griffstärke tatsächlich
    von der bewussten Wahrnehmung unabhängig ist. Die Ver-
    suchsleiter benutzten zwei Präsentationszeiten im unterschwel-
    ligen Bereich – 17 Millisekunden und 50 Millisekunden –, und
    die Letztere löste eine größere Griffstärke aus, wenn das Pfund
    präsentiert wurde, als die Erstere. (Logischerweise war es bei
    dem Penny umgekehrt.) Übrigens liegen 50 Millisekunden
    nicht unter allen Umständen im unterschwelligen Bereich.
    Aber in diesem Fall war das Bild der Münze »maskiert«, das
    heißt, es wurde flankiert von zwei Bildern eines Musters in der
    Form einer Münze. Die Versuchspersonen sahen dieses Muster
    zu Beginn jedes Versuchs, ganz gleich, ob es das Bild einer Mün-
    ze maskierte oder nicht.

39 Siehe Libet 1985.

40 Siehe Jarrett 2016 und Danquah et al. 2008.

41 Was von den Wortbestandteilen her so viel wie »Vorteilhaftig-keit« oder »Förderlichkeit« bedeutet (Anm. d. Übers.).

42 Greenwald 1980.

43 Preston und Harris 1965.

44 Allison et al. 1989.

45 Greene 2013, S. 97. Zu Vorurteilen bei der Zuschreibung im Allgemeinen siehe Mezulis et al. 2004.

46 Pronin et al. 2002.

47 Kurzban 2010, S. 105.

48 D'Argembeau und Van der Linden 2008.

49 Feldman Barrett 1997.

50 Siehe Mezulis et al. 2004 und Sedikides et al. 2005.

51 Barkow 1989, S. 104.

52 »Theory of Mind« ist ein Begriff aus der Psychologie und den Kognitionswissenschaften, der die Fähigkeit bezeichnet, eine Annahme über Bewusstseinsvorgänge in anderen Personen vorzunehmen und diese in sich selbst zu erkennen. Autismus wurde mit Defiziten in diesem Modul in Verbindung gebracht.

53 Gazzaniga 2011, S. 69 f.

54 Ebenda, S. 66.

55 Kurzban 2010, S. 56.

56 Der Buddha betont in dieser Darlegung die Verbindung zwischen Vergänglichkeit und *dukkha* – dem Leiden oder dem Unbefriedigendsein der Dinge. Und diese Wortwahl legt nahe, dass die beiden Eigenschaften der Daseinsgruppen – Vergänglichkeit und *dukkha* (zusätzlich dazu, dass die Gruppen resistent gegen Kontrolle sind) – es unangebracht erscheinen lassen, die Fünf Daseinsgruppen mit dem Ich gleichzusetzen. Eine Interpretation wäre, dass vergängliche Dinge nicht das Ich sind, *weil* Vergänglichkeit zu *dukkha* führt. Diese Interpretation wäre umso sinnvoller im Licht der Tatsache, dass diese Darlegung auch die Resistenz der Gruppen gegen Kontrolle mit Leiden verbindet (obwohl das Wort, das hier Leiden impliziert, nicht *dukkha* ist). Nach dieser Lesart ist es nicht so, dass Resistenz gegen Kontrolle und Vergänglichkeit die Daseinsgruppen an und für sich ungeeignet für den Status eines »Ich« machen, sondern dass Resistenz gegen Kontrolle und Vergänglichkeit zu Leiden führen, was die Gruppen untauglich für den »Ich«-Status macht. Aber es

wird nicht klar, warum irgendjemand denken sollte, dass Dinge, die zu Leiden führen, sie nicht als Ich qualifiziert, während es *durchaus* sinnvoll ist, dass Dinge, die nicht der Kontrolle unterliegen und die nicht über die Zeit hinweg dauerhaft sind, nicht als Ich gelten können. Also folge ich den vielen Interpreten, die davon ausgehen, dass es bei der Darlegung Buddhas hauptsächlich um Vergänglichkeit und Kontrolle an sich geht. Angesichts dessen würde ich hinzufügen: Betrachten wir die Argumentation Buddhas als grundsätzlich pragmatisch und therapeutisch – dass nämlich die Daseinsgruppen als Ich zu Leiden führen und man sie deshalb als Nicht-Ich betrachten sollte, um weniger zu leiden –, dann *wäre* es sinnvoll, wenn der Buddha Dinge, die vergänglich sind, und Dinge, die gegen Kontrolle resistent sind, als »Nicht-Ich« bezeichnet, *nur* weil diese Eigenschaften zu Leiden führen. Diese Interpretation würde mit der »häretischen« Interpretation von Buddhas Darlegung übereinstimmen, die wir im 5. Kapitel diskutiert haben.

57 Siehe Wilson und Daly 2004. Siehe auch Kim und Zauberman 2013.

58 Griskevicius et al. 2009.

59 Cosmides und Tooby 2000.

60 Roney 2003.

61 Tatsächlich ist das Possessivpronomen »ihre« in dem letzten Satz irreführend. Was die intertemporäre Nutzenfunktion angeht, galt dieser Befund für Männer, aber nicht für Frauen; im Fall der Karriereziele wurde das Experiment offenbar nicht mit Frauen durchgeführt. Wo es um die Paarungspsychologie geht, gibt es aus Sicht der evolutionären Psychologie im Allgemeinen keine vollständige Symmetrie zwischen den Geschlechtern. Gleichwohl gibt es keinen Grund anzunehmen, dass der Geist von Frauen durch die Partnerwerbung oder die Aussicht auf eine Partnerwerbung weniger verändert wird als der von Männern, auch wenn die Veränderungen in mancher Hinsicht unterschiedlich sein mögen.

62 Maner et al. 2005.

63 Siehe Buss und Dedden 1990.

64 Burtt 1982, S. 37.

65 Siehe Mars et al. 2012.

66 Siehe Goldstein 1987.

67 Sample 2014. Siehe auch Ikemoto und Panksepp 1999. Die Zitate von Ruskin und Johnson stammen aus Litman 2005. Litman behauptet, dass es zwei verschiedene, sich manchmal überlappende Arten von Gehirnprozessen gibt, die wir »Neugierde« nennen.

68 Dieses Szenario wirft die Frage auf, wie Gedanken mit *irgendwelchen* Gefühlen verbunden sein können, *bevor* sie bewusst werden. Darauf gibt es zumindest zwei mögliche Antworten: (1) So seltsam es sich anhören mag, aber vielleicht gibt es Bereiche in Ihrem Geist, die empfindungsfähig sind – die eine subjektive Erfahrung haben –, aber zu denen Ihr bewusster Geist normalerweise keinen Zugang hat. Manche Forscher, die die Implikationen der im 6. Kapitel diskutierten Spalthirn-Experimente durchdacht haben, nehmen diese Möglichkeit ernst. (2) Vielleicht ist die »Stärke eines Gefühls« eine latente Eigenschaft, bis der mit dem Gefühl verbundene Gedanke ins Bewusstsein zugelassen wird. Während dieser latenten Phase müsste es irgendeinen physischen Marker geben, der die Stärke des Gefühls anzeigt, aber dieses Gefühl könnte sich nicht subjektiv manifestieren, bevor es aufgrund der angezeigten Kraft zum Bewusstsein zugelassen wurde.

69 Siehe http://www.palikanon.com/majjhima/m038n.htm.

70 Hume 1984, S. 462.

71 Gopnik 2009.

72 Knutson et al. 2007. Die dritte Gehirnregion, die diese Forscher betrachteten, um das Kaufverhalten vorherzusagen, war der mediale präfrontale Cortex, der auf solche Reize reagiert wie den Anblick eines angenehmen Getränks.

73 Hume 1984, S. 460.

74 Lieberman 2013, S. 64 ff.

75 Siehe Sapolsky 2005.

76 Hume 1984, S. 460.

77 Greene 2013, 5. Kapitel.

78 Pessoa 2013, S. 2 f.

79 Brewer, Mallik et al. 2011.

80 Siehe Immerwahr 1992.

81 Ebenda.

82 »Leere, Leerheit« ist die Übersetzung des Sanskrit-Worts *shunyata* und des Pali-Worts *sunnatta*. Der Begriff spielt im Mahayana-Buddhismus eine größere Rolle als im Theravada-Buddhismus, und wenn er in der Theravada-Literatur verwendet wird, hat er typischerweise eine etwas andere technische Bedeutung als im Kontext des Mahayana. Vielleicht ist der Grund, dass dieser Meditationslehrer den Begriff »das Formlose« anstelle von »Leere« benutzte – obwohl er, wie er später bestätigte, diese Begriffe als Synonyme verstand –, die Tatsache, dass er in der Theravada-Tradition lehrt.

83 Nach Conze (Übers.) 1959, S. 162.

84 Amaro Bhikkhu 2002.

85 Lucchelli und Spinnler 2007.

86 Nach dem französischen Psychiater Joseph Capgras, der dieses im Jahr 1929 nach ihm benannte Phänomen erstmals beschrieb.

87 Interessanterweise hat der Religionswissenschaftler Malcolm David Eckel, als er die Perspektive von Menschen beschrieb, die die buddhistische Lehre der Leere ernst nehmen, einmal eine Reihe von Fragen aufgelistet, die sich ihnen stellen mögen, darunter die folgenden: »Mutter, wer ist sie? Bruder, wer ist er? ... Das ist alles eine Illusion. Es ist leer.« Aber selbst in dieser ziemlich extremen Beschreibung der Erfahrung von Leere gibt es nichts, was vermuten lässt, dass die Person – wie bei der Capgras-Illusion – tatsächlich glauben würde, eine Mutter oder ein Bruder sei durch eine(n) Doppelgänger(in) ersetzt worden. Siehe Eckel 2001.

88 Bloom 2010, S. 3 f.

89 Die Bedeutung von »Essenz«, wie ich den Begriff hier gebrauche, stimmt nur teilweise mit der typischerweise von Psychologen verwendeten Definition des Begriffs überein. Sie meinen in der Regel eine Art von unsichtbarer, verborgener oder nicht offensichtlicher Eigenschaft, die ein Ding, wie man meint, besitzt und ohne die es nicht das wäre, was es ist. Dies überschneidet sich mit dem, was ich mit Essenz meine – *abgesehen von* dem Ausmaß, zu dem man den »Gedanken« als etwas versteht, was eine explizite Überzeugung impliziert, im Gegensatz zu einer subtileren, kaum bewussten Vorstellung. Und oft meinen Psychologen die Einbeziehung expliziter Überzeugungen, wobei sie

so weit gehen, von H_2O zu sprechen, als sähe man darin die Essenz von Wasser. Ihre Betonung von expliziten Überzeugungen mag zum Teil daraus resultieren, dass sie Essenz untersucht haben, indem sie Menschen zu ihren mit Dingen verbundenen Überzeugungen befragten (siehe zum Beispiel die sehr interessante Arbeit von Susan Gelman 2003). Auf jeden Fall habe ich stärker die »Empfindung« von Essenz im Blick, die Menschen haben – eine Empfindung, die in hohem Maße implizit sein kann –, und ich meine niemals, dass Essenz die physischen Bestandteile eines Dings bezeichnet. Mein Gebrauch von »Essenz« stimmt im Übrigen auch nicht mit dem üblichen Gebrauch des Begriffs in der westlichen Philosophie überein.

90 Bloom 2010, S. 1.

91 Zajonc 1980, S. 154.

92 Giner-Sorolla et al. 1999. Siehe auch Jarudi et al. 2008.

93 Siehe Ferguson 2007.

94 Giner-Sorolla et al. 1999.

95 Ich möchte den Unterschied zwischen meiner Argumentation zur Verteidigung der Idee der Leere und der orthodoxen buddhistischen Argumentation zur Verteidigung der Idee der Leere betonen. Leere ist eine »ontologische« Lehre – eine Behauptung über die wahre Natur der Wirklichkeit. Die orthodoxe buddhistische Verteidigung dieser Lehre ist natürlicherweise eine ontologische Argumentation – eine Argumentation über die tatsächliche Struktur der Realität, eine Argumentation, dass diese Struktur, recht verstanden, die Behauptung, »Dinge« besäßen eine Substanz, nicht unterstützt (siehe das 13. Kapitel für eine etwas detailliertere Darstellung dieser Standardargumentation des Buddhismus). Meine Verteidigung der Leere, auch wenn sie eine Argumentation zur Verteidigung einer ontologischen Lehre darstellt, ist an sich nicht ontologisch, sondern vielmehr psychologisch. Mit anderen Worten: Statt zu argumentieren, dass die Realität eine gewisse Struktur hat und dass diese Struktur keine Essenz enthält, sage ich, der menschliche Geist ist so aufgebaut, dass er eine Empfindung von Essenz auf die Realität projiziert und dass die darwinistische Logik hinter dieser Projektion uns keinen Grund gibt, zu denken, die Projektion entspreche einer »objektiven« Realität, ja, dass sie uns so-

gar Grund gibt, daran zu zweifeln, dass die Projektion einer »objektiven« Realität entspricht (siehe das 15. Kapitel für eine Ausarbeitung dieser Logik). Beachten Sie, dass diese beiden Argumentationen zur Verteidigung der Lehre von der Leere – das klassische buddhistische Argument und mein psychologisches Argument – logisch miteinander vereinbar sind.

96 Siehe Bloom 2010, S. 45.

97 Ebenda, S. 53.

98 Plassmann et al. 2008.

99 *Thin slices* bedeutet wörtlich »dünne Scheiben«. Ein *thin slice* ist definiert als ein kurzer Ausschnitt (weniger als fünf Minuten) aus dem Verhaltensstrom eines anderen Menschen, der dynamische Informationen enthält. In der Regel werden kurze Videosequenzen gezeigt, anhand deren die hohe prädiktive Validität des ersten Eindrucks dank diverser psychologischer Konstrukte nachgewiesen werden soll.

100 Ambady und Rosenthal 1992.

101 Siehe Eagly et al. 1991. Auch wenn Attraktivität an sich bei der Einschätzung von Charakterstärke kein so wichtiger Auslösereiz zu sein scheint, sind andere Aspekte des Erscheinungsbilds anscheinend wichtig. Es gibt zum Beispiel Indizien dafür, dass Menschen als vertrauenswürdiger beurteilt werden, wenn sie hohe innere Augenbrauen und hohe Backenknochen besitzen, als wenn das nicht der Fall ist. Eine Gehirnscan-Studie, bei der Teile des Gehirns beobachtet wurden, von denen man weiß, dass sie in die Einschätzung von Vertrauenswürdigkeit involviert sind, legte nahe, dass diese Beurteilungen selbst dann vorgenommen werden, wenn man die Bilder von Gesichtern nur unterschwellig präsentiert – also zu kurz, als dass sie bewusst wahrgenommen werden können. Siehe Freeman et al. 2014.

102 Darley und Batson 1973, S. 104.

103 Harman 1999, S. 320.

104 Ebenda, S. 316.

105 Kelman 2007, S. 97.

106 Hastorf und Cantril 1954, S. 129 und 131.

107 Ebenda, S. 133.

108 Eine hervorragende Darstellung der Metta-Meditation liefert Salzberg 2002.

109 Zur Frage, ob dieses Zitat wirklich auf Rumi zurückgeht, heißt es auf wikiquote.org, es werde fälschlicherweise Rumi zugeschrieben und stamme in Wirklichkeit von Helen Schucman, der amerikanischen Psychologin, die das spirituelle Werk *Ein Kurs in Wundern* nach Durchgabe einer inneren Stimme geschrieben haben soll. Siehe http//en.wikiquote.Org/wiki/Rumi.

110 Siehe Oppenheimer 2013.

111 James 2007, S. 291f.

112 Siehe Wall et al. 2014 und Stein 2013.

113 Unsere konventionelle Empfindung eines einheitlichen Ich ließe sich selbst als ein Produkt von mutualistischer Symbiose beschreiben. Meine verschiedenen Gene sitzen in demselben generationenübergreifenden Boot (das heißt meinem Genom) und können so (im darwinistischen Sinn des Überlebens und der Weiterverbreitung über die Generationen) davon profitieren, dass sie miteinander kooperieren. Dies, so könnte man argumentieren, ist der Grund dafür, dass meine Zehen und meine Nase sich beide wie ein Teil meiner selbst anfühlen: weil die Gene für meine Zehen und für meine Nase ein ausgeprägtes Nicht-Nullsummen-Spiel spielen – und weil sie, was die Sache vielleicht genauer trifft, eine Nicht-Nullsummen-Beziehung mit den Genen für das Gehirn haben, das sie als Teil von mir betrachtet.

114 Der Gebrauch des Terminus »Nicht-Ich« zur Bezeichnung der Abwesenheit von Essenz hat eine bemerkenswerte Auswirkung. Wie wir gesehen haben, soll die Vipassana-Meditation die klare Wahrnehmung der »Drei Merkmale der Existenz« fördern. Sie soll uns helfen, zu sehen, dass die Dinge im Allgemeinen durch drei Eigenschaften charakterisiert sind, von denen eine Nicht-Ich ist. Wenn wir in Übereinstimmung mit dieser Absicht die Eigenschaft von Nicht-Ich in Dingen »da draußen« sehen – Dingen draußen in der Welt, die wir wahrnehmen, also nicht nur in uns selbst oder in anderen Menschenwesen –, dann nehmen wir Leere wahr. Dies ist deshalb bemerkenswert, weil der Theravada-Buddhismus im Allgemeinen die Leere vermeintlich sehr viel weniger betont als der Mahayana-Buddhismus – und doch stellt sich heraus, dass die Vipassana-Lehre, die sich innerhalb der Theravada-Überlieferung ausgeformt hat, die

Leere tatsächlich stark betont, wenn Sie ihre Aufforderung, die Drei Merkmale der Existenz wahrzunehmen, strikt auslegen.

115 Albahari 2006, S. 181.

116 Man könnte fragen, ob die Wut und die Abneigung nicht so eng miteinander verschränkt sind, dass es unmöglich ist, »nur« die Wut zu überwinden, ohne auch die Abneigung hinter sich zu lassen. Ich weiß diese Frage nicht zu beantworten. Aber es ist sicherlich zutreffend – zumindest nach meiner eigenen Erfahrung –, dass die Abneigung und die Wut unterschiedliche Gefühle sind und dass es deshalb möglich ist, sich allein auf die Wut zu *konzentrieren*, selbst wenn deren Auflösung dadurch nicht unbedingt mit der Bezwingung der Abneigung einhergeht.

117 Nach der buddhistischen Anschauung müssen Gefühle tatsächlich nicht entweder positiv oder negativ sein. Die »Gefühlsfärbung«, von der es heißt, sie sei ein solch durchgängiger Teil unserer Wahrnehmung der Welt, kann positiv, negativ oder neutral sein. Man könnte zwar die Frage stellen, ob eine Gefühlsfärbung, die im wahren Sinn des Wortes neutral ist, es wirklich verdient, eine Gefühlsfärbung genannt zu werden. Aber auf jeden Fall kann man mit einiger Berechtigung behaupten, dass die buddhistische Psychologie im Allgemeinen betont, wie oft positive oder negative Gefühle unsere Wahrnehmung der Welt auf subtile oder nicht so subtile Art und Weise gestalten.

118 Die Logik dieser »Gleichung« – *raga* plus *dvesha* gleich *moha* – ist in einem gewissen Sinne die Umkehrung der buddhistischen Logik, wie sie üblicherweise dargestellt wird. Diese »Gleichung« besagt, in einem breiteren Sinne ausgelegt, dass Begehren und Aversion die Verblendung entstehen lassen – die Unwissenheit über die wahre Natur der Welt. Doch die übliche buddhistische Darstellung der Beziehung zwischen diesen Dingen sieht die Sache umgekehrt: Unwissenheit und Verblendung (wie das Unvermögen, das Allesdurchdringende der Vergänglichkeit oder die Wahrheit des Nicht-Ich oder der Leere zu sehen) kann Begehren und Aversion entstehen lassen. Meiner Meinung nach erfasst die »Gleichung« eher die tatsächliche Richtung der Kausalität als die alternative Dar-

stellung, auch wenn beide Darstellungen an und für sich zu simpel sind. Ich glaube auch, dass die Dynamik des meditativen Fortschritts, zumindest in einigen Fällen, die von der »Gleichung« vorgeschlagene Richtung der Kausalität impliziert. Das will sagen: Die achtsame Beobachtung, durch die zu einem gewissen Maße Begehren und Aversion überwunden werden, ist Teil des Prozesses, durch den Unwissenheit und Verblendung überwunden werden, und zwar in dem Sinne, dass man in eigener unmittelbarer Erfahrung solche Ideen wie Vergänglichkeit, Nicht-Ich und Leere begreift.

119 Bodhi 1981, Vortrag 6.

120 Buddhistischen Denkern fällt es manchmal schwer, die buddhistische Vorstellung der Bedingtheit von der westlichen Vorstellung von Kausalität zu unterscheiden. Doch die Versuche, den Unterschied zu betonen, die mir untergekommen sind, haben mich nicht davon überzeugen können, dass die Unterschiede wirklich signifikant sind. Diese Versuche stellen die westlichen Vorstellungen von Kausalität manchmal in allzu simplen Begriffen dar, so als sei in der westlichen Wissenschaft kein Platz für die Idee komplexer Interaktionen und multipler Einflüsse.

121 Dies ist übrigens der Begriff, der im 13. Kapitel als »Entstehen in Abhängigkeit« oder »Bedingtes Zusammen-Entstehen«, eine andere übliche Formulierung, übersetzt wurde. Verschiedene Formulierungen sind jedoch mehr als nur alternative Übersetzungen desselben Fachbegriffs. Dieser Begriff wurde, wie manche anderen Termini im Buddhismus und in anderen Traditionen, auf unterschiedliche Weise angewendet. Wird der Begriff auf das Konzept der Leere bezogen, dann ist eine Übersetzung treffender und erhellender, wird er auf das Konzept des Nirwana bezogen, dann ist eine andere Übersetzung angemessener und erhellender.

122 Meine Darstellung des allgemeinen Sinnes des Bedingten Entstehens ist technisch gesehen unvollständig. Die klassische Formulierung in den alten Texten fügt in der Folge hinzu, dass ein Ding nicht entstehen wird, wenn die Bedingungen für sein Entstehen nicht gegeben sind, und dass das Ding aufhören wird, zu existieren, wenn die Bedingungen für seine Entstehung nicht mehr gegeben sind. (Dies alles stimmt, natürlich, mit

westlichen Vorstellungen von Kausalität überein.) Was den weniger allgemeinen Sinn der Bedingten Entstehung angeht, so nennen nicht alle frühen buddhistischen Texte zwölf Kettenglieder, aber die bei Weitem am häufigsten akzeptierte Darstellung ist die der zwölfgliedrigen Abfolge. Ich stütze mich hier insbesondere auf die Formulierung der zwölf Glieder in Bodhi 1981, Vortrag 4. Konzisere Darstellungen finden sich in Gethin 1998, S. 149–159, und Harvey 2013, S. 65–73.

123 Bodhi 1981, Vortrag 4.

124 Diese beiden Arten von Nirwana werden manchmal als zwei Stadien der Verwirklichung von Nirwana dargestellt, wobei das im Tode verwirklichte Nirwana – das Parinirwana – *vollkommenes* Nirwana ist. Das vor dem Tod erfahrene Nirwana wird in einigen alten Texten »Nirwana mit Überrest« genannt. Erleuchtung wurde erlangt, und das von *tanha* verursachte Leiden wurde überwunden, aber die Existenz involviert weiterhin die physische Verkörperung und unvermeidbare Schmerzen, sagen wir bei einer körperlichen Verletzung – Schmerzen, die man achtsam und mit Gleichmut ertragen wird und die nicht die Art von Leiden mit sich bringen werden, die sie vor der Erleuchtung mit sich gebracht hätten, die jedoch verhindern werden, dass die eigene Erfahrung 24 Stunden am Tag pure Glückseligkeit sein wird. Siehe Kasulis 1987 und Bodhi 1981, Vortrag 6.

125 Batchelor 2015, S. 145.

126 Natürlich gibt es eine Überlappung und Wechselwirkungen zwischen einzelnen »Aufzählungspunkten«. So erleichtert zum Beispiel die Einsicht in die Vergänglichkeit die Errungenschaft der Überwindung von *tanha*. Und wie wir gesehen haben, ist ein anderes üblicherweise angeführtes Element der Erleuchtung die Auslöschung der »Drei Gifte«, die gleichbedeutend mit der Überwindung von *tanha* ist und deshalb die Einsicht in die Vergänglichkeit durch die bloße Tatsache impliziert, dass die dritte Person eine Illusion ist. Und die Einsicht in Vergänglichkeit – insbesondere die Vergänglichkeit der Fünf Daseinsgruppen, die im 5. Kapitel diskutiert wurden – erleichtert wiederum die Einsicht in das Nicht-Ich. Und so weiter.

127 Zajonc 1980, S. 157.

128 Als eine Sache der Logik gibt es einen ziemlich geradlinigen

Weg von dem »Blick von nirgendwo« – der Sichtweise, dass das Wohlergehen keiner einzelnen Person wichtiger ist als das Wohlergehen irgendeiner anderen Person – zu der Anschauung, dass die Sorge um jedermanns Wohlergehen angesagt ist. Schließlich ist die einzige Prämisse, die wir dafür noch hinzufügen müssen, dass menschliches Wohlergehen besser ist als menschliches Leiden – eine wohl kaum umstrittene Behauptung. Was das angeht, fällt es nicht schwer, noch einen Schritt weiter zu gehen und alle fühlenden Wesen unter diesen Schirm der moralischen Fürsorge zu stellen, da es wenig Meinungsverschiedenheiten über die Prämisse gibt, dass – da alle anderen Dinge gleichwertig sind – das Wohlergehen eines fühlenden Wesens dem Leiden dieses fühlenden Wesens vorzuziehen ist.

129 Sidgwick 1884, S. 381.

130 Liedtext »Feels Like the First Time« von Foreigner, Michael L. Jones und Somerset Songs Publishing, Inc. Copyright 1977.

131 *Samyutta Nikaya* 45.1. Siehe http://www.palikanon.com/sam yutta/sam45.html.

132 Die Möglichkeit, die ich hier anspreche, ist bei Weitem nichts Originelles. Gelehrte, die den Buddhismus studiert haben, beschäftigt bereits seit Langem die Frage, ob eine extreme Form des Nihilismus, die Weigerung, irgendeinem Ding Wert zuzusprechen, nicht vielleicht den wahrscheinlichen und möglicherweise den logischen Höhepunkt der buddhistischen Praxis darstellt.

Schließlich ist ein üblicher Refrain der Meditationsunterweisungen, dass man keine Urteile fällen sollte: Man sollte Gefühle nicht als gut oder schlecht, Geräusche nicht als gut oder schlecht, Anblicke nicht als gut oder schlecht beurteilen. Nun, wenn Sie immer besser darin werden, keine Urteile zu fällen, läuft das nicht darauf hinaus, dass Sie überhaupt keine Urteile mehr fällen? Kein Urteil darüber, was richtig oder falsch ist? Und würde Ihnen dann nicht jeder Antrieb fehlen, etwas richtigzustellen, was gemeinhin für falsch gehalten wird?

Eine andere Möglichkeit, dieses Problem anzugehen, ist, es aus der Perspektive der buddhistischen Betonung von Gleichmut zu betrachten. Ein Ziel der buddhistischen Praxis besteht darin, es Ihnen zu ermöglichen, eine stabile Empfindung des

Wohlbefindens aufrechtzuerhalten, ganz gleich, wie die objektiven Umstände Ihrer Situation sind – eine Insel der Ruhe inmitten der heftigsten Stürme zu bleiben. Würde dies nicht bedeuten, eine gewisse Gleichgültigkeit gegenüber allem zu nähren, was jenseits Ihrer Insel geschieht, einschließlich der schlechten Dinge, über die Sie sich, wenn Sie weniger ruhig wären, aufregen und an denen Sie etwas ändern wollen würden?

Betrachten wir diese Logik ein wenig näher: Zu dem buddhistischen Ansatz, Gleichmut oder eine Empfindung von Ruhe und Wohlbefinden zu bewahren, gehört, dass Sie sowohl Ihre natürliche Aversion gegen unangenehme Dinge als auch Ihre natürliche Lust auf angenehme Dinge transzendieren. Nun, wenn es Ihnen gelingt, das ganz zu verwirklichen, haben Sie dann nicht in einem gewissen Sinn keine Vorlieben mehr?

Und sind Vorlieben nicht ein wesentlicher Teil davon, überhaupt ein Wertesystem zu haben? Wenn Sie eine gerechte Welt nicht einer ungerechten Welt vorziehen, werden Sie sich nicht dafür einsetzen, die Welt gerechter zu machen. Sie würden in der Tat keinen bedeutsamen Unterschied zwischen dem anerkennen, was andere Menschen gerecht, und dem, was sie ungerecht nennen. Und warum sollten Sie dann Gefühle wie Mitgefühl und Liebe haben – sind diese nicht einfach eine Form von Vorliebe, eine Weise, sich etwas zu wünschen, was den Menschen, für die Sie Mitgefühl und Liebe empfinden, geschehen sollte?

Dies mag sich nach hypothetischen und extremen Hochrechnungen aus dem buddhistischen Denken anhören, aber es ist nicht weit von mit einigen hochverehrten buddhistischen Denkern verbundenen Ansichten entfernt. Betrachten Sie zum Beispiel ein Gedicht, das einem chinesischen Mönch aus dem 6. Jahrhundert, der als der Dritte Patriarch des Zen in China (oder genauer gesagt der Dritte Patriarch des Chan, welches die chinesische Wurzel des Zen ist) gilt. Das Gedicht beginnt mit den Worten:

Der höchste Weg ist gar nicht schwer,
Allerdings abhold wählerischer Wahl;
Nur wo es nicht Hass noch Liebe gibt,
Ist alles klar und unverhüllt.

Weichst du auch nur um Haaresbreite davon ab,
Klaffen Himmel und Erde auseinander;
Willst du Es klar vor Augen haben,
Dann beharre nicht auf Für und Wider.
(Aus dem Chinesischen von Stephan Schuhmacher in Daniel
Odier: *Offene Weite. Der Herz-Geist des Zen*, Edition Spuren 2008.)

Zugegeben, man könnte dieses Gedicht auch etwas anders auffassen. Da ist zum einen die Frage der Übersetzung (eine alternative Übersetzung von »Wo es nicht Hass noch Liebe gibt« könnte sein »Wenn du alle Vorlieben oder Abneigungen abschneidest«). Zudem ist dieses Gedicht eine in einem ganz speziellen sozialen und intellektuellen Kontext vorgebrachte Bekundung, eine Argumentation für eine bestimmte Interpretation des Buddhismus im Gegensatz zu anderen Interpretationen, die damals vorherrschend waren. Dennoch beruht diese Passage auf einer ziemlich geradlinigen Fortschreibung der Kernideen des Buddhismus. Das ist der Grund, warum das »Problem des Nihilismus« seit Langem als ein ernsthaftes Problem für den Buddhismus gilt.

Ich habe nichts radikal Neues zu diesem Problem zu sagen, aber ich möchte doch versuchen klarzumachen, was das Problem *ist*.

Wie ich es sehe, ist das Problem des Nihilismus *nicht* das Problem, das ich im 12. Kapitel angesprochen habe – das Problem, dass manche Leute den Gleichmut und die Klarheit, die sie aus der Meditation gewonnen haben, anwenden, um andere Menschen effektiv auszubeuten. Der Wunsch, Menschen auszubeuten, bedeutet schließlich, eine Vorliebe zu haben, Dingen, die man vermittels der Ausbeutung erlangen kann, Wert zuzuschreiben. Der »Zen-Wilderer von der Upper East Side«, den ich in diesem Kapitel erwähnt habe, zog es vor, mit vielen Frauen Sex zu haben, und er legte großen Wert auf sexuelle Befriedigung. Das ist kein Nihilismus im umfassendsten Sinn des Wortes – die Idee, dass nichts etwas bedeutet, dass die Welt keinerlei Sinn hat und es deshalb die Sache nicht wert ist, irgendwelche Ziele zu verfolgen.

Mit anderen Worten: Der Zen-Wilderer ist den Pfad nicht so weit gegangen, wie der Dritte Patriarch des Zen es ihm geraten hätte. Er hatte keine Erleuchtung erlangt. Und ich sage das nicht nur, weil solche »Fesseln«, wie Lust abzuwerfen, manchmal als eine Vorbedingung für die Erleuchtung genannt wird. Ich sage es auch, weil Erleuchtung, im strengsten Sinn des Wortes, die vollständige Aufgabe von Begehren im Allgemeinen voraussetzt, und Lust ist eine Form des Begehrens. Wenn Sie an einen Punkt gelangen, von dem der Dritte Patriarch des Zen zu sprechen scheint – einen Punkt, an dem es keine »wählerische Wahl« mehr gibt –, dann haben Sie alles Begehren so gründlich überwunden, dass Sie sich nicht verhalten, wie es der Zen-Wilderer getan hat.

Natürlich scheint der Zen-Wilderer ein Nihilist in einem gewöhnlichen Sinn des Wortes zu sein: Er scheint keinerlei Werte von der Art zu haben, die die meisten von uns als »moralisch« bezeichnen würden, und er wird deshalb bei seiner Verfolgung von Dingen, die er wertschätzt, nicht von Skrupeln zurückgehalten. Mein Argument ist, dass dies nicht das »Nihilismus-Problem« darstellt, welches sich meiner Meinung nach legitim aus der tatsächlichen Logik der buddhistischen Philosophie ergibt. Das Nihilismus-Problem, das sich der buddhistischen Philosophie ganz legitim stellt, ist das Problem, überhaupt keine Werte zu haben. Es ist das Problem, einfach nur dazusitzen, ohne irgendeinen Wunsch zu hegen, dass die Dinge sich ändern – ohne den Wunsch zu haben, soziale Gerechtigkeit herbeizuführen, oder ohne das Begehren, es zum Geschlechtsverkehr kommen zu lassen.

Praktisch gesehen braucht man sich keine großen Sorgen wegen Menschen zu machen, die vom buddhistischen Denken und von der buddhistischen Praxis zu dieser Art von Nihilismus geführt werden. Ein Grund ist, dass sie zwar nicht Teil der Lösung sind, aber dass sie wenigstens auch nicht Teil des Problems sind. Sie haben vielleicht keine speziellen moralischen Werte, aber sie haben per definitionem alles selbstsüchtige Begehren verloren, sodass sie nicht herumlaufen und andere Menschen ausbeuten und Unruhe stiften werden.

Der andere Grund, dass man sich keine großen Sorgen wegen Leuten wie diesen machen muss, ist, dass es nicht viele davon gibt. Kennen Sie irgendjemanden, der tatsächlich Erleuchtung erlangt hat? Ich habe Jahre darauf verwendet, weit fortgeschrittene Meditierende aufzusuchen und mit ihnen zu sprechen, und ich weiß nicht zu sagen, ob ein Erleuchteter darunter war. Zumindest bin ich mir nicht sicher, irgendjemanden zu kennen, der in einem derart strengen Sinn des Wortes erleuchtet ist – indem er sämtliches Begehren und jegliche Aversion überwunden hat –, dass er das Problem des Nihilismus im umfassendsten Sinn des Wortes verkörpert.

Im Übrigen, wenn wir von dem Problem des Nihilismus sprechen, sprechen wir von Menschen, die Erleuchtung nicht einfach im strengen Sinne des Wortes erreicht haben, sondern in dem, was wir einen engen Sinn des Begriffes nennen könnten. Dem Dharma in voll verkörperter Weise zu folgen schließt ein, dass man die moralischen Werte des Buddhismus verinnerlicht und dementsprechend Mitgefühl kultiviert. Tatsächlich wird das Ideal der Erleuchtung in einem großen Teil der buddhistischen Welt in dem *bodhisattva* verkörpert, einem Wesen, das sich ganz dem Wohle anderer verschrieben hat.

Letzten Endes gibt es also zwei Arten von Menschen, die einem meiner Meinung nach Sorgen machen können. Zuerst sind da natürlich die Zen-Wilderer dieser Welt – Zeitgenossen, die ihre meditativen Fähigkeiten benutzen, eine so große Bindungslosigkeit zu erlangen, dass sie andere Menschen effektiver zu ihren egoistischen Zwecken manipulieren können. Doch dies ist nicht ein Problem, das sich daraus ergibt, dem buddhistischen Pfad zu weit gefolgt zu sein; es ist ein Problem, das entsteht, wenn man dem Pfad nicht weit genug gefolgt ist, das Problem, kein guter Buddhist zu sein.

Zudem gibt es Menschen, die dem buddhistischen Pfad ziemlich weit gefolgt sind und die zu glücklicheren Menschen geworden sind, die mehr Gleichmut besitzen, als sie zuvor besessen haben – und dieser Gleichmut verringert in der Tat ihre Leidenschaft, die Welt zu einem besseren Ort zu machen. Diese Menschen sind im Allgemeinen kein Teil des Problems, weil ihre Selbstsucht mehr oder weniger im gleichen Maße verringert ist, in dem ihre Leidenschaft, das Gute in der Welt zu realisieren, verringert wurde. Und in einem gewissen Sinne sind sie sogar Teil der Lösung, weil sie in ihren persönlichen Interaktionen dazu neigen, freundlicher und mitfühlender sein, als sie gewesen wären, wenn sie dem buddhistischen Pfad nicht gefolgt wären. Allerdings sind sie kein so großer Teil der Lösung, wie sie es sein könnten.

Und ich wünschte mir, sie wären ein größerer Teil der Lösung. Ich hoffe, dass wir in Zukunft mehr Menschen sehen werden, die ernsthaft dem buddhistischen Pfad folgen und die zugleich engagierte Aktivisten sind. Allerdings gibt es Schlimmeres, als kein größerer Teil der Lösung zu sein. Wenn die flammendste Anklage, die Sie gegen irgendjemanden in dieser Welt vorbringen könnten, wäre, dass er oder sie kein größerer Teil der Lösung ist, dann hätten wir sehr viel weniger Probleme.

Alles in allem würde ich sagen, dass das Problem des Nihilismus in einem abstrakten logischen und hypothetischen Sinn ein ernsthaftes Problem für den Buddhismus ist, aber in einem wirklichen und praktischen Sinn überhaupt keins.

133 James 1982, S. 53.

Personen- und Sachregister